SIWONSCHOOL

LAB

KB060511

토익 7일 완성
단기 전략
과외노트

750+로 확 올려주는 고득점 전략 과외!

LC + RC

시원스쿨
토익 단기 전략 과외노트

초판 1쇄 발행 2024년 6월 12일

지은이 오정석 시원스쿨어학연구소
펴낸곳 (주)에스제이더블유인터내셔널
펴낸이 양홍걸 이시원

홈페이지 www.siwonschool.com
주소 서울시 영등포구 영신로 166 시원스쿨
교재 구입 문의 02)2014-8151
고객센터 02)6409-0878

ISBN 979-11-6150-858-0 13740
Number 1-110701-23230400-08

머리말

"선생님, 이 책을 공부하면 무조건 목표하는 점수를 받을 수 있나요?"

토익을 공부하는 많은 학생들이 저에게 이런 질문을 자주 합니다. 저는 Yes이면서 No라고 말씀드리고 싶습니다. 학생들이 목표하는 토익 점수를 획득하기 위해 학습해야 할 문법 지식과 어휘의 양은 정해져 있습니다. 그래서 학습자 각자가 정해 놓은 기간 안에 그것을 달성하면 "Yes"이고, 달성하지 못하면 "No"가 됩니다.

「시원스쿨 토익 단기 전략 과외노트 750+」는 토익의 특성에 맞는 지식과 스킬을 효과적으로 전달하는 강사의 과외 노트이며, 더 나아가 한 가지 방식으로만 가르치는 것이 아닌 학습 대상에 따라 다양한 방법과 길을 제시하는 책입니다. 이 책을 공부하는 여러분들의 역할은 책에 제시된 가이드에 따라 그것을 잘 학습하고 숙달하기만 하면 됩니다. 이 과외노트를 통해 학생들이 토익 목표 점수를 달성하는데 도움이 되고, 더 나아가 영어까지 폭넓게 구사할 수 있는 발판이 되길 진심으로 바랍니다.

가늠할 수 없었던 언어의 장벽 앞에서 부족했던 저를 이끌어 주신 스승 박우상 교수님(Dr. David Park)께 감사의 말씀을 올립니다. 그리고 항상 무한한 용기과 사랑을 주는 우리 가족, 저만의 캐릭터를 만들어 주신 웹툰 작가 랑또님, 항상 응원해주는 친구들과 제자들, 그리고 저에게 이러한 귀중한 기회를 주신 시원스쿨어학연구소 관계자분들까지. 이 소중한 모든 인연들 덕분에 보다 더 완벽한 책을 쓸 수 있었습니다. 모두 진심으로 감사드립니다.

오정석 강사 드림

목차

LC

RC

왜 「토익 단기 전략 과외노트」인가?

1. 바쁜 학습자를 위한 7일 완성 솔루션

▶ 방대한 토익 전략서와 실전 문제집의 내용을 단 한권으로 압축
▶ LC 7 Days + RC 7 Days의 초단기 7일 완성 커리큘럼

2. 초단기 고득점 획득 보장

▶ 최빈출 기출포인트와 중급자가 자주 하는 실수, 최신 기출 표현까지 집중 학습
▶ 토익 만점강사의 전략적 풀이 과정을 그대로 보여줌으로써 만점 문제풀이 스킬 체득

3. 매일매일 모든 파트 학습으로 실전감 UP

▶ LC와 RC의 모든 파트를 매일 조금씩 학습하는 커리큘럼으로 구성
▶ 모든 파트를 균형 있게 골고루 학습하여 전 영역 점수 향상

4. 저자가 과외 수업에서만 전수하는 비법자료 수록

▶ 토익 만점강사의 파트별 고득점 노트 제공
▶ Part 4 최빈출 담화 유형별 표현 및 Part 7 고난도 독해 어휘 리스트 제공

5. 2023-2024 최신 기출 트렌드 100% 반영

▶ 최신 논란 문제 및 최신 기출 고난도 표현 수록
▶ 까다로워진 Part 3, 4, 7 난이도 완벽 반영

6. 엄선된 다량의 실전 문제 수록

▶ 실전 전략 적용 연습을 충분히 해 볼 수 있도록 각 Day마다 최신 기출 변형 실전 문제 제공
▶ 최신 기출 변형 Part 5 어휘 250문제 및 실전 모의고사 1회분 수록

이 책의 구성과 특징

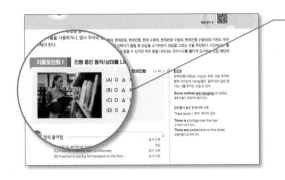

기출포인트

매 시험마다 반드시 출제되는 고득점 기출포인트를 알기 쉽게 정리해 줍니다. 최신 기출 트렌드를 완벽히 분석하고 반영한 문제들을 풀면서 실전 문제 대처 능력을 높입니다.

Oh! 정석풀이법

문제를 보자마자 무엇을 먼저 떠올려야 하는지, 무엇부터 챙겨 봐야 하는지, 정답으로 직행하는 법과 오답을 쉽게 소거하는 법 등을 낱낱이 알려줍니다. 가장 빠르고 정확하게 정답을 찾는 직관력과 문제 풀이 속도를 높이는 법을 배울 수 있습니다.

정석쌤 과외노트

과외 수업에서만 공개하던 오정석 강사의 고득점 비법! 해당 기출포인트와 관련된 추가 최빈출 포인트, 문제풀이 팁, 실제 시험에서 출제되었던 최신 기출 표현 모음까지 학습할 수 있습니다. 더 나아가, 실전에서 중급 학습자가 자주 하는 실수 등을 정리한 코너입니다.

토익 실전 연습

해당 Day 각 Part의 학습이 끝나면 최신 기출 경향이 완벽히 반영되어 있는 문제들을 풀면서 학습이 잘 되었는지 점검합니다. 채점 후, 틀린 문제는 오답 노트에 기록하여 취약한 부분을 완전히 학습하고 넘어가야 합니다.

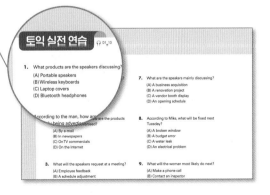

TOEIC이 궁금해

토익은 어떤 시험이에요?

TOEIC은 ETS(Educational Testing Service)가 출제하는 국제 커뮤니케이션 영어 능력 평가 시험(Test Of English for International Communication)입니다. 즉, 토익은 영어로 업무적인 소통을 할 수 있는 능력을 평가하는 시험으로서, 다음과 같은 주제를 다룹니다.

기업 일반	계약, 협상, 홍보, 영업, 비즈니스 계획, 회의, 행사, 장소 예약, 사무용 기기
제조 및 개발	공장 관리, 조립 라인, 품질 관리, 연구, 제품 개발
금융과 예산	은행, 투자, 세금, 회계, 청구
인사	입사 지원, 채용, 승진, 급여, 퇴직
부동산	건축, 설계서, 부동산 매매 및 임대, 전기/가스/수도 설비
여가	교통 수단, 티켓팅, 여행 일정, 역/공항, 자동차/호텔 예약 및 연기와 취소, 영화, 공연, 전시

토익은 총 몇 문제인가요?

구성	파트	내용		문항 수 및 문항 번호		시간	배점
Listening Test	Part 1	사진 묘사		6	1~6	45분	495점
	Part 2	질의 응답		25	7~31		
	Part 3	짧은 대화		39 (13지문)	32~70		
	Part 4	짧은 담화		30 (10지문)	71~100		
Reading Test	Part 5	단문 빈칸 채우기 (문법, 어휘)		30	101~130	75분	495점
	Part 6	장문 빈칸 채우기 (문법, 문맥에 맞는 어휘/문장)		16 (4지문)	131~146		
	Part 7	독해	단일 지문	29 (10지문)	147~175		
			이중 지문	10 (2지문)	176~185		
			삼중 지문	15 (3지문)	186~200		
합계				200 문제		120분	990점

토익 시험을 보려고 해요. 어떻게 접수하나요?

▷ 한국 TOEIC 위원회 인터넷 사이트(www.toeic.co.kr)에서 접수 일정을 확인하고 접수합니다.

▷ 접수 시 최근 6개월 이내에 촬영한 jpg 형식의 사진이 필요하므로 미리 준비합니다.

▷ 토익 응시료는 (2024년 6월 기준) 정기 접수 시 52,500원입니다.

시험 당일엔 뭘 챙겨야 하나요?

▸ 아침을 적당히 챙겨 먹습니다. 빈속은 집중력 저하의 주범이고 과식은 졸음을 유발합니다.

▸ 시험 준비물을 챙깁니다.

- 신분증 (주민등록증, 운전면허증, 기간 만료 전 여권, 공무원증만 인정. 학생증 안됨. 단, 중고등학생은 국내 학생증 인정)
- 연필과 깨끗하게 잘 지워지는 지우개 (볼펜이나 사인펜은 안됨. 연필은 뭉툭하게 깎아서 여러 자루 준비)
- 아날로그 시계 (전자시계는 안됨)
- 수험표 (필수 준비물은 아님. 수험 번호는 시험장에서 감독관이 답안지에 부착해주는 라벨을 보고 적으면 됨)

▸ 고사장을 반드시 확인합니다.

시험은 몇 시에 끝나나요?

오전 시험	오후 시험	내용
9:30 – 9:45	2:30 – 2:45	답안지 작성 오리엔테이션
9:45 – 9:50	2:45 – 2:50	수험자 휴식 시간
9:50 – 10:10	2:50 – 3:10	신분증 확인, 문제지 배부
10:10 – 10:55	3:10 – 3:55	청해 시험
10:55 – 12:10	3:55 – 5:10	독해 시험

▸ 최소 30분 전에 입실을 마치고(오전 시험은 오전 9:20까지, 오후 시험은 오후 2:20까지) 지시에 따라 답안지에 기본 정보를 기입합니다.

▸ 안내 방송이 끝나고 시험 시작 전 5분의 휴식 시간이 주어지는데, 이때 화장실에 꼭 다녀옵니다.

시험 보고 나면 성적은 바로 나오나요?

▸ 시험일로부터 9일 후 낮 12시에 한국 TOEIC 위원회 사이트(www.toeic.co.kr)에서 성적이 발표됩니다.

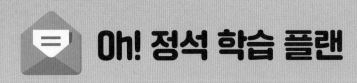

Oh! 정석 학습 플랜

- 아래의 학습 진도를 참조하여 매일 학습합니다
- 해당일의 학습을 하지 못했더라도 이전으로 돌아가지 말고 오늘에 해당하는 학습을 하세요. 그래야 끝까지 완주할 수 있습니다.
- 교재를 끝까지 한 번 보고 나면 2회 학습에 도전합니다. 두 번째 볼 때는 훨씬 빠르게 끝낼 수 있어요. 토익은 천천히 1회 보는 것보다 빠르게 2회, 3회 보는 것이 훨씬 효과가 좋습니다.

7일 완성

DAY 01	DAY 02	DAY 03	DAY 04	DAY 05
월 일	월 일	월 일	월 일	월 일
LC DAY 01	LC DAY 02	LC DAY 03	LC DAY 04	LC DAY 05
☐ 본문	☐ 본문	☐ 본문	☐ 본문	☐ 본문
☐ 토익 실전 연습	☐ 토익 실전 연습	☐ 토익 실전 연습	☐ 토익 실전 연습	☐ 토익 실전 연습
RC DAY 01	RC DAY 02	RC DAY 03	RC DAY 04	RC DAY 05
☐ 본문	☐ 본문	☐ 본문	☐ 본문	☐ 본문
☐ 토익 실전 연습	☐ 토익 실전 연습	☐ 토익 실전 연습	☐ 토익 실전 연습	☐ 토익 실전 연습

DAY 06	DAY 07
월 일	월 일
LC DAY 06	LC DAY 07
☐ 본문	☐ 본문
☐ 토익 실전 연습	☐ 토익 실전 연습
RC DAY 06	RC DAY 07
☐ 본문	☐ 본문
☐ 토익 실전 연습	☐ 토익 실전 연습

14일 완성

DAY 01	DAY 02	DAY 03	DAY 04	DAY 05
월 일	월 일	월 일	월 일	월 일
LC DAY 01	RC DAY 01	LC DAY 02	RC DAY 02	LC DAY 03
□ 본문 □ 토익 실전 연습	□ 본문 □ 토익 실전 연습	□ 본문 □ 토익 실전 연습	□ 본문 □ 토익 실전 연습	□ 본문 □ 토익 실전 연습

DAY 06	DAY 07	DAY 08	DAY 09	DAY 10
월 일	월 일	월 일	월 일	월 일
RC DAY 03	LC DAY 04	RC DAY 04	LC DAY 05	RC DAY 05
□ 본문 □ 토익 실전 연습	□ 본문 □ 토익 실전 연습	□ 본문 □ 토익 실전 연습	□ 본문 □ 토익 실전 연습	□ 본문 □ 토익 실전 연습

DAY 11	DAY 12	DAY 13	DAY 14
월 일	월 일	월 일	월 일
LC DAY 06	RC DAY 06	LC DAY 07	RC DAY 07
□ 본문 □ 토익 실전 연습	□ 본문 □ 토익 실전 연습	□ 본무 □ 토익 실전 연습	□ 본무 □ 토익 실전 연습

LISTENING
COMPREHENSION

LC

Part 1 사진묘사

▸ 사진과 함께 4개의 선택지(A~D)를 듣고, 사진을 가장 잘 묘사한 선택지를 고르는 유형으로 총 6문제가 출제된다.

▸ 인물 사진이 가장 많은 출제 비중을 차지하고, 인물 + 사물 혼합 사진, 사물 사진, 풍경 사진 순서로 자주 나온다.

▸ 매 회 출제되는 6개의 문장 형식과 빈출 어휘들이 있다.

▸ 오답 패턴으로 문제를 쉽게 풀 수 있다.

Part 2 질의 응답

▸ 한 개의 질문과 세 개의 선택지(A~C)를 듣고, 질문에 대해 가장 잘 응답한 선택지를 고르는 유형으로 총 25문제 가 출제된다.

▸ 질문은 의문사 의문문, 일반 의문문, 특수 의문문(부정/부가, 선택, 간접), 평서문 등으로 구성되어 있다.

▸ 의문사 의문문 질문이 약 절반 정도의 비중을 차지하고, 일반 의문문과 평서문, 부정/부가 의문문, 선택 의문문, 간접 의문문 순서로 자주 나온다.

▸ 빈출되는 직접/간접 답변과 오답 패턴으로 문제를 쉽게 풀 수 있다.

Part 3 짧은 대화

▸ 2~3명의 남녀가 하는 대화를 듣고 3개의 질문에 맞는 알맞은 선택지(A~D)를 고르는 유형으로 총 39문제가 출 제된다.

▸ 질문 유형은 주제/목적, 직업/장소, 세부 사항, 다음 할 일, 문제점, 의도 파악, 시각 자료로 구성되어 있다.

▸ 세부 사항 유형이 가장 많은 출제 비중을 차지하고, 주제/목적과 직업/장소, 다음 할 일, 문제점 순서로 자주 나온다.

▸ 의도 파악 유형은 2문제, 시각 자료 유형은 3문제가 고정적으로 출제된다.

▸ 대화가 시작되기 전에 먼저 질문과 선택지를 읽고 키워드를 훑어 읽는 것(skimming)이 좋으며, 빈출 패러프레 이징을 암기하면 문제를 쉽게 풀 수 있다.

Part 4 설명문

▸ 한 명이 말하는 담화를 듣고 3개의 질문에 맞는 알맞은 선택지(A~D)를 고르는 유형으로 총 30문제가 출제된다.

▸ 질문 유형은 Part 3와 동일한 유형으로 구성되어 있다.

▸ 담화 내용으로 전화 메시지, 공지, (라디오) 방송, 회의 발췌가 가장 큰 비중을 차지하고, 광고, 뉴스 보도, 관광 안 내, 인물 소개, 발표 순으로 자주 나온다.

▸ 의도 파악 유형은 3문제, 시각 자료 유형은 2문제가 고정적으로 출제된다.

▸ 담화가 시작되기 전에 먼저 질문과 선택지를 읽고 키워드를 훑어 읽는 것(skimming)이 좋으며, 빈출 패러프레 이징을 암기하면 문제를 쉽게 풀 수 있다.

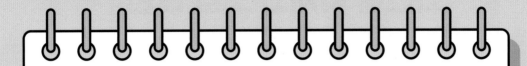

DAY 01

학습포인트

Part 1 최빈출 시제와 오답 패턴

기출포인트 1 진행 중인 동작/상태를 나타내는 현재진행
- 사람 주어 + 현재진행시제, hang 같은 동사는 사물 주어도 가능

기출포인트 2 완료된 동작을 나타내는 현재완료 수동태
- 현재완료 수동태 VS. 현재 수동태 구분

기출포인트 3 사물 주어와 동작을 나타내는 현재진행 수동태
- display, cast, bake, water, tow 등은 사진에 사람이 없어도 현재진행 수동태 가능

기출포인트 4 사진에 없는 단어를 활용한 오답 패턴
- 사진에서 볼 수 없는 명사, 동사, 부사구(전치사구) 등을 사용한 오답
- 상태 동사 VS. 동작 동사

Part 2 Who/Where 의문문

기출포인트 1 직책/부서명이 정답이 되는 Who 의문문
- 사람 이름/부서/직책/직업/대명사/회사 이름이 주로 정답

기출포인트 2 차례를 알리는 답변이 정답인 Whose 의문문
- 뒤에 나오는 명사까지 키워드로 잡기, 만능 답변 암기

기출포인트 3 There's one 답변이 정답인 Where 의문문
- There's one이 들어간 선택지가 주로 정답이지만, 거리/시간/방향/추가 안내도 정답으로 출제

기출포인트 4 영국/호주 발음일 때 어려운 Where VS. When
- 영국식/호주식 발음일 때 When 의문문에 대한 답변이 오답으로 제시

Part 3&4 주제&목적/문제점을 묻는 문제

기출포인트 1 [Part 3] 주제&목적을 묻는 문제
- 주로 대화의 첫 부분에서 정답을 찾을 수 있지만 대화 전체를 다 듣고 파악

기출포인트 2 [Part 4] 문제점을 묻는 문제
- 걱정/우려를 나타내는 단어나 부정적인 표현을 사용하여 직접적으로 문제점을 언급

PART 1

최빈출 시제와 오답 패턴

음원 듣기 ▶

Part 1은 고정적으로 출제되는 동사 시제(단순 현재, 현재완료, 현재진행, 현재 수동태, 현재완료 수동태, 현재진행 수동태)와 키워드 위주로 빠르게 해석하여 정답을 골라야 하는데, 각 질문의 선택지가 들릴 때 오답을 소거하면서 정답을 고르는 것을 추천한다. 사진에서는 볼 수 없는 사물을 사용하거나, 명사 주어와 동사는 사진에서 찾을 수 있지만 위치 등을 나타내는 전치사구를 틀리게 묘사하는 오답 패턴에 유의해야 한다.

기출포인트 1 　진행 중인 동작/상태를 나타내는 현재진행　🎧 D1_1

(A) O △ X
(B) O △ X
(C) O △ X
(D) O △ X

Oh! 정석 풀이법

(A) A woman is writing some notes. 　　　　　　　동사 오류
(B) A woman is reading a book. 　　　　　　　　　정답
(C) A woman is sitting next to a doorway. 　　　　동사 오류
(D) A woman is placing her backpack on the floor. 동사 오류

> **주의**
> 현재진행시제(be -ing)는 주로 사람 주어와 함께 쓰이는데, hang(걸다, 걸리다)과 같은 동사는 사물 주어도 쓰일 수 있다.
>
> **Some clothes <u>are hanging</u>** on racks.
> 몇몇 옷들이 옷걸이에 걸려 있다.
>
> **정답률이 높은 현재시제 구문**
> There is/are + 주어: 주어가 있다
>
> **There is** a bridge over the river.
> 강 위에 다리가 있다.
> **There are** pedestrians on the street.
> 보행자들이 길 위에 있다.

기출포인트 2 　완료된 동작을 나타내는 현재완료 수동태　🎧 D1_2

(A) O △ X
(B) O △ X
(C) O △ X
(D) O △ X

Oh! 정석 풀이법

(A) Some documents are being arranged on a table. 　동사 오류
(B) Some chairs are stacked against a table. 　　　　동사 오류
(C) A floral arrangement has been placed on a table. 정답
(D) A box of supplies is next to a table. 　　　　　　없는 사물

> **현재완료 수동태 VS. 현재 수동태**
> Part 1에서 현재완료 수동태(have been p.p.)는 현재 수동태(be p.p.)와 동일하게 '[주어]가 p.p.되었다, 되어 있다'라고 해석하는 것에 유의한다. 문법적 차이를 구분하기보다 사진을 묘사하는 문장의 핵심만 파악하고 빠르게 정답을 고르는 것이 더 중요하다.
>
> Some boxes **have been stacked** on the floor.
> = Some boxes **are stacked** on the floor.
> 몇몇 박스들이 바닥에 쌓여 있다.
>
> **주의**
> 실제 시험에서 현재완료 수동태(have been p.p.)와 현재진행 수동태(be being p.p.)의 발음을 구분하는 것은 쉽지 않으므로 발음에 유의해야 한다.
>
> A rug **has been rolled up**.
> 러그가 말아 올려져 있다.
> A rug **is being rolled up**.
> 러그가 말아 올려지고 있다.

기출포인트 3 사물 주어와 동작을 나타내는 현재진행 수동태 🎧 D1_3

(A) O △ X
(B) O △ X
(C) O △ X
(D) O △ X

Oh! 정석 풀이법

(A) A man is holding a rake.   없는 사물
(B) A man is washing his car.   동사 오류
(C) Water is being sprayed from a hose.   정답
(D) Some vehicles are being driven on a road.   동사 오류

주의

현재진행 수동태(be being p.p.)는 사물을 주어로 하여 사물에 행해지는 동작을 주로 나타내기 때문에 높은 확률로 사진에 사람이 있지만, 아래 동사들은 사진에 사람이 등장하지 않아도 정답이 될 수 있다.

be being displayed 진열되고 있다
be being cast 드리우고 있다
be being baked 구워지고 있다
be being watered 물이 뿌려지고 있다
be being towed 견인되고 있다

다만, be being displayed와 be being cast는 동작뿐만 아니라 사물의 상태도 나타낼 수 있다.

Some clothing **is being displayed** on racks.
몇몇 옷이 옷걸이에 진열되어 있다.
Shadows **are being cast** on the path.
그림자가 길 위에 드리워져 있다.

기출 생소한 사물 주어

column 기둥
curb 연석
light fixture 조명 장치
ramp 경사로
railing 난간
wheelbarrow 외바퀴 손수레
patio 야외 테라스
scaffolding 비계
canopy 덮개, 캐노피

기출포인트 4 사진에 없는 단어를 활용한 오답 패턴 🎧 D1_4

(A) O △ X
(B) O △ X
(C) O △ X
(D) O △ X

Oh! 정석 풀이법

(A) A man is opening a dishwasher.   없는 사물
(B) A man is wiping a counter.   정답
(C) A man is preparing a meal.   동사 오류
(D) A man is stirring a bowl.   없는 사물

Part 1 최빈출 오답 패턴

① 사진에서 찾을 수 없는 사람명사와 사물명사 함정
② 명사 주어와 동사는 사진에서 찾을 수 있지만, 위치를 나타내는 전치사구가 틀린 함정
③ 상태와 동작의 혼동을 노린 함정

기출 상태 동사 VS. 동작 동사 구분

상태	동작
be wearing 입은 상태	be putting on be trying on 입는 동작
be riding 타고 있는 상태	be boarding be embarking 타는 동작
be gripping be grasping 잡고 있는 상태	be picking up be lifting 들어올리는 동작

토익 실전 연습 🎧 D1_5

정답 및 해설 p. 104

1.

4.

2.

5.

3.

6.

PART 2

Who/Where 의문문

음원 듣기 ▶

Part 2에서 Who/Where 의문문은 매달 평균적으로 각각 1~2문제씩 출제된다. Who 의문문이 들린다면 사람 이름/직책/직위/부서명 등의 답변이 나올 것을 예상하고 선택지를 듣는 것이 좋고, Where 의문문은 구체적인 장소/위치/출처 등의 답변을 정답으로 고르면 된다. 간접 응답이 정답이 되는 어려운 문제도 출제되지만, 출제되는 의문문 유형 중 가장 쉬운 유형이므로 반드시 다 맞히는 것을 목표로 해야 한다.

기출포인트 1 　직책/부서명이 정답이 되는 Who 의문문　🎧 D1_6

Q. Mark your answer.

(A) O △ X

(B) O △ X

(C) O △ X

Oh! 정석 풀이법

Q. Who should I notify about the missing key?

(A) The security manager. ... 정답

(B) Make sure to lock it. ... key - lock 연상 오류

(C) Before midnight. ... When 의문문 답변

Who 의문문 문제풀이 TIP

사람 이름/부서/직책/직업/대명사로 답변하는 것이 기본이지만, 이 패턴을 벗어나는 의외의 응답도 자주 출제된다.

부서	Accounting 회계부
	Human Resources, Personnel 인사부
	Public Relations 홍보부
	Inventory Team 재고 관리팀
직책	manager 부장
	CEO 대표이사
	director 이사
직업	secretary 비서
	receptionist 안내원
	salesperson 판매원

기출 Who 의문문 '담당자' 관련 표현

be in charge of 담당하다
take care of 처리하다
handle 다루다
be responsible for 책임지다, 담당하다
arrange, make an arrangement 준비하다

기출포인트 2 　차례를 알리는 답변이 정답인 Whose 의문문　🎧 D1_7

Q. Mark your answer.

(A) O △ X

(B) O △ X

(C) O △ X

Oh! 정석 풀이법

Q. Whose turn is it to order the coffee?

(A) Print an extra copy, please. ... coffee - copy 유사 발음

(B) I handled it last time. ... 정답

(C) Let's postpone the presentation. ... turn - presentation 연상 오류

Whose 의문문 문제풀이 TIP

Whose 뒤에 나오는 명사까지 키워드로 잡아 들어야 하며, 부정대명사/소유대명사/사람 이름 등 차례·처리·책임 등을 나타내는 선택지가 정답이다.

기출 Who/Whose 의문문 만능 답변

It hasn't been decided yet.
아직 결정되지 않았어요.
I'll ask Mr. Davis to do it.
데이비스 씨가 그걸 하도록 요청할게요.
What should be changed?
무엇이 바뀌어야 하나요?
Let me check that for you.
제가 확인해 볼게요.
It depends on who's available.
누가 시간이 비는지에 달려있어요.

There's one 답변이 정답인 Where 의문문 🎧 D1_8

Q. Mark your answer.

(A) O △ X

(B) O △ X

(C) O △ X

Oh! 정석 풀이법

Q. Where's the nearest grocery store?
(A) There's one by the gas station.   정답
(B) My uncle is a delivery driver.   store - delivery 연상 오류
(C) Until 10 PM every night.   When 의문문 답변

Where 의문문 문제풀이 TIP

- 의문사 Where만 들어도 풀 수 있는 비교적 쉬운 유형이다.
- 「전치사 + 장소」의 형태로 정답이 제시되는 것이 일반적이지만, 출처/방법, 담당자, 떨어진 거리/시간, 방향 설명, 안내 등의 패턴으로도 출제된다.

기출 Where 의문문 빈출 장소 표현

to this address 이 주소로
on the calendar 달력에
around the corner 가까운 곳에
You can find it online.
그건 온라인에서 찾아보실 수 있어요.
Did you check the supply room?
비품실은 확인해 보셨나요?
down the block from here
여기에서 한 블록 내려가면

주의

Where 의문문이 고난도 문제로 출제될 때는 선택지에 두 개의 위치/장소 관련 내용을 언급하므로 의문사만 노려 듣고는 정답을 고를 수 없게 나오기도 한다.

Q. Where's the Diamond Banquet Hall?
   다이아몬드 연회장이 어디인가요?
(A) It's on the bookshelf.
   책장 위에 있어요.
   → 장소 전치사가 있지만, 연회장이 선반에 있을 수 없으므로 오답
(B) Next Monday.
   다음주 월요일이요.
(C) There's a floor plan near the stairs.
   계단 근처에 평면도가 있어요.
   → 문의 장소에 대한 정보를 제공하므로 정답

기출포인트 4 **영국/호주 발음일 때 어려운 Where VS. When** 🎧 D1_9

Q. Mark your answer.

(A) O △ X

(B) O △ X

(C) O △ X

Oh! 정석 풀이법

Q. Where can we rent a car for the weekend?
(A) That model is the most popular.   car - model 연상 오류
(B) I don't think we'll need one.   정답
(C) At 4 o'clock.   When 의문문 답변

주의

영국·호주식 발음의 경우 /r/ 발음 시 혀를 굴리지 않기 때문에 Where과 When을 구분하기 쉽지 않고, 질문이 Where로 시작한다면 When 의문문에 대한 답변이, When으로 시작한다면 Where 의문문에 대한 답변이 오답 선택지로 제시되므로 주의해야 한다.

Q. When will you repair the sink?
   싱크대를 언제 수리할 예정인가요?
A. From the hardware store. 철물점에서요.
   → Where 의문문 답변이므로 오답
   By the end of the week. 이번 주 말까지요.
   → 정답

토익 실전 연습 🎧 D1_10

정답 및 해설 p. 105

1. Mark your answer.　　(A) (B) (C)

2. Mark your answer.　　(A) (B) (C)

3. Mark your answer.　　(A) (B) (C)

4. Mark your answer.　　(A) (B) (C)

5. Mark your answer.　　(A) (B) (C)

6. Mark your answer.　　(A) (B) (C)

7. Mark your answer.　　(A) (B) (C)

8. Mark your answer.　　(A) (B) (C)

9. Mark your answer.　　(A) (B) (C)

10. Mark your answer.　　(A) (B) (C)

11. Mark your answer.　　(A) (B) (C)

12. Mark your answer.　　(A) (B) (C)

13. Mark your answer.　　(A) (B) (C)

14. Mark your answer.　　(A) (B) (C)

15. Mark your answer.　　(A) (B) (C)

16. Mark your answer.　　(A) (B) (C)

17. Mark your answer.　　(A) (B) (C)

18. Mark your answer.　　(A) (B) (C)

19. Mark your answer.　　(A) (B) (C)

20. Mark your answer.　　(A) (B) (C)

주제&목적/문제점을 묻는 문제

음원 듣기 ▶

Part 3&4의 주제&목적을 묻는 문제는 주로 첫 번째 문제로, 문제점을 묻는 문제는 첫 번째 또는 두 번째 문제로 나오는데, 각 파트마다 매회 3~4문제씩 출제된다. 주제&목적 문제의 선택지는 주로 to부정사구나 짧은 명사구로 나오므로 빠르게 선택지를 파악할 수 있지만, 문제점을 묻는 문제의 선택지는 문장으로 출제되는 경우가 많으므로 키워드를 중심으로 빠르게 내용을 파악하는 연습을 해야 한다.

기출포인트 1 　[Part 3] 주제&목적을 묻는 문제　🎧 D1_11

Q1. Why is the man calling?

(A) To request customer feedback
(B) To schedule another appointment
(C) To inquire about a delivery status
(D) To verify a payment method

Q2. What caused a delay?

(A) Some personnel were unwell.
(B) Some tools went missing.
(C) A product was temporarily unavailable.
(D) A shipping address was misspelled.

Q3. What does the man say he will do?

(A) Submit a report
(B) Schedule a follow-up visit
(C) Issue a refund
(D) Investigate a malfunction

Oh! 정석 풀이법

M: Hi, this is Devon calling from Meadowbrook Construction. My crew installed new carpeting in your apartment last week, and I'd like to know if the service you received was satisfactory.

W: All in all, yes. But the material I wanted was out of stock temporarily. That caused a delay in the delivery, but when it finally came in, the carpet was installed swiftly.

M: Great! I noticed on your invoice that you bought the carpeting when there was a 15 percent off sale, right?

W: Really? But my credit card statement says I paid the full amount.

M: Oh, that must be an error. I'll refund you the 15 percent right now.

Q1. Why is the man calling?
　정답 I'd like to know if the service you received was satisfactory
　　　→ (A) To request customer feedback

Q2. What caused a delay?
　정답 the material I wanted was out of stock temporarily
　　　→ (C) A product was temporarily unavailable.

Q3. What does the man say he will do?
　정답 I'll refund you the 15 percent → (C) Issue a refund

주제&목적 유형 문제풀이 TIP

- 화자들이 나누고 있는 대화의 주제나 전화를 건 목적을 묻기 때문에 주로 대화의 첫 부분에서 정답 단서가 제시된다. 따라서 첫 번째 화자의 말을 집중해서 들어야 한다.

- 대화의 첫 문장을 놓쳤다면, 과감히 두 번째 문제로 넘어가야 한다. 뒤에 두 문제를 먼저 풀면서 주제&목적 문제가 저절로 풀리기도 한다.

주의

난이도 높은 문제의 경우, 전체 상황을 종합하여 요약한 선택지를 찾아야 하기도 한다. 대화 중 언급되었거나 대화 주제와 연관된 어휘가 오답 선택지로 등장하므로 주의한다.

기출 주제&목적 문제 정답 단서

I'd like to do ~하고 싶습니다
I'm calling about[to do]
~와 관련해[~하기 위해] 전화 드립니다
I was wondering if ~할 수 있는지 궁금합니다
I'm here to do ~하기 위해 여기 왔습니다
What do you think about ~?
~에 대해 어떻게 생각하시나요?
I just wanted to do 단지 ~하고 싶었습니다

[Part 4] 문제점을 묻는 문제　　🎧 D1_12

Q1. Where does the woman work?

(A) At a garden center
(B) At an architecture firm
(C) At a furniture store
(D) At a sporting goods store

Q2. What problem does the woman mention?

(A) A shipment was lost.
(B) An item is out of stock.
(C) A price listing has increased.
(D) A contract is not ready.

Q3. Why does the woman ask the man to call her back?

(A) To reschedule an installation
(B) To request a discount on a service
(C) To confirm a payment method
(D) To provide his e-mail address

문제점 유형 문제풀이 TIP

- 특히, 화자가 문제 상황에 대한 이야기를 담화 초반에 꺼내기 때문에 담화의 앞부분에 정답 단서가 제시된다. 부정적인 내용이 언급된 부분에 초점을 맞춰 들어야 한다.
- 기술적인 문제, 계산 착오, 매출 부진, 배송 및 일정 문제, 예산 문제, 재고 품절 등이 가장 자주 출제된 문제점이다.

기출 문제점 문제 정답 단서

have difficulties[trouble, problems] with/-ing ~에 문제가 있다
I'm worried[concerned] ~이 걱정된다
I cannot, I won't be able to, I don't think I can ~할 수 없다
Unfortunately, I'm afraid, I'm sorry, but, However, Actually
불행히도, 안타깝게도, 죄송하지만, 그러나, 사실

Oh! 정석 풀이법

W: Good morning, Mr. Owens. This is **Kerry from Sun Haven Furnishings.** I'm calling about the dining set that you ordered for your patio: the mahogany table with 4 cushioned seats. **Unfortunately, that design is not available now, and the manufacturer doesn't know when more of that model will be available.** However, we do offer other sets that might work for you and are well within your price range. I can certainly send you some images of alternative options. **Just call this number back and let me know what your e-mail address is.** I'm confident we can find one that you'll love.

Q1. Where does the woman work?
　정답 Kerry from Sun Haven Furnishings
　　　→ (C) At a furniture store

Q2. What problem does the woman mention?
　정답 Unfortunately, that design is not available
　　　→ (B) An item is out of stock.

Q3. Why does the woman ask the man to call her back?
　정답 call this number back, let me know what your e-mail address is
　　　→ (D) To provide his e-mail address

최빈출 담화 유형: 전화 메시지

- 예약, 주문, 약속의 변경/확인/취소, 상대의 요청사항에 대한 답변, 일정 조정 등이 주된 내용이다.
- 메시지마다 내용 전개 방식이 매우 유사하므로 미리 익혀두면 좋다.

인사 및 자기 소개
화자가 이름과 소속을 소개
↓
전화 용건
전화를 건 용건을 밝히거나 문제 상황을 알림
↓
당부 또는 요청사항
청자에게 당부의 말이나 요청사항 전달
↓
마무리 인사

1. What products are the speakers discussing?

(A) Portable speakers
(B) Wireless keyboards
(C) Laptop covers
(D) Bluetooth headphones

2. According to the man, how are the products currently being advertised?

(A) By e-mail
(B) In newspapers
(C) On TV commercials
(D) On the Internet

3. What will the speakers request at a meeting?

(A) Employee feedback
(B) A schedule adjustment
(C) A budget increase
(D) Quality inspections

---

4. Why is the woman calling?

(A) To report a billing error
(B) To renew a subscription
(C) To register for an account
(D) To negotiate an agreement

5. Why does the man apologize?

(A) A service is no longer operating.
(B) A supervisor is not available.
(C) A discount does not apply.
(D) A distribution contract has ended.

6. What does the man say he will do?

(A) Investigate a cost
(B) Transfer a call
(C) Update a collection
(D) Send a document

7. What are the speakers mainly discussing?

(A) A business acquisition
(B) A renovation project
(C) A vendor booth display
(D) An opening schedule

8. According to Mike, what will be fixed next Tuesday?

(A) A broken window
(B) A budget error
(C) A water leak
(D) An electrical problem

9. What will the woman most likely do next?

(A) Make a phone call
(B) Contact an inspector
(C) Review a contract
(D) Reserve a space

10. Why is the speaker calling?

(A) To advertise a special promotion
(B) To report that a service has been completed
(C) To confirm a finalized cost estimate
(D) To suggest that a manufacturer be contacted

11. According to the speaker, what was the problem with the clock?

(A) Its hands were skipping ahead.
(B) Its glass door had a crack.
(C) Its chime was not ringing.
(D) Its case was losing its shine.

12. What does the speaker suggest the listener do?

(A) Schedule regular maintenance
(B) Review a user's manual
(C) Use a delivery service
(D) Visit a store on Monday

---

13. What is being renovated?

(A) A city hall building
(B) An airport
(C) A conference center
(D) A shopping mall

14. What problem does the speaker mention about the building?

(A) It cannot accommodate those with wheelchairs.
(B) It is not linked to public transit systems.
(C) It lacks enough public seating areas.
(D) It has poor ventilation.

15. What will happen after a commercial break?

(A) A city official will be interviewed.
(B) A sports competition will be broadcast.
(C) A weather forecast will be provided.
(D) A new talk show will be aired.

16. Where is the announcement being made?

(A) In a theater
(B) At a restaurant
(C) On a train
(D) On a plane

17. What problem does the speaker mention?

(A) There is limited space for baggage.
(B) There are not enough empty seats.
(C) A storage service has been discontinued.
(D) A special event has been canceled.

18. According to the speaker, why should the listeners talk with a staff member?

(A) To enter a raffle
(B) To receive a free gift
(C) To order food
(D) To request a refund

Part 4 최빈출 담화 필수 표현

전화 메시지

● 인사 및 자기 소개

□ I'm calling from Laverton Library.
□ This is Jenny Oh (calling) from Accounting.
□ You've reached Denton's Online Market.
□ Thanks for calling Prince Hotel.

래버튼 도서관에서 전화 드립니다.
저는 회계부의 제니 오입니다.
덴튼 온라인 마켓에 전화하셨습니다.
프린스 호텔에 전화 주셔서 감사합니다.

● 전화 용건

□ I'm calling about the conference.
□ The product you ordered is temporarily out of stock.
□ I wanted to talk to you about the invoice.
□ I'm calling to confirm your reservation.
□ I'm calling to respond to your inquiry.

컨퍼런스에 관해 전화 드립니다.
귀하께서 주문하신 제품이 일시적으로 품절입니다.
송장에 관해 이야기하고 싶었습니다.
귀하의 예약을 확인하기 위해 전화 드립니다.
귀하의 문의에 답변 드리기 위해 전화 드립니다.

● 당부 또는 요청사항

□ I'd appreciate it if you could send me the estimate.
□ I suggest that you come back in an hour.
□ Please call me back at 987-4469.
□ Let me know what you prefer.
□ I'd like to buy a new car.
□ I'd like you to go over the applications.

견적서를 보내 주실 수 있다면 감사하겠습니다.
한 시간 후에 오시는 것을 권해 드립니다.
987-4469번으로 저에게 다시 전화 주시기 바랍니다.
선호하시는 것을 제게 알려주십시오.
새로운 차를 사려고 합니다.
귀하께서 지원서들을 검토해 주셨으면 합니다.

● 마무리 인사

□ Please feel free to contact us.
□ Don't hesitate to contact me.
□ I'm looking forward to hearing from you soon.
□ You can reach me at 547-4829.
□ If you have any questions, please call[contact] me.

언제든지 저희에게 연락 주십시오.
주저하지 말고 저에게 연락 주십시오.
곧 연락 주시기를 기대하고 있겠습니다.
547-4829번으로 저에게 연락하실 수 있습니다.
문의사항이 있으시면, 저에게 전화[연락] 주십시오.

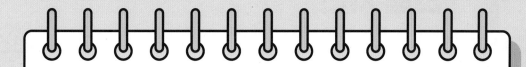

DAY
02

학습포인트

Part 1 인물 사진

기출포인트 1 **인물 사진 최빈출 명사: 사람 명사**
- 인물 사진에서 주어로 사용되는 최빈출 사람 명사 암기

기출포인트 2 **인물 사진 최빈출 동사 ① 보다**
- '보다' 기출 동사 암기

기출포인트 3 **인물 사진 최빈출 동사 ② 걷다**
- '걷다' 기출 동사 암기

기출포인트 4 **인물 사진 최빈출 동사 ③ 일하다**
- '일하다' 기출 동사 암기

Part 2 When/What/Which 의문문

기출포인트 1 **질문과 다른 시제로 답하는 When 의문문**
- 뒤에 제시되는 동사의 시제에 집중 → 빈출 시간 표현 암기

기출포인트 2 **When 의문문 고난도 우회 답변**
- When으로 질문했지만, 사람/장소로 답변하는 고난도 유형

기출포인트 3 **뒤에 오는 '명사'에 따라 달라지는 What 의문문**
- 뒤에 제시되는 명사와 동사까지 키워드로 잡기 → 특히 간접/우회적 응답이 자주 출제

기출포인트 4 **one이 있는 선택지가 정답인 Which 의문문**
- 뒤에 제시되는 명사까지 키워드로 잡기 → 대명사 one이 있다면 정답일 확률 ↑

Part 3&4 직업/장소를 묻는 문제

기출포인트 1 **[Part 3] 직업을 묻는 문제**
- 정답으로 출제된 직업 어휘 암기 → 상대방의 말에서 언급되는 경우도 있으니 유의

기출포인트 2 **[Part 4] 장소를 묻는 문제**
- 장소가 직접 언급되기도 하지만, 전체 담화를 듣고 유추해야 하는 고난도 문제도 출제

PART 1 인물 사진

음원 듣기 ▶

Part 1에서 인물이 등장하는 사진은 매달 고정적으로 2~4문제까지 출제된다. 1인 또는 2인 이상의 사람이 등장하는 사진이 나오며, 인물의 동작이나 상태를 알맞게 묘사하는 문장을 정답으로 고르면 된다. 특히, 인물 사진에서 출제되는 문장은 사람 주어와 현재진행시제(be + ing)를 가장 많이 사용하지만, 사물 주어와 함께 현재진행 수동태(be being p.p)를 사용해 출제하기도 한다.

기출포인트 1   인물 사진 최빈출 명사: 사람 명사   🎧 D2_1

(A) O △ X
(B) O △ X
(C) O △ X
(D) O △ X

Oh! 정석 풀이법

(A) A city official is giving a speech.   주어 오류
(B) Some musicians have gathered together.   정답
(C) One of the men is putting on a hat.   동사 오류
(D) A group of customers are waiting outside.   주어 오류

기출 Part 1 최빈출 사람 명사

clerk 점원
customer, patron 고객, 손님
diner 식사 손님
lecturer 강연자
presenter 발표자
crowd 무리, 군중
shopper 쇼핑객
waiter, waitress, server 서빙하는 사람, 웨이터
cyclist 자전거 타는 사람
pedestrian 보행자
worker 작업자
musician 음악가

주의

인물 중심인 사진인데 구석에 위치한 자칫 놓치기 쉬운 사물을 묘사한 문장이 정답이 되는 경우도 있다. 음원이 나오기 전 사진을 미리 파악할 때, 사람뿐만 아니라 작은 사물까지 꼼꼼하게 봐 두어야 오답을 피할 수 있다.

기출포인트 2   인물 사진 최빈출 동사 ① 보다   🎧 D2_2

(A) O △ X
(B) O △ X
(C) O △ X
(D) O △ X

Oh! 정석 풀이법

(A) Some cans are being stacked on a shelf.   동사 오류
(B) A man is removing some bills from his wallet.   동사 오류
(C) A shopper is browsing in a store.   정답
(D) A shopper is emptying his cart.   동사 오류

기출 인물 사진 '보다' 동사 표현

facing each other 서로 마주 보고 있다
looking at a monitor 모니터를 보고 있다
looking in(to) a drawer 서랍을 들여다보고 있다
examining[studying, reviewing] a document 서류를 자세히 보고 있다
checking a map 지도를 보고 있다
admiring some artwork 예술 작품을 바라보고 있다
watching a performance 공연을 보고 있다

주의

남자가 쇼핑 카트를 밀고 있는 동작을 나타낼 때 다양한 문장으로 표현할 수 있다.

A man **is pushing** a shopping cart.
남자가 쇼핑 카트를 밀고 있다.
A shopping cart **is being pushed**.
쇼핑 카트가 밀어지고 있다.
A cart **is being pushed** down an aisle by a shopper.
쇼핑객에 의해 카트가 통로에서 밀어지고 있다.

(A) O △ X
(B) O △ X
(C) O △ X
(D) O △ X

Oh! 정석 풀이법

(A) A man **is writing** on a notepad.　동사 오류
(B) Some coworkers **are having** lunch together.　동사 오류
(C) **A woman** is holding a cup.　주어 오류
(D) People **are walking down** a flight of stairs.　정답

기출 인물 사진 '걷다' 동사 표현

walking along a walkway
보도를 따라 걷고 있다
crossing a street 길을 건너고 있다
walking up[climbing] the stairway
계단을 오르고 있다
descending a staircase 계단을 내려가고 있다
strolling along a path 보도를 따라 걷고 있다
walking toward a boat 배 쪽으로 걷고 있다

주의

인물 사진에 2인 이상의 여러 사람이 등장하는 경우 주어에 특히 주의해 들어야 하며, 이후 인물들이 취하고 있는 공통의 동작이나 상태 또는 개별적인 동작과 상태까지 빠르게 파악해야 한다.

기출포인트 4　인물 사진 최빈출 동사 ③ 일하다　🎧 D2_4

(A) O △ X
(B) O △ X
(C) O △ X
(D) O △ X

Oh! 정석 풀이법

(A) One of the women **is drinking** from a cup.　동사 오류
(B) They **are rearranging** papers on a table.　동사 오류
(C) They **are working** at a computer.　정답
(D) One of the women **is cleaning** her glasses.　동사 오류

기출 인물 사진 '일하다' 동사 표현

typing on a keyboard
키보드로 타자를 치고 있다
sweeping the floor 바닥을 쓸고 있다
repairing a car 자동차를 고치고 있다
preparing some food
몇몇 음식을 준비하고 있다
loading furniture 가구를 싣고 있다
working at a construction site
공사 현장에서 작업하고 있다
writing A down on a clipboard
클립보드에 A를 적고 있다
holding a piece of cloth 천 하나를 잡고 있다

1.

4.

2.

5.

3.

6.

When/What/Which 의문문

음원 듣기 ▶

Part 2에서 When/What/Which 의문문은 매달 평균적으로 각각 2~3문제 이상씩 출제되는데, Which 의문문은 출제되지 않을 때도 있다. 각 의문사 질문마다 반드시 들어야 하는 키워드와 오답 선택지가 구성되는 패턴을 위주로 학습해야 하며, 자주 출제되는 기출 간접/우회 응답 표현은 반드시 따로 암기하는 것이 좋다.

기출포인트 1   질문과 다른 시제로 답하는 When 의문문   🎧 D2_6

Q. Mark your answer.

(A) O △ X

(B) O △ X

(C) O △ X

Oh! 정석 풀이법

Q. When will the employee badges be distributed?
(A) A company policy.   employee - company 연상 오류
(B) Everyone got theirs yesterday.   정답
(C) That's fine. I don't need one.   badges - one 연상 오류

When 의문문 문제풀이 TIP

- When 뒤에 제시되는 동사까지 키워드로 잡아 들어야 한다.
- 구체적인 시간/요일/날짜 등으로 직접적인 답변을 하거나 접속사 등을 사용하여 대략적인 시점으로 답변하는 경우도 있다.
- 미래시제 > 현재시제 > 과거시제 순으로 시제를 사용한 응답이 많이 출제된다.

기출 When 의문문 빈출 시간 표현

not until + 시점 ~ 때까진 아니다, ~가 되어서야
as soon as ~하자마자
once 일단 ~한 후에
right after[before] ~한 직후에[직전에]
How about + 시간? ~은 어때요?
no later than 늦어도 ~까지
anytime tomorrow 내일 언제든지
sometime next summer 내년 여름 쯤에
earlier this year 올해 초에
very soon 곧

기출포인트 2   When 의문문 고난도 우회 답변   🎧 D2_7

Q. Mark your answer.

(A) O △ X

(B) O △ X

(C) O △ X

Oh! 정석 풀이법

Q. When are we going to meet with the roofing contractor?
(A) The maintenance cost.   roofing - maintenance 연상 오류
(B) At the construction site.   Where 의문문 답변
(C) Let me check our team agenda.   정답

주의

의문사 When으로 질문했지만, 시간/시점 표현이 아닌 사람 또는 장소로 답변하는 유형도 자주 출제된다. 이런 유형은 질문 내용에 대해 되묻거나 관련된 추가 정보를 제공하는 패턴으로 정답이 되는 경우가 많다.

Q. When can we place the order online?
언제 온라인으로 주문할 수 있나요?
A. Wasn't Mr. Park in charge of managing it?
박 씨가 그것을 관리하는 것을 담당하지 않았나요?
Q. When do you expect to complete the report?
그 보고서가 언제 완성될 것으로 생각하세요?
A. The Oxford branch didn't give me the final figures yet.
옥스퍼드 지사가 아직 저에게 최종 수치를 주지 않았어요.

기출포인트 3 뒤에 오는 '명사'에 따라 달라지는 What 의문문 🎧 D2_8

Q. Mark your answer.

(A) O △ X

(B) O △ X

(C) O △ X

 정석 풀이법

Q. What's the date for the scheduled inspection?

(A) Yes, I've seriously considered it.   date - it 연상 오류

(B) An elevator malfunction.   inspection - malfunction 연상 오류

(C) It has to happen before the end of this month.   정답

What 의문문 문제풀이 TIP

- What 뒤에 제시되는 명사와 동사까지 키워드로 잡아 들어야 한다.
- [시간/날짜/수량/가격 → 숫자], [의견 → 긍정/부정/모르겠다], [특정 상황/문제 → 상황/문제 설명]으로 답하는 것이 기본이지만, 의외의 응답 출제 비중도 늘어나고 있다.

긍정적 답변	It's better than the old one. 예전 것보다 더 나아요. That's a good idea. 좋은 생각이에요.
정보 제공 답변	You can ask the front desk. 프론트 데스크에 물어보세요. Here's the building directory. 여기 건물 안내판이 있어요.
부정적 답변	It was canceled. 그건 취소되었어요. I can't recall. 기억나지 않아요.

주의

특히 What 의문문에서 간접/우회적 응답이 가장 잘 나오는데, 주로 자신의 상황을 설명하거나 아직 결정되지 않았다는 식으로 응답을 대신하는 경우가 많다.

Q. What restaurant did you choose to host Mr. Klein's retirement party?
어느 식당에서 클레인 씨의 은퇴 파티를 열기로 결정하셨나요?

A. I posted its name on the bulletin board.
제가 게시판에 식당 이름을 게시했어요.
I'm still deciding. 아직 결정하고 있어요.

기출포인트 4 one이 있는 선택지가 정답인 Which 의문문 🎧 D2_9

Q. Mark your answer.

(A) O △ X

(B) O △ X

(C) O △ X

 정석 풀이법

Q. Which financial advisor is creating an investment plan for us?

(A) I recommend selecting him.   advisor - him 연상 오류

(B) The one we were referred to previously.   정답

(C) Let's aim for late July.   When 의문문 답변

Which 의문문 문제풀이 TIP

Which 의문문도 What 의문문과 마찬가지로 뒤에 제시되는 명사까지 키워드로 노려 들어야 하며, 「Which + 명사 ~?」 혹은 「Which of + 명사 ~?」 형태로 출제된다.

주의

선택지에 대명사 one이 들어간 문장이 주로 정답이지만, one이 포함되지 않는 선택지도 정답이 되는 경우가 종종 있으므로 유의해야 한다.

기출 Which 의문문 만능 답변

They all look good. 모두 좋아 보여요.
I like both. 둘 다 좋아요.
Either is fine with me. 저는 어느 쪽이든 좋아요.
Neither of them. 둘 다 아니에요.

토익 실전 연습 🎧 D2_10

정답 및 해설 p. 114

1. Mark your answer. (A) (B) (C)

2. Mark your answer. (A) (B) (C)

3. Mark your answer. (A) (B) (C)

4. Mark your answer. (A) (B) (C)

5. Mark your answer. (A) (B) (C)

6. Mark your answer. (A) (B) (C)

7. Mark your answer. (A) (B) (C)

8. Mark your answer. (A) (B) (C)

9. Mark your answer. (A) (B) (C)

10. Mark your answer. (A) (B) (C)

11. Mark your answer. (A) (B) (C)

12. Mark your answer. (A) (B) (C)

13. Mark your answer. (A) (B) (C)

14. Mark your answer. (A) (B) (C)

15. Mark your answer. (A) (B) (C)

16. Mark your answer. (A) (B) (C)

17. Mark your answer. (A) (B) (C)

18. Mark your answer. (A) (B) (C)

19. Mark your answer. (A) (B) (C)

20. Mark your answer. (A) (B) (C)

PART 3&4 직업/장소를 묻는 문제

음원 듣기 ▶

Part 3&4에서 직업/장소를 묻는 문제는 주로 첫 번째 또는 두 번째 문제로 나오며, 각 파트마다 매회 3~5문제씩 출제된다. 직업을 묻는 문제는 화자 또는 청자의 신분/직업 등과 관련된 단서를 노려 들어야 하며, 장소를 묻는 문제가 나온다면 제품이나 서비스/직책 등과 같이 장소를 유추할 수 있는 키워드를 파악해야 한다. 직업과 장소는 정답을 고르는 데 밀접하게 연관되어 있기 때문에 자주 출제되는 정답 키워드를 함께 외워두는 것이 좋다.

| 기출포인트 1 | [Part 3] 직업을 묻는 문제 | 🎧 D2_11 |

Q1. Who most likely is the woman?

(A) A musician
(B) A journalist
(C) A television host
(D) A movie director

Q2. What does the woman ask about?

(A) A photography service
(B) A band member
(C) Some lights
(D) Some free tickets

Q3. What does the man say he would prefer to do?

(A) Change a background color
(B) Consult with a technician
(C) Have a meal at a different location
(D) Complete a task at a later time

기출 정답으로 출제된 직업

city official 시 공무원
technician 기술자
librarian 사서
store owner 매장 주인
customer service representative
고객 서비스 직원
sales clerk[associate] 판매원
receptionist 접수 담당 직원
chef 주방장
musician 가수, 연주자

Oh! 정석 풀이법

M: Ms. Burnett, what do you think of the stage? Is the cello centered enough?

W: The stage arrangement looks great. **But, for the background lighting, can we make it brighter?** I want to make sure that all the other band members are visible.

M: Of course, but **I want to wait until the rest of your band is present** so I can ensure the lighting is perfect.

W: Sure. I'm going to have dinner with them, **and then we plan to come back here for a rehearsal** in the evening. We'll figure it out then.

Q1. Who most likely is the woman?
　정답 your band, come back here for a rehearsal
　　　→ (A) A musician
Q2. What does the woman ask about?
　정답 background lighting, make it brighter → (C) Some lights
Q3. What does the man say he would prefer to do?
　정답 wait until the rest of your band is present
　　　→ (D) Complete a task at a later time

주의

화자들 중 한 사람의 직업/신분/직책/업종을 묻는 문제의 정답 단서가 그 사람의 말이 아닌 상대방의 말에서 언급되는 경우도 많으므로 두 사람 모두의 말에 귀를 기울여야 한다.

Q1. Where does the speaker work?

(A) A medical office
(B) A supermarket
(C) A restaurant
(D) A real estate agency

Q2. What is the topic of the meeting?

(A) Processing payments made by check
(B) Restocking new merchandise
(C) Interacting with customers
(D) Boosting membership registrations

Q3. What will the listeners do next?

(A) Work with a partner
(B) Vote on a policy
(C) Evaluate each other
(D) Visit another branch

Oh! 정석 풀이법

M: Morning, everyone. I've been meaning to talk about how all our cashiers should interact with our store's customers. It's come to my attention that some of you only focus on scanning items and quickly getting through the lines of people, so you end up ignoring customers. At Greendale Mart, we want to impress our guests. So, it's important that you greet everyone warmly. Always make sure to smile when a customer comes to your cash register. Now, we're going to get into pairs and practice using friendly etiquette with one another, while still working quickly and efficiently.

Q1. Where does the speaker work?
　정답 our cashiers should interact with our store's customers
　　　→ (B) A supermarket

Q2. What is the topic of the meeting?
　정답 important that you greet everyone warmly
　　　→ (C) Interacting with customers

Q3. What will the listeners do next?
　정답 get into pairs and practice using friendly etiquette
　　　→ (A) Work with a partner

주의

장소를 묻는 문제에서는 근무 장소나 담화 장소에 대한 정답 단서로 장소 명칭이 직접적으로 언급되기도 하지만, 어려운 문제의 경우 전체 담화를 듣고 유추하여 가장 적절한 정답을 선택해야 하는 경우도 있다. 이때 두 개 이상의 정답 키워드를 종합하여 정답을 골라야 하는데, 처음에 들리는 키워드 한 개만 듣고 유추하면 오답 함정에 빠질 수 있다.

기출 최빈출 장소 - 직업 정답

	장소	직업
매장	store	sales[store] clerk, sales associate [representative], store manager, cashier, business owner
병원	medical [Doctor's] office, medical clinic, dental office	doctor, nurse, dentist, receptionist
부동산	real estate agency	real estate agent, realtor, property manager
공장	factory, manufacturing plant[facility]	factory manager [supervisor], assembly worker

최빈출 담화 유형: 회의 발췌

- Part 4에서 가장 많이 출제되는 유형 중 하나로, 다른 담화 유형보다 난이도가 높은 편에 속한다.
- 경쟁 업체의 성장, 실적 부진, 서비스 개선 이유, 변경된 회사 정책, 성과에 대한 칭찬, 외부 인사 방문 등과 관련된 내용이 등장한다.

회의 소집 이유
간단한 인사와 함께 회의 소집 이유를 설명
↓
배경 설명 및 관련 정보 제공
회의를 통해 해결해야 하는 상황/해결책/의견 등을 제시
↓
요청사항 및 전달사항 언급
의견 제공, 설문시 작성, 자료 전달 등의 업무 요청

1. Who most likely are the speakers?

(A) Computer technicians
(B) Retail associates
(C) Librarians
(D) Accountants

2. What are the speakers mainly discussing?

(A) An employee mistake
(B) A faulty machine
(C) An outdated product
(D) An inaccurate charge

3. What does the man suggest the woman do?

(A) Ignore a fine
(B) Close an account
(C) Refer to a handbook
(D) Report to a manager

---

4. What industry do the speakers most likely work in?

(A) Tourism
(B) Shipping
(C) Electronics
(D) Construction

5. What is the reason for a delay?

(A) Weather conditions are bad.
(B) Some paperwork was not ready.
(C) A worker is out sick.
(D) Some machinery is defective.

6. What does the man say he will do?

(A) Assemble a team
(B) Contact an official
(C) Clear a storeroom
(D) Update a calendar

7. Who is Roy Ferguson?

(A) A movie actor
(B) A government representative
(C) A business owner
(D) An art specialist

8. What does the man say he recently did?

(A) He opened a new establishment.
(B) He delivered a special lecture.
(C) He hired some apprentices.
(D) He designed some buildings.

9. What does the woman encourage the man to do?

(A) Recommend a product
(B) Give a demonstration
(C) Discuss his career inspiration
(D) Describe his future goals

10. Where is the conversation most likely taking place?

(A) At a museum
(B) At a veterinary hospital
(C) At an animal sanctuary
(D) At a conference

11. What will happen at 3 o'clock?

(A) A meeting will take place.
(B) A workshop will be held.
(C) A website will be launched.
(D) A new exhibit will open.

12. What is *Koalas Rediscovered*?

(A) A journal
(B) A film
(C) An organization
(D) A report

---

13. Where do the listeners most likely work?

(A) At a restaurant
(B) At a dental office
(C) At a hotel
(D) At a manufacturing facility

14. What will change at the business?

(A) The staff payment schedule
(B) The online reservation system
(C) The floor plan layout
(D) The hours of operation

15. What does the speaker ask the listeners to do?

(A) Update their personal information
(B) Sign up for additional shifts
(C) Restock some materials
(D) Organize some data

16. What type of business does the speaker most likely work at?

(A) A construction firm
(B) A real estate agency
(C) A hardware store
(D) A furniture store

17. What does the speaker say will happen next Friday?

(A) A store will close temporarily.
(B) A festival will be held.
(C) A safety inspector will visit.
(D) A large shipment will arrive.

18. What does the speaker expect the listener to do?

(A) Write her name down
(B) Collect customer comments
(C) Rearrange a display area
(D) Submit an order

Part 4 최빈출 담화 필수 표현

회의 발췌

○ 회의 소집 이유

☐ I called this meeting to discuss ~.   ~을 논의하기 위해 이 회의를 소집했습니다.

☐ The thing I want to discuss is ~.   제가 의논하고 싶은 것은 ~입니다.

☐ As you've read in the notice,   공지사항을 읽어 보셨듯이,

☐ I'm pleased to tell you about ~.   ~에 대해 이야기하게 되어 기쁩니다.

☐ I'd like to start the presentation today by showing ~.   ~을 보여드리는 것으로 오늘 발표를 시작하려 합니다.

○ 배경 설명 및 관련 정보 제공

☐ We've already seen a drop in sales.   저희는 이미 매출 감소를 경험했습니다.

☐ The order was sent to the wrong address.   주문품이 잘못된 주소로 보내졌습니다.

☐ We will have an increased budget next year.   저희는 내년에 예산을 늘리려고 합니다.

☐ Our factory can't handle the high demand.   저희 공장이 높은 수요를 처리하지 못합니다.

☐ To address the limited production capacity,   이 제한된 생산량을 해결하기 위해서,

☐ By installing the new inventory program,   새로운 재고 관리 프로그램을 설치함으로써,

☐ Distributing promotional brochures will ~.   홍보 소책자를 나눠주는 것은 ~할 것입니다.

☐ Our competitors offer free delivery service.   경쟁업체들이 무료 배달 서비스를 제공하고 있습니다.

○ 요청사항 및 전달사항 언급

☐ Please let me know by the end of the day.   퇴근 전까지 저에게 알려주십시오.

☐ I'll send you an e-mail later.   제가 이따 이메일을 보내드리겠습니다.

☐ We have to come up with these ideas.   우리는 이러한 아이디어들을 생각해내야 합니다.

☐ I'd like you to review a report on ~.   귀하께서 ~에 대한 보고서를 검토해 주셨으면 합니다.

DAY 03

학습포인트

Part 1 사물 사진

기출포인트 1 사물 사진 최빈출 명사
- 사물 사진에서 자주 출제되는 명사 암기

기출포인트 2 사물 사진 최빈출 동사
- 사물 사진에서 자주 출제되는 동사 암기

기출포인트 3 사물 사진 필수 위치 전치사구
- 사물의 위치를 설명하는 위치 전치사구에 유의해서 끝까지 듣기

기출포인트 4 수동태를 활용한 사물 사진 오답 패턴
- 사물 사진을 묘사하는 현재 수동태 VS. 현재진행 수동태 구분
- 사물 사진 단골 동사 display의 다양한 표현

Part 2 Why/How 의문문

기출포인트 1 구체적 이유가 정답인 Why 의문문
- 이유를 말하는 Because (of), to부정사, So (that) 주어 can, For 명사

기출포인트 2 수락/거절로 답할 수 있는 Why don't we[you] ~?
- Why don't we ~?는 제안이 아니라 이유를 묻는 질문으로도 출제

기출포인트 3 방법과 수단을 물어보는 How 의문문
- How 뒤에 나오는 (조)동사/형용사/부사 등을 집중해서 듣기

기출포인트 4 기간/소요 시간을 묻는 고난도 How long ~?
- '시점'이 아닌 기간이나 소요 시간으로 답변

Part 3&4 요청&제안/do next를 묻는 문제

기출포인트 1 [Part 3] 요청&제안을 묻는 문제
- 요청하는 질문이 수동태일 때, 요청/제안을 하는 사람과 받는 사람을 확실히 구분

기출포인트 2 [Part 4] do next를 묻는 문제
- 미래시제 관련/화자의 의지를 나타내는 정답 단서 파악

PART 1 사물 사진

음원 듣기 ▶

Part 1에서 인물 없이 사물이나 배경만 등장하는 문제는 고정적으로 1문제 정도 나온다. 사물은 전체적인 배경이나 사물의 위치를 묘사하는 문제가 출제되며, 주로 사무실/실험실/주택/상점/식당/공장/도심/풍경 등 다양한 사진이 출제된다. 사물 주어를 사용하더라도 인물이 사진에 나올 수 있다는 것에 주의해야 하며, 사물 사진에서 자주 출제되는 어휘 위주로 암기하는 것이 좋다.

기출포인트 1 　사물 사진 최빈출 명사　🎧 D3_1

(A) O △ X
(B) O △ X
(C) O △ X
(D) O △ X

기출 사물 사진 최빈출 명사

potted plant 화분에 담긴 식물
shelf 선반
rack 옷걸이
couch 소파
artwork 미술품
light fixture 조명 장치
ceiling 천장
power tool 전동 기구
ladder 사다리
wheelbarrow 외바퀴 손수레

Oh! 정석 풀이법

(A) Some **shovels** are scattered on the ground.	없는 사물
(B) Some fence doors **are propped** open.	동사 오류
(C) Some **ladders** have been set up in a **construction site**.	정답
(D) Some **sculptures** have been arranged on a patio.	없는 사물

기출포인트 2 　사물 사진 최빈출 동사　🎧 D3_2

(A) O △ X
(B) O △ X
(C) O △ X
(D) O △ X

기출 사물 사진 최빈출 동사

be arranged 정렬되어 있다
be placed 놓여 있다
have been stocked with ~로 채워져 있다
have been mounted on ~ 위에 올려져 있다
be unoccupied 비어 있다
be lying on ~ 위에 놓여 있다
have been filled with ~로 가득 차 있다
be stacked[piled] 쌓여 있다
be hanging 걸려 있다

Oh! 정석 풀이법

(A) Some couch cushions are **being rearranged**.	동사 오류
(B) Some artwork is **hanging** on a wall.	정답
(C) Some plants have been placed **on the floor**.	전치사구 오류
(D) Some wooden furniture is **being built**.	동사 오류

사물 사진 필수 위치 전치사구 🎧 D3_3

(A) O △ X
(B) O △ X
(C) O △ X
(D) O △ X

사물 사진에서 출제되는 위치 전치사구

on a bulletin board (표면에 붙어) 게시판 위에
in a row 한 줄로
in rows 여러 줄로
side by side 나란히
along the street 거리를 따라
alongside the coast 해안가를 따라
above the table (표면에서 떨어져서) 탁자 위에

주의

위치 전치사구가 포함된 문장이 제시되는 경우 주어, 동사 또는 목적어까지만 듣고 성급하게 정답을 고르게 되면 함정에 빠지기 쉽다. 문장이 끝나는 순간까지 들어야 오답을 피할 수 있다.

 정석 풀이법

(A) **A jacket** is hanging on the chair.	없는 사물
(B) A laptop **has been** closed shut.	동사 오류
(C) Some books are stacked **next to the recliner**.	전치사구 오류
(D) Some papers are spread out **on a table**.	정답

기출포인트 4 **수동태를 활용한 사물 사진 오답 패턴** 🎧 D3_4

(A) O △ X
(B) O △ X
(C) O △ X
(D) O △ X

주의

Part 1 사진에 사람이 등장하고 선택지의 주어가 사물 명사라면, 동사의 태를 주의 깊게 들어야 한다. 선택지 (A)의 현재 수동태(are displayed)는 이미 진열되어 있는 상태를 나타내고, 포스터는 이미 천장에 달려 있는 상태이므로 선택지 (C)의 현재진행 수동태(are being hung)는 현재완료 수동태(have been hung)로 쓰여야 정답이 될 수 있다.

Part 1 단골 출제 동사 display

'진열되어 있다'는 다음과 같이 여러 형태로 표현할 수 있는데, '진열'이라는 뜻의 명사로도 '~을 진열하다'라는 뜻의 동사로도 사용할 수 있다.

몇몇 음식이 진열되어 있다

Some food **is on display**.
Some food **is displayed**.
Some food **is being displayed**.

 정석 풀이법

(A) Products **are displayed** on shelves.	정답
(B) The sidewalk **is getting swept**.	동사 오류
(C) Posters **are being hung** from the ceiling.	동사 오류
(D) Shopping carts **are lined up**.	동사 오류

1.

4.

2.

5.

3.

6.

Why/How 의문문

음원 듣기 ▶

Why/How 의문문은 의문사 의문문 중 난이도가 가장 높은 유형에 속하며, 매달 평균적으로 각각 1~3문제씩 출제된다. Why/How 의문문의 빈출 답변과 간접/우회 응답은 반드시 따로 암기해야 한다. Why 의문문 빈출 답변으로는 '이유/목적'이 주로 나오고, How 의문문은 '기간/수량/빈도/시점/거리/방법' 답변이 주로 출제된다. 난이도가 더 높아지면 가장 적절한 간접/우회 응답을 고르는 유형도 나오므로 질문과 같거나 비슷한 단어, 상관없는 주제, Yes/No 대답 등의 오답 패턴에 유의해야 한다.

기출포인트 1   구체적 이유가 정답인 Why 의문문   🎧 D3_6

Q. Mark your answer.

(A) O △ X

(B) O △ X

(C) O △ X

Oh! 정석 풀이법

Q. Why hasn't Ms. Carpenter arrived yet?

(A) No, I've yet to meet her.   yet 반복 사용

(B) Because she's picking up some snacks.   정답

(C) Birmingham Convention Center.   Where 의문문 답변

기출포인트 2   수락/거절로 답할 수 있는 Why don't we[you]~? 🎧 D3_7

Q. Mark your answer.

(A) O △ X

(B) O △ X

(C) O △ X

Oh! 정석 풀이법

Q. Why don't you tie your hair up?

(A) Because I didn't like the color.   Why 의문문 답변

(B) A rubber band.   tie - rubber band 연상 오류

(C) You're right, I should do that.   정답

Why 의문문 문제풀이 TIP

구체적인 이유를 제시하는 응답이 가장 많이 출제되지만, 이유 대신 관련 정보를 제공해주는 답변이나 다시 묻는 질문 형태가 정답이 되기도 한다.

이유를 말할 때 쓰이는 접속사/전치사/to부정사

Because (of), Due to ~ 때문에

To 부정사, In order to do ~하기 위해서

So (that) 주어 + can ~할 수 있도록

For 명사 ~을 위해서

주의

이유를 말할 때 because를 생략하는 경우가 많다.

Q. Why did Mr. Lee leave early today?
이 씨는 왜 오늘 일찍 퇴근했나요?

A. He had a medical appointment at 3 o'clock.
진료 예약이 3시에 있었어요.

주의

Why don't we ~?가 제안이 아니라 이유를 묻는 질문으로 출제된 적이 있다.

Q. Why don't we have refreshments in the meeting room?
왜 회의실에 다과가 없죠?

A. Because the delivery is getting here late.
이곳으로 배달이 늦게 도착하고 있기 때문이에요.

기출 Why 의문문 빈출 수락/거절 표현

① 수락 표현

Sure, we have time for that.
좋아요, 그렇게 할 시간이 있어요.

Sounds good to me. 저는 좋아요.

That would be helpful.
도움이 될 것 같아요.

Yes, I like that idea.
네, 그 생각이 마음에 들어요.

② 거절 표현

I already did that. 이미 그거 했어요.

I don't have time to go. 갈 시간이 없어요.

기출포인트 3 　방법과 수단을 물어보는 How 의문문　🎧 D3_8

Q. Mark your answer.

(A) O △ X

(B) O △ X

(C) O △ X

Oh! 정석 풀이법

Q. How can I sign up for a club membership?

(A) It's a big organization.　　　　　club - organization 연상 오류

(B) I used the online form.　　　　　정답

(C) Some exclusive perks.　　　　　membership - perks 연상 오류

How 의문문 문제풀이 TIP

- How 뒤에 나오는 (조)동사/형용사/부사 부분을 특히 집중해서 들어야 한다.
- 질문 유형이 다양한 만큼 그에 어울리는 응답 유형도 다양하다.

① 수단/방법: How + 조동사 + 주어 + 일반동사 ~? 어떻게 ~?

② 상태: How is/are ~? ~은 상태가 어때요?

③ 의견: How would/do/did you like ~?
　~은 어때요/어떻게 되었나요?

④ 정도(수량, 빈도, 기간, 금액 등): How + 형용사/부사 ~? 얼마나 ~?

⑤ 출처: How did you hear/find out ~?
　어떻게 듣게/알게 되었나요?

⑥ 제안: How about ~? ~하는 게 어때요?

기출 How 의문문 간접 응답 표현

Whenever I'm free. 제가 시간이 날 때마다요.

I wasn't involved in that.
저는 그거에 관여하지 않았어요.

Not that many, I think. 그렇게 많이는 아니에요.

It depends on our deadline.
마감 기한에 달려 있어요.

We don't know yet. 저희는 아직 모릅니다.

Sorry. I'm not from around here.
죄송해요. 저도 여기 사는 사람이 아니에요.

I'm not too sure myself. 저도 잘 모르겠어요.

기출포인트 4 　기간/소요 시간을 묻는 고난도 How long ~?　🎧 D3_9

Q. Mark your answer.

(A) O △ X

(B) O △ X

(C) O △ X

Oh! 정석 풀이법

Q. How long have you been in this field?

(A) Next to the farm.　　　　　field - farm 연상 오류

(B) Over three decades.　　　　　정답

(C) Until December of this year.　　　　　When 의문문 답변

주의

How 형용사/부사 의문문은 출제 빈도는 높지 않지만 난이도가 높은 편이기 때문에 익숙해지도록 미리 연습해두어야 한다. 특히, How long 의문문은 기간이나 소요 시간을 묻기 때문에 '시점'으로 답해서는 안 된다.

Q. How long will it take to drive to the airport?
　공항으로 운전하는데 얼마나 걸리나요?

A. About 5 minutes. 5분 정도 걸려요.
　→ 정답
　At 5 o'clock. 5시요.
　→ 시점으로 대답했으므로 오답

기출 How long 의문문 기출 답변

Three hours by train. 기차로 3시간이요.

At least four to five days.
적어도 4일에서 5일이요.

About 30 minutes. 약 30분 정도요.

Just over two weeks. 2주 넘게요.

토익 실전 연습 🎧 D3_10

정답 및 해설 p. 122

1. Mark your answer.   (A) (B) (C)

2. Mark your answer.   (A) (B) (C)

3. Mark your answer.   (A) (B) (C)

4. Mark your answer.   (A) (B) (C)

5. Mark your answer.   (A) (B) (C)

6. Mark your answer.   (A) (B) (C)

7. Mark your answer.   (A) (B) (C)

8. Mark your answer.   (A) (B) (C)

9. Mark your answer.   (A) (B) (C)

10. Mark your answer.   (A) (B) (C)

11. Mark your answer.   (A) (B) (C)

12. Mark your answer.   (A) (B) (C)

13. Mark your answer.   (A) (B) (C)

14. Mark your answer.   (A) (B) (C)

15. Mark your answer.   (A) (B) (C)

16. Mark your answer.   (A) (B) (C)

17. Mark your answer.   (A) (B) (C)

18. Mark your answer.   (A) (B) (C)

19. Mark your answer.   (A) (B) (C)

20. Mark your answer.   (A) (B) (C)

PART 3&4 요청&제안/do next를 묻는 문제

음원 듣기 ▶

Part 3&4의 요청/제안을 묻는 문제는 매회 약 4문제 정도 출제되며, 선택지가 비교적 짧은 동사구나 동명사구로 출제되므로 선택지를 미리 읽는다면 빠르게 정답을 고를 수 있다. do next 문제는 대화나 담화가 끝난 다음 또는 미래의 특정한 날에 할 일이나 일어날 일 등을 묻는 문제 유형이며 매 시험마다 4~5문제씩 출제된다. 요청/제안을 묻는 문제는 능동 또는 수동 문장을 실수 없이 해석해야 하며, do next 문제는 마지막 문제로 주로 출제되므로 대화/담화의 후반부를 주의해서 들어야 한다.

기출포인트 1 **[Part 3] 요청&제안을 묻는 문제**   🎧 D3_11 ⊙

Q1. Where does the woman most likely work?

(A) At a shopping mall
(B) At a storage warehouse
(C) At a manufacturing plant
(D) At a grocery market

Q2. What does the man ask about?

(A) The quality of a material
(B) The weight of a product
(C) A cost estimate
(D) A delivery method

Q3. What does the woman recommend?

(A) Choosing a size option
(B) Updating a calendar
(C) Buying extra items
(D) Finding a different supplier

기출 요청/제안 문제 정답 단서

Why don't we[you] ~?, How about -ing?, What do you think about -ing?
~하는 게 어때요?

It may be a good idea to do, You might want to do, I suggest ~, Feel free to do
~ 해보세요

Please, Could you ~?, Would you like ~?, I'd appreciate it if you ~, I'd like you to ~ 해주세요

We[You] should[need, must, have to]
~해야 합니다

주의

요청하는 질문이 수동태일 때, 제안이나 요청을 받는 사람을 혼동하지 않도록 주의해야 한다. 대상이 요청/제안을 하는 상황인지, 아니면 요청/제안을 받는 상황인지를 확실히 구분할 수 있어야 한다.

Q. What is the man asked to do?
남자가 요청 받는 것은 무엇인가?
→ 여자가 남자에게 요청하는 사항

Oh! 정석 풀이법

W: Hi, Mr. Milligan. I'm checking back in with you about the boxes for your cereal product that we discussed. **We can start producing them immediately here at our cardboard factory if you'd like.**

M: That sounds excellent. We'll start off by ordering 300 boxes to run some field tests on them first. **Do you have a rough estimate of the total price right now?**

W: Yes, I can provide that for you! Oh, but I have a suggestion. **It might be a good idea to make them all in the medium size. That way, you can spend less and receive your order faster.**

Q1. Where does the woman most likely work?
    정답 start producing them, here at our cardboard factory
        → (C) At a manufacturing plant
Q2. What does the man ask about?
    정답 have a rough estimate of the total price → (C) A cost estimate
Q3. What does the woman recommend?
    정답 make them all in the medium size, spend less, receive your order faster → (A) Choosing a size option

Q1. Who most likely are the listeners?

(A) Professional athletes

(B) Videographers

(C) Research volunteers

(D) Advertising staff

Q2. What does the speaker say customers like about the commercials?

(A) The bright colors

(B) The scenes with celebrities

(C) The audio effects

(D) The comparison of products

Q3. What will the listeners probably do next week?

(A) Discuss some ideas

(B) Conduct some product tests

(C) Examine a new prototype

(D) Interview job candidates

기출 do next 문제 정답 단서

will, be planning[going, scheduled] to do
~ 할 것이다
Why don't I ~?, Would you like me to ~?
~ 할까요?
Let me do, Let's ~하겠습니다
I can ~할 수 있다
I'd be happy to do 기꺼이 ~할게요
I'd better do 차라리 ~할게요

주의

이 유형의 정답 단서에서 특히 동사 부분이 선택지에 똑같이 나오는 경우가 많다. 따라서 후반부 내용을 전체적으로 듣는다는 생각으로 접근하는 것이 좋다.

Oh! 정석 풀이법

W: As the last thing on today's meeting agenda, I want to talk about the marketing campaign you've all been working on for our Sunrazor Electric Scooter. Ever since our television ads were launched last week, scooter sales have been notably on the rise. Going forward, I want us to begin brainstorming similar strategies to promote our other goods. Results from our recent questionnaire have shown that consumers really liked the scenes of famous celebrities using our scooters in the commercials. We should use the same concept with our other products. Let's meet again in a week to discuss some more ideas about this.

Q1. Who most likely are the listeners?
정답 talk about the marketing campaign you've all been working on
→ (D) Advertising staff

Q2. What does the speaker say customers like about the commercials?
정답 liked the scenes of famous celebrities, in the commercials.
→ (B) The scenes with celebrities

Q3. What will the listeners probably do next week?
정답 discuss some more ideas about this
→ (A) Discuss some ideas

최빈출 담화 유형: 공지

- 공지는 회사 내부에서 들을 수 있는 사내 공지와 승객들/고객들에게 알리는 공공 공지 유형으로 나뉜다.
- 새 규정, 예정된 공사, 회사 위치 이전, 사내 행사, 교통편과 관련된 문제 상황/원인 등의 주제가 자주 등장한다.

공지 시작 안내
공지에서 다룰 주제를 간략히 언급
↓

세부사항 및 지시/요청사항 설명
변동사항이나 일정, 유의사항을 구체적으로 설명
↓

마무리 인사
문의 방법이나 추가 정보 확인 방법 안내

1. What is the purpose of the phone call?

(A) To confirm a reservation
(B) To schedule an interview
(C) To verify some information
(D) To ask for some advice

2. What most likely is the woman's area of expertise?

(A) Engineering
(B) Marketing
(C) Research
(D) Accounting

3. What does the man request that the woman do?

(A) Visit a new branch
(B) Send a document
(C) Organize some data
(D) Study some materials

---

4. Where does the woman work?

(A) At a magazine company
(B) At a construction site
(C) At marketing agency
(D) At an architecture firm

5. What does the man suggest?

(A) Parking in a specific area
(B) Bringing a team of people
(C) Meeting at a certain location
(D) Reviewing a website

6. What does the man say he will do?

(A) Write up a proposal
(B) Plan a tour
(C) Choose some pictures
(D) Call some colleagues

7. What are the speakers talking about?

(A) Mobile phones
(B) Phone chargers
(C) Fitness devices
(D) Exercise machines

8. What problem does the man mention?

(A) There has been a rise in production costs.
(B) A proposed budget is insufficient.
(C) There is not enough time for customer testing.
(D) Some software is not working properly.

9. What is the man asked to do?

(A) Provide a report
(B) Contact a specialist
(C) Redesign a feature
(D) Examine a sample

10. According to the speaker, what service will the company be offering?

(A) Membership perks
(B) International shipping
(C) 24-hour customer support
(D) Monthly subscriptions

11. Why has the company decided to expand its services?

(A) Some clients have complained.
(B) Manufacturing costs have dropped.
(C) Demand has increased.
(D) Negotiations have been finalized.

12. What does the speaker say he will do over the next several months?

(A) Monitor company revenue
(B) Visit other factory spaces
(C) Perform employee evaluations
(D) Consult with overseas experts

---

13. Who most likely is the speaker?

(A) A supermarket worker
(B) A coffee shop manager
(C) A product developer
(D) A food caterer

14. According to the speaker, what will happen this Sunday?

(A) New menu items will be made available.
(B) Seasonal workers will be interviewed.
(C) A product line will be discounted.
(D) A corporate policy will go into effect

15. What does the speaker warn the listeners about?

(A) Handling complaints politely
(B) Submitting weekly reports
(C) Processing payments accurately
(D) Taking orders carefully

16. What is the main topic of the talk?

(A) Fashion design
(B) Computer science
(C) Appliance manufacturing
(D) Automotive repairs

17. What will Dr. Pritchard do next?

(A) Assemble a machine
(B) Present some images
(C) Give a demonstration
(D) Pass out some forms

18. What does the speaker encourage the listeners to do?

(A) Ask questions
(B) Use name tags
(C) Pay close attention
(D) Get into pairs

Part 4 최빈출 담화 필수 표현

공지

공지 시작 알림

☐ I want to tell you about some menu changes.
몇 가지 메뉴 변경에 대해 말씀드리고 싶습니다.

☐ Some great news to start the meeting.
회의를 시작하기에 몇 가지 좋은 소식이 있습니다.

☐ Attention, all passengers[shoppers].
모든 승객 여러분[쇼핑객 여러분]께 알립니다.

☐ Welcome aboard.
탑승을 환영합니다.

☐ May I have your attention, please?
주목해 주시겠습니까?

세부사항 및 지시/요청사항 설명

☐ We'll be hiring two accountants.
저희는 두 명의 회계사를 채용할 것입니다.

☐ Our office will be undergoing some repairs.
저희 사무실이 보수 공사를 할 예정입니다.

☐ I'd like to tell you about an exciting event.
흥미로운 행사에 대해 말씀 드리고자 합니다.

☐ Important clients will be visiting next Friday.
중요한 고객들이 다음 주 금요일에 방문할 것입니다.

☐ All wait staff will be required to participate.
모든 종업원들은 참가해야 합니다.

☐ Passengers are advised to check the board.
승객들께서는 전광판을 확인하셔야 합니다.

☐ I'd like you all to complete an online training session.
온라인 교육을 모두 완료하기를 요청 드립니다.

☐ Please remember to update the calendar.
일정을 업데이트하는 것을 기억하십시오.

☐ Make sure to sign up early at the desk.
안내데스크에서 일찍 등록하십시오.

마무리 인사

☐ We are very sorry for the inconvenience.
불편함에 대해 매우 죄송하게 생각합니다.

☐ Thank you for your patience.
여러분의 인내에 감사 드립니다.

☐ Please wait for further notice.
추가 공지를 기다려 주시기 바랍니다.

☐ We apologize for the delay.
지연에 대해 사과 드립니다.

PART 1

실내 사진 ① 회사, 주택

음원 듣기 ▶

회사 사진은 Part 1에서 매달 1문제씩 출제되는데, 업무 공간에서 기기를 사용하거나 사람이 일하는 모습의 사진이 가장 많이 나온다. 주택 사진으로는 부엌과 거실이 가장 많이 등장하며, 정원이나 외부 전경 등도 종종 출제된다. 특히, 정원을 가꾸거나 집안을 청소하는 모습 등이 자주 등장하므로 관련 표현들을 알아 두어야 한다.

기출포인트 1　　실내 사진: 회사 최빈출 명사　　🎧 D4_1

(A) O △ X

(B) O △ X

(C) O △ X

(D) O △ X

Oh! 정석 풀이법

(A) They're filling some **folders** with papers.	없는 사물
(B) They're taping **flyers** to a bulletin board.	없는 사물
(C) They're looking into a **copy machine**.	정답
(D) They're grabbing **supplies** out of a drawer.	없는 사물

기출 회사 사진 최빈출 명사

photocopier, copy machine 복사기
handouts 유인물
booklet 소책자
cabinet[file] drawer 캐비닛[파일] 서랍
power cord 전선
bulletin board 게시판
clipboard 클립보드(판자 위쪽에 집게가 달린 물건)

실내 사진으로 잘 나오는 실험실 기본 어휘

microscope 현미경
(laboratory) equipment (실험) 기구
safety goggles 안전 보호 안경
safety gloves 안전 보호 장갑
safety gear[equipment] 안전 장비

기출포인트 2　　실내 사진: 회사 최빈출 동사　　🎧 D4_2

(A) O △ X

(B) O △ X

(C) O △ X

(D) O △ X

Oh! 정석 풀이법

(A) A **keyboard** is placed on a desk.	없는 사물
(B) An office **is unoccupied**.	정답
(C) Some chairs **are being organized**.	동사 오류
(D) Light fixtures **are turned off**.	동사 오류

기출 회사 사진 최빈출 동사

work 일하다
be unoccupied 비어 있다
set (up) 설치하다
type 타자를 치다
plug 플러그를 꽂다
organize 정리하다
assemble 조립하다
be positioned 위치하다

실내 사진: 주택 최빈출 명사 　🎧 D4_3

(A) O △ X

(B) O △ X

(C) O △ X

(D) O △ X

기출 주택 사진 최빈출 명사

sink 싱크대
floor lamp (방바닥에 세우는) 스탠드
stool (등받이가 없는) 의자
armchair 안락의자
light (fixture) 조명 (기구)
pillow 베개
bush, shrub, vine 덤불, 키 작은 나무
rug 러그
blanket 담요

Oh! 정석 풀이법

(A) The sofa **is facing** the curtains.　　　　　　　동사 오류
(B) A **stool** has been placed next to a table.　　　　없는 사물
(C) The **sitting area** is illuminated by **lamps**.　　　　정답
(D) Some **pillows** are being arranged on the shelf.　　없는 사물

주택 사진 사물 위치 및 상태 체크리스트
- 소파 위에 있는 물건의 위치 확인
- 창문/문/커튼이 열려 있는지 닫혀 있는지 확인
- 전등의 전원 상태 및 위치 확인
- 조리대 위 식기 종류 및 위치 확인
- 화분이나 액자의 위치 확인
- 탁자 위 물건 종류 및 위치 확인

실내 사진: 주택 최빈출 동사 　🎧 D4_4

(A) O △ X

(B) O △ X

(C) O △ X

(D) O △ X

기출 주택 사진 최빈출 동사

sweep 쓸다
mop 대걸레로 닦다
hang 걸다, 매달다, 매달리다
rake 갈퀴로 긁어 모으다
trim 다듬다, 손질하다
water 물을 주다
plant ~을 심다
roll up 돌돌 말다
spray, sprinkle 물을 뿌리다
lean 기대다
lay out ~을 펼치다

Oh! 정석 풀이법

(A) A woman **is tying** her apron.　　　　　　　　　동사 오류
(D) A woman **is sweeping** the floor.　　　　　　　　정답
(C) A woman **is assembling** some drawers.　　　　　동사 오류
(D) A woman **is pushing** a cart filled with items.　　동사 오류

주의

hang은 타동사와 자동사 두 가지 모두로 쓰인다.

She **is hanging** a picture on the wall.
여자가 벽에 그림을 걸고 있다.
Some artwork **is hanging** on the wall.
일부 예술 작품이 벽에 걸려 있다.
Some pictures **have been hung** next to a window.
창문 옆에 몇몇 그림들이 걸려 있다.

1.

4.

2.

5.

3.

6.

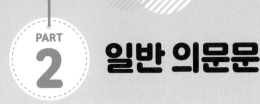

PART 2 일반 의문문

음원 듣기 ▶

Part 2에서 일반 의문문은 매달 평균적으로 2~4문제씩 출제되며, Be동사/Do/Have 자체보다는 그 뒤에 이어지는 동사구와 키워드를 잘 듣는 것이 핵심이다. 일반 의문문은 모두 Yes/No로 대답할 수 있지만, Yes/No가 생략되거나 그렇지 않은 선택지가 정답인 경우가 훨씬 많으므로 Yes/No를 기다리기보다는 질문과 선택지 사이의 연관성을 찾아내야 한다.

기출포인트 1 일반 의문문: Be동사 의문문 🎧 D4_6

Q. Mark your answer.

(A) O △ X

(B) O △ X

(C) O △ X

 정석 풀이법

Q. Are you available for a cup of coffee?

(A) I just remembered I have a client meeting. 　　　　　 정답

(B) The total is 4 dollars and 50 cents. 　　　　 How 의문문 답변

(C) I ordered it with milk and sugar. 　　 coffee - milk and sugar 연상 오류

Be동사 의문문 문제풀이 TIP

- Be동사의 시제에 따라 과거/현재/미래의 상태나 사실을 묻는 질문으로 사용될 수 있다.
- Be동사 이후에 등장하는 내용이 질문의 핵심이므로 끝까지 귀 기울여 들어야 한다.

Part 2에 자주 나오는 be동사 숙어 표현

be able to do ~할 수 있다
be supposed to do ~하기로 되어 있다
be familiar with ~을 잘 알다
be going to do ~할 예정이다

주의

Is/Are there로 시작하는 Be동사 의문문은 '있다/없다'로 답하는 것이 일반적이지만, 담당자를 알려주거나 다시 질문하는 답변 등의 간접적인 답변도 자주 나온다.

Q. Are there any tickets left for tonight's concert?
　오늘 밤 콘서트를 위한 입장권이 남아 있나요?

A. Have you checked the website?
　웹사이트를 확인해 보셨나요?

기출포인트 2 일반 의문문: Do 조동사 의문문 🎧 D4_7

Q. Mark your answer.

(A) O △ X

(B) O △ X

(C) O △ X

 정석 풀이법

Q. Did the IT specialist fix the Wi-Fi yet?

(A) Hold down the power button. 　　　 fix - power button 연상 오류

(B) Yes, he finished last night. 　　　　　　　　 정답

(C) The tech support team. 　　　　　　 IT - tech 연상 오류

Do 조동사 의문문 문제풀이 TIP

- Do/Does/Did는 형식적인 말이므로 약하게 발음되고, 그 뒤에 나오는 주어와 동사가 강하게 발음된다.
- Do you want (me) to ~?(~할까요?, 제가 ~해드릴까요?)는 긍정적 답변이 거의 정답이며, Did you ~?(~했나요?)는 Yes/No 답변이 정답이 되는 경우가 많다.

Q. Do you want to share a taxi to the airport?
　공항까지 택시 같이 탈까요?

A. That'll be great.
　좋아요.

Q. Did you read the report I sent to you?
　제가 보낸 보고서 읽으셨나요?

A. No, but I'll read it shortly.
　아니요, 하지만 곧 읽을 거예요.

DAY 04 PART 2 **055**

Do you know[think] + 의문사 ~? 간접 의문문 🎧 D4_8

Q. Mark your answer.

(A) O △ X

(B) O △ X

(C) O △ X

Oh! 정석 풀이법

Q. Do you know where Maruko's desk is?

(A) It's next to the large windows. 정답

(B) That's the chosen design. desk – design 연상 오류

(C) To submit some paperwork. Why 의문문 답변

간접 의문문 문제풀이 TIP

- Do you know[think]는 가볍게 흘려 듣고, 그 뒤에 나오는 의문사절을 집중해서 듣는다.
- 일반 의문문 형태이기 때문에 Yes/No 응답도 가능하지만, 주로 Yes/No는 생략하고 의문사에 어울리는 답변이 정답으로 제시된다.

Q. Do you know who will be leading the training session today?
오늘 누가 교육 시간을 진행하는지 아세요?

A. Henry is. 헨리 씨요.
→ Yes 및 질문과 중복되는 leading the training session today를 생략

주의

간접 의문문의 경우, 상대가 알고 있는지 아닌지를 묻기보다는 의문사절과 관련된 정보를 간접적으로 요청하는 질문이기 때문에 의문사절의 내용에 대한 직접적인 응답을 하는 경우가 많다.

Q. Do you think it will rain tomorrow?
내일 비가 올 거라고 생각하세요?

A. Yes, probably. 네, 아마도요.
→ 날씨에 대한 생각을 직접적으로 언급

기출포인트 4 **일반 의문문: Have 조동사 의문문** 🎧 D4_9

Q. Mark your answer.

(A) O △ X

(B) O △ X

(C) O △ X

Oh! 정석 풀이법

Q. Have the boxes in the main lobby been cleared?

(A) I just cleaned the surface of it. cleared – cleaned 유사 발음

(B) No, it doesn't seem like it. 정답

(C) It's by the information desk. lobby – information desk 연상 오류

Have 조동사 의문문 문제풀이 TIP

- Did로 시작하는 의문문처럼 과거의 일이나 완료된 상황을 확인할 때, 또는 과거의 경험을 물을 때 사용한다.
- Yes/No로 답한 뒤, 뒤에 추가 정보를 제공하는 문장이 답이 되는 경우가 많지만, Yes/No를 생략하거나 의외의 응답이 정답이 되는 경우도 종종 있다.

Q. Has someone booked a hotel room for the clients today?
누군가 오늘 고객들을 위해 호텔 객실을 예약했나요?

A. They're no longer coming.
고객들은 더 이상 안 오세요.

기출 Have 조동사 의문문 빈출 답변 패턴

I'm afraid (유감스럽지만) ~인 것 같아요
No, not yet. 아니요, 아직이요.
I thought ~인 줄 알았어요
be scheduled for + 일시 ~로 예정되어 있다
get to ~을 시작하다, 착수하다
I don't think ~은 아닌 것 같아요
I couldn't ~할 수 없었어요
would better + 동사원형 ~하는 게 좋겠다
Actually, 사실은,

1. Mark your answer.   (A) (B) (C)

2. Mark your answer.   (A) (B) (C)

3. Mark your answer.   (A) (B) (C)

4. Mark your answer.   (A) (B) (C)

5. Mark your answer.   (A) (B) (C)

6. Mark your answer.   (A) (B) (C)

7. Mark your answer.   (A) (B) (C)

8. Mark your answer.   (A) (B) (C)

9. Mark your answer.   (A) (B) (C)

10. Mark your answer.   (A) (B) (C)

11. Mark your answer.   (A) (B) (C)

12. Mark your answer.   (A) (B) (C)

13. Mark your answer.   (A) (B) (C)

14. Mark your answer.   (A) (B) (C)

15. Mark your answer.   (A) (B) (C)

16. Mark your answer.   (A) (B) (C)

17. Mark your answer.   (A) (B) (C)

18. Mark your answer.   (A) (B) (C)

19. Mark your answer.   (A) (B) (C)

20. Mark your answer.   (A) (B) (C)

PART 3&4 세부사항/say about을 묻는 문제

음원 듣기 ▶

Part 3&4의 세부사항 문제는 구체적 대상에 대해 묻는데, 단서가 대화/담화에서 잠깐 언급되고 지나가는 경우가 많아 음원을 다 듣고 풀기 어려운 편에 속해 반드시 질문을 먼저 읽어 놓아야 한다. 가장 많이 나오는 질문 유형은 특정 과거 시점의 일 또는 특정 대상에 대해 묻는 문제이다. say about 문제는 특히 Part 3&4에서 가장 어려운 유형으로, 선택지가 문장으로 제시되기 때문에 정답 문장을 순간적으로 가려낼 수 있는 속독 능력이 요구된다.

기출포인트 1 [Part 3] 세부사항을 묻는 문제 🎧 D4_11

Q1. Why is the woman calling?

(A) To express gratitude for help
(B) To follow up on a job offer
(C) To confirm an interview date
(D) To ask about vacant positions

Q2. What did the man recently do?

(A) Transfer departments
(B) Relocate his office
(C) Meet with an executive
(D) Return from a trip

Q3. What will happen the first week of September?

(A) An employee will retire.
(B) An itinerary will be finalized.
(C) A tour will start.
(D) An office will be closed.

세부사항 질문 유형

- 과거의 일: 최근에 결정된 일, 어제 일어난 일, 특정 장소에서 한 일
- 대상: 요청 정보의 종류, 찬성/동의하는 것, 제공해야 하는 것, 준비하는 행사의 종류
- 이유: 새 직업을 구한 이유, 기뻐하는 이유, 지연이 발생한 이유
- 장소: 내일 갈 장소, 특정 장소의 특징
- 방법: 추가 정보를 찾는 방법

Oh! 정석 풀이법

W: Hello, Mr. Perez. My name is Tina Ackerman. I was offered the tour guide position with your travel agency, but I've yet to be sent a contract.

M: Oh, I'm so sorry about that, Ms. Ackerman. I was away on business all of last week, and I just got back.

W: I see. So, when we last talked, you mentioned that you would like me to start working in September. Is that still the case?

M: That's right. I'm preparing your contract as we speak. A large tour is going to be leaving on the first week of September, so I want to put you in charge.

Q1. Why is the woman calling?
> 정답 was offered the tour guide position, yet to be sent a contract
> → (B) To follow up on a job offer

Q2. What did the man recently do?
> 정답 away on business all of last week, just got back
> → (D) Return from a trip

Q3. What will happen the first week of September?
> 정답 A large tour is going to be leaving → (C) A tour will start.

주의

세부사항을 묻는 문제는 다양한 질문이 제시되지만, 중요한 것은 질문의 키워드에 빠르게 동그라미하고 어떤 정보를 노려 들어야 하는지 파악하는 것이다. 특히 According to가 질문에 포함된다면, 어느 화자의 말에 귀 기울여야 하는지 명확히 알 수 있다.

Q1. What event is being introduced?

(A) A cooking demonstration
(B) A farmer's market
(C) A grand opening
(D) A corporate reception

Q2. What did Chloe Patil recently do?

(A) Open another branch
(B) Renovate a kitchen
(C) Design a menu
(D) Travel abroad

Q3. What does the speaker say about some classes?

(A) They include free meals.
(B) They run every day.
(C) They are enjoyable.
(D) They are popular.

 정석 풀이법

M: Welcome, everybody, to CookTopia Kitchenware's monthly cooking demonstration. In a couple of minutes, professional chef Chloe Patil is going to reveal how she prepares Chicken Tikka Masala, a classic Indian dish. Chef Patil is the founder of the famous local eatery, Bharat Bistro. **Recently, she worked to design a whole new vegetarian-only menu,** while still preserving and reflecting an authentic Indian food experience. Every weekend, she also holds cooking courses at her restaurant. **Even I have attended several classes, and I really enjoyed each one of them.** Looks like Chef Patil is ready now, so let's get started!

Q1. What event is being introduced?
　정답 Welcome, cooking demonstration → (A) A cooking demonstration
Q2. What did Chloe Patil recently do?
　정답 Recently, design a whole new vegetarian-only menu
　　　→ (C) Design a menu
Q3. What does the speaker say about some classes?
　정답 have attended several classes, I really enjoyed each one of them
　　　→ (C) They are enjoyable.

say about 문제 빈출 대상 및 정답

인물	be qualified 자격을 잘 갖추고 있다 be familiar with company policies 회사 정책을 잘 알고 있다 have recently joined 최근에 입사했다
업체, 장소	acquire contracts 계약들을 따내다 have a good reputation 평판이 좋다 be located in the city center 도시 중심에 위치해 있다
제품, 서비스	do not cost money 비용이 들지 않는다 be out of stock 재고가 없다 be unavailable 이용할 수 없다
행사	will be well attended 많이 참석할 것이다 will be rescheduled 일정이 재조정될 것이다 be free for visitors 방문객들에게 무료이다

주의

say about 문제는 정답 단서의 특정 부분만 듣고 정답과 연결시키면 동일 단어를 이용한 오답 함정에 빠지게 되므로 단서가 제시되는 근처의 내용까지 이해하면서 문제를 풀어야 한다. 특히 화자가 말한 내용이 다른 말로 바뀌어 정답으로 제시될 확률이 매우 높으므로 이에 유의해야 한다.

최빈출 담화 유형: 소개

- 소개 담화는 크게 인물 소개와 행사 소개로 나뉘는데, 인물 소개 유형이 더 자주 출제된다.
- 상을 받는 행사, 신규 직원/은퇴하는 직원 소개 등과 관련된 내용이 주를 이룬다.

행사 소개
행사명이 담화 장소 문제의 단서가 될 수 있음
↓
행사 목적 및 인물 소개
행사 개최 목적과 소개하려는 인물 언급
↓
특정 인물 상세 설명
인물의 직책, 경력, 업적 등을 상세히 설명
↓
마무리 인사
소개하는 인물을 무대로 불러냄

1. Where most likely does the woman work?

(A) At a moving company
(B) At a real estate agency
(C) At an insurance firm
(D) At a hotel resort

2. What does the man say about his workplace?

(A) It is located in the city center.
(B) It is a large corporation.
(C) Its building is newly constructed.
(D) It is near a subway station.

3. What information does the woman request?

(A) The size of a room
(B) The number of visitors
(C) The cost for a service
(D) The timing of a stay

---

4. Why is the man calling?

(A) To ask about a payment
(B) To open a bank account
(C) To request feedback
(D) To verify an ID number

5. According to the woman, what caused a delay?

(A) An e-mail address was incorrect.
(B) A computer system was not working.
(C) A schedule was not followed.
(D) An employee was out of the office.

6. What information will the woman most likely provide later?

(A) A total amount
(B) A time estimate
(C) A tracking number
(D) A summary report

7. What is the woman preparing?

(A) An acquisition proposal
(B) An expenditure summary
(C) A slide presentation
(D) A store floor plan

8. What kind of business is Mammoth Corporation?

(A) A landscaping company
(B) A clothing store chain
(C) A travel agency
(D) An appliance manufacturer

9. What do the men agree about?

(A) A name should be changed.
(B) A meeting should be casual.
(C) An advertisement should be longer.
(D) A website should be updated.

정답 및 해설 p. 134

10. Where does the speaker work?

(A) At a library
(B) At a radio station
(C) At a hospital
(D) At a fitness center

11. What will Dr. Batista be discussing?

(A) Construction safety
(B) Job searching
(C) Healthy diets
(D) Financial management

12. What does the speaker say about submitting questions?

(A) It may be busy at certain times.
(B) It does not cost any money.
(C) It connects directly to a live operator.
(D) It can be reached on weekends.

---

13. What does the speaker say about the firm?

(A) It opened another location.
(B) It contributed to a charity foundation.
(C) It acquired additional contracts.
(D) It negotiated a merger.

14. According to the speaker, what decision was recently made?

(A) To make some investments
(B) To recruit more staff
(C) To upgrade a system
(D) To revise a policy

15. What does the speaker ask the listeners to do?

(A) Review a notice
(B) Fill out an application
(C) Provide their opinions
(D) Make recommendations

16. What kind of event is the speaker organizing?

(A) A trade show
(B) A museum exhibition
(C) A job fair
(D) A professional conference

17. What is the speaker's reason for calling?

(A) To promote a special product
(B) To describe a procedure
(C) To resolve a technical issue
(D) To request a missing payment

18. What does the speaker say about the event?

(A) There is a large parking lot.
(B) There is no admission fee.
(C) It will be well attended.
(D) It will be postponed.

Part 4 최빈출 담화 필수 표현

소개

● 행사 소개
☐ Thank you for attending our seminar.   저희 세미나에 참석해주셔서 감사 드립니다.
☐ Welcome, everyone, to Jenny Park's retirement party.   제니 박 씨의 은퇴 파티에 오신 여러분을 환영합니다.
☐ I'm pleased to announce the Employee of the Year award.   올해의 직원 상을 발표하게 되어 기쁩니다.
☐ I'm honored to be one of the hosts of this conference.   이 컨퍼런스의 주최자 중 한 명이 되어 영광입니다.

● 행사 목적
☐ This event will support local environmental groups.   이 행사는 지역 환경 보호 단체들을 후원할 것입니다.
☐ I'd like to present this award to Hannah Jang.   저는 한나 장씨께 이 상을 수여하려 합니다.
☐ We'll honor the achievement of Mr. Terry Smith.   저희는 테리 스미스 씨의 업적을 기념할 것입니다.

● 인물 소개
☐ I'd like to introduce our first speaker.   저희의 첫 연사자를 소개해 드리고 싶습니다.
☐ She has accomplished so much here.   그녀는 여기서 많은 것들을 이뤄냈습니다.
☐ Ms. Kim has trained staff on customer service strategies.   김 씨는 고객 서비스 전략에 대해 직원들을 교육해 오셨습니다.
☐ Today, Mr. Chang will share some of his experiences.   오늘, 창 씨가 그의 경험 일부를 공유해주실 것입니다.
☐ His company specializes in international trade.   그의 회사는 국제 무역을 전문으로 합니다.
☐ Daniel developed a software program that is being used worldwide.   다니엘 씨는 세계적으로 사용되고 있는 소프트웨어 프로그램을 개발했습니다.

● 마무리 인사
☐ Let's welcome Dr. Richardson.   리차드슨 박사님을 환영합시다.
☐ Please give her a warm round of applause.   그녀에게 따뜻한 박수 갈채를 보내주시기 바랍니다.
☐ Now, we'd like to invite Nelson to the stage.   이제, 넬슨 씨를 무대로 초대하고 싶습니다.
☐ Before I let Kate start, just a quick reminder.   케이트 씨가 시작하기 전에, 잠깐 알려드릴 것이 있습니다.
☐ Without further delay, please welcome Ms. Janet.   더 이상의 지체 없이, 자넷 씨를 환영해주십시오.

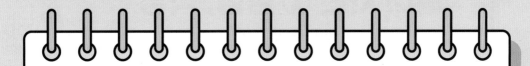

DAY
05
학습포인트

Part 1 실내 사진 ② 상점, 식당

기출포인트 1 **실내 사진: 상점 최빈출 명사**
- 상점 사진에 잘 출제되는 최빈출 명사 암기

기출포인트 2 **실내 사진: 상점 최빈출 동사**
- 상점 사진에 잘 출제되는 최빈출 동사 암기

기출포인트 3 **실내 사진: 식당 최빈출 명사**
- 식당 사진에 잘 출제되는 최빈출 명사 암기

기출포인트 4 **실내 사진: 식당 최빈출 동사**
- 식당 사진에 잘 출제되는 최빈출 동사 암기

Part 2 부정/부가 의문문

기출포인트 1 **not을 무시해야 하는 부정 의문문**
- not이 없다고 생각하고 일반 의문문처럼 해석

기출포인트 2 **기타 조동사 부정 의문문**
- not이 없다고 생각하고 일반 조동사 의문문처럼 해석

기출포인트 3 **꼬리말을 신경쓰지 않는 부가 의문문**
- 「평서문 + 꼬리문」 구조, 뒤에 꼬리말은 무시 → 긍정문 + 꼬리말 not, 부정문 + 꼬리말 not X

기출포인트 4 **특수 부가 의문문**
- 꼬리말 right, don't you think, correct는 앞 문장의 주어/동사 형태와 상관없이 모두 사용 가능

Part 3&4 의도파악 문제

기출포인트 1 **[Part 3] 의도파악 문제**
- 질문이 딱 세가지 형태로 나오므로 문제를 미리 파악해 노려 듣기 → 3인 대화에서도 출제

기출포인트 2 **[Part 4] 의도파악 문제**
- 인용 문장을 단순 패러프레이징한 선택지는 오답 가능성 ↑

PART 1 실내 사진 ② 상점, 식당

음원 듣기 ▶

상점이나 식당이 배경인 사진은 매달 1문제 정도 출제된다. 상점 사진에서는 의류 매장이나 마트에 물건이 진열되어 있는 상태 또는 쇼핑객의 행동을 묘사하는 문장들이 주로 정답이 된다. 식당 사진은 주로 서빙하는 사람과 식사 손님의 동작, 식당 내 테이블의 상태 등을 유심히 보아야 한다. 고득점을 위해서는 상점 및 식당 사진에 자주 출제되는 어휘와 표현들을 암기하고 발음 또한 숙지해 놓아야 한다.

기출포인트 1 실내 사진: 상점 최빈출 명사

🎧 D5_1

(A) O △ X
(B) O △ X
(C) O △ X
(D) O △ X

Oh! 정석 풀이법

(A) Lights are illuminating a **display case**. 없는 사물
(B) **Clothing** is hanging on **racks**. 정답
(C) A woman is purchasing some **pants**. 없는 사물
(D) A woman is peering into her **handbag**. 없는 사물

기출 상점 사진 최빈출 명사

shelf, shelving unit 선반
rack 옷걸이
display (case) 진열(장)
vendor 판매자, 상인
basket 바구니
scale 저울
refreshment 다과
shopping cart 쇼핑 카트
baked goods 제과류

주의

clothing은 '옷, 의류'를 통칭하는 말로, 불가산명사이므로 단수 취급한다. 반면에 cloth는 '옷 한 벌'을 뜻하며 가산명사이므로 여러 벌을 나타낼 때는 복수명사 clothes로 써야 한다.

기출포인트 2 실내 사진: 상점 최빈출 동사

🎧 D5_2

(A) O △ X
(B) O △ X
(C) O △ X
(D) O △ X

Oh! 정석 풀이법

(A) Some posters are covering a window. 동사 오류
(B) Some items are being displayed. 정답
(C) Some shoppers are buying coats. 동사 오류
(D) Some shoppers are putting bags into carts. 동사 오류

기출 상점 사진 최빈출 동사

display 진열하다
be filled with ~로 가득 채워지다
be stocked with ~이 갖춰져 있다
hang, be hung up 걸려 있다
be arranged[organized] 정리되어 있다
try[put] on ~을 착용해 보다
shop 쇼핑하다
be stacked 쌓여 있다
place ~을 놓다, 두다
wheel, push ~을 밀다, 끌다
pay for 값을 지불하다

주의

상점 사진에 항상 등장하는 '물건, 제품' 관련 어휘는 vegetables/fruits/bread처럼 구체적으로 제시되기도 하지만, product/item/merchandise/goods/purchase 등의 상위 개념 어휘로 제시되는 경우가 더 많다.

(A) O △ X

(B) O △ X

(C) O △ X

(D) O △ X

Oh! 정석 풀이법

(A) A waiter is clearing a table.	동사 오류
(B) An umbrella has been placed under a chair.	없는 사물
(C) Some dishes have been distributed to customers.	없는 사물
(D) Some diners are seated at a restaurant.	정답

기출 식당 사진 최빈출 명사

beverage 음료
glass 유리잔
dining area 식사 공간
plate 접시
bowl 그릇
tablecloth 식탁보
meal, dish 식사, 요리
(serving) tray (서빙) 쟁반
diner 식사하는 사람
patio 야외 테라스
waiter, server 웨이터, 서빙하는 사람

기출포인트 4　실내 사진: 식당 최빈출 동사　🎧 D5_4

(A) O △ X

(B) O △ X

(C) O △ X

(D) O △ X

Oh! 정석 풀이법

(A) He is slicing some food with a knife.	정답
(B) He is grabbing a plate from a shelf.	동사 대상 오류
(C) He is writing down some notes.	동사 오류
(D) He is washing some produce with water.	동사 오류

기출 식당 사진 최빈출 동사

pour 따르다
be left ~한 채로 있다
wipe 닦다
slice, cut, chop 자르다, 썰다
point at ~을 가리키다
take an order 주문을 받다
have a meal, dine 식사하다
be unoccupied 비어 있다
clear (off) (~을) 치우다
serve 서빙하다
be set up, be prepared for ~이 마련되어 있다
be covered with ~로 덮여 있다
study[read] a menu 메뉴판을 보다

토익 실전 연습 🎧 D5_5

정답 및 해설 p. 138

1.

4.

2.

5.

3.

6.

부정/부가 의문문

음원 듣기 ▶

부정 의문문은 매회 평균 1~2문제가 출제되는데, 연음이 일어나 발음이 생소할뿐만 아니라 부정으로 해석했다가 생각이 꼬이는 경우가 쉽게 발생하기 때문에 많은 학습자들이 어려워하는 유형이다. 부가 의문문은 매달 1~2문항씩 출제되며, 주로 사실/정보를 확인하는 유형으로 출제된다. 이 유형은 꼬리말의 형태가 어떻든지 무시하고 평서문 유형을 풀듯이 풀이하면 된다.

기출포인트 1   not을 무시해야 하는 부정 의문문   🎧 D5_6

Q. Mark your answer.

(A) O △ X

(B) O △ X

(C) O △ X

Oh! 정석 풀이법

Q. Isn't the restoration project for the library done yet?
(A) Many patrons visit on the weekend.   library - visit 연상 오류
(B) No, it's only been a month since they started.   정답
(C) I found the rest of the supplies.   restoration - rest 유사 발음

부정 의문문 문제풀이 TIP

- not이 없다고 생각하고 일반 의문문처럼 해석한다.
- Be동사와 조동사 Do의 부정 의문문이 가장 많이 출제된다.
- 질문 내용에 대해 긍정이면 Yes, 부정이면 No로 답하면 된다. Yes /No는 생략 가능하다.

Q. Aren't we(→ Are we) supposed to send the report to Jennifer?
제니퍼 씨에게 그 보고서를 보내기로 되어 있죠?
A. I was told to e-mail it to Larry instead.
래리 씨에게 대신 이메일을 보내라고 들었어요.
Q. Didn't you(→ Did you) renew the magazine subscription?
잡지 구독을 갱신했나요?
A. (No,) I decided not to.
(아니요,) 안 하기로 결정했어요.
Q. Hasn't(→ Has) the new photocopier arrived?
새로운 복사기가 도착했나요?
A. I've been out of the office.
저는 계속 사무실에 없었어요.

기출포인트 2   기타 조동사 부정 의문문   🎧 D5_7

Q. Mark your answer.

(A) O △ X

(B) O △ X

(C) O △ X

Oh! 정석 풀이법

Q. Shouldn't you mark your edits in red?
(A) That's a good idea.   정답
(B) It's in the drawer.   in 반복 사용
(C) The freelance editor.   edits - editor 유사 단어

기타 조동사 부정 의문문 문제풀이 TIP

- Shouldn't, Won't, Can't, Couldn't 등 다양한 형태의 조동사 부정 의문문이 출제되는데, 그 중 Shouldn't we[you] ~?가 가장 많이 출제된다.
- 기타 조동사 부정 의문문도 not이 없다고 생각하고 일반 조동사 의문문처럼 해석한다.

Q. Won't Taylor(→ Will Taylor) be preparing the next seminar?
테일러 씨가 다음 세미나를 준비할 건가요?
A. No, She'll take a month off.
아니요, 그녀는 한 달 휴직할 예정이에요.

주의
Shouldn't we는 [슈른위]로, Shouldn't you는 [슈른츄], Won't는 [워운ㅌ]로 발음되는 것에 유의한다.

꼬리말을 신경쓰지 않는 부가 의문문 🎧 D5_8

Q. Mark your answer.

(A) O △ X

(B) O △ X

(C) O △ X

Oh! 정석 풀이법

Q. You've notified the vendor in Madrid, haven't you?

(A) She's always wanted to go there.   Madrid - there 연상 오류

(B) It was fun, actually.   How 의문문 답변

(C) Yes, I submitted the request last week.   정답

부가 의문문 문제풀이 TIP

- 「평서문 + 꼬리말」 구조로, 뒤에 꼬리말은 없다고 생각하면 된다.
- 평서문이 긍정문이면 꼬리말에 not이 붙고, 부정문이면 꼬리말에 not이 붙지 않는다.
- 대부분 Yes/No로 응답한 후, 관련 정보를 추가로 언급하는 방식으로 정답이 제시된다.

Q. You'll be leaving for Boston tomorrow, won't you?
내일 보스톤으로 떠나시죠, 그렇지 않나요?

A. (Yes,) I'll call you when I get there.
(네,) 제가 그곳에 도착하면 전화드릴게요.

Q. You can't help me setting up the tent now, can you?
제가 지금 텐트 설치하는 것을 도와줄 수 없죠, 그렇죠?

A. (No,) I'm really busy at the moment.
(아니요,) 제가 지금 엄청 바빠서요.

주의

오답 선택지에도 Yes/No가 배치되어 혼동을 유발하는 경우가 많으므로 선택지를 모두 들으면서 질문과의 연관성을 확인해야 한다.

Q. You receive your bank statements by mail, don't you?
입출금 내역서를 우편으로 받죠, 그렇지 않나요?

A. I do, but I also can get them online.
그렇게 받았어요, 근데 온라인으로도 받을 수 있어요.
→ 정답

No, a business loan.
아니요, 기업 대출이요.
→ 오답이지만, No로 시작

특수 부가 의문문 🎧 D5_9

Q. Mark your answer.

(A) O △ X

(B) O △ X

(C) O △ X

Oh! 정석 풀이법

Q. You're transferring to the finance department, right?

(A) An official statement.   finance - statement 연상 오류

(B) Consult the staff directory.   department - staff 연상 오류

(C) No, I decided not to apply.   정답

주의

특수 부가 의문문에서 사용되는 꼬리말 right, don't you think, correct는 평서문의 주어 및 동사 형태와 상관없이 쓰일 수 있다.

Q. Amy double-checked this document, right?
에이미 씨가 이 서류를 두 번 확인했죠, 맞죠?

A. You'd better ask Stephen.
스테판 씨에게 물어보는 게 나을 거예요.

Q. Sales went down last month, don't you think?
매출이 지난달에 떨어졌죠, 그렇게 생각하지 않나요?

A. Let me check the sales report first.
우선 매출 보고서를 확인해 볼게요.

Q. The new Japanese restaurant requires booking, correct?
새로운 일본 식당은 예약이 필수죠, 맞죠?

A. It's only crowded on the weekends.
거긴 주말에만 붐벼요.

토익 실전 연습 🎧 D5_10

정답 및 해설 p. 139

1. Mark your answer.   (A) (B) (C)

2. Mark your answer.   (A) (B) (C)

3. Mark your answer.   (A) (B) (C)

4. Mark your answer.   (A) (B) (C)

5. Mark your answer.   (A) (B) (C)

6. Mark your answer.   (A) (B) (C)

7. Mark your answer.   (A) (B) (C)

8. Mark your answer.   (A) (B) (C)

9. Mark your answer.   (A) (B) (C)

10. Mark your answer.   (A) (B) (C)

11. Mark your answer.   (A) (B) (C)

12. Mark your answer.   (A) (B) (C)

13. Mark your answer.   (A) (B) (C)

14. Mark your answer.   (A) (B) (C)

15. Mark your answer.   (A) (B) (C)

16. Mark your answer.   (A) (B) (C)

17. Mark your answer.   (A) (B) (C)

18. Mark your answer.   (A) (B) (C)

19. Mark your answer.   (A) (B) (C)

20. Mark your answer.   (A) (B) (C)

의도파악 문제

음원 듣기 ▶

의도파악 문제는 Part 3&4에서 각각 2~3문제씩 고정적으로 출제된다. 제시되는 문장은 해석이 어렵거나 특수한 구어체 표현이 아닌 일상적인 문장이므로 대화 또는 담화의 앞뒤 상황만 잘 파악하면 그 속에 숨은 의미를 잘 찾을 수 있다.

기출포인트 1 [Part 3] 의도파악 문제   🎧 D5_11

Q1. What is the conversation mainly about?

(A) Hiring a technical assistant
(B) Preparing for an event
(C) Promoting a new product
(D) Managing an office space

Q2. What did the woman receive complaints about?

(A) Some equipment did not work properly.
(B) Some information was not correct.
(C) A screen display was too small.
(D) A speaker presented for too long.

Q3. What does the woman imply when she says, "The schedule hasn't been finalized yet"?

(A) She needs some advice.
(B) She is waiting for approval.
(C) A change can be made.
(D) A problem has come up.

Oh! 정석 풀이법

M1: Alright, one more thing before we finish. Did either of you reserve conference room 3A for the afternoon seminar next Tuesday?
W: Yep, I booked it yesterday. Oh, and I also submitted a request to replace the projector in that room. Some attendees from last month's session complained about its blurry display.
M1: Thanks for taking care of that. Is there anything else?
M2: Oh, Brandon wants to present a short talk.
M1: Hmm... It might be too late to add him in.
W: Well, the schedule hasn't been finalized yet.

Q1. What is the conversation mainly about?
　정답 reserve, for the afternoon seminar → (B) Preparing for an event
Q2. What did the woman receive complaints about?
　정답 complained, blurry display
　　→ (A) Some equipment did not work properly.
Q3. What does the woman imply when she says, "The schedule hasn't been finalized yet"?
　정답 present a short talk, too late to add → (C) A change can be made.

의도파악 질문 유형

의도파악 문제는 딱 아래 세 가지 형태로만 나온다. 문제 형태가 뚜렷하게 구분되기 때문에 의도파악 문제임을 미리 파악해 해당 부분을 노려 들을 수 있다. 다만, 2인 대화뿐만 아니라 3인 대화에서도 출제된다.

What does the woman mean when she says, " ~ "?
What does the speaker imply when he says, " ~ "?
Why does the man say, " ~ "?

의도파악 유형 문제 읽기 TIP

대화를 듣기 전 문제를 읽을 때에는 일일이 해석하는 것이 아니라 아래와 같이 키워드만 빠르게 읽어야 한다.

Q. Why does the woman say, "I work until 6:00 P.M."?
　오후 6시까지 일함

(A) She cannot make an appointment.
　　불가능　　　　약속
(B) She will come in the afternoon.
　　　오다　　　　오후에
(C) She is very busy nowadays.
　　　　　바쁨　　요즘
(D) She works near the doctor's office.
　　근처 일함　　　　병원

Q1. What is NetLink 360?

(A) A home entertainment system
(B) A videoconferencing application
(C) A new search engine
(D) A data analytics software

Q2. What does the speaker mean when she says, "Why waste your time with all that"?

(A) A procedure should be modified.
(B) Other systems are not as efficient.
(C) The listeners should contact a mechanic.
(D) Many meetings are longer than necessary.

Q3. What does the speaker say the listeners can do on a website?

(A) Pre-order a device
(B) Read customer reviews
(C) Receive special discounts
(D) View a demonstration

Oh! 정석 풀이법

W: Do you frequently rely on videoconferencing tools to communicate with coworkers in other parts of the world? If so, our NetLink 360 app is tailored for you. Conventional videoconferencing systems usually require installation of specific phone lines, multiple access keys, and expensive equipment. Why waste your time with all that? With NetLink 360, simply install our app on your smartphone or tablet, and you can join your next video conference in an instant. Check out our website for a tutorial video on how to use our program's simple yet diverse features. NetLink 360: streamlining teamwork.

Q1. What is NetLink 360?

정답 videoconferencing tools, NetLink 360 app
→ (B) A videoconferencing application

Q2. What does the speaker mean when she says, "Why waste your time with all that"?

정답 require installation, multiple access keys, expensive equipment
→ (B) Other systems are not as efficient.

Q3. What does the speaker say the listeners can do on a website?

정답 Check out our website for a tutorial video on how to use
→ (D) View a demonstration

최빈출 담화 유형: 광고

- 광고에서는 전자제품, 가구, 여행 상품, 할인 행사 등 다양한 제품과 서비스를 다룬다.
- 광고되는 대상은 각각 다르지만 담화의 흐름은 모두 비슷하다.

광고 제품/서비스 소개
광고하려는 제품이나 서비스 소개

↓

상세 정보 제공
제품이나 서비스의 특장점이나 할인 혜택과 관련된 정보를 제공

↓

구매 방법 및 추가 정보
제품 구매나 서비스 이용 시에 필요한 추가 정보 전달

1. What will happen next month?

(A) A company merger will take place.
(B) An internship program will start.
(C) A talk will be given.
(D) A colleague will retire.

2. What department do the speakers work in?

(A) Customer service
(B) Human Resources
(C) Communications
(D) Financing

3. What does the man imply when he says, "I'm sure they'll want someone internal"?

(A) The woman should apply for a job.
(B) The company provides employee benefits.
(C) Interviews are already being held.
(D) Posting the job opening will take some time.

---

4. What does the man offer to do?

(A) Write an article
(B) Call a coworker
(C) Review a receipt
(D) Update an agenda

5. What is Felix needed for?

(A) Booking a hotel overseas
(B) Purchasing flight tickets
(C) Calling a manufacturer
(D) Translating a letter

6. What does the man mean when he says, "Teresa studied in Japan for four years"?

(A) Teresa can help with a task.
(B) Teresa is an experienced employee.
(C) A project has taken a long time.
(D) Some information is missing.

7. What is the conversation about?

(A) Visiting a local eatery
(B) Organizing a team event
(C) Upgrading some equipment
(D) Rearranging an office space

8. Why does the woman say, "About five staff members will be attending virtually"?

(A) Reimbursements should be processed quickly.
(B) A location might be inconvenient.
(C) Some workers may feel excluded.
(D) Attendance should be mandatory.

9. What will the woman do next?

(A) Research some activities
(B) Send some invitations
(C) Revise a timeline
(D) Reserve a venue

정답 및 해설 p. 143

10. What will the listeners do next Wednesday?

(A) Collect some data
(B) Clean their offices
(C) Meet with several clients
(D) Hold a recycling workshop

11. What does the speaker thank Kumar for doing?

(A) Taking inventory
(B) Assembling furniture
(C) Renting some equipment
(D) Calculating some expenses

12. Why does the speaker say, "There's plenty of unused cabinets in the back of the office"?

(A) To express concern about sufficient space
(B) To recommend a location for some desks
(C) To specify where to store some files
(D) To request assistance with moving

---

13. What is the Healthy Buddy?

(A) An exercise routine
(B) A wearable device
(C) A mobile application
(D) A water bottle

14. What does the speaker mean when she says, "Who would want to do that"?

(A) A product received negative reviews.
(B) A process is time-consuming.
(C) A task is inconvenient.
(D) A service is too slow.

15. Why are the listeners encouraged to purchase?

(A) A product is temporarily discounted.
(B) A store is going out of business.
(C) Some items will be discontinued.
(D) Available seats are limited.

16. What does the speaker imply when he says, "a few of the stage lights keep flickering"?

(A) There has been a high turnout.
(B) There has been a delay.
(C) The listeners should pay attention.
(D) The performers are currently rehearsing.

17. What are the listeners invited to do?

(A) Become volunteers
(B) Enjoy some beverages
(C) Enter a raffle
(D) Meet the performers

18. Where does the speaker say some information can be found?

(A) On a bulletin board
(B) On the Internet
(C) At the front desk
(D) In a program booklet

Part 4 최빈출 담화 필수 표현

광고

○ 광고 제품/서비스 소개

☐ If you are looking for a job,
☐ (Are you) tired of package tours?
☐ Now is the time to clean up.
☐ NewMarket Car Rental is here for you.
☐ Starting next week,
☐ For a limited time only,

일자리를 찾고 계신다면,
패키지 여행이 지겨우신가요?
이제 청소하실 때입니다.
뉴마켓 렌터카가 여기 있습니다.
다음 주부터,
한정된 기간 동안,

○ 상세 정보 제공

☐ We'll be offering a discount voucher and a free gift.
☐ I'd like to introduce a great new deal.
☐ You'll receive 50 percent off your next purchase.
☐ We're now offering free consultations.
☐ You can get a 20% discount on your purchase.
☐ The sale ends on November 15.

저희가 할인 교환권과 무료 선물을 제공해 드릴 것입니다.
아주 좋은 새로운 할인 행사를 소개하고 싶습니다.
다음 구매 시 50퍼센트 할인을 받으실 것입니다.
저희는 현재 무료 상담을 제공해 드리고 있습니다.
구매품에 대해 20퍼센트 할인을 받으실 수 있습니다.
할인은 11월 15일에 종료됩니다.

○ 구매 방법 및 추가 정보

☐ For more information, visit our website.
☐ To order, just call our store.
☐ If you'd like to enroll, please send us an e-mail.
☐ Visit us at www.besteverdesign.com today.

더 많은 정보를 위해, 저희 웹사이트를 방문하십시오.
주문하시려면, 저희 매장으로 전화 주십시오.
등록하고 싶으시다면, 저희에게 이메일을 보내주십시오.
오늘 www.besteverdesign.com으로 방문해 주세요.

PART 1

실외 사진 ① 도시, 공사장

음원 듣기 ▶

실외 사진에서는 도시/공사장/길거리 등의 장소가 주로 등장하는데, 특정 사물의 위치보다는 전체적인 도심 풍경을 파악해야 정답을 쉽게 맞힐 수 있다. 특히, 길을 건너는 사람들의 모습이나 가로등/신호등/분수대/건물의 위치를 유심히 살펴야 하고, 자전거/자동차/비행기/지하철/기차 등의 교통수단 사진도 자주 등장한다. 어렵고 생소한 어휘들이 잘 등장하는 파트이므로 제시되는 빈출 어휘들을 꼼꼼히 암기해야 한다.

기출포인트 1 실외 사진: 도시 최빈출 명사 🎧 D6_1

(A) O △ X
(B) O △ X
(C) O △ X
(D) O △ X

Oh! 정석 풀이법

(A) He is greeting another pedestrian. — 없는 인물
(B) He is leaning on the railing. — 동사 오류
(C) He is pulling a suitcase. — 없는 사물
(D) He is walking down some stairs. — 정답

기출 도시 사진 최빈출 명사

fountain 분수대
archway 아치형 길[입구]
lamppost, street lamp 가로등
walkway, pathway 보도
staircase, stairs 계단
railing 난간
seating area 좌석 구역
pedestrian 보행자
crosswalk 횡단보도
traffic light[signal] 신호등
intersection 교차로
curb 연석
column 기둥

기출포인트 2 실외 사진: 도시 최빈출 동사 🎧 D6_2

(A) O △ X
(B) O △ X
(C) O △ X
(D) O △ X

Oh! 정석 풀이법

(A) The building is covered in shade. — 동사 오류
(B) Columns line a walkway. — 정답
(C) A tree is being planted. — 동사 오류
(D) People are crowded onto the steps. — 전치사구 오류

기출 도시 사진 최빈출 동사

cross 건너다
lean against ~에 기대다
line ~을 따라 늘어서다
load (짐을) 싣다
unload (짐을) 내리다
lie (사물) 놓여 있다, (사람) 누워 있다
build 짓다
face 향하다
stroll 걷다

실외 사진으로 잘 나오는 교통수단 어휘

board 탑승하다
train track 기찻길
carry 들고 있다
cycle 자전거를 타다
suitcase 여행 가방
park 주차하다
stop 서 있다
drive 달리다
motorcycle 오토바이

기출포인트 3 　실외 사진: 공사장 최빈출 명사

(A) O △ X
(B) O △ X
(C) O △ X
(D) O △ X

기출 공사장 사진 최빈출 명사

safety helmet[vest] 안전모[조끼]
roof 지붕
crew 작업팀
brick 벽돌
wheelbarrow 외바퀴 손수레
scaffolding 비계
worksite 작업장
ladder 사다리
shovel 삽
maintenance 유지, 보수
rope 줄, 밧줄
wooden plank 나무판자
warehouse 창고

Oh! 정석 풀이법

(A) A wheelbarrow is being pushed at the worksite.　　　　정답
(B) A man is using a shovel to pile sand.　　　　없는 사물
(C) Some bricks are being stacked on top of one another.　　동사 오류
(D) Some scaffolding has been propped up next to a fence.　없는 사물

기출포인트 4 　실외 사진: 공사장 최빈출 동사

(A) O △ X
(B) O △ X
(C) O △ X
(D) O △ X

기출 공사장 사진 최빈출 동사

repair 수리하다
erect 세우다
push 밀다
stack 쌓다
shovel 삽질하다
lift 들어 올리다
climb 오르다
perform, carry out 수행하다
stand 서 있다

Oh! 정석 풀이법

(A) One of the men is using a hammer.　　　　없는 사물
(B) One of the men is polishing the wood.　　　동사 오류
(C) One of the men is lifting a wooden plank.　　정답
(D) One of the men is cutting some metal.　　　동사 오류

토익 실전 연습

🎧 D6_5

정답 및 해설 p. 147

1.

4.

2.

5.

3.

6.

PART 2

제안&요청/선택 의문문

음원 듣기 ▶

제안&요청 의문문과 선택 의문문은 각각 매달 평균적으로 2문제씩 출제되고, 제안/요청하는 질문 내용에 대해 수락 또는 거절하는 선택지가 주로 정답이 된다. 선택 의문문은 두 가지 선택 사항 중 한 가지를 택하여 답하는 응답이 가장 많은 정답 비중을 차지하는데, 제3의 것을 언급하거나 아직 결정되지 않았다는 응답도 정답이 될 수 있으므로 이러한 응답에 대비해야 한다.

기출포인트 1 　수락/거절로 답하는 제안&요청 의문문　🎧 D6_6

Q. Mark your answer.

(A) O △ X

(B) O △ X

(C) O △ X

Oh! 정석 풀이법

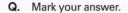

Q. Could we stop by the post office before heading to the seminar?

(A) There were many attendees.　　　　seminar - attendees 연상 오류

(B) Sure, of course we can.　　　　　　　　　　　　　정답

(C) A lost parcel.　　　　　　　　　　post office - parcel 연상 오류

제안&요청 의문문 표현

Why don't you[we] ~?, How about ~?
~하는 게 어때요?
Would[Will] you~? ~하시겠습니까?
Could[Can] you ~?, Do[Would] you mind ~?
~해 주시겠어요?
Do[Don't] you want to ~?, Would you
prefer to ~? ~하시겠어요?
Do you mind if I ~? ~해도 되겠습니까?
Should I ~? 제가 ~해야 하나요?

기출 제안&요청 빈출 수락/거절 표현

① 수락
　Sure, I'll take care of it now.
　물론이죠, 지금 해 드릴게요.
　That would be great. 그러면 좋을 것 같아요.
② 거절
　I wasn't planning to.
　그럴 계획이 아니었어요.
　I'm afraid I can't.
　유감스럽지만 못해드릴 것 같아요.
　I'd like to, but 그렇게 하고 싶지만, ~

기출포인트 2 　제안&요청 의문문 기타 응답　🎧 D6_7

Q. Mark your answer.

(A) O △ X

(B) O △ X

(C) O △ X

Oh! 정석 풀이법

Q. Would you mind filling out this survey?

(A) No, I don't have a pen on me.　　　filling out - pen 연상 오류

(B) How many customers total?　　　　survey - total 연상 오류

(C) No, I don't mind at all.　　　　　　　　　　　　　정답

주의

동사 mind는 '꺼리다, 싫어하다'라는 의미로 직역하면 '~하면 싫으세요?'라는 의미이다. 따라서 수락의 의미를 나타내야 할 때는 No, I don't mind/Not at all(아니요, 싫지 않아요) 등의 표현을 사용해야 한다.

고난도 제안&요청 의문문

수락하기 어려운 이유를 들어 우회적으로 거절하거나 필요한 정보를 되묻는 경우도 있다.

Q. Would you like to join us for a
　concert tomorrow?
　내일 콘서트 같이 가시겠어요?

A. I went to one yesterday.
　어제 한 군데 갔다 왔어요.

Q. Would you mind helping me prepare
　for the meeting?
　회의를 준비하는 걸 도와주시겠어요?

A. Which day would need me?
　무슨 요일에 제가 필요하세요?

기출포인트 3 둘 중 하나를 고르는 선택 의문문 🎧 D6_8

Q. Mark your answer.

(A) O △ X

(B) O △ X

(C) O △ X

 정석 풀이법

Q. Should I set the submission deadline for Tuesday or Wednesday?

(A) Tuesday would be better for everyone.　　　　　　　　정답

(B) The monthly progress reports.　　submission - reports 연상 오류

(C) An open application period.　　deadline - application 연상 오류

기출 둘 중 하나 선택 답변

A is better. A가 더 좋아요.

A is my favorite. 저는 A를 가장 좋아해요.

I like A. A를 좋아해요.

A should be fine. A가 괜찮아요.

I prefer A. A를 더 선호해요.

A works best for me.

저한텐 A가 최선일 것 같아요.

주의

A or B 선택사항 중에 하나를 고르는 답변은 같은 의미의 다른 표현을 사용하여 고난도 유형으로 주로 출제된다.

Q. Should I order a new mobile phone or have this one fixed?

새로운 휴대전화를 사야 할까요, 아니면 이걸 고칠까요?

A. I know a good repairperson.

제가 좋은 수리공 한 명을 알고 있어요.

→ 수리공을 소개해 줄테니 고쳐서 사용하는 것을 선택하라는 답변

기출포인트 4 제3의 것을 고르는 선택 의문문 🎧 D6_9

Q. Mark your answer.

(A) O △ X

(B) O △ X

(C) O △ X

정석 풀이법

Q. Does Ms. Harrison live in Berlin or Hamburg?

(A) I think she likes hamburgers.　　Hamburg - hamburgers 유사 발음

(B) Her house is in Frankfurt.　　　　　　　　정답

(C) Both are fun to visit.　　Berlin or hamburg - Both 연상 오류

기출 둘 다 선택, 둘 다 아님 답변

① 둘 다 선택

I like both of them. 둘 다 좋을 것 같아요.

I'd like some of each. 각각 조금씩 할게요.

I'm considering both.

저는 둘 다 고려하고 있어요.

② 둘 다 아님

Neither. 둘 다 아니에요.

I don't like either. 둘 다 마음에 들지 않아요.

No, neither of them has.

아니요, 그들 중 누구도 하지 않았어요.

선택과 관련 없는 다양한 답변 모음

It has been canceled. 취소되었어요.

I'm not sure yet. 아직 잘 모르겠어요.

I haven't signed up for it yet.

아직 등록 안 했어요.

It depends on our budget.

저희 예산에 따라 달라요.

I still haven't decided. 아직 결정하지 못했어요.

Mark has the details.

마크 씨가 세부사항을 알고 있어요.

Which one would be quicker?

어떤 게 더 빠르나요?

Either is fine with me. 저는 아무거나 괜찮아요.

I don't have a preference.

저는 선호하는 건 없어요.

토익 실전 연습 🎧 D6_10

정답 및 해설 p. 148

1. Mark your answer.   (A) (B) (C)

2. Mark your answer.   (A) (B) (C)

3. Mark your answer.   (A) (B) (C)

4. Mark your answer.   (A) (B) (C)

5. Mark your answer.   (A) (B) (C)

6. Mark your answer.   (A) (B) (C)

7. Mark your answer.   (A) (B) (C)

8. Mark your answer.   (A) (B) (C)

9. Mark your answer.   (A) (B) (C)

10. Mark your answer.   (A) (B) (C)

11. Mark your answer.   (A) (B) (C)

12. Mark your answer.   (A) (B) (C)

13. Mark your answer.   (A) (B) (C)

14. Mark your answer.   (A) (B) (C)

15. Mark your answer.   (A) (B) (C)

16. Mark your answer.   (A) (B) (C)

17. Mark your answer.   (A) (B) (C)

18. Mark your answer.   (A) (B) (C)

19. Mark your answer.   (A) (B) (C)

20. Mark your answer.   (A) (B) (C)

PART
3&4

시각자료 ①

음원 듣기 ▶

시각자료 연계 문제는 Part 3의 마지막 대화 세트 3개에서 세트마다 1개의 문제가, Part 4의 마지막 담화 세트 2개에는 각 담화마다 1개의 문제가 고정적으로 포함된다. 시각자료로는 업무 또는 일상에서 볼 수 있는 그래프/일정표/가격표/메뉴/층별 안내/리스트/도표 등이 출제된다. 출제되는 시각자료는 대부분 한눈에 파악하기 쉬우므로 어렵지 않게 문제를 풀 수 있다.

기출포인트 1 **[Part 3] 시각자료: 그래프** 🎧 D6_11

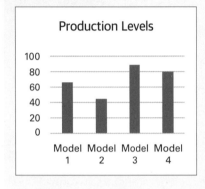

Q1. What industry do the speakers work in?

(A) Kitchen appliances
(B) Car manufacturing
(C) Furniture design
(D) Consumer electronics

Q2. Look at the graphic. Which model is being discussed?

(A) Model 1
(B) Model 2
(C) Model 3
(D) Model 4

Q3. What does the woman say she will do next?

(A) Send a quote
(B) Assemble a team
(C) Order some components
(D) Request some maintenance

시각자료 출제 유형

① 대화 내용에 대한 알맞은 것을 고르기
② 시각자료에서 수정되어야 하는 항목 고르기
③ 지도 등에서 알맞은 위치 고르기

그래프 시각자료 필수 어휘

market share 시장 점유율
capacity 수용력
output 생산량, 산출량
production level 생산 수준
survey results 설문조사 결과
delay 지연 (시간)
sales 판매량

주의

시각자료 유형을 풀이할 때는 음원을 듣기 전에 시각자료를 미리 봐 두어야 한다. 「문제를 읽고 시각자료 보기 → 음원 듣기 → 시각자료에서 특정 조건에 해당하는 정보 찾기」의 문제 풀이 흐름을 잘 타야 한다.

Oh! 정석 풀이법

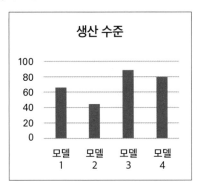

생산 수준

M: Good morning, Ms. Kang. I'm concerned about something. **Can you look at this vehicle production report with me?**

W: Of course. What exactly is the issue?

M: Well, page 4 of the report shows that one of the welding robots in our Model S300 assembly line was operating at a low capacity. **As a result, production of that model was the lowest of all our models.**

W: Okay, hmm... Let's stop using that welding machine and **I'll contact a technician to inspect it immediately.** We have to ship out a big number of Model S300's this week, so we need to get the assembly line running smoothly as soon as possible.

Q1. What industry do the speakers work in?

정답 look at this vehicle production report

→ (B) Car manufacturing

Q2. Look at the graphic. Which model is being discussed?

정답 production of that model was the lowest

→ (B) Model 2

Q3. What does the woman say she will do next?

정답 I'll contact a technician to inspect it immediately

→ (D) Request some maintenance

주의

Part 3 시각자료 문제는 항상 2인 대화로만 출제된다. 어려운 어휘도 나오지 않고, 대화의 구성도 대개 단순하게 출제되므로 다른 유형의 문제들보다 더 쉽게 느끼는 학습자들도 많다.

주의

그래프 시각자료에서는 원 그래프와 막대 그래프가 주로 출제되며, 그래프가 주로 보여주는 것은 revenue(수익), sales(매출), the number of(~의 수)이다. 대화에서 'the most(가장 많은), the highest(가장 높은), the second most(두 번째로 많은), the poorest/lowest(가장 낮은) 등의 최상급 표현이나 more(더 많은), higher(더 높은), lower(더 낮은) 등의 비교급 표현이 정답 단서로 제시되는 경우가 많다.

Downtown Sunnyvale Autumn Music Series:
Indie & Blues

Liam Lopez - September 14
Mia Burr - September 21
Noah Taylor - September 28
Sophia Miyazaki - October 5

Q1. What problem does the speaker mention?

(A) An event is not popular.
(B) A road will be repaired.
(C) Some vendors have backed out.
(D) Some songs will be changed.

Q2. Look at the graphic. According to the speaker, which musician will have their performance rescheduled?

(A) Liam Lopez
(B) Mia Burr
(C) Noah Taylor
(D) Sophia Miyazaki

Q3. What does the speaker recommend the listeners do?

(A) Print out a program
(B) Bring their own food
(C) Visit a social media page
(D) Apply for a parking permit

도표/리스트 시각자료 필수 어휘

- 스케줄
booked, reserved 예약된
staff meeting 직원 회의
shareholder's meeting 주주 회의
deadline 마감일

- 가격표
item 품목
price 가격
quote, estimate 견적
quantity, amount 수량
inventory 재고 (목록)
bill 계산서
order # 주문 번호
price per person 인당 가격
discount 할인

- 층별 안내
office directory 사무실 안내판
employee directory 직원 안내
telephone directory 전화번호부
extension 내선 번호

정석 풀이법

다운타운 서니베일 가을 음악 시리즈:
인디 & 블루스

리암 로페즈 - 9월 14일
미아 벌 - 9월 21일
노아 테일러 - 9월 28일
소피아 미야자키 - 10월 5일

M: This is 96.5 SBC FM, the Bay Area's best music station. I want to announce something important about the Downtown Sunnyvale Autumn Music Series kicking off soon. We received word that Murphy Avenue will be having some repairs done on September 21. Neither cars nor pedestrians will be able to access the street during the roadwork. This means that the concert planned for that weekend is going to be rescheduled, most likely to sometime in October according to event organizers. For the concert series line-up and other schedule updates, make sure to check out our social media page.

Q1. What problem does the speaker mention?
　정답 Murphy Avenue will be having some repairs done
　　→ (B) A road will be repaired.
Q2. Look at the graphic. According to the speaker, which musician will have their performance rescheduled?
　정답 September 21, concert planned for that weekend, be rescheduled
　　→ (B) Mia Burr
Q3. What does the speaker recommend the listeners do?
　정답 check out our social media page
　　→ (C) Visit a social media page

주의

시각자료 연계 문제의 정답은 담화에서 직접적으로 언급이 되지 않고 시각자료에 제시된 항목을 담화에서 듣고 그에 상응하는 것을 정답으로 골라야 한다. 따라서 음원을 듣는 동안 귀는 September 21를 노려 들어야 하며, 시선은 해당 항목 옆에 제시된 Mia Burr에 있어야 한다.

최빈출 담화 유형: 방송
- 뉴스 보도와 라디오 방송의 두 가지 유형으로 출제된다.
- 뉴스 보도로는 경제, 선거, 개발, 건설 등의 보도가 출제되며, 어려운 어휘들이 많이 나오므로 고난도 유형에 속한다.
- 라디오 방송으로는 행사 소개, 교통 방송, 일기 예보, 일일 게스트 소개 등이 출제된다.

프로그램 소개
인사 및 방송 프로그램을 간략히 소개
↓
보도 세부 정보
소개한 방송 보도에 대해 상세히 설명
↓
마무리 인사
마무리 인사와 함께 다음 이어질 방송 또는 추가 정보를 얻을 수 있는 방법 언급

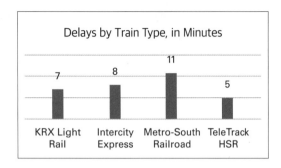

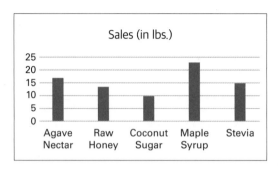

1. Who most likely is the woman?

(A) A safety inspector
(B) A news reporter
(C) A station employee
(D) A tour guide

2. Look at the graphic. Which train type does the man point out?

(A) KRX Light Rail
(B) Intercity Express
(C) Metro-South Railroad
(D) TeleTrack HSR

3. What does the man recommend?

(A) Traveling in groups
(B) Purchasing special passes
(C) Packing light luggage
(D) Adjusting travel plans

4. What did the speakers do last month?

(A) They started a new business.
(B) They participated in a trade show.
(C) They visited a manufacturing plant.
(D) They bought new equipment.

5. Look at the graphic. Which item will be sold at a lower price next month?

(A) Agave Nectar
(B) Raw Honey
(C) Coconut Sugar
(D) Maple Syrup

6. Why does the man think more customers will come to the market?

(A) There was an article in the newspaper.
(B) Entrance will now be free of charge.
(C) There will be musical performances.
(D) Organizers have recruited more food vendors.

정답 및 해설 p. 152

Lawson Business Office Directory	
North Wing	Suite 100 - 110
South Wing	Suite 111 - 120
East Wing	Suite 121 - 134
West Wing	Suite 135 - 155

BURLINGAME PUBLIC PARK FUNDRAISING PROJECT

Construction Phases
Grand Opening

→ Goal : $50,000

Landscaping & Garden Installation

→ Milestone 3 : $40,000

Playground & Amenities Installation

→ Milestone 2 : $25,000

Site Preparation

→ Milestone 1 : $10,000

7. What will most likely be discussed at the meeting?

(A) A website design
(B) A conference schedule
(C) A marketing campaign
(D) A software program

8. What should the woman do at the front desk?

(A) Obtain some identification
(B) Show some documents
(C) Print out a parking pass
(D) Sign a form

9. Look at the graphic. Which suite is the speaker's office located in?

(A) Suite 110
(B) Suite 120
(C) Suite 134
(D) Suite 155

10. What event took place last weekend?

(A) An outdoor concert
(B) A sporting competition
(C) An award ceremony
(D) A film screening

11. Why was the event rescheduled?

(A) The city mayor could not attend.
(B) The weather was bad.
(C) A venue needed repairs.
(D) A flight was delayed.

12. Look at the graphic. How much money has the city raised so far?

(A) $10,000
(B) $25,000
(C) $40,000
(D) $50,000

Part 4 최빈출 담화 필수 표현

방송

프로그램 소개

☐ And now for the local news.
이제 지역 뉴스를 전해드리겠습니다.

☐ Thanks for tuning in to Health at six.
<6시의 건강>을 청취해 주셔서 감사합니다.

☐ Good morning, this is Emma Smith with YTR Radio.
안녕하세요, <와이티알 라디오>의 엠마 스미스입니다.

☐ You're listening to Radio 403.
여러분은 라디오 403을 듣고 계십니다.

☐ Welcome to WTAP's rush hour update.
WTAP의 러시아워 교통 방송에 오신 것을 환영합니다.

보도 세부정보: 교통 정보

☐ Traffic is moving smoothly on city roadways.
시내 도로는 교통 흐름이 순조롭습니다.

☐ Traffic is moving slowly due to inclement weather.
악천후 때문에 차량들이 느리게 이동하고 있습니다.

☐ Highway 46 will be closed until next week.
46번 고속도로가 다음 주까지 폐쇄될 것입니다.

☐ You may want to use Glad Avenue instead.
글래드 애비뉴를 대신 이용하시는 것이 좋겠습니다.

☐ I would suggest using public transportation.
대중교통을 이용하시길 제안 드립니다.

☐ Officials are encouraging commuters to take an alternate route.
관계자들은 통근자들이 대체 경로를 이용하시는 것을 권하고 있습니다.

보도 세부정보: 일기 예보

☐ Temperatures are low.
기온이 낮습니다.

☐ There is a high chance of heavy snow on Monday.
월요일에 폭설이 내릴 가능성이 높습니다.

☐ We can expect a bit of rain on Friday.
금요일에 약간의 비가 예상됩니다.

☐ Temperatures are expected to rise next month.
다음 달엔 기온이 오를 것으로 예상됩니다.

마무리 인사

☐ I'll be back with another update.
또 다른 소식과 함께 돌아오겠습니다.

☐ Stay tuned for the latest news.
최신 뉴스를 위해 채널을 고정해 주세요.

☐ I'll be right back after a short commercial break.
짧은 광고 후에 바로 돌아오겠습니다.

☐ And now to Steve Mcdonalds with the global news.
다음은 스티브 맥도날즈 씨의 세계 뉴스입니다.

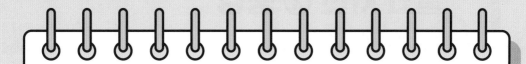

실외 사진 ② 풍경

음원 듣기 ▶

Part 1에서 나오는 풍경 실외 사진으로는 공원, 숲, 해변, 항구 등의 장소가 주로 등장한다. 공원/숲 풍경 사진에서는 사람들이 쉬거나, 걷거나 앉아 있는 모습들이 자주 출제되므로 동사에 초점을 맞춰 사진을 파악해야 한다. 해변/항구 사진에서는 배들이 정박해 있는 사진과 해변의 풍경 또는 해변에서 사람들이 쉬고 있는 사진이 가장 많이 출제된다. 각각의 사물이나 사람을 자세히 보기보다는 전체적인 풍경 위주로 확인하는 것이 좋다.

기출포인트 1   실외 사진: 공원/숲 최빈출 명사   🎧 D7_1

(A) O △ X

(B) O △ X

(C) O △ X

(D) O △ X

기출 공원/숲 사진 최빈출 명사

fountain 분수대
bush 관목
umbrella 파라솔
hiker 등산객
forest 숲
picnic bench 피크닉 벤치
walkway 산책로
park maintenance 공원 보수 작업
hill 언덕
woods 숲

Oh! 정석 풀이법

(A) Some trees **are being trimmed.**　　　　　　동사 오류
(B) Some **children** are playing in a park.　　　　없는 인물
(C) **A walkway** is lined with **benches.**　　　　　정답
(D) A man **is packing up** his belongings.　　　　동사 오류

기출포인트 2   실외 사진: 공원/숲 최빈출 동사   🎧 D7_2

(A) O △ X

(B) O △ X

(C) O △ X

(D) O △ X

기출 공원/숲 사진 최빈출 동사

relax, rest 쉬다
plant ~을 심다
sit 앉다
perform 공연하다
walk, stroll 걷다
pose for ~을 위해 포즈를 취하다
grow 자라다
be lined with ~이 늘어서 있다
carry out ~을 수행하다
arrange ~을 가지런히 하다, 정리하다
cast (그림자 등을) 드리우다

주의
공원 사진은 사진에 등장한 여러 사람들의 공통된 동작에 특히 주의하며 사진을 파악해야 한다.

Oh! 정석 풀이법

(A) One of the people is riding a bicycle.　　　　동사 오류
(B) One of the people is resting on a bench.　　　정답
(C) Some people are enjoying a meal.　　　　　　동사 오류
(D) Two people are jogging **next to each other.**　전치사구 오류

(A) O △ X
(B) O △ X
(C) O △ X
(D) O △ X

Oh! 정석 풀이법

(A) **A bike path** runs parallel to the shore.   없는 사물
(B) Some **beach towels** have been laid out.   없는 사물
(C) Some **chairs** are facing the **water**.   정답
(D) **A boat** is floating in the distance.   없는 사물

기출 해변/항구 사진 최빈출 명사

boat, ship 배
pier, dock 부두
harbor 항구
anchor 닻
passenger 승객
bridge 다리
oar, paddle (배를 저을 때 쓰는) 노
deck (배의) 갑판
beach 해변
beach umbrella 비치 파라솔
water 물가
shore 해안, 호숫가
fishing pole 낚싯대
river bank 강둑
waterway 수로

주의
해변/항구 사진에서의 water은 일반적인 '물'의 의미보다는 '호수, 강, 바다의 물'을 뜻한다. 이와 마찬가지로 umbrella도 일반적인 '우산'의 의미보다는 '파라솔'로 알아두는 것이 좋다.

(A) O △ X
(B) O △ X
(C) O △ X
(D) O △ X

Oh! 정석 풀이법

(A) A car **has been loaded** onto a ferry.   동사 오류
(B) Some boats **are docked** at a pier.   정답
(C) People are walking along a lakeshore.   전치사구 오류
(D) People **are diving** into the water.   동사 오류

기출 해변/항구 사진 최빈출 동사

dock 정박하다
tie, secure, anchor 고정하다
board, embark 탑승하다
pass 지나가다
walk toward ~ 쪽으로 걷다
hold ~을 들다
stand 서 있다
sail 항해하다
rest, relax 쉬다
lead to ~로 이어지다
fish 낚시하다
swim 수영하다
reflect ~을 반사하다
disembark 하선하다
overlook ~을 내려다보다

주의
해변/항구 사진에서 동사 relax나 rest는 '쉬다, 휴식하다, 편안하게 있다'라는 의미인데, 의자에 앉아 쉬는 모습이나 해변에 누워 있는 모습 등도 이 단어들로 모두 표현할 수 있다.

음원 듣기 ▶

정답 및 해설 p. 155

1.

4.

2.

5.

3.

6.

PART 2 평서문

음원 듣기 ▶

평서문은 매 시험당 2~4문제씩 출제되고, 주로 사실이나 정보 전달, 문제 상황 공유, 제안/요청, 의견 제시 등의 내용을 담는다. 의문사 의문문과 달리 예측할 수 있는 뚜렷한 패턴이 없고 매우 다양한 상황이 언급될 수 있기 때문에 학습자의 순발력이 필요한 고난도 유형이다. 이 유형을 풀 때에는 질문에서 강하게 발음되는 주어와 동사를 중심으로 질문 내용을 빠르게 파악한 뒤, 오답을 소거하면서 남는 선택지를 정답으로 고르는 것을 추천한다.

기출포인트 1　사실/정보를 전달하는 평서문

🎧 D7_6

Q. Mark your answer.

(A) O △ X

(B) O △ X

(C) O △ X

Oh! 정석 풀이법

Q. I hear that Andrew transferred to the Barcelona branch in June.

(A) A quarterly sales report.　　　　　　　　　June - quarterly 연상 오류

(B) No. The transaction never went through.　transferred - transaction 유사 발음

(C) Yes, we've been working together.　　　　　　　　　　정답

주의

평서문도 긍정/부정으로 답할 수 있으므로 Yes/No로 시작하는 답변도 정답이 될 수 있다.

Q. I think Norman would make a good project leader.
놀먼 씨가 프로젝트 리더로 적합한 것 같아요.

A. Yes, he's very reliable.
네, 그는 굉장히 믿을만해요.

Q. This break room is too messy to clean up in one day.
이 휴게실은 너무 지저분해서 하루 만에 치울 수가 없어요.

A. No, it seems fine.
아니요, 괜찮아 보이던데요.

기출포인트 2　문제 상황을 공유하는 평서문

🎧 D7_7

Q. Mark your answer.

(A) O △ X

(B) O △ X

(C) O △ X

Oh! 정석 풀이법

Q. Our camera is out of battery again.

(A) The charger is by the printer.　　　　　　　　　　정답

(B) I will order it soon.　　　　　　　out of - order 연상 오류

(C) A photo or video?　　　camera - photo or video 연상 오류

주의

평서문에서 문장이 아닌 명사구로 된 답변은 오답일 확률이 매우 높으므로 세 개의 선택지를 완벽하게 듣지 못했다면 명사구 선택지를 제외한 나머지 두 개의 선택지 중 정답을 고르는 것이 좋다.

제안/요청을 하는 평서문 🎧 D7_8

Q. Mark your answer.

(A) O △ X

(B) O △ X

(C) O △ X

Oh! 정석 풀이법

Q. Let's announce the final design at our team meeting.

(A) Has it already been chosen? 　　　　　　　　　　　　　정답

(B) An important client account. 　　　announce - account 유사 발음

(C) We're holding final interviews next week. 　　　final 반복 사용

평서문 빈출 답변 유형

① 되묻기

Q. Please fill out these forms and submit them to me.
이 양식들을 작성하시고 저에게 제출해 주세요.

A. Can I borrow a pen?
펜 좀 빌릴 수 있나요?

② 제안

Q. There are no seats left on the bus.
버스에 남은 좌석이 없네요.

A. Let's wait for the next one.
다음 버스를 기다려보죠.

③ 맞장구

Q. That was an excellent presentation.
그거 참 훌륭한 발표였어요.

A. It was the best one I've ever heard.
제가 들어봤던 것 중 최고였어요.

의견을 제시하는 평서문 🎧 D7_9

Q. Mark your answer.

(A) O △ X

(B) O △ X

(C) O △ X

Oh! 정석 풀이법

Q. I'm excited for the new park to open soon.

(A) Across from the library. 　　　　　　　　　　Where 의문문 답변

(B) I just went biking there. 　　　　　　　　　　　　　　정답

(C) That's the closest one. 　　　　　　　　park - one 연상 오류

주의

평서문에서는 사실/정보 전달, 문제 상황 공유, 제안/요청, 의견 제시 외에도 감정을 나타내거나 의무, 계획, 의문/궁금증 등을 나타내는 다양한 내용들이 출제된다.

토익 실전 연습 🎧 D7_10

정답 및 해설 p. 157

1. Mark your answer.   (A) (B) (C)

2. Mark your answer.   (A) (B) (C)

3. Mark your answer.   (A) (B) (C)

4. Mark your answer.   (A) (B) (C)

5. Mark your answer.   (A) (B) (C)

6. Mark your answer.   (A) (B) (C)

7. Mark your answer.   (A) (B) (C)

8. Mark your answer.   (A) (B) (C)

9. Mark your answer.   (A) (B) (C)

10. Mark your answer.   (A) (B) (C)

11. Mark your answer.   (A) (B) (C)

12. Mark your answer.   (A) (B) (C)

13. Mark your answer.   (A) (B) (C)

14. Mark your answer.   (A) (B) (C)

15. Mark your answer.   (A) (B) (C)

16. Mark your answer.   (A) (B) (C)

17. Mark your answer.   (A) (B) (C)

10. Mark your answer.   (A) (B) (C)

19. Mark your answer.   (A) (B) (C)

20. Mark your answer.   (A) (B) (C)

시각자료 ②

음원 듣기 ▶

시각자료 유형에서 문제와 시각자료를 미리 파악해두지 않으면 굉장히 헷갈릴 수 있다. 따라서 반드시 시각자료를 먼저 보고, 대화와 담화에서 들은 내용을 시각자료와 연계시켜 정답을 골라야 한다. 지도 시각자료는 그래프와 도표/리스트 시각자료 다음으로 자주 출제되는 유형으로서 평면도/좌석표/약도 등이 시험에 자주 등장한다.

기출포인트 1   [Part 3] 시각자료: 지도

🎧 D7_11

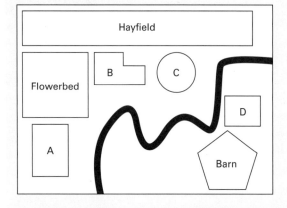

지도 시각자료 필수 어휘
route 노선
entrance 입구
exit 출구
gate 정문, 대문
parking area[lot, space] 주차장
floor plan 평면도
layout 배치도
map 지도
hallway 통로
reception 접수처, 안내데스크

Q1. What problem does the man mention?

(A) A mechanic is unable to come.
(B) A tractor is not working.
(C) Some tools are not in stock.
(D) Some roads are inaccessible.

Q2. Look at the graphic. Where does the woman tell the man to go?

(A) To structure A
(B) To structure B
(C) To structure C
(D) To structure D

Q3. What does the woman offer to do?

(A) Call a coworker
(B) Stack some baskets
(C) Provide a set of keys
(D) Go with the man

지도 빈출 전치사구
next to ~ 바로 옆에
take a right 우회전하다
go toward 직진하다
at the end of ~의 끝에
across from ~의 맞은편에
in front of ~의 앞에
on the other side of ~의 반대편에
outside ~ 밖에

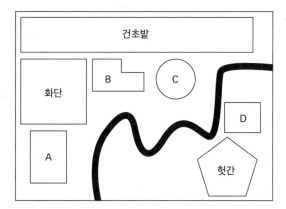

W: Do you need help with something, John?

M: Hey, one of our tractors is having mechanical issues out in the hayfield, so Kendrick told me to go and get the toolbox. But this is my first day here, so I don't know where a lot of things are.

W: Oh, you should go to the toolshed. It's opposite the river, next to the barn.

M: Okay. How do I get there?

W: You know what, let's walk over there together. I need some baskets.

Q1. What problem does the man mention?
정답 one of our tractors is having mechanical issues
→ (B) A tractor is not working.

Q2. Look at the graphic. Where does the woman tell the man to go?
정답 go to the toolshed, opposite the river, next to the barn
→ (D) To structure D

Q3. What does the woman offer to do?
정답 let's walk over there together
→ (D) Go with the man

주의
시각자료 유형 문제에서 정답 단서의 위치는 정해진 패턴이 없으므로 세 문제 중 어느 문제에서나 출제될 수 있다. 따라서 평소 다양한 시각자료에 제시된 정보를 빠르게 요약하여 파악하는 연습을 꾸준히 하는 것이 필수적이다.

주의
지도 시각자료 문제에서는 담화에서 기존에 언급했던 위치가 아닌 다른 위치로 정정할 수도 있으므로 반드시 담화를 끝까지 듣고 정답을 골라야 한다.

기타 시각자료 필수 어휘

"Wandering Paradise" Tour Itinerary

▶ *Crystal Caves*   *1:00 P.M.*
▶ *Forest Ziplining*   *3:30 P.M.*
▶ *Dinner*   *6:00 P.M.*
▶ *Emerald Beach*   *7:30 P.M.*

Q1. What does the speaker say about Lotus Leaf?

(A) It has received recognition recently.
(B) It has been featured in a magazine.
(C) It offers a view of the sunset.
(D) It is the largest restaurant in the city.

Q2. Look at the graphic. What time is the talk most likely being given?

(A) At 1:00 P.M.
(B) At 3:30 P.M.
(C) At 6:00 P.M.
(D) At 7:30 P.M.

Q3. What does the speaker say she will distribute?

(A) Customer surveys
(B) Beverages
(C) Printed maps
(D) Raincoats

- 쿠폰
valid 유효한
gift certificate 상품권
save 절약하다
holder 소지자
enter a code 코드를 입력하다
in store 매장에서

- 라벨/안내판
handle 다루다, 취급하다
fragile 깨지기 쉬운
material 소재
under construction 공사 중인
no entry 출입금지

- 티켓
departure 출발
arrival 도착
gate 탑승구
platform 승강장

- 설명서
step, stage, phase 단계
goal 목표
process 과정
instructions 안내서

정석 풀이법

"원더링 파라다이스" 투어 일정표

▶ 크리스털 케이브   오후 1:00
▶ 포레스트 집라이닝   오후 3:30
▶ 저녁 식사   오후 6:00
▶ 에메랄드 비치   오후 7:30

W: Could I please have your attention up front? **I hope everyone enjoyed their meal at Lotus Leaf.** Like I said, it's a well-known, local favorite, and **it even recently won an award for Best Service among restaurants in Phuket.** Alright, now, **you can probably already notice on your right, the beautiful shoreline and ocean spread out in the distance.** We arrived on schedule, so you can spend the next 2 hours here relaxing. Sunset will fall while we're here, so make sure to bring your cameras with you. As you exit the bus, **I'll hand out paper maps** for those who want to explore the walking trails and nature reserves nearby.

Q1. What does the speaker say about Lotus Leaf?
    정답 meal at Lotus Leaf, recently won an award
       → (A) It has received recognition recently.
Q2. Look at the graphic. What time is the talk most likely being given?
    정답 on your right, the beautiful shoreline and ocean
       → (D) At 7:30 P.M.
Q3. What does the speaker say she will distribute?
    정답 I'll hand out paper maps
       → (C) Printed maps

주의

시각자료 유형은 파악해야 할 정보가 많으므로 어렵게 느낄 수도 있지만, 오히려 많은 정보를 파악해야 하므로 다른 유형의 문제들보다 선택지에서 패러프레이징되는 부분이 상당히 적다.

최빈출 담화 유형: 관광 정보
- 여행객들에게 제공하는 정보와 신입직원/외부 인사에게 회사를 소개하는 견학 정보가 주로 출제된다.
- 대부분 장소 소개와 진행 순서를 언급하는 흐름으로 진행되므로 비교적 어렵지 않은 유형이다.

환영 인사
환영 인사와 함께 관광을 진행할 사람을 소개
↓
관광 종류 소개
관광의 종류와 목적을 알림
↓
세부정보 및 당부사항
진행 순서를 언급하며, 장소에 대한 특징과 방문객 준수 사항을 안내
↓
관광 시작 알림
관광이 시작된다는 말과 함께 마무리

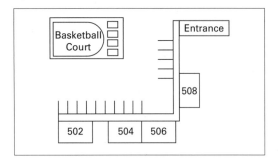

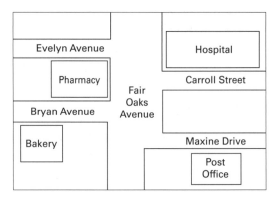

1. Who most likely is the woman?

(A) A landscaping contractor
(B) A construction worker
(C) A building inspector
(D) An apartment manager

2. Look at the graphic. Which location is the woman referring to?

(A) 502
(B) 504
(C) 506
(D) 508

3. What might the man pay extra for?

(A) A gardening class
(B) A reserved parking space
(C) Basketball lessons
(D) Monthly cleaning services

4. What industry do the speakers most likely work in?

(A) Hospitality
(B) Automotive
(C) Film
(D) Travel

5. Why does the woman want to make a change?

(A) A process will be less difficult.
(B) A certain area might be crowded.
(C) A permit was not granted.
(D) A store will be holding an event.

6. Look at the graphic. Which road should be closed?

(A) Carroll Street
(B) Maxine Street
(C) Bryan Avenue
(D) Evelyn Avenue

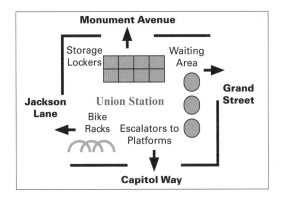

BIRCH	COAST REDWOOD
Small leaves with teeth-like edges and pointy tip	Small, flat, and scale-like leaves arranged along stem
ENGLISH OAK	MAPLE
Large leaves with wavy edges and slender stem	Large leaves with pointy tip, shaped like a hand

7. Who most likely is the speaker?

(A) A train operator
(B) A government official
(C) A rideshare driver
(D) A concierge assistant

8. Look at the graphic. Where does the speaker want to meet?

(A) On Monument Avenue
(B) On Jackson Lane
(C) On Capitol Way
(D) On Grand Street

9. How can a change be confirmed?

(A) By leaving a voicemail
(B) By dialing a number
(C) By sending a text
(D) By using an app

10. Who most likely is the speaker?

(A) A professor
(B) An ecologist
(C) A park ranger
(D) A garden landscaper

11. What does the speaker say about Agnes Rivera?

(A) She is the founder of the park.
(B) She was passionate about trees.
(C) She runs an educational program.
(D) She contributed to the park.

12. Look at the graphic. Which tree does the speaker point out?

(A) Birch
(B) Coast Redwood
(C) English Oak
(D) Maple

Part 4 최빈출 담화 필수 표현

관광 정보

○ 환영 인사

☐ Welcome to the National History Museum.	국립 역사 박물관에 오신 것을 환영합니다.
☐ I'm Dan, and I'll be your tour guide today.	저는 여러분의 오늘의 투어 가이드, 댄입니다.
☐ I'll be leading you on this afternoon's tour.	제가 오늘 오후 투어에 여러분들을 안내할 것입니다.
☐ I'll show you around today.	제가 오늘 여러분들을 안내해 드리려 합니다.

○ 관광 종류 소개

☐ We'll spend the morning exploring this facility.	저희는 아침 시간을 이 시설을 답사하며 보낼 것입니다.
☐ Let me start the tour by showing you Tekapo Lake.	테카포 호수를 보여드리면서 투어를 시작하겠습니다.
☐ We'll begin our walk through the park.	공원을 걸으며 시작하겠습니다.

○ 세부정보/당부사항

☐ Our tour will last approximately two hours.	저희 투어는 약 2시간정도 걸릴 것입니다.
☐ After lunch, we'll proceed to the national park.	점심 시간 이후에, 저희는 국립 공원으로 갈 것입니다.
☐ We'll have dinner after that.	그 이후에 저녁 식사를 하겠습니다.
☐ There's brochures next to the information desk.	안내데스크 옆에 안내 책자가 있습니다.
☐ Visitors are not allowed to take pictures in the museum.	방문객들은 박물관에서 사진을 촬영하는 것이 허용되지 않습니다.

○ 관광 시작 알림

☐ Let's get started.	그럼 시작하겠습니다.
☐ Please follow me.	저를 따라오세요.
☐ Let's begin our tour.	저희 투어를 시작하겠습니다.

LC

정답 및 해설

DAY 01

Part 1 최빈출 시제와 오답 패턴

기출포인트 1

(A) 여자가 몇몇 기록을 작성하는 중이다.
(B) 여자가 책을 읽는 중이다.
(C) 여자가 출입구 옆에 앉아 있는 중이다.
(D) 여자가 바닥에 가방을 놓는 중이다.

어휘　**note** 기록　**doorway** 출입구

기출포인트 2

(A) 몇몇 서류들이 탁자 위에서 정리되고 있다.
(B) 몇몇 의자들이 탁자 옆에 쌓여 있다.
(C) 꽃꽂이가 탁자 위에 놓여 있다.
(D) 사무용품 한 박스가 탁자 옆에 있다.

어휘　**against** ~ 옆에　**floral arrangement** 꽃꽂이　**supply** 사무용품

기출포인트 3

(A) 남자가 갈퀴를 잡고 있다.
(B) 남자가 차를 세차하고 있다.
(C) 물이 호스로부터 뿌려지고 있다.
(D) 몇몇 차량들이 도로를 달리고 있다.

어휘　**rake** 갈퀴　**spray** ~을 뿌리다

기출포인트 4

(A) 남자가 식기세척기를 열고 있다.
(B) 남자가 카운터를 닦고 있다.
(C) 남자가 식사를 준비하고 있다.
(D) 남자가 그릇을 젓고 있다.

어휘　**dishwasher** 식기세척기　**wipe** ~을 닦다　**stir** ~을 젓다, 섞다

토익 실전 연습

1. (A)　　2. (C)　　3. (A)　　4. (B)　　5. (B)
6. (C)

1.

(A) A woman is sitting on a bench.
(B) A woman is walking her dog.
(C) A woman is ordering some food.
(D) A woman is waiting at a bus stop.

(A) 여자가 벤치에 앉아 있는 중이다.
(B) 여자가 개를 산책시키고 있다.
(C) 여자가 몇몇 음식을 주문하고 있다.
(D) 여자가 버스 정류장에서 기다리고 있다.

해설　여자가 벤치에 앉아 있는 상태에 초점을 맞춰 묘사한 (A)가 정답이다.

어휘　**walk a dog** 개를 산책시키다

2.

(A) One of the people is drinking some water.
(B) Some bushes line a biking trail.
(C) Cyclists are wearing safety helmets.
(D) A bicycle is propped up next to some trees.

(A) 사람들 중 한 명이 물을 마시고 있다.
(B) 몇몇 덤불들이 자전거 길을 따라 늘어 서있다.
(C) 자전거를 타는 사람들이 안전모를 착용하고 있다.
(D) 자전거가 몇몇 나무들 옆에 기대어져 있다.

해설　자전거를 타는 사람들이 안전모를 착용한 상태에 초점을 맞춰 묘사한 (C)가 정답이다.

어휘　**bush** 덤불　**line** ~을 따라 늘어서다　**trail** (산책)길　**be propped up** 기대어져 있다

3.

(A) Vehicles are parked along the street.
(B) Pedestrians are waiting in line.
(C) People have crowded around a restaurant.
(D) Some lampposts have been installed on the sidewalks.

(A) 차들이 거리를 따라 주차되어 있다.
(B) 보행자들이 줄 서서 기다리고 있다.
(C) 사람들이 식당 주변에 모여 있다.
(D) 몇몇 가로등이 인도에 설치되어 있다.

해설　차들이 거리를 따라 주차되어 있는 상태에 초점을 맞춰 묘사한 (A)가 정답이다.

어휘　**along** ~을 따라　**in line** 줄 서서　**crowd** 모이다

4.

(A) Passengers are exiting a train.
(B) Some luggage has been put on a rack.
(C) Some bags are hanging on a hook.
(D) Suitcases are stacked in a pile on the floor.

(A) 승객들이 기차에서 나오고 있다.
(B) 몇몇 짐들이 받침대에 놓여 있다.
(C) 몇몇 가방들이 고리에 걸려 있다.
(D) 여행 가방들이 바닥에 한 더미로 쌓여 있다.

해설　짐들이 기차 안에 있는 받침대에 놓여 있는 상태에 초점을 맞춰 묘사한 (B)가 정답이다.

어휘　**exit** ~에서 나오다　**rack** 받침대　**hook** 고리　**in a pile** 한 더미로

5.

(A) There are papers placed on top of boxes.
(B) There are shelves above a computer monitor.
(C) The man is typing on his computer.
(D) The man is watching a movie.

(A) 박스 위에 놓인 종이들이 있다.
(B) 컴퓨터 모니터 위로 선반이 있다.
(C) 남자가 컴퓨터로 타자를 치고 있다.
(D) 남자가 영화를 보고 있다.

해설　남자 뒤에 있는 컴퓨터 모니터 위에 선반이 위치한 상태에 초점을 맞춰 묘사한 (B)가 정답이다.

6.

(A) Some windows are being washed.
(B) People are talking on their phones.
(C) Some clothing is being displayed.
(D) A canopy is being taken down.

(A) 몇몇 창문들이 씻겨지고 있다.
(B) 사람들이 휴대전화로 얘기하고 있다.
(C) 몇몇 의류들이 진열되어 있다.
(D) 덮개가 걷어지고 있다.

해설　여러 옷들이 야외 상점에 진열되어 있는 상태에 초점을 맞춰 묘사한 (C)가 정답이다.

어휘　**canopy** 덮개, 캐노피　**take down** ~을 걷다, 내리다

Part 2 Who/Where 의문문

기출포인트 1

Q. 잃어버린 키에 대해 누구에게 알려야 하나요?
(A) 보안 관리자요.
(B) 그것을 확실히 잠그세요.
(C) 자정 전이요.

어휘　**missing** 잃어버린, 분실한　**lock** ~을 잠그다　**midnight** 자정

기출포인트 2

Q. 누가 커피를 주문할 차례죠?
(A) 여분 사본을 인쇄해 주세요.
(B) 저는 지난번에 처리했어요.
(C) 그 발표를 연기하도록 하죠.

어휘　**turn** 차례　**postpone** ~을 연기하다, 미루다

기출포인트 3

Q. 가장 가까운 식료품점이 어디인가요?
(A) 주유소 옆에 하나 있어요.
(B) 제 삼촌이 배달원이세요.
(C) 매일 밤 10시까지요.

어휘　**grocery** 식료품　**gas station** 주유소

기출포인트 4

Q. 주말 동안 차를 어디에서 빌릴 수 있나요?
(A) 그 모델이 가장 인기 있어요.
(B) 저는 우리가 차를 필요로 할 것이라고 생각하지 않아요.
(C) 4시 정각이요.

1.　Where are these bananas from?
(A) A farm in Florida.
(B) That price is a great deal.
(C) Here's a basket to put your items in.

이 바나나들은 어디에서 왔나요?
(A) 플로리다의 농장에서요.
(B) 가격이 진짜 싸네요.
(C) 물건을 넣을 수 있는 바구니예요.

해설　Where과 함께 바나나의 출처를 묻고 있으므로 플로리다에 있는 농장이라는 말로 장소를 말하는 (A)가 정답이다.

어휘　**deal** 거래, 물건

2.　Who authorized that refund?
(A) Yes, the surplus funds.
(B) Around 15 minutes ago.
(C) One of the salespersons.

누가 그 환불을 승인했나요?
(A) 네, 여분 자금이요.
(B) 약 15분 전에요.
(C) 판매원들 중 한 사람이요.

해설　Who와 함께 환불을 승인한 사람을 묻고 있으므로 직업으로 답하는 (C)가 정답이다.

어휘　**authorize** ~을 승인하다　**surplus** 여분의　**salesperson** 판매원

3.　Whose turn is it to take meeting notes?
(A) Two pages at most.
(B) I believe it's Jillian's.
(C) In the conference room.

회의록을 누가 작성할 차례죠?
(A) 많아 봐야 두 페이지요.
(B) 질리안 씨 차례인 것 같아요.
(C) 컨퍼런스 회의실에서요.

해설　Whose와 함께 회의록을 작성할 차례인 사람을 묻고 있으므로 사람 이름으로 대답한 (B)가 정답이다.

어휘　**take meeting notes** 회의록을 작성하다　**at most** 많아 봐야

4.　Who's delivering the bedframe up to the resident in 621D?
(A) Of course, that'd be just fine.
(B) I'll ask Jimmy to do it.
(C) It begins at noon.

누가 이 침대 틀을 621D에 있는 주민에게 배송하고 있죠?
(A) 물론이죠, 그렇게 하면 좋을 것 같아요.

(B) 제가 지미 씨에게 그걸 하라고 요청할게요.

(C) 그건 정오에 시작해요.

해설   Who와 함께 침대 틀을 배송 중인 사람을 묻고 있으므로 사람 이름과 함께 해당 작업을 요청하겠다고 대답한 (B)가 정답이다.

어휘   **bedframe** 침대 틀   **at noon** 정오에

5.   Where did you first hear about our career fair?

(A) Is there an empty room available?

(B) I received an e-mail from my former professor.

(C) We plan to launch our product there.

저희 취업 박람회에 대해 어디서 처음 들으셨나요?

(A) 이용 가능한 빈 공간이 있나요?

(B) 저의 전 교수님으로부터 이메일을 받았어요.

(C) 저희 상품을 거기서 출시할 계획이에요.

해설   Where과 함께 취업 박람회를 처음 들은 장소를 묻고 있으므로 해당 정보를 받은 출처로 대답한 (B)가 정답이다.

어휘   **empty** 빈   **former** 전 –, 이전의

6.   Who submitted this request for reimbursement?

(A) Our manager did.

(B) Alright, I'll get on it!

(C) Before the deadline next Monday.

이 환급에 대한 요청을 누가 제출했나요?

(A) 저희 부장님이 했어요.

(B) 좋아요, 제가 그걸 할게요!

(C) 다음 주 월요일 마감일 전에요.

해설   Who와 함께 환급 요청을 제출한 사람을 묻고 있으므로 직책명으로 대답한 (A)가 정답이다.

어휘   **reimbursement** 환급   **get on** ~을 하다

7.   Who's responsible for reserving Ms. Cho's accommodation?

(A) Yes, it's a convenient location.

(B) Lucas will arrange all of that.

(C) Early March.

조 씨의 숙소를 예약하는 걸 누가 담당하고 있나요?

(A) 네, 편리한 위치에요.

(B) 루카스 씨가 모든 걸 준비할 거예요.

(C) 3월 초요.

해설   Who와 함께 숙소 예약 담당자를 묻고 있으므로 사람 이름으로 대답한 (B)가 정답이다.

8.   Where's the nearest shop that I can purchase a phone case for this model?

(A) A lifetime warranty.

(B) There's one down the block from here.

(C) About five or six left.

이 모델의 핸드폰 케이스를 살 수 있는 가장 가까운 매장이 어디인가요?

(A) 평생 보증이요.

(B) 여기에서 한 블록 내려가면 하나 있어요.

(C) 약 다섯 개에서 여섯 개가 남았어요.

해설   Where과 함께 핸드폰 케이스를 살 수 있는 매장 위치를 묻고 있으므로 There's one을 활용해 떨어진 거리로 대답한 (B)가 정답이다.

어휘   **lifetime** 평생의

9.   Who's escorting the technician to the control room?

(A) It depends on who's available.

(B) It's an IT department policy.

(C) By the elevator.

누가 제어실로 그 기술자를 안내하고 있나요?

(A) 누가 시간이 비는지에 달려있어요.

(B) 그건 IT 부서 정책입니다.

(C) 엘리베이터로요.

해설   Who와 함께 기술자를 특정 장소로 안내할 사람을 묻고 있으므로 시간이 비는 사람에 따라 다르다는 말로 대답한 (A)가 정답이다.

어휘   **escort** ~을 안내하다   **control room** 제어실

10.   Who had the highest sales figures this month?

(A) Some large ring binders.

(B) Our team is still collecting the numbers.

(C) My computer has been fully updated.

누가 이번 달에 가장 높은 매출 수치를 가졌나요?

(A) 몇몇 큰 링 바인더요.

(B) 저희 팀은 여전히 수치를 모으고 있어요.

(C) 제 컴퓨터는 완전히 업데이트됐어요.

해설   Who와 함께 제일 높은 매출 수치를 가진 사람을 묻고 있으므로 여전히 수치를 모으고 있어 아직 모른다고 대답한 (B)가 정답이다.

어휘   **still** 여전히   **number** 수치, 수   **fully** 완전히

11.   Where should we put these potted plants?

(A) The last delivery of decorations.

(B) A plastic container.

(C) In between the two elevators.

이 화분들을 어디에 놓아야 하나요?

(A) 장식품의 마지막 배송이에요.

(B) 플라스틱 용기요.

(C) 두 엘리베이터 사이에요.

해설   Where과 함께 화분을 놓는 위치를 묻고 있으므로 「전치사 + 장소」로 위치를 말하는 (C)가 정답이다.

어휘   **decoration** 장식품

12.   Who wants to organize a team-bonding program?

(A) Thanks, but the code still needs editing.

(B) It was a fun business trip.

(C) Jenny has already taken care of it.

누가 팀 유대감 프로그램을 준비하고 싶나요?

(A) 감사해요, 하지만 암호가 여전히 바꿔져야 해요.

(B) 재미있는 출장이었어요.

(C) 제니 씨가 이미 그것을 처리했어요.

해설 Who와 함께 팀 유대감 프로그램을 준비하고 싶은 사람을 묻고 있으므로 사람 이름과 함께 담당자를 알려주는 (C)가 정답이다.

어휘 **team-bonding** 팀 유대감 **code** 암호 **edit** ~을 바꾸다, 편집하다

---

13. Where do they sell ceramics and glassware?

(A) You can find them online.

(B) A teacup set.

(C) They'll wrap it for free.

어디서 도자기와 유리 그릇을 판매하나요?

(A) 온라인에서 그것들을 찾아보실 수 있어요.

(B) 찻잔 세트요.

(C) 무료로 그것을 포장해 줄 거예요.

해설 Where과 함께 상품의 판매 장소를 묻고 있으므로 상품 구매 방법으로 대답하는 (A)가 정답이다.

어휘 **ceramic** 도자기 **glassware** 유리 그릇 **wrap** ~을 포장하다

---

14. Who should I report to about the shipment delay?

(A) After 7 PM.

(B) The inventory team.

(C) Make sure to track it.

배송 지연에 대해 누구에게 보고해야 하나요?

(A) 오후 7시 이후예요.

(B) 재고 관리팀이요.

(C) 그것을 확실히 추적해 주세요.

해설 Who와 함께 배송 지연에 대해 보고해야 할 대상을 묻고 있으므로 부서명으로 대답하는 (B)가 정답이다.

어휘 **report to** ~에게 보고하다 **inventory** 재고 (관리) **track** ~을 추적하다

---

15. Where are the results from the product testing?

(A) Last Tuesday evening.

(B) Seven trials in all.

(C) I think Zach is preparing them.

제품 테스트의 결과는 어디에 있나요?

(A) 지난 화요일 저녁예요.

(B) 총 7번의 시험이요.

(C) 제크 씨가 그것들을 준비하고 있는 것 같아요.

해설 Where과 함께 제품 테스트 결과가 있는 장소를 묻고 있으므로 사람 이름으로 담당자를 알려주는 (C)가 정답이다.

어휘 **trial** 시험 **in all** 총

---

16. Who's in charge of updating the website?

(A) You can borrow my charger.

(B) Probably by April 20th.

(C) That's not our department's duty.

누가 웹사이트 업데이트를 담당하고 있나요?

(A) 제 충전기를 빌리셔도 돼요.

(B) 아마도 4월 20일까지요.

(C) 저희 부서의 업무는 아니에요.

해설 Who와 함께 웹사이트 업데이트 담당자를 묻고 있으므로 답변자의 부서 업무가 아니라고 간접적으로 대답한 (C)가 정답이다.

어휘 **charger** 충전기 **probably** 아마도 **duty** 업무

---

17. Where did Ms. Harper work before she was recruited here?

(A) Is it by the downtown area?

(B) For almost eight years now.

(C) At Cornerstone Capital Bank.

하퍼 씨가 여기 채용되기 전에 어디에서 근무하셨나요?

(A) 시내 지역 옆에 있나요?

(B) 지금까지 거의 8년 동안이요.

(C) 코너스톤 캐피탈 뱅크에서요.

해설 Where과 함께 하퍼 씨의 과거 근무 장소를 묻고 있으므로 「전치사 + 장소」로 회사명을 말하는 (C)가 정답이다.

---

18. Where can I see this week's movie showtimes?

(A) I didn't purchase a ticket yet.

(B) They're displayed at the entrance.

(C) Probably after 10 AM.

이번 주 영화 상영 시간을 어디에서 볼 수 있나요?

(A) 아직 입장권을 구매하지 않았어요.

(B) 입구에 나와 있어요.

(C) 아마도 오전 10시 이후예요.

해설 Where과 함께 영화 상영 시간을 볼 수 있는 장소를 묻고 있으므로 이와 관련된 위치로 대답하는 (B)가 정답이다.

어휘 **showtime** 상영 시간

---

19. Who created the centerpieces for the company's anniversary banquet?

(A) Certainly. I'd be glad to.

(B) My secretary will know.

(C) Yesterday morning.

회사 기념일 연회를 위한 중앙 장식물은 누가 만들었나요?

(A) 그럼요. 그렇게 하게 돼서 저도 기뻐요.

(B) 제 비서가 알 거예요.

(C) 어제 아침예요.

해설 Who와 함께 회사 연회를 위한 장식물을 만든 사람을 묻고 있으므로 관련 내용을 아는 사람의 직업으로 대답한 (B)가 정답이다.

어휘 **centerpiece** 중앙 장식물 **Certainly.** 그럼요. **secretary** 비서

---

20. Where can I find a reliable landscaper?

(A) There's one on 7th Street.

(B) Not as skilled as I thought.

(C) The total charge was $200.

믿을 만한 조경업자를 어디에서 찾을 수 있나요?

(A) 7번가 거리에 하나 있어요.

(B) 제가 생각한 것만큼 능숙하지 않아요.

(C) 총 비용은 200달러였어요.

해설   Where과 함께 믿을 만한 조경업자를 찾을 수 있는 장소를 묻고 있으므로 There's one을 사용해 위치로 대답하는 (A)가 정답이다.

어휘   **reliable** 믿을 만한 **landscaper** 조경업자

Part 3&4 주제&목적/문제점을 묻는 문제

기출포인트 1

남: 안녕하세요, 메도우브룩 건설 사에서 전화드리는 데본입니다. 저희 직원이 지난주에 귀하의 아파트에 새로운 카펫을 설치했는데, 받으신 서비스가 만족스러우셨는지 알고 싶습니다.

여: 대체로 그랬어요. 근데 제가 원했던 소재가 일시적으로 품절이었어요. 이게 배송에서 지연을 일으켰지만, 마침내 왔을 때, 카펫은 빠르게 설치되었어요.

남: 좋네요! 15퍼센트 할인이 되었던 때 카펫을 구매하셨던 것으로 송장에서 봤는데, 맞죠?

여: 진짜요? 하지만 제 신용카드 명세서에는 전액을 지불했다고 되어 있어요.

남: 오, 실수가 있었던 게 틀림없어요. 지금 당장 15퍼센트를 환불해 드릴게요.

어휘   **crew** 직원 **all in all** 대체로 **temporarily** 일시적으로 **invoice** 송장 **statement** 명세서 **full amount** 전액

1. 남자는 왜 전화하고 있는가?

(A) 고객 피드백을 요청하기 위해

(B) 또 다른 예약 일정을 잡기 위해

(C) 배송 상태에 대해 문의하기 위해

(D) 지불 방식을 확인하기 위해

어휘   **status** 상태 **verify** ~을 확인하다

2. 무엇이 지연을 야기했는가?

(A) 몇몇 직원들이 아팠다.

(B) 몇몇 기구가 사라졌다.

(C) 상품이 일시적으로 이용 불가능했다.

(D) 배송 주소의 철자가 틀렸다.

어휘   **personnel** 직원 **unwell** 아픈 **misspell** 철자를 틀리게 쓰다

3. 남자는 무엇을 할 것이라고 말하는가?

(A) 보고서를 제출하기

(B) 다음 방문 일정을 잡기

(C) 환불해 주기

(D) 오작동을 조사하기

어휘   **follow-up** 다음의 **issue a refund** 환불하다 **investigate** ~을 조사하다 **malfunction** 오작동

기출포인트 2

좋은 아침입니다, 오웬스 씨. 선 헤이븐 가구 사의 케리입니다. 테라스를 위해 주문하였던 4개의 쿠션이 있는 의자와 함께 있는 마호가니 식탁 세트와 관련해 전화드립니다. 안타깝게도, 그 디자인을 현재 이용하실 수 없으며, 제조사도 해당 모델의 더 많은 재고를 언제 구매할 수 있을지 알 수 없습니다. 그러나, 대신할 수 있고, 가격 폭 내에서 괜찮은 다른 세트를 제공해 드리겠습니다. 제가 대체할 수 있는 선택권의 몇몇 이미지들을 확실히 전송해드릴 수 있습니다. 단지 이 번호로 다시 전화주시고 이메일 주소가 무엇인지 제게 알려주십시오. 귀하께서 좋아하실 것을 찾을 수 있다는 것에 확신합니다.

어휘   **furnishing** 가구 **alternative** 대체할 수 있는

1. 여자는 어디에서 일하는가?

(A) 원예 용품점에서

(B) 건축 회사에서

(C) 가구 매장에서

(D) 스포츠 용품 매장에서

어휘   **garden center** 원예 용품점 **goods** 용품, 상품

2. 여자는 어떤 문제점을 언급하는가?

(A) 배송품이 분실됐다.

(B) 제품의 재고가 없다.

(C) 가격표가 높아졌다.

(D) 계약서가 준비되지 않았다.

어휘   **lost** 분실된 **price listing** 가격표, 가격 표시

3. 왜 여자는 남자에게 다시 전화해달라고 요청하는가?

(A) 설치 일정을 다시 잡기 위해

(B) 서비스에 대한 할인을 요청하기 위해

(C) 지불 방식을 확정하기 위해

(D) 이메일 주소를 제공하기 위해

어휘   **reschedule** 일정을 다시 잡다 **installation** 설치

토익 실전 연습

1. (B)	2. (D)	3. (C)	4. (B)	5. (C)
6. (D)	7. (B)	8. (D)	9. (A)	10. (B)
11. (A)	12. (A)	13. (B)	14. (B)	15. (A)
16. (D)	17. (A)	18. (C)		

Questions 1 - 3 refer to the following conversation.

W: Arnold, what do you think about the marketing report from this month? ① It seems like sales for our wireless keyboards are dropping.

M: Yeah, I noticed that. I think it has to do with our existing promotion strategy. ② The keyboards are advertised mainly on our website, so I feel like we should broaden our advertising campaign to public spaces, like subway stations or bus stops.

W: What a great idea! **3** Maybe we'll need to push for increasing the marketing budget. That would give us more choices. Let's bring this up at our team meeting tomorrow.

여: 아놀드, 이번 달에 나온 마케팅 보고서에 대해 어떻게 생각하세요? 무선 키보드 판매가 떨어지고 있는 것처럼 보여요.

남: 네, 저도 그거 봤어요. 현재 우리의 홍보 전략과 관련된 게 있다고 생각해요. 그 키보드는 우리 웹사이트에서 주로 광고되고 있어서, 우리 광고 캠페인을 지하철 역이나 버스 정류장 같은 공공 장소들로 넓혀야 할 것 같아요.

여: 좋은 생각이네요! 아마도 마케팅 예산을 늘려달라고 요구할 필요가 있어요. 이게 저희에게 더 많은 선택권을 줄 거예요. 내일 팀 회의에서 이 얘기를 꺼내 봐요.

어휘   **wireless** 무선의   **have to do with** ~와 관련이 있다   **existing** 현재의, 현존하는   **mainly** 주로   **broaden** ~을 넓히다   **push for** ~을 (계속) 요구하다   **bring A up** A를 꺼내다

1. 화자들은 무슨 상품을 논의하고 있는가?
(A) 이동식 스피커
(B) 무선 키보드
(C) 노트북 커버
(D) 블루투스 이어폰

해설   여자가 대화를 시작하면서 무선 키보드의 매출이 떨어지는 것 같이 보인다는 말을 하고 있으므로 (B)가 정답이다.

어휘   **portable** 이동식의

2. 남자의 말에 따르면, 상품들이 현재 어떻게 광고되고 있는가?
(A) 이메일로
(B) 신문에
(C) TV 광고에
(D) 인터넷에

해설   대화 중반부에 남자가 키보드는 현재 웹사이트에 주로 광고되고 있다고 언급하고 있으므로 (D)가 정답이다.

어휘   **commercial** (상업) 광고

3. 화자들은 회의에서 무엇을 요청할 예정인가?
(A) 직원 피드백
(B) 일정 조정
(C) 예산 증액
(D) 품질 점검

해설   대화 마지막 부분에서 마케팅 예산을 늘리는 것을 요구할 필요가 있다면서 내일 회의에서 이 안건을 꺼내자고 제안하고 있으므로 (C)가 정답이다.

어휘   **adjustment** 조정

Questions 4 - 6 refer to the following conversation.

M: Hello, and thank you for reaching out to Timepiece Publications. How may I assist you?

W: Hi. I'm subscribed to *Wanderlust Weekly*, and **4** I wanted to renew my subscription. I was wondering if I can be offered 30 percent off any annual subscription.

M: Oh, **5** I'm sorry. That promotion only applies to new subscriptions. To receive the discount, you could order another magazine. Are you interested in doing that?

W: Uh… actually, I already get delivered too many magazines. I'd rather just renew at the regular rate.

M: Alright. **6** I can still e-mail you our publications catalog just in case you change your mind. The discount is valid for anything on the list.

남: 안녕하세요, 그리고 타임피스 출판사에 연락주셔서 감사합니다. 어떻게 도와드릴까요?

여: 안녕하세요. 저는 <원더러스트 위클리>를 구독하고 있고, 제 구독을 갱신하고 싶습니다. 어떤 연간 구독에도 30퍼센트 할인을 제공받을 수 있는지 궁금합니다.

남: 오, 죄송합니다. 그 특별 상품은 오직 신규 구독에만 적용됩니다. 할인을 받으시기 위해서는, 다른 잡지를 주문하실 수 있습니다. 그렇게 하시는 데 관심이 있으신가요?

여: 아… 사실, 이미 너무 많은 잡지들을 배송받고 있어요. 차라리 정기 요금으로 갱신만 하겠습니다.

남: 좋아요. 마음이 바뀔 경우를 대비해 여전히 저희 출판물 소책자를 이메일로 드릴 수 있어요. 목록에 있는 어떤 것이든 할인은 유효합니다.

어휘   **reach out to** ~에 연락하다, 관심을 보이다   **publication** 출판사, 출판물   **wonder** ~을 궁금해 하다   **apply to** ~에 적용되다   **would rather** 차라리 ~하다   **in case** ~할 경우를 대비해

4. 여자는 왜 전화하고 있는가?
(A) 청구 오류를 보고하기 위해
(B) 구독을 갱신하기 위해
(C) 계정을 등록하기 위해
(D) 계약을 협의하기 위해

해설   대화 초반부에 여자가 구독을 갱신하고 싶다고 밝히고 있으므로 (B)가 정답이다.

어휘   **billing** 청구   **agreement** 계약, 합의

5. 남자는 왜 사과하는가?
(A) 서비스가 더 이상 운영되지 않는다.
(B) 관리자가 시간이 없다.
(C) 할인이 적용되지 않는다.
(D) 유통 계약이 끝났다.

해설   대화 중반부에 남자가 할인은 신규 구독에만 적용될 수 있으므로 여자가 할인을 받을 수 없다고 언급하고 있다. 따라서 (C)가 정답이다.

어휘   **no longer** 더 이상 ~ 않다   **distribution** 유통, 분배

6. 남자는 무엇을 할 것이라고 말하는가?

(A) 가격을 조사하기

(B) 전화를 다른 사람에게 돌려주기

(C) 수집품을 업데이트하기

(D) 문서를 보내주기

해설 대화 마지막 부분에 남자가 여자의 마음이 바뀔 것을 대비해 소책자를 이메일로 보내줄 수 있다고 말하므로 (D)가 정답이다.

어휘 **investigate** ~을 조사하다 **transfer a call** 전화를 다른 사람에게 돌리다

Questions 7 - 9 refer to the following conversation with three speakers.

M1: Hi, Mr. and Ms. Delroy. I know it was on very short notice, but thank you so much for meeting with me. **7** I just wanted to discuss your apartment's living room remodeling.

M2: No problem, Mike. So how's it going with our renovation?

M1: Right, I know I said that we'd complete the work by tomorrow, **8** but we've had an issue with the electrical wiring. It needs to be addressed before installing the light fixtures.

W: Oh, no. We have a family gathering this Friday for our son's birthday. Could you finish by then, Mike?

M1: I don't think I can. **8** The electrician can't come until next Tuesday, and he'll have to spend most of the day rewiring the entire room.

W: OK. **9** I should call our guests right away to tell them the dinner's called off.

남1: 안녕하세요. 델로이 씨 그리고 델로이 부인. 굉장히 짧은 통보였는데 저와 만나주셔서 매우 감사드립니다. 단지 아파트 거실 리모델링에 대해 논의하고 싶었어요.

남2: 괜찮습니다, 마이크 씨. 그럼 우리 보수 공사는 어떻게 진행되고 있나요?

남1: 좋습니다, 저희가 내일까지 작업을 완료할 것이라고 말씀드렸던 것은 알지만, 전기 배선에 문제가 있습니다. 이 문제는 조명 기구들을 설치하기 전에 처리되어야 하고요.

여: 오, 안돼요. 이번 주 금요일에 아들 생일을 위해 가족 모임이 있어요. 그 때까지 끝낼 수 있나요, 마이크 씨?

남1: 끝낼 수 없을 것 같습니다. 전기 기술자가 다음 주 화요일이 되어서야 올 수 있고, 전체 공간을 다시 배선하는 데 하루의 대부분을 보내야 할 겁니다.

여: 알겠어요. 우리 손님들에게 저녁 식사가 취소되었다고 바로 전화해야겠어요.

어휘 **electrical** 전기의 **wiring** 배선 **light fixture** 조명 기구 **gathering** 모임 **by then** 그 때까지 **electrician** 전기 기술자 **rewire** ~을 다시 배선하다 **call off** ~을 취소하다

7. 화자들은 주로 무엇을 논의하고 있는가?

(A) 업체 인수

(B) 보수 프로젝트

(C) 판매 부스 진열

(D) 개점 일정

해설 대화 초반에 남자들 중 한 명이 아파트 거실 리모델링에 대해 얘기하고 싶었다고 말하고 있으므로 (B)가 정답이다.

어휘 **acquisition** 인수 **vendor** 판매(자)

8. 마이크에 따르면, 다음 주 화요일에 무슨 문제가 고쳐질 것인가?

(A) 깨진 창문

(B) 예산 오류

(C) 누수

(D) 전기 문제

해설 대화 중반부와 후반부에 남자들 중 한 명이 전기 배선에 문제가 있다는 사실을 밝히며, 다음 주 화요일에 전기 기술자가 배선을 다시 작업할 것이라고 언급하고 있으므로 (D)가 정답이다.

어휘 **water leak** 누수

9. 여자는 다음에 무엇을 할 것 같은가?

(A) 전화하기

(B) 점검자에게 연락하기

(C) 계약서를 검토하기

(D) 공간을 예약하기

해설 대화 마지막에 여자가 가족들에게 전화해 저녁 식사 약속을 취소하겠다고 말하고 있으므로 (A)가 정답이다.

Questions 10 - 12 refer to the following telephone message.

This is Winsor Clockworks, and I'm calling about the wooden grandfather clock that you dropped off last week. Like you said, **11** one of the hands kept on skipping ahead, so we replaced the main gear. It seems like that resolved the problem. But, since the clock is antique and had significant dust buildup, we also cleaned the case and dials. In the future, **12** we suggest bringing it in for basic maintenance once every two years to ensure its operation. **10** The clock is ready to be picked up whenever it is convenient for you. Just remember that tomorrow is a Monday, so we'll be closed. Thanks!

여기는 윈저 클럭웍스이고, 지난주에 가져다 주신 나무 괘종시계와 관련해 전화 드립니다. 말씀하신 대로, 시계 바늘 중 하나가 계속 빠르게 넘어가서, 주 기어 장치를 교체했습니다. 이 문제가 해결된 것처럼 보였습니다. 하지만, 시계가 골동품이고 상당한 먼지가 쌓여 있었기 때문에, 저희는 또한 시계 케이스와 다이얼을 청소했습니다. 미래에, 작동을 확실히 보장하도록 매 2년에 한 번씩 기본 유지보수를 위해 시계를 가지고 오시길 제안드립니다. 시계는 편하실 때 언제든지 가져가실 수 있도록 준비되어 있습니다. 단지 내일이 월요일이므로 저희가 문을 닫는다는 것만 기억해 주세요. 감사합니다!

어휘 **grandfather clock** 괘종시계 **drop off** ~을 갖다 주다 **hand** 시계 바늘 **skip ahead** 빠르게 넘어가다 **antique** 골동품의 **dust** 먼지 **buildup** 쌓임, 증가 **bring A in** A를 가지고 오다 **pick up** ~을 가져가다

10. 화자는 왜 전화를 하고 있는가?

    (A) 특별 할인을 광고하기 위해

    (B) 서비스가 완료됐다는 것을 말하기 위해

    (C) 최종 가격 견적서를 확정하기 위해

    (D) 제조사와 연락되어야 하는 것을 제안하기 위해

해설 담화 전반적으로 시계 수리에 대해 말하고 있으며, 마지막 부분에 시계를 언제든지 가져갈 수 있게 준비되었다고 언급했으므로 (B)가 정답이다.

어휘 **finalized** 최종의 **manufacturer** 제조사

11. 화자에 따르면, 시계에 무슨 문제가 있는가?

    (A) 시계 바늘이 빠르게 넘어가고 있었다.

    (B) 유리에 금이 있었다.

    (C) 소리가 울리지 않았다.

    (D) 케이스가 윤기를 잃었다.

해설 담화 초반부에 청자가 말한 것처럼 시계 바늘이 빠르게 넘어가고 있었다고 이야기하고 있으므로 (A)가 정답이다.

어휘 **crack** 금 **chime** 소리 **ring** 울리다 **shine** 윤기, 빛

12. 화자는 청자가 무엇을 하기를 제안하는가?

    (A) 정기 유지 보수 일정을 잡는 것

    (B) 사용자 안내서를 검토하는 것

    (C) 배송 서비스를 사용하는 것

    (D) 월요일에 매장에 방문하는 것

해설 담화 중반부에서 화자가 확실한 작동을 위해 2년에 한 번씩 기본 유지 보수를 받는 것을 청자에게 제안하고 있으므로 (A)가 정답이다.

Questions 13 - 15 refer to the following news report.

Turning to transportation news, **13** the city council has approved plans to renovate Sunnyvale Airport. One major part of the renovations will be expanding the main terminal. Considering it was built only 25 years ago, the airport is not actually that old. However, **14** a problem for many tourists and locals is that it is currently not connected to the city transit system. The brand-new section will include a train station plus a food court and some retail shops. For more on this project, stay tuned. **15** We'll be having a brief chat with the mayor after this short commercial break.

교통 뉴스로 가서, 시 의회는 써니베일 공항을 보수하는 계획을 승인했습니다. 이 보수 작업의 주요한 부분 중 하나는 주 터미널을 확장하는 것입니다. 단지 25년 전에 지어진 것을 고려하면, 공항이 사실 그렇게 오래 된 것은 아닙니다. 하지만, 많은 여행객들과 지역 사람들에 대한 문제는 현재 도시 교통 체계와 연결되지 않는다는 것입니다. 새로운 부분은 푸드 코트와 몇몇 소매 매장들을 더한 기차역을 포함할 것입니다. 이 프로젝트에 대한 더 많은 것을 위해서는, 채널을 고정해주십시오. 짧은 광고 시간 후에 시장님과 짧은 이야기를 가질 것입니다.

어휘 **considering** ~을 고려하면 **actually** 사실 **that** 그렇게 **transit** 교통 (체계) **ratail** 소매의 **stay tuned** 채널을 고정하다 **chat** 이야기 **commercial break** 광고 시간

13. 무엇이 보수되고 있는가?

    (A) 시청 건물

    (B) 공항

    (C) 컨퍼런스 센터

    (D) 쇼핑몰

해설 담화 초반부에 시 의회가 공항 보수 공사 계획을 승인했다고 이야기하고 있으므로 (B)가 정답이다.

14. 건물에 대해 화자가 언급한 문제는 무엇인가?

    (A) 휠체어를 탄 사람들을 수용할 수 없다.

    (B) 대중교통 체계와 연결되어 있지 않다.

    (C) 충분한 공공 좌석 구역이 없다.

    (D) 좋지 않은 환기 장치를 가지고 있다.

해설 담화 중반부에 현재 공항의 문제는 도시 교통 체계와 연결되지 않았기 때문에 보수 공사가 되는 새로운 부분은 기차역을 포함할 것이라고 언급하고 있다. 따라서 (B)가 정답이다.

어휘 **link** ~을 연결하다 **ventilation** 환기 장치

15. 광고 시간 후에 무슨 일이 일어날 예정인가?

    (A) 시 공무원의 인터뷰를 보게 될 것이다.

    (B) 스포츠 대회가 중계될 것이다.

    (C) 날씨 예보가 제공될 것이다.

    (D) 새로운 토크쇼가 방송될 것이다.

해설 담화 마지막 부분에 광고 시간 이후 시장님과 이야기를 할 것이라고 밝혔으므로 (A)가 정답이다.

어휘 **broadcast** ~을 중계하다 **air** ~을 방송하다

Questions 16 - 18 refer to the following announcement.

Good afternoon, and **16** welcome aboard flight OZ892 to Melbourne. We are pleased to serve you today. Unfortunately, **17** due to limited overhead space, we cannot accommodate larger carry-on bags. In the event that your bag does not fit under your seat, we will check it in for you free of charge. In addition, we offer meals for purchase on this flight. Our diverse selections are listed in the packet in the seat pocket in front of you. **18** Should you wish to buy a meal, kindly notify one of our flight attendants.

안녕하세요, 멜버른행 OZ892 비행편에 탑승하신 것을 환영합니다 오늘 여러분들을 모시게 되어 기쁩니다. 안타깝게도, 짐 넣는 곳의 제한된 공간으로 인해, 더 큰 기내 수하물을 수용할 수 없습니다. 여러분의 가방이 좌석 아래에 맞지 않을 경우, 무료로 짐을 수속해드릴 것입니다. 추가로, 이 비행편에서 식사를 구매하실 수 있도록 제공하고 있습니다. 다양한 선택권들이 앞에 있는 좌석 주머니 안에 있는 박스에 안내되어 있습니다. 식사를 구매하고 싶으신 분들은, 친절하게 저희 승무원들 중 한 명에게 알려주십시오.

어휘　**overhead** (머리 위) 짐 넣는 곳 **carry-on** 기내 수하물 **fit** 딱 맞는 **check A in** A를 수속하다 **selection** 선택권

16. 어디서 공지가 되고 있는가?
(A) 극장에서
(B) 식당에서
(C) 기차에서
(D) 비행기에서

해설　담화 첫 부분에 멜버른행 비행편 탑승을 환영한다고 말하고 있으므로 (D)가 정답이다.

17. 화자는 어떤 문제를 언급하는가?
(A) 수하물을 위한 공간이 제한되어 있다.
(B) 빈 좌석이 충분하지 않다.
(C) 보관 서비스가 중단되었다.
(D) 특별 행사가 취소되었다.

해설　담화 초반부에 짐 넣는 곳의 공간이 제한적이라 더 큰 짐을 수용할 수 없다고 밝히고 있으므로 (A)가 정답이다.

18. 화자에 따르면, 청자들은 직원들과 왜 이야기해야 하는가?
(A) 추첨에 참여하기 위해
(B) 무료 선물을 받기 위해
(C) 음식을 주문하기 위해
(D) 환불을 요청하기 위해

해설　담화 마지막 부분에서 식사를 구매하고 싶다면 승무원과 이야기하라고 안내하고 있으므로 (C)가 정답이다.

어휘　**raffle** (경품) 추첨 **request** ~을 요청하다

Part 1 인물 사진

기출포인트 1
(A) 시 공무원이 연설을 하고 있다.
(B) 몇몇 음악가들이 함께 모여 있다.
(C) 남자들 중 한 명이 모자를 착용하고 있다.
(D) 단체 고객들이 밖에서 기다리고 있다.

어휘　**give a speech** 연설하다 **put on** ~을 착용하다

기출포인트 2
(A) 몇몇 통조림이 선반에 채워지고 있다.
(B) 남자가 지갑에서 지폐 몇 장을 꺼내고 있다.
(C) 쇼핑객이 매장을 둘러보고 있다.
(D) 쇼핑객이 카트를 비우고 있다.

어휘　**bill** 지폐 **browse** ~을 둘러보다

기출포인트 3
(A) 남자가 메모지에 쓰고 있다.
(B) 몇몇 동료들이 함께 점심을 먹고 있다.
(C) 여자가 컵을 잡고 있다.
(D) 사람들이 한 줄로 된 계단을 걸어 내려오고 있다.

어휘　**notepad** 메모지 **walk down** ~을 걸어 내려오다 **a flight of** 한 줄로 된

기출포인트 4
(A) 여자들 중 한 명이 컵으로 마시고 있다.
(B) 사람들이 식탁 위에 종이를 다시 정리하고 있다.
(C) 사람들이 컴퓨터로 일하고 있다.
(D) 여자들 중 한 명이 안경을 닦고 있다.

어휘　**rearrange** ~을 다시 정리하다

토익 실전 연습

1. (D)　**2.** (C)　**3.** (A)　**4.** (B)　**5.** (B)
6. (B)

1.
(A) A woman is tidying up a living room.
(B) A woman is folding a jacket.
(C) A woman is cleaning the washing machine.
(D) A woman is holding a piece of cloth.

(A) 여자가 거실을 정리하고 있다.
(B) 여자가 자켓을 접고 있다.
(C) 여자가 세탁기를 청소하고 있다.
(D) 여자가 천 하나를 잡고 있다.

해설 여자가 천 수건을 한 개 잡고 있는 상태에 초점을 맞춰 묘사한 (D)가 정답이다.

어휘 **tidy up** ~을 정리하다 **cloth** 천

2.
(A) A man is placing potted plants in a row.
(B) A man is filling a wheelbarrow with soil.
(C) A man is writing something down on a clipboard.
(D) A man is working at a manufacturing plant.

(A) 남자가 화분을 한 줄로 놓고 있다.
(B) 남자가 외바퀴 손수레를 흙으로 채우고 있다.
(C) 남자가 클립보드에 무엇인가를 적고 있다.
(D) 남자가 제조 공장에서 일하고 있다.

해설 남자가 클립보드에 적고 있는 동작에 초점을 맞춰 묘사한 (C)가 정답이다.

어휘 **in a row** 한 줄로

3.
(A) She's strolling along a path.
(B) She's using a walking cane.
(C) She's exploring a rainforest.
(D) She's hiking up a mountain with her dog.

(A) 여자가 보도를 따라 걷고 있다.
(B) 여자가 보행 지팡이를 사용하고 있다.
(C) 여자가 우림을 탐험하고 있다.
(D) 여자가 강아지와 산을 올라가고 있다.

해설 여자가 보도를 걷고 있는 동작에 초점을 맞춰 묘사한 (A)가 정답이다.

어휘 **field** 들판 **walking cane** 보행 지팡이 **rainforest** 우림 **hike up** ~을 올라가다

4.
(A) One of the women is leaning against the wall.
(B) Two of the people are admiring some artwork.
(C) Some people are sitting around a coffee table.
(D) Some employees are taking down a frame in a gallery.

(A) 여자들 중 한 명이 벽에 기대어 있다.
(B) 사람들 중 두 명이 예술 작품을 바라보고 있다.
(C) 몇몇 사람들이 탁자 주변에 앉아 있다.
(D) 몇몇 직원들이 미술관에서 액자를 내리고 있다.

해설 두 사람이 미술 작품을 보고 있는 상태에 초점을 맞춰 묘사한 (B)가 정답이다.

어휘 **lean against** ~에 기대나 **admire** ~를 (감탄아녀) 바라보나 **take down** ~을 내리다

5.
(A) A crowd of shoppers are entering a store.
(B) Pedestrians are crossing in front of some cars.
(C) There are cyclists riding along the street.
(D) There is a bus stopped in front of a bicycle.

(A) 많은 쇼핑객들이 매장에 들어가고 있다.
(B) 보행자들이 몇몇 자동차들 앞에서 길을 건너고 있다.
(C) 도로를 따라 자전거를 타는 사람들이 있다.
(D) 자전거 앞에 멈춰 있는 버스가 있다.

해설 사람들이 버스 앞으로 길을 건너고 있는 모습에 초점을 맞춰 묘사한 (B)가 정답이다.

어휘 **a crowd of** 많은

6.
(A) Some patrons are watching a performance.
(B) Some dishes are being served by a waiter.
(C) A diner is calling for the waiter.
(D) A server is lighting some candles.

(A) 몇몇 손님들이 공연을 보고 있다.
(B) 몇몇 요리들이 웨이터에 의해 서빙되어지고 있다.
(C) 식사 손님이 웨이터를 부르고 있다.
(D) 서버가 몇몇 촛불에 불을 붙이고 있다.

해설 식당에서 요리들이 웨이터에 의해 서빙되는 모습에 초점을 맞춰 묘사한 (B)가 정답이다.

Part 2 When/What/Which 의문문

기출포인트 1

Q. 언제 직원 배지가 배부될 예정인가요?
(A) 회사 정책이요.
(B) 모두 어제 각자의 것을 받았어요.
(C) 괜찮습니다. 저는 필요 없어요.

기출포인트 2

Q. 지붕 공사 도급업자를 언제 만날 예정인가요?
(A) 유지 보수 비용이요.
(B) 공사 현장에서요.
(C) 저희 팀 안건을 확인해 볼게요.

어휘 **roofing** 지붕 공사 **contractor** 도급업자, 계약자 **agenda** 안건

기출포인트 3

Q. 예정된 점검 날짜가 며칠인가요?
(A) 네, 신중하게 그것을 고려했어요.
(B) 엘리베이터 오작동이요.
(C) 이번 달 말 전에 해야 해요.

어휘 **malfunction** 오작동

기출포인트 4

Q. 어느 금융 자문이 우리에게 투자 계획을 만들어 주고 있나요?
(A) 그를 선택하는 것을 추천해요.
(B) 이전에 언급되었던 그 분이요.
(C) 7월 말을 목표로 합시다.

어휘 **advisor** 자문, 고문 **refer to** ~을 언급하다

1. (B)	2. (C)	3. (A)	4. (C)	5. (A)
6. (C)	7. (C)	8. (B)	9. (B)	10. (C)
11. (A)	12. (C)	13. (B)	14. (A)	15. (C)
16. (B)	17. (B)	18. (A)	19. (C)	20. (A)

1. When will the baker drop off the cake?
(A) They'll visit briefly.
(B) Very soon.
(C) On the table in the lobby.

언제 제빵사가 케익을 갖다 놓을 건가요?
(A) 잠깐 방문할 거예요.
(B) 곧이요.
(C) 로비에 있는 탁자 위에요.

해설 When과 함께 제빵사가 케익을 가져다줄 시점을 묻고 있으므로 미래 시점으로 답하는 (B)가 정답이다.

어휘 **drop off** ~을 갖다 놓다

2. What type of class are you interested in?
(A) On the bulletin board.
(B) I took one before, in fact.
(C) I'm still deciding.

어떤 종류의 수업에 관심 있으세요?
(A) 게시판에서요.
(B) 사실 저는 전에 하나 들었어요.
(C) 여전히 결정 중이에요.

해설 What과 함께 관심 있는 수업의 종류를 묻고 있으므로 여전히 결정 중이라고 답한 (C)가 정답이다.

어휘 **bulletin board** 게시판 **in fact** 사실

3. When is Angela performing her song?
(A) Right after the intermission.
(B) Yes, she majored in performing arts.
(C) To honor Mr. Kaneko's retirement.

언제 안젤라 씨가 그녀의 노래를 공연하죠?
(A) 중간 휴식 시간 직후에요.
(B) 네, 그녀는 공연 예술을 전공했어요.
(C) 카네코 씨의 은퇴를 기념하기 위해서요.

해설 When과 함께 공연 시간을 묻고 있으므로 시간 표현으로 답하는 (A)가 정답이다.

어휘 **intermission** 중간 휴식 시간 **major in** ~을 전공하다
performing art 공연 예술

4. When will the lease on our office expire?
(A) Yes, down the block.
(B) You can respond later.
(C) I think sometime next summer.

우리 사무실 임대가 언제 만료되죠?

(A) 네, 한 블록 아래에요.
(B) 나중에 답하셔도 돼요.
(C) 제 생각엔 내년 여름쯤에요.

해설 When과 함께 사무실 임대 기간 만료 시점에 대해 묻고 있으므로 대략적인 시간 표현으로 응답하는 (C)가 정답이다.

어휘 **lease** 임대 (계약) **expire** 만료되다

5. Which lever will shut the lights off?
(A) Neither of them.
(B) Of course, I will.
(C) Please shut the door carefully.

어느 레버가 불을 끌까요?
(A) 둘 다 아니에요.
(B) 당연하죠, 그럴게요.
(C) 문을 조심스럽게 닫아주세요.

해설 Which와 함께 불을 끌 수 있는 레버가 어느 것인지 묻고 있으므로 둘 다 아니라고 말하는 (A)가 정답이다.

어휘 **shut A off** A를 끄다 **shut** ~을 닫다

6. When will the new product line be displayed?
(A) Sorry, I only found one.
(B) No, I didn't present them.
(C) The shipment just came in.

언제 그 신제품 라인이 진열되나요?
(A) 죄송해요, 저는 하나만 찾았어요.
(B) 아니요, 제가 그것들을 제시한 게 아니에요.
(C) 선적이 방금 들어왔어요.

해설 When과 함께 신제품의 진열 시기를 묻고 있으므로 선적이 도착한 시점을 정보로 제공하는 (C)가 정답이다.

7. What are the benefits of having this insurance package?
(A) Yes, it's packaged nicely.
(B) I already have a health plan.
(C) You can receive extensive coverage.

이 보험 패키지를 가입하는 것의 혜택이 무엇인가요?
(A) 네, 멋지게 포장되었어요.
(B) 저는 이미 건강 보험이 있어요.
(C) 포괄적인 보장을 받으실 수 있어요.

해설 What과 함께 보험 가입의 장점을 묻고 있으므로 혜택을 언급하며 긍정적으로 답변하는 (C)가 정답이다.

어휘 **package** ~을 포장하다 **extensive** 포괄적인 **coverage** 보장

8. When can you teach me how to reset this device?
(A) What was the setup like there?
(B) Once it's fully charged.
(C) Yes, I reached a decision.

이 기기를 다시 설정하는 방법을 언제 저에게 가르쳐 주실 수 있나요?
(A) 거기에 설정이 어떻게 되어 있었나요?

(B) 일단 기기가 완전히 충전되면요.

(C) 네, 저는 결정했어요.

해설 　When과 함께 기기 설정 방법을 가르쳐 줄 수 있는 시점을 묻고 있으므로 접속사 Once를 활용한 시간 표현으로 답한 (B)가 정답이다.

어휘 　**reset** ~을 다시 설정하다 **setup** 설정 **fully** 완전히 **reach a decision** 결정하다

9. When can we open this area for dinner service?

(A) A highly rated restaurant.

(B) Hasn't Amelia prepared all the tables already?

(C) That's a popular district.

저녁 식사 서비스를 위해 언제 이 공간을 개장할 수 있나요?
(A) 매우 높은 등급의 식당이요.
(B) 아멜리아 씨가 이미 모든 테이블을 준비했지 않나요?
(C) 거긴 인기 있는 구역이에요.

해설 　When과 함께 저녁 식사 공간 개장 가능 시점을 묻고 있으므로 질문 내용에 대해 되묻는 (B)가 정답이다.

어휘 　**rated** 등급의 **district** 구역

10. Which of our farm's produce has been selling the most this year?

(A) The selection could've been better.

(B) Yes, our target sales were achieved.

(C) The numbers haven't been finalized yet.

우리 농장의 농산물 중 어느 것이 올해 가장 많이 판매되었나요?
(A) 그 선택이 더 좋을 수도 있었어요.
(B) 네, 저희 목표 매출이 달성되었어요.
(C) 수치가 아직 확정되지 않았어요.

해설 　Which of와 함께 가장 많이 판매된 농산물의 종류를 묻고 있으므로 아직 확정되지 않았다는 응답의 (C)가 정답이다.

어휘 　**produce** n. 농산물 **target** 목표

11. What was the purpose of the meeting?

(A) It was canceled.

(B) For less than 30 minutes.

(C) In room 720.

이 회의의 목적이 무엇이었나요?
(A) 그 회의는 취소되었어요.
(B) 30분 미만 동안이요.
(C) 720호에서요.

해설 　What과 함께 회의의 목적에 대해 묻고 있으므로 회의가 취소되었냐는 부정석 답변으로 응답하는 (A)가 정답이다.

12. When should I post the ads for our summer handbag collection?

(A) On the assembly table.

(B) A vendor in Paris.

(C) Not until August 9th.

저희 여름 가방 콜렉션을 위한 광고를 언제 게시하면 되나요?
(A) 조립 탁자 위에서요.
(B) 파리에 있는 판매점이요.
(C) 8월 9일이 되어서요.

해설 　When과 함께 광고 게시 시점을 묻고 있으므로 구체적인 날짜로 답하는 (C)가 정답이다.

어휘 　**assembly** 조립 **not until A** A가 되어서야

13. What was the total cost for our stay?

(A) It was during our vacation.

(B) I can't recall.

(C) At a boutique hotel.

저희 숙박에 대한 총 가격이 얼마였죠?
(A) 휴가 기간 중이었어요.
(B) 기억나지 않아요.
(C) 부티크 호텔에서요.

해설 　What과 함께 숙박 가격을 묻고 있으므로 기억나지 않는다고 답하는 (B)가 정답이다.

어휘 　**recall** ~을 기억해 내다

14. Which section of the library should I organize today?

(A) Didn't our manager contact you?

(B) I agree with that statement.

(C) The call number is listed in the catalog.

제가 오늘 도서관의 어떤 부분을 정리해야 하죠?
(A) 저희 부장님이 연락 드리지 않았나요?
(B) 그 주장에 동의해요.
(C) 전화번호는 소책자 목록에 있어요.

해설 　Which와 함께 업무를 진행해야 하는 영역을 묻고 있으므로 질문 내용에 대해 되묻는 (A)가 정답이다.

어휘 　**section** 부분 **statement** 주장

15. When is the conference taking place?

(A) With over 15 speakers.

(B) No, not right now.

(C) The HR division didn't give me the details.

컨퍼런스가 언제 열리나요?
(A) 15명 이상의 연설자들과 함께요.
(B) 아니요, 지금 당장은 아니에요.
(C) 인사부가 저에게 세부사항을 주지 않았어요.

해설 　When과 함께 컨퍼런스 개최 시점을 묻고 있으므로 인사부가 관련 정보를 주지 않아 모른다고 답변하는 (C)가 정답이다.

16. What do you think of the renovated apartment complex?

(A) It needs to be edited.

(B) It's better than the old one.

(C) The new tenants.

개조된 아파트 건물에 대해 어떻게 생각하세요?
(A) 그건 편집되어야 해요.

(B) 예전 것보다 더 나아요.

(C) 새로운 세입자요.

해설　What과 함께 개조된 아파트에 대한 의견을 묻고 있으므로 예전 것과 비교하며 긍정적인 답변으로 답하는 (B)가 정답이다.

어휘　tenant 세입자

17.　Which media agency are we going to work with?

(A) An award-winning production.

(B) Probably the same one as before.

(C) From the filming site.

어느 언론사와 함께 일할 예정인가요?

(A) 상을 받은 제작사요.

(B) 아마도 전과 같은 곳이요.

(C) 촬영 현장에서부터요.

해설　Which와 함께 협력할 언론사를 묻고 있으므로 대명사 one을 사용해 업체에 대해 구체적으로 답변하는 (B)가 정답이다.

어휘　media agency 언론사　award-winning 상을 받은 production 제작사　filming 촬영　site 현장

18.　What's the problem with the recording studio?

(A) The window won't close all the way.

(B) Yes, records and photographs.

(C) Behind the camera.

녹음실에 무슨 문제가 있죠?

(A) 창문이 완전히 닫히지 않아요.

(B) 네, 녹음과 사진이요.

(C) 카메라 뒤에서요.

해설　What과 함께 녹음실에 대한 문제를 묻고 있으므로 문제 상황을 설명하는 (A)가 정답이다.

어휘　recording studio 녹음실　all the way 완전히, 내내

19.　When was Dr. Shan scheduled to visit?

(A) Yes, he came by briefly.

(B) The project schedule looks great.

(C) Wasn't Maryam in charge of planning that?

샨 박사님이 언제 방문하기로 예정되어 있죠?

(A) 네, 잠깐 들리셨어요.

(B) 프로젝트 일정이 좋아 보이네요.

(C) 마리암 씨가 그것을 기획하는 것을 담당하지 않았었나요?

해설　When과 함께 특정 인물의 방문 일정을 묻고 있으므로 담당자에 대해 되묻는 (C)가 정답이다.

어휘　come by 들리다

20.　When did you follow up with the client?

(A) Earlier this year.

(B) In New York City.

(C) I'll take my time then.

언제 고객과 연락했나요?

(A) 올해 초에요.

(B) 뉴욕 시에서요.

(C) 그럼 천천히 할게요.

해설　When과 함께 고객에게 연락한 시점을 묻고 있으므로 대략적인 시점으로 답변한 (A)가 정답이다.

어휘　follow up with ~와 연락하다　take one's time 천천히 하다

Part 3&4 직업/장소를 묻는 문제

기출포인트 1

> 남: 버넷 씨, 이 무대에 대해 어떻게 생각하세요? 첼로가 충분히 중앙에 두어져 있나요?
>
> 여: 무대 준비가 아주 멋져 보여요. 하지만 배경 조명에 대해서는, 우리가 더 밝게 만들 수 있나요? 저는 다른 모든 악단원들이 확실히 보이길 원하거든요.
>
> 남: 당연하죠, 하지만 조명이 완벽하다는 것을 확실히 할 수 있도록 악단의 나머지 사람들이 참석할 때까지 기다려봐요.
>
> 여: 물론이죠. 저는 악단 사람들과 함께 저녁을 먹을 예정인데, 그리고 나서 저녁에 리허설을 위해 여기 다시 돌아올 계획이에요. 우린 그때 확인해보죠.

어휘　center ~을 중앙에 두다　arrangement 준비　lighting 조명 visible (눈에) 보이는　rest 나머지 (사람들)　present 참석한 figure A out A를 확인하다, 알아보다

1.　여자는 누구일 것 같은가?

(A) 음악가

(B) 기자

(C) 텔레비전 진행자

(D) 영화 감독

어휘　journalist 기자　host 진행자　director 감독

2.　여자는 무엇에 대해 물어보는가?

(A) 사진 촬영 서비스

(B) 악단 회원

(C) 몇몇 조명

(D) 몇몇 무료 입장권

어휘　photography 사진 촬영　light 조명

3.　남자는 무엇을 하는 것을 선호한다고 말하는가?

(A) 배경색을 바꾸는 것

(B) 기술자와 상담하는 것

(C) 다른 지점에서 식사하는 것

(D) 나중에 업무를 완료하는 것

기출포인트 2

> 좋은 아침입니다, 여러분. 저는 저희 모든 계산원들이 저희 매장의 고객들과 어떻게 소통해야 하는지에 대해 이야기할 참입니다. 여러분들 중 몇몇 사람들이 오직 제품을 스캔하고 빠르게 사람들의 줄을 통과시키는 것에 초점을 맞추고 있어서 고객들을 무시하는 것으로 끝이 난

다는 것이 제 주의를 끌게 되었습니다. 그린데일 마트에서는, 우리 손님들에게 깊은 인상을 주기를 원합니다. 그래서, 여러분들이 모두에게 따뜻하게 인사를 하는 것이 중요합니다. 고객이 계산대에 다가올 때 항상 확실하게 미소를 지어주세요. 이제, 짝을 지어서 여전히 빠르고 효율적으로 일하면서 서로 상냥한 에티켓을 사용하는 것을 연습할 것입니다.

어휘 **mean to do** ~할 참이다 **come to one's attention** ~의 주의를 끌다 **get through** ~을 통과시키다, 지나가다 **end up -ing** ~하는 것으로 끝나다 **greet** ~에게 인사하다 **cash register** 계산대 **get into pairs** 짝을 짓다 **efficiently** 효율적으로

1. 화자는 어디에서 일하는가?
   (A) 진료소
   (B) 슈퍼마켓
   (C) 식당
   (D) 부동산

어휘 **medical office** 진료소 **real estate agency** 부동산

2. 회의의 주제는 무엇인가?
   (A) 수표로 지불된 납입금을 처리하는 일
   (B) 새로운 상품을 재입고하는 일
   (C) 고객들과 소통하는 일
   (D) 회원권 등록을 증진시키는 일

어휘 **process** ~을 처리하다 **check** 수표 **restock** ~을 재입고하다

3. 청자들은 다음에 무엇을 할 예정인가?
   (A) 파트너와 함께 일하는 것
   (B) 정책에 투표하는 것
   (C) 서로 평가하는 것
   (D) 다른 지사를 방문하는 것

어휘 **vote on** ~에 투표하다 **evaluate** ~을 평가하다

토익 실전 연습

1. (C)	2. (D)	3. (A)	4. (B)	5. (A)
6. (B)	7. (C)	8. (A)	9. (C)	10. (C)
11. (B)	12. (B)	13. (B)	14. (D)	15. (B)
16. (D)	17. (B)	18. (D)		

Questions 1 - 3 refer to the following conversation.

W: Gabe, ■1 I'm trying to help a member renew a book he borrowed last Wednesday. Oddly, he got a message saying that he owes a fine because it's overdue.
M: But our policy is that loan periods are for three weeks.
W: That's exactly my point. So clearly, ■2 he shouldn't be getting charged. Problem is, I don't know how to fix this error on the computer.
M: Hmm, I'm not sure either. Let's not worry about the fine for now. ■3 Just process a renewal like normal, and later, I'll update his user account and waive the fee.

여: 게이브 씨, 제가 한 회원분이 지난주 수요일에 빌렸던 책 대출을 연장하는 것을 도와 드리려고 해요. 이상하게, 그게 연체가 되어 벌금을 내야 한다는 메시지를 계속 받으셨대요.
남: 하지만 우리 정책에 따르면 대출 기한은 3주 동안이잖아요.
여: 제 말이 바로 그거예요. 그래서 분명하게, 그분에게 비용이 청구되어서는 안돼요. 문제는 제가 컴퓨터에서 이 오류를 어떻게 고치는지를 모른다는 거예요.
남: 흠, 저도 확실하지가 않아요. 지금은 벌금에 대해 걱정하지 말자고요. 보통처럼 연장을 처리하고, 이후에 그분의 사용자 계정을 업데이트하고 요금을 적용하지 않을게요.

어휘 **owe** ~을 해야 하다 **fine** 벌금 **overdue** 연체된 **loan** 대출 **That's exactly my point.** 제 말이 바로 그거예요. **get charged** 비용이 청구되다 **sure** 확실한 **waive** ~을 적용하지 않다, 생략하다

1. 화자들은 누구일 것 같은가?
   (A) 컴퓨터 기술자들
   (B) 소매 직원들
   (C) 사서들
   (D) 회계사들

해설 대화 초반에 여자가 책 대출을 연장하는 것을 도와주고 있다고 말하고 있으므로 도서관에 근무하는 (C)가 정답이다.

어휘 **associate** 직원 **librarian** 사서

2. 화자들은 주로 무엇을 논의하는가?
   (A) 직원 실수
   (B) 결함이 있는 기계
   (C) 구식 제품
   (D) 부정확한 요금

해설 대화 중반부에 연체로 인한 벌금에 대해 이야기하고 있으므로 (D)가 정답이다.

어휘 **faulty** 결함이 있는 **outdated** 구식의 **inaccurate** 부정확한

3. 남자는 여자가 무엇을 하도록 제안하는가?
   (A) 벌금을 무시하는 것
   (B) 계정을 폐쇄하는 것
   (C) 안내서를 참고하는 것
   (D) 관리자에게 보고하는 것

해설 대화 후반부에 남자가 보통처럼 대출 연장을 처리한 후 나중에 요금을 적용하지 않겠다고 했으므로 (A)가 정답이다.

어휘 **refer to** ~을 참고하다

Questions 4 - 6 refer to the following conversation.

M: Good morning, Angela. How have things been out here on the upper deck?
W: Hi, Lewis. Nothing out of the ordinary last night, but ■4 our cargo ship has yet to depart still.
M: Hmm, this fog over the harbor seems really heavy. I hope it lifts soon.

W: Same here. **5** The ship can't move until the skies clear up.

M: Hopefully we don't fall too far behind schedule. **6** I'm going to call the port authority and ask for an update on when we'll be able to leave.

남: 좋은 아침입니다, 안젤라 씨. 여기 상 갑판에서는 일이 어떻게 되고 있나요?

여: 안녕하세요, 루이스 씨. 지난밤에는 색다른 것은 없었지만 화물선이 여전히 출발하지 못하고 있어요.

남: 흠, 저 항구 너머 안개가 정말 뿌옇게 보이네요. 곧 걷히기를 바라요.

여: 저도요. 하늘이 갤 때까지 배가 움직일 수 없어요.

남: 다행히도 일정에 너무 뒤쳐져 있지는 않네요. 항구 당국에 전화해서 우리가 언제쯤 떠날 수 있는지에 대한 새로운 소식을 요청해야겠어요.

어휘 　 **upper** 상위의 **deck** 갑판 **out of the ordinary** 색다른 것 **cargo ship** 화물선 **fog** 안개 **heavy** 뿌연 **lift** 걷히다 **clear up** (하늘 등이 맑게) 개다 **far behind schedule** 일정에 뒤쳐져 있는 **port** 항구 **authority** 당국, 권위자

4. 화자들은 어떤 업계에서 일하는 것 같은가?
   (A) 관광
   (B) 물류
   (C) 전자
   (D) 건설

해설 　 대화 초반부에서 화물선이 출발하지 못하고 있다고 상황을 전달하고 있으므로 (B)가 정답이다.

5. 지연에 대한 이유는 무엇인가?
   (A) 기상 조건이 나쁘다.
   (B) 몇몇 서류 작업이 준비되지 않았다.
   (C) 한 근로자가 아파서 나오지 못했다.
   (D) 몇몇 기계가 결함이 있다.

해설 　 대화 중반부에서 안개가 뿌옇고 하늘이 갤 때까지 배가 움직이지 못할 것이라고 이야기하고 있으므로 (A)가 정답이다.

어휘 　 **condition** 기상 **paperwork** 서류 작업 **defective** 결함이 있는

6. 남자는 무엇을 할 예정이라고 말하는가?
   (A) 한 팀을 모으는 것
   (B) 관계자에게 연락하는 것
   (C) 창고를 정리하는 것
   (D) 일정을 업데이트하는 것

해설 　 대화 후반부에서 항구 당국에 전화해 언제 배가 출발할 수 있을지 묻는다고 했으므로 (B)가 정답이다.

어휘 　 **storeroom** 창고, 저장고

Questions 7 - 9 refer to the following conversation.

W: Moving onto our special news segment, where we feature up-and-coming small businesses. Today, **7** we have Roy Ferguson, a skilled craftsman and storeowner, here with us. Thanks for making time to come in, Mr. Ferguson!

M: Glad to be here! **8** I'm thrilled to talk about the rug store and studio I opened recently. We don't just sell products that use high-quality materials; we also offer rug-making classes as a fun activity for all ages.

W: That's fantastic. **9** So, why did you choose this line of work?

M: Well, I studied interior design in college, and for a furnishing-making project, I was assigned to create a rug. I had so much fun that I've been obsessed ever since.

여: 떠오르는 소규모 업체들을 특집으로 하는 특별한 뉴스 코너로 넘어가겠습니다. 오늘, 숙련된 공예가이자 매장 소유주인 로이 퍼거슨 씨가 저희와 함께 계십니다. 퍼거슨 씨, 와주실 시간을 내주셔서 감사합니다!

남: 이곳에 오게 되어 기쁩니다! 제가 최근에 개업한 러그 매장과 스튜디오에 대해 이야기하게 되어 매우 신이 납니다. 저희는 고품질의 재료를 사용한 제품을 판매할뿐만 아니라, 저희는 또한 모든 연령대를 위한 재미 있는 활동으로서의 러그 제작 수업을 제공하고 있습니다.

여: 그거 멋진데요. 그래서 왜 이 직업 세계를 선택하셨나요?

남: 음, 저는 대학에서 인테리어 디자인을 공부했는데, 한 가구 제작 프로젝트로 러그를 만드는 것을 배정받았어요. 너무 재밌어서 그때 이후로 사로잡혀 있어요.

어휘 　 **news segment** 뉴스 코너 **up-and-coming** 떠오르는 **craftsman** 공예가 **come in** 오다 **thrilled** 신이 나는 **line of work** 직업 세계 **furnishing-making** 가구 제작 **assign** ~을 배정하다 **be obsessed** 사로잡히다

7. 로이 퍼거슨 씨는 누구인가?
   (A) 영화 배우
   (B) 정부 대리인
   (C) 사업체 소유주
   (D) 예술 전문가

해설 　 대화 초반에 능숙한 공예가이자 사업 소유주인 로이 퍼거슨 씨를 소개하고 있으므로 (C)가 정답이다.

8. 남자는 최근에 무엇을 했다고 말하는가?
   (A) 새로운 사업체를 개업했다.
   (B) 특별한 강연을 했다.
   (C) 몇몇 견습생들을 고용했다.
   (D) 몇몇 건물을 디자인했다.

해설 　 대화 중반부에서 최근에 러그 매장과 스튜디오를 개업한 사실을 밝히고 있으므로 (A)가 정답이다.

어휘 　 **apprentice** 견습생

9. 여자는 남자가 무엇을 하도록 권고하는가?

(A) 제품을 추천하는 것

(B) 시연을 하는 것

(C) 그의 직업적 영감에 대해 이야기하는 것

(D) 그의 미래 목표를 설명하는 것

해설 대화 후반부에서 여자가 남자에게 이 직업을 가지게 된 이유에 대해 묻고 있으므로 (C)가 정답이다.

어휘 **demonstration** 시연 **inspiration** 영감

Questions 10 - 12 refer to the following tour information.

---

[10] Thank you again for visiting Queensland Wildlife Sanctuary and joining me on my tour today. I hope you learned a lot about the diverse animals we work to protect here and enjoyed being in their presence. [11] Just another reminder, don't forget that world-renowned biologist and conservationist Tamara Lam will be holding a workshop on the preservation of koala habitats at 3 o'clock in the main auditorium. You won't want to miss that. [12] Dr. Lam's research is also the basis for a documentary called *Koalas Rediscovered*, which you can view on the sanctuary's website. I recently watched it myself and gained so much more knowledge about the koalas we house right here.

퀸즐랜드 야생 보호 구역을 방문해주셔서 그리고 오늘 제 투어에 함께 해 주셔서 다시 한번 감사드립니다. 여러분들이 저희가 여기에서 보호하려고 하고 있는 다양한 동물들에 대해 많이 배웠고, 그 동물들이 존재하는 것을 즐겨주셨길 바랍니다. 단지 상기시켜보기 위해, 세계적으로 유명한 생물학자와 환경 보호 활동가 타마라 람 씨가 대강당에서 3시 정각에 코알라 서식지의 보호에 대한 워크숍을 개최할 예정인 것을 잊지 마십시오. 여러분들은 그것을 놓치고 싶지 않으실 겁니다. 람 박사님의 연구는 또한 여러분들이 보호 구역의 웹사이트에서 보실 수 있는 <코알라 리디스커버드>라고 불리는 다큐멘터리에 대한 토대이기도 합니다. 저는 최근에 이것을 봤고, 저희가 바로 여기 데리고 있는 코알라들에 대해 너무 많은 지식을 얻기도 했습니다.

어휘 **wildlife** 야생 **sanctuary** 보호 구역 **presence** 존재(감) **world-renowned** 세계적으로 유명한 **biologist** 생물학자 **conservationist** 환경 보호 활동가 **preservation** 보호 **habitat** 서식지

10. 대화가 어디에서 일어나고 있을 것 같은가?

(A) 박물관에서

(B) 동물 병원에서

(C) 동물 보호 구역에서

(D) 컨퍼런스에서

해설 담화 초반부에서 야생 보호 구역을 방문해주어 감사하다는 인사를 하고 있으므로 (C)가 정답이다.

어휘 **veterinary** 동물용의, 수의과의

11. 3시 정각에 무슨 일이 일어날 예정인가?

(A) 회의가 열릴 것이다.

(B) 워크숍이 개최될 것이다.

(C) 웹사이트가 출시될 것이다.

(D) 새로운 전시회가 개장될 것이다.

해설 담화 중반부에서 타마라 람 씨가 코알라 서식지에 대한 워크숍을 개최할 것이라고 알리고 있으므로 (B)가 정답이다.

12. <코알라 리디스커버드>는 무엇인가?

(A) 학술지

(B) 영화

(C) 기관

(D) 보고서

해설 담화 후반부에서 <코알라 리디스커버드>가 다큐멘터리라고 언급되어 있으므로 (B)가 정답이다.

Questions 13 - 15 refer to the following excerpt from a meeting.

Hi, everybody. [13] I've gathered us here to talk about a change we'll be introducing at the clinic. Some of our patients have said that it's difficult to book appointments at the times we offer because they work full-time. Many have to take time off work just to come in for a routine check-up or dental cleaning. [14] So, I've decided that we will stay open longer on Tuesdays and Thursdays, until 9 o'clock PM. And yes, this does mean we'll need to shift around everyone's work schedules. I'm going to distribute a sheet of paper. [15] Find your name on it and then indicate which extra shifts you'll be able to cover.

안녕하세요, 여러분. 병원에서 도입할 예정인 변경사항에 대해 이야기하기 위해 우리가 여기 모여 있습니다. 몇몇 환자분들이 정규직으로 근무하시기 때문에 저희가 제공하는 시간대에 진료 예약을 예약하기 어렵다고 말씀해오셨습니다. 많은 분들이 정기 점검이나 스케일링을 위해 오시려고 연차를 내셔야 했습니다. 그래서 화요일과 목요일에 오후 9시 정각까지 더 오래 병원을 열 것을 결정했습니다. 그리고 네, 이것은 모두의 근무 일정이 바뀔 필요가 있다는 것을 의미합니다. 제가 한 장의 종이를 나누어 드릴 겁니다. 종이에서 여러분의 이름을 찾고 일할 수 있는 추가 근무일을 표시해 주십시오.

어휘 **introduce** ~을 도입하다 **appointment** (진료) 예약 **take time off** 연차를 내다 **check-up** 검진 **dental cleaning** 스케일링 **shift around** ~을 바꾸다 **indicate** ~을 표시하다 **shift** 근무일

13. 청자들은 어디에서 일하는 것 같은가?

(A) 식당에서

(B) 치과에서

(C) 호텔에서

(D) 제조 시설에서

해설 담화 초반부에서 병원의 변경사항에 대해 이야기할 것이라고 언급했으므로 (B)이다.

14. 사업체에서 무엇이 변경될 것인가?

    (A) 직원 급여 지불 일정

    (B) 온라인 예약 시스템

    (C) 평면도 배치

    (D) 운영 시간

해설 담화 중반부에 화요일과 목요일에 더 길게 열기로 결정했다고 밝히고 있으므로 (D)가 정답이다.

15. 화자는 청자들에게 무엇을 하도록 요청하는가?

    (A) 개인 정보를 업데이트하는 것

    (B) 추가 근무를 신청하는 것

    (C) 몇몇 자재를 재입고하는 것

    (D) 몇몇 자료를 정리하는 것

해설 담화 마지막 부분에 종이에서 자신의 이름을 찾고 일할 수 있는 추가 근무일을 표시해달라고 요청하고 있으므로 (B)가 정답이다.

Questions 16 - 18 refer to the following telephone message.

Hello, this message is for Jessica. **16** I'm so pleased that the window displays for our new bedroom and living room sets look awesome. **17** You asked for time off next Friday because of the local music festival. At first, I wasn't certain if I could approve your request, but after giving it some thought, I figured that not a lot of customers would be coming in that day anyway. So, I'll update the employee schedule soon! Oh, and one last thing – **18** I need you to put in an order for name tags. It's time we got new ones.

안녕하세요, 이 메세지는 제시카 씨를 위한 것입니다. 새로운 침실과 거실 세트의 진열이 아주 멋져 보여서 매우 기쁩니다. 지역 음악 축제 때문에 다음 주 금요일에 연차를 요청하셨습니다. 처음에는, 그 요청을 승인할 수 있을지 확실하지 않았지만, 조금 생각해본 후에, 어쨌든 그 날에 많은 손님들이 오실 것 같지 않다는 생각을 했습니다. 그래서 제가 직원 일정을 곧 업데이트할 겁니다! 아, 그리고 마지막으로, 이름표를 주문해 주시길 바랍니다. 우리가 새로운 이름표를 가질 때입니다.

어휘 **awesome** 멋진 **ask for** ~을 요청하다 **time off** 연차, 휴무 **certain** 확실한 **figure that** ~라고 생각하다 **come in** 오다 **put in an order for** ~을 주문하다 **name tag** 이름표

16. 화자는 어떤 종류의 업체에서 일할 것 같은가?

    (A) 건설 회사

    (B) 부동산

    (C) 철물점

    (D) 가구 매장

해설 담화 초반부에 새로운 침실과 거실 세트 진열이 멋있다고 말하고 있으므로 (D)가 정답이다.

17. 화자는 다음 주 금요일에 무엇이 일어날 것이라고 말하는가?

    (A) 매장이 임시로 문을 닫을 것이다.

    (B) 축제가 개최될 것이다.

    (C) 안전 점검원이 방문할 것이다.

    (D) 큰 배송품이 도착할 것이다.

해설 담화 중반부에서 다음 주 금요일에 있을 지역 음악 축제 때문에 연차 신청을 한 사실을 언급하고 있으므로 (B)가 정답이다.

18. 화자는 청자가 무엇을 하기를 기대하는가?

    (A) 이름을 받아 적는 것

    (B) 고객 의견을 수집하는 것

    (C) 진열 구역을 재정비하는 것

    (D) 주문을 제출하는 것

해설 담화 후반부에서 새로운 이름표 주문을 요청하고 있으므로 (D)가 정답이다.

어휘 **comment** 의견 **rearrange** ~을 재정비하다, 다시 정리하다

Part 1 사물 사진

기출포인트 1

(A) 몇몇 삽들이 바닥에 흩어져 있다.
(B) 몇몇 울타리 문들이 받쳐져 열려 있다.
(C) 몇몇 사다리들이 건설 현장에 설치되어 있다.
(D) 몇몇 조각품들이 테라스에 정리되어 있다.

어휘 scatter ~을 흩어지게 하다 prop ~을 받치다 sculpture 조각품

기출포인트 2

(A) 몇몇 소파 쿠션들이 다시 정리되고 있다.
(B) 몇몇 예술품이 벽에 걸려 있다.
(C) 몇몇 화분들이 바닥에 놓여 있다.
(D) 몇몇 원목 가구가 만들어지고 있다.

어휘 rearrange ~을 다시 정리하다 wooden furniture 원목 가구

기출포인트 3

(A) 자켓이 의자에 걸려 있다.
(B) 노트북이 꽉 닫혀 있다.
(C) 몇몇 책들이 리클라이너 옆에 쌓여 있다.
(D) 몇몇 종이들이 탁자 위에 펼쳐져 있다.

어휘 shut 닫힌 spread out ~을 펼치다

기출포인트 4

(A) 제품들이 선반에 진열되어 있다.
(B) 인도가 쓸려지고 있다.
(C) 포스터들이 천장에 걸려지고 있다.
(D) 쇼핑 카트들이 일렬로 줄 세워져 있다.

어휘 sweep ~을 쓸다 line up ~을 일렬로 줄 세우다

토익 실전 연습

1. (C)   2. (A)   3. (D)   4. (C)   5. (C)
6. (C)

1.

(A) Some dishes have been placed next to the sink.
(B) Some chairs are organized along the wall.
(C) Some fruit has been piled on a dish.
(D) Some cabinet drawers are being painted.

(A) 몇몇 접시들이 싱크대 옆에 놓여 있다.
(B) 몇몇 의자들이 벽을 따라 정리되어 있다.
(C) 몇몇 과일들이 접시 위에 쌓여 있다.
(D) 몇몇 캐비닛 서랍장들이 다시 페인트칠되고 있다.

해설 과일들이 접시 위에 쌓여 있는 상태에 초점을 맞춘 (C)가 정답이다.

어휘 along ~을 따라 pile ~을 쌓다

2.

(A) Some merchandise is on display in a store.
(B) Some light fixtures are being installed.
(C) Some clothing racks have been put outdoors.
(D) Some shoes are being stored in boxes.

(A) 몇몇 상품들이 매장에 진열되어 있다.
(B) 몇몇 조명 기구들이 설치되고 있다.
(C) 몇몇 의류 옷걸이들이 야외에 놓여 있다.
(D) 몇몇 신발들이 박스에 보관되고 있다.

해설 상품들이 매장에 진열되어 있는 상태에 초점을 맞춘 (A)가 정답이다.

어휘 merchandise 상품 outdoors 야외에 store ~을 보관하다

3.

(A) A TV monitor is being mounted to a wall.
(B) A calendar has been placed on top of a desk.
(C) There are some toys piled up on the floor.
(D) Some papers have been posted on a bulletin board.

(A) 티비 모니터가 벽에 올려져 고정되고 있다.
(B) 달력이 책상의 맨 위에 놓여 있다.
(C) 바닥에 몇몇 장난감들이 쌓여 있다.
(D) 몇몇 종이들이 게시판에 게시되어 있다.

해설 종이들이 게시판 표면에 붙어 있는 상태에 초점을 맞춘 (D)가 정답이다.

어휘 mount ~을 올려 고정하다, 설치하다 bulletin board 게시판

4.

(A) A wreath is hanging in front of a brick wall.
(B) A doormat is positioned next to a lamp.
(C) Some potted plants are on both sides of an entrance.
(D) Some chairs are stacked beneath the awning.

(A) 화관이 벽돌 벽 앞에 걸려 있다.
(B) 도어 매트가 조명 옆에 위치해 있다.
(C) 몇몇 화분들이 입구 양 옆에 있다.
(D) 몇몇 의자들이 차양 아래에 쌓여 있다.

해설 화분 두 개가 입구 양 옆에 있는 상태에 초점을 맞춘 (C)가 정답이다.

어휘 wreath 화관, 화환 brick wall 벽돌 벽 beneath ~ 아래에 awning 차양

5.

(A) Some lampposts line the perimeter of a building.
(B) A car has been parked along the street.
(C) Some signs are placed in front of a parking area.
(D) A storefront is decorated with banners.

(A) 몇몇 가로등이 건물의 주변에 줄 지어 있다.
(B) 자동차가 거리를 따라 주차되어 있다.
(C) 몇몇 표지판들이 주차 구역 앞에 놓여 있다.

(D) 가게 앞 공간이 현수막들로 장식되어 있다.

해설 　 표지판들이 주차장 앞에 놓여 있는 상태에 초점을 맞춘 (C)가 정답이다.

어휘 　 **lamppost** 가로등 **line** ~이 줄 지어 있다 **perimeter** 주변, 둘레 **storefront** 가게 앞 공간 **banner** 현수막

6.

(A) Bushes are being planted next to a tree.
(B) A fence surrounds a playground.
(C) Picnic tables are lined up in a row.
(D) A sprinkler is watering the grass.

(A) 덤불들이 나무 옆에 심어지고 있다.
(B) 울타리가 운동장을 둘러 싸고 있다.
(C) 피크닉용 테이블이 일렬로 줄 지어 있다.
(D) 스프링클러가 잔디에 물을 주고 있다.

해설 　 테이블이 일렬로 줄 지어 있는 상태에 초점을 맞춘 (C)가 정답이다.

어휘 　 **surround** ~을 둘러 싸다 **playground** 운동장 **in a row** 일렬로

Part 2 Why/How 의문문

기출포인트 1

Q. 카펜터 씨가 왜 아직 도착하지 않았나요?
(A) 아니요, 아직 그녀를 만나지 않았어요.
(B) 간식 몇 개를 가지고 오고 계셔서요.
(C) 버밍엄 컨벤션 센터요.

기출포인트 2

Q. 머리를 올려서 묶는 건 어때요?
(A) 제가 그 색을 안 좋아해서요.
(B) 고무줄이요.
(C) 좋아요, 그렇게 해야겠어요.

어휘 　 **rubber** 고무

기출포인트 3

Q. 클럽 회원권을 어떻게 등록할 수 있나요?
(A) 아주 큰 기관이에요.
(B) 저는 온라인 양식을 사용했어요.
(C) 몇몇 독점적인 혜택들이요.

어휘 　 **exclusive** 독점적인 **perk** 혜택

기출포인트 4

Q. 이 업계에 얼마나 오래 계셨나요?
(A) 농장 옆에서요.
(B) 30년 넘게요.
(C) 올해 12월까지요.

어휘 　 **field** 업계 **decade** 10년

토익 실전 연습

1. (B)	2. (B)	3. (A)	4. (C)	5. (A)
6. (B)	7. (C)	8. (B)	9. (C)	10. (B)
11. (A)	12. (B)	13. (A)	14. (A)	15. (C)
16. (C)	17. (C)	18. (C)	19. (B)	20. (A)

1.　Why did the building manager call?
　　(A) During the evening.
　　(B) Because there was a delivery mix-up.
　　(C) Yes, he certainly did.

건물 관리자가 왜 전화한 거죠?
(A) 저녁 시간 중에요.
(B) 배송 착오가 있었기 때문이에요.
(C) 네, 그가 분명 그랬어요.

해설 　 Why와 함께 건물 관리자가 왜 전화했는지 묻고 있으므로 Because와 함께 배송 관련 문제가 있었다고 이유를 밝히는 (B)가 정답이다.

어휘 　 **mix-up** 착오, 혼동

2.　Why don't we vote on the final design for the movie poster tomorrow morning?
　　(A) The genre is science fiction.
　　(B) Sure, sounds good to me.
　　(C) A promotional campaign.

내일 아침에 영화 포스터 최종 디자인에 대해 투표를 하는 게 어떨까요?
(A) 장르는 공상 과학이에요.
(B) 네, 저는 좋은 것 같아요.
(C) 홍보 캠페인이요.

해설 　 Why don't we와 함께 포스터 최종 디자인에 대해 투표를 하는 게 어떤지 제안하고 있으므로 수락을 뜻하는 Sure와 함께 좋다는 의견을 나타내는 (B)가 정답이다.

어휘 　 **vote on** ~에 대해 투표하다

3.　How long will the exhibition run for?
　　(A) Just until the end of the month.
　　(B) To promote African art.
　　(C) It starts on Friday at 10 AM.

그 전시회가 얼마나 오래 진행되나요?
(A) 바로 이달 말까지만요.
(B) 아프리카 미술을 홍보하기 위해서요.
(C) 금요일 오전 10시에 시작합니다.

해설 　 How와 함께 전시회가 얼마나 오래 진행되는지 묻고 있으므로 이달 말까지만이라는 말로 오래 진행되지 않는다는 뜻을 나타내는 (A)가 정답이다.

4.　Why is Claudia gathering those boxes?
　　(A) At the team gathering tomorrow.

(B) That's why she labeled them.

(C) To put them in the recycle bin.

클라우디아 씨가 왜 그 상자들을 모으고 있는 거죠?
(A) 내일 있을 팀 모임 시간에요.
(B) 그게 바로 그녀가 라벨로 표기한 이유입니다.
(C) 재활용 쓰레기통에 넣기 위해서요.

해설   Why와 함께 상자들을 모으는 이유에 대해 묻고 있으므로 to부정사구로 그 목적을 말하는 (C)가 정답이다.

어휘   **gathering** n. 모임, 수집   **recycle bin** 재활용 쓰레기통

5.   How often does the trash get taken out?

(A) Every Tuesday and Friday night.

(B) Outside by the back exit.

(C) Yes, I'm taking over that shift.

얼마나 자주 쓰레기를 내다 놓는 거죠?
(A) 매주 화요일과 금요일 밤에요.
(B) 뒤쪽 출구 옆 바깥에요.
(C) 네, 제가 그 교대 근무를 이어받습니다.

해설   How와 함께 쓰레기를 내놓는 빈도를 묻고 있으므로 반복 주기를 알리는 (A)가 정답이다.

어휘   **get p.p.** ~되게 하다, ~된 상태가 되다   **take out** ~을 내놓다   **take over** ~을 이어받다, 인수하다

6.   Why are we transferring these products to a different branch?

(A) Yes, by e-mail should work fine.

(B) Their inventory will be out of stock soon.

(C) In the downtown shopping area.

우리가 왜 이 제품들을 다른 지점으로 옮기는 건가요?
(A) 네, 이메일로 보내는 게 괜찮을 겁니다.
(B) 그곳 재고가 곧 품절될 겁니다.
(C) 시내 쇼핑 구역에서요.

해설   Why와 함께 특정 제품들을 다른 지점으로 옮기는 이유에 대해 묻고 있으므로 그 지점의 재고가 곧 품절이 된다는 이유를 밝히는 (B)가 정답이다.

어휘   **transfer** ~을 옮기다   **work fine** (작동·진행 등이) 괜찮다, 잘 되다   **inventory** 재고 (목록)

7.   How was your weekend hiking trip?

(A) I usually go every Saturday.

(B) No, mostly on the marked trail.

(C) The weather couldn't have been better.

주말 등산 여행은 어떠셨나요?
(A) 저는 보통 매주 토요일에 가요.
(B) 아니요, 주로 표시가 되어 있는 산길에서요.
(C) 날씨가 더 이상 좋을 수 없었을 거예요.

해설   How와 함께 주말 등산 여행이 어땠는지 묻고 있으므로 등산 여행이 아주 좋았다는 의미를 나타내는 (C)가 정답이다.

어휘   **marked** 표시가 되어 있는   **trail** 산길, 흔적, 자국   **couldn't**

have been better 더 이상 좋을 수 없었을 것이다(아주 좋았다)

8.   Why have they put up traffic cones?

(A) Only two lanes.

(B) For a repaving project.

(C) No, I was unaware.

그 사람들이 왜 원뿔 교통 표지를 설치한 거죠?
(A) 오직 두 개의 차선만요.
(B) 재포장 프로젝트를 위해서요.
(C) 아니요, 저는 알지 못했어요.

해설   Why와 함께 원뿔 교통 표지를 설치한 이유에 대해 묻고 있으므로 전치사 For와 함께 재포장 프로젝트를 위해서라고 대답하는 (B)가 정답이다.

어휘   **put up** ~을 설치하다, 게시하다   **traffic cone** 원뿔 교통 표지   **repaving** (도로 등의) 재포장

9.   How many workstations are empty in your office?

(A) There are eleven floors in total.

(B) I'm willing to rearrange the desks and monitors.

(C) Not that many, I think.

사무실에 얼마나 많은 업무 공간이 비어 있나요?
(A) 총 11층이 있습니다.
(B) 저는 책상과 모니터들을 재배치할 의향이 있습니다.
(C) 그렇게 많지는 않은 것 같아요.

해설   How와 함께 상대방 사무실에 얼마나 많은 업무 공간이 비어 있는지 묻고 있으므로 그렇게 많지 않다고 대답하는 (C)가 정답이다.

어휘   **workstation** 업무 공간, 작업 장소   **in total** 총 ~의   **that** ad. 그렇게, 그만큼

10.   Why did you want to become a newspaper journalist?

(A) This is my workspace.

(B) So that I can write about anything I want.

(C) It's not in that section.

왜 신문 기자가 되기를 원하셨나요?
(A) 이곳이 제 업무 공간입니다.
(B) 그래야 무엇이든 제가 원하는 것에 관해 쓸 수 있거든요.
(C) 그건 그 섹션에 있지 않습니다.

해설   Why와 함께 신문 기자가 되기를 원한 이유를 묻고 있으므로 So that과 함께 원하는 글을 쓸 수 있다고 대답하는 (B)가 정답이다.

어휘   **section** (신문 등의) 한 섹션, 한 면

11.   Why don't you practice presenting the speech?

(A) I already did that.

(B) The ceremony for our boss's retirement.

(C) It depends on the projector screen.

그 연설을 발표하는 연습을 해 보시는 건 어때요?
(A) 이미 그렇게 했어요.
(B) 저희 상사의 은퇴 기념식이요.

(C) 그건 프로젝터 스크린에 달려 있습니다.

해설   Why don't you와 함께 연설 발표 연습을 해 보도록 제안하고 있으므로 이미 했다는 말로 대답하는 (A)가 정답이다.

12. How can I help contribute to the foundation?
     (A) It was founded a few years ago.
     (B) I brought in some second-hand clothes.
     (C) Yes, it was a big help.

제가 그 재단에 기부하는 데 어떻게 도움이 될 수 있나요?
     (A) 그곳은 몇 년 전에 설립되었어요.
     (B) 저는 중고 의류를 몇 벌 가져 갔어요.
     (C) 네, 큰 도움이 되었습니다.

해설   How와 함께 재단에 기부하는 데 도움이 될 수 있는 방법에 대해 묻고 있으므로 중고 의류를 가져 갔다는 말로 기부 방법을 알리는 (B)가 정답이다.

어휘   **foundation** 재단   **bring in** ~을 가져 가다   **second-hand** 중고의

13. Why hasn't the ink cartridge been replaced yet?
     (A) Did you ask the intern about it?
     (B) You can place it in the meeting room.
     (C) Just a website link.

잉크 카트리지가 왜 아직 교체되지 않은 건가요?
     (A) 인턴 직원에게 그것과 관련해서 물어 보셨나요?
     (B) 회의실에 그것을 놔두시면 됩니다.
     (C) 그냥 웹사이트 링크요.

해설   Why와 함께 잉크 카트리지가 아직 교체되지 않은 이유에 대해 묻고 있으므로 담당자에게 물어 봤는지 다시 질문하는 것으로 확인 방법을 언급하는 (A)가 정답이다.

14. How were the floor tiles for the kitchen chosen?
     (A) I wasn't involved in that.
     (B) Granite or marble.
     (C) Well, not anymore.

주방 바닥 타일이 어떻게 선택된 건가요?
     (A) 저는 그 일에 관여하지 않았습니다.
     (B) 화강암 또는 대리석이요.
     (C) 음, 더 이상 그렇지 않아요.

해설   How와 함께 주방 바닥 타일의 선택 과정에 대해 묻고 있으므로 그 일에 관여하지 않았다는 말로 모른다는 뜻을 나타내는 (A)가 정답이다.

어휘   **granite** 화강암   **marble** 대리석   **not anymore** 더 이상 그렇지 않다

15. Why don't you try contacting the property manager instead of the office clerk?
     (A) You should try this number.
     (B) Inside the apartment complex.
     (C) Because his responses are slow.

사무 직원 대신 건물 관리자에게 한 번 연락해 보는 건 어때요?

     (A) 이 번호로 한번 해보세요.
     (B) 아파트 단지 내부에요.
     (C) 그분은 응답이 느려서요.

해설   Why don't you와 함께 사무 직원 대신 건물 관리자에게 한 번 연락해 보도록 제안하고 있으므로 응답이 느리다는 말로 연락하지 않는 이유를 밝히는 (C)가 정답이다.

어휘   **instead of** ~ 대신   **clerk** 직원, 점원

16. How do I pay using a check?
     (A) Before it's overdue.
     (B) No. She isn't buying anything.
     (C) I'm sorry, I'm not too sure myself.

수표를 이용해서 어떻게 지불하나요?
     (A) 기한이 지나기 전에요.
     (B) 아니요. 그녀는 아무것도 구입하지 않습니다.
     (C) 죄송하지만, 제 자신은 확실히 알지 못합니다.

해설   How와 함께 수표를 이용해서 지불하는 방법을 묻고 있으므로 사과의 말과 함께 잘 모르겠다는 의미를 나타내는 (C)가 정답이다.

어휘   **check** n. 수표   **overdue** 기한이 지난

17. Why don't we consider making a new break time policy?
     (A) No. Only for 30 minutes.
     (B) She's a police officer.
     (C) Yes, I like that idea.

새로운 휴식 시간 정책을 만드는 것을 고려해 보면 어떨까요?
     (A) 아니요. 딱 30분 동안만요.
     (B) 그분은 경찰관입니다.
     (C) 네, 그 생각이 마음에 드네요.

해설   Why don't we와 함께 새로운 휴식 시간 정책을 만드는 것을 고려해 보도록 제안하고 있으므로 수락을 뜻하는 Yes와 함께 마음에 드는 생각이라고 대답하는 (C)가 정답이다.

어휘   **break time** 휴식 시간

18. How long will it take to rewrite the script?
     (A) Her writing is so creative.
     (B) Sure, I'd be glad to take it.
     (C) At least four to five days.

원고를 다시 쓰시는 데 얼마나 오래 걸릴까요?
     (A) 그분의 글은 아주 창의적입니다.
     (B) 물론이죠, 제가 그걸 가지게 된다면 기쁠 거예요.
     (C) 적어도 4~5일이요.

해설   How와 함께 원고를 다시 쓰는데 걸릴 시간을 묻고 있으므로 기간으로 대답하는 (C)가 정답이다.

어휘   **take** ~을 가져 가다, ~의 시간이 걸리다   **at least** 적어도, 최소한

19. How would you like your receipt to be issued?
     (A) A coworker suggested I fix it.
     (B) To my e-mail, please.
     (C) I read the March one, too.

영수증이 어떻게 발급되기를 원하시나요?

(A) 동료 한 명이 그걸 고치라고 권해 줬어요.

(B) 제 이메일로 부탁합니다.

(C) 저도 3월호를 읽어 봤어요.

해설   How와 함께 선호하는 영수증의 발급 방법에 대해 묻고 있으므로 이메일로 보내 달라는 구체적인 발급 방식을 알리는 (B)가 정답이다.

어휘   **issue** v. ~을 발급하다, 지급하다 n. (잡지 등의) 호, 권

20. How did you find out about our summer sale?

(A) I saw an ad on the Internet.

(B) That's why I joined.

(C) How can I return this?

저희 여름 세일 행사와 관련해서 어떻게 알게 되었나요?

(A) 인터넷에서 광고를 봤어요.

(B) 그게 바로 제가 가입한 이유입니다.

(C) 이걸 어떻게 반품할 수 있죠?

해설   How와 함께 여름 세일 행사를 알게 된 출처에 대해 묻고 있으므로 인터넷에서 광고를 봤다는 말로 정보를 얻은 방법을 알리는 (A)가 정답이다.

어휘   **find out about** ~와 관련해서 알게 되다

Part 3&4 요청&제안/do next를 묻는 문제

기출포인트 1

여: 안녕하세요, 밀리건 씨. 함께 논의했던 귀사의 시리얼 제품용 상자와 관련해서 다시 한번 연락드립니다. 괜찮으시면 이곳 저희 판지 공장에서 즉시 생산을 시작할 수 있습니다.

남: 아주 좋은 것 같습니다. 저희가 상자들에 대해 현장 테스트를 먼저 진행할 수 있도록 300개를 주문하는 것으로 시작할 겁니다. 지금 바로 총 가격에 대한 대략적인 견적서를 갖고 계신가요?

여: 네, 제공해 드릴 수 있습니다! 아, 그런데 제안 사항이 하나 있습니다. 전부 미디엄 사이즈로 만드시는 게 좋은 생각일지도 모릅니다. 그렇게 하시면, 비용을 덜 쓰시면서 주문품을 더 빨리 받으실 수 있습니다.

어휘   **check in with** (확인 등을 위해) ~에게 연락하다, ~와 접촉하다 **cardboard** 판지 **start off** 시작하다 **field test** 현장 테스트 **rough** 대략적인 **that way** 그렇게 하면, 그런 방법으로

1. 여자는 어디에서 근무하고 있을 것 같은가?

(A) 쇼핑몰에서

(B) 보관용 창고에서

(C) 제조 공장에서

(D) 식료품 매장에서

어휘   **storage** 보관, 저장 **manufacturing** 제조

2. 남자는 무엇과 관련해 묻는가?

(A) 한 재료의 품질

(B) 한 제품의 무게

(C) 비용 견적서

(D) 배송 방식

3. 여자는 무엇을 추천하는가?

(A) 사이즈 옵션을 선택할 것

(B) 일정표를 업데이트할 것

(C) 추가 제품을 구입할 것

(D) 다른 공급업체를 찾을 것

기출포인트 2

오늘 회의 안건의 마지막 항목으로서, 여러분 모두가 우리 선레이저 전기 스쿠터를 위해 계속 작업해 오고 있는 마케팅 캠페인과 관련해 이야기하고자 합니다. 우리 텔레비전 광고가 지난주에 시작된 이후로 줄곧, 스쿠터 판매량이 눈에 띄게 상승세에 있습니다. 앞으로, 우리가 다른 우리 제품을 홍보하기 위해 유사한 전략에 대한 아이디어를 생각해 내기 시작했으면 합니다. 최근의 설문 조사의 결과는 그 광고 방송에서 유명 인사가 우리 스쿠터를 이용하는 장면을 소비자들이 아주 마음에 들어 한 것을 보여줍니다. 우리는 다른 우리 제품에 대해 동일한 콘셉트를 활용해야 합니다. 일주일 후에 다시 만나서 이 부분과 관련된 좀 더 많은 생각들에 관해 이야기해 봅시다.

어휘   **agenda** 안건, 의제 **work on** ~에 대한 작업을 하다 **notably** 눈에 띄게, 주목할 만하게 **on the rise** 상승세에 있는 **going forward** 앞으로 **questionnaire** 설문 조사(지) **commercial** n. 광고 방송

1. 청자들은 누구일 것 같은가?

(A) 전문 운동 선수들

(B) 영상 예술가들

(C) 연구 자원 봉사자들

(D) 광고 담당 직원들

2. 화자는 고객들이 광고 방송과 관련해 무엇을 마음에 들어 한다고 말하는가?

(A) 밝은 색상

(B) 유명 인사가 나오는 장면

(C) 청각 효과

(D) 제품들에 대한 비교

어휘   **comparison** 비교

3. 청자들은 다음 주에 무엇을 할 것 같은가?

(A) 몇몇 생각들을 논의하는 일

(B) 몇몇 제품 테스트를 실시하는 일

(C) 새로운 시제품을 살펴보는 일

(D) 구직 지원자들을 면접 보는 일

토익 실전 연습

1. (B)	2. (D)	3. (B)	4. (A)	5. (C)
6. (B)	7. (C)	8. (D)	9. (A)	10. (B)
11. (C)	12. (A)	13. (B)	14. (A)	15. (D)
16. (B)	17. (C)	18. (A)		

Questions 1 - 3 refer to the following conversation.

M: Hello, Ms. Sato. **1** I'm calling from Cordon Capital Management to set up an interview with you.

W: Oh, hi! Thank you for reaching out.

M: **2** You applied for the junior accountant position, right?

W: **2** That's correct. And as for my availability, I can do any time next week.

M: Alright, how about next Wednesday at 4 o'clock?

W: Sure. That works for me.

M: Oh, and before I forget. I read on your résumé that you have some experience as a data analyst. **3** Could you send me a sample of your old analytical reports before Wednesday?

W: Certainly.

남: 안녕하세요, 사토 씨. 면접 일정을 정하기 위해 코든 캐피탈 매니지먼트 사에서 전화 드렸습니다.

여: 아, 안녕하세요! 연락 주셔서 감사합니다.

남: 회계 담당 사원 직책에 지원하신 것이 맞으시죠?

여: 그렇습니다. 그리고 제가 시간이 되는지의 여부와 관련해서는, 다음 주 언제든 할 수 있습니다.

남: 알겠습니다, 다음 주 수요일 4시 어떠신가요?

여: 좋습니다. 저는 괜찮습니다.

남: 아, 그리고 잊기 전에 말씀 드릴게요. 이력서에서 데이터 분석 담당자로서 경력을 좀 지니고 계신다는 내용을 읽었습니다. 수요일 전에 과거의 분석 보고서 샘플을 하나 보내 주시겠어요?

여: 물론입니다.

어휘 **reach out** 연락하다 **junior** 사원의, 하급 직원의 **as for** ~와 관련해서는 **availability** 시간이 나는지의 여부, 이용 가능성 **That works for me** (일정 등이) 저는 괜찮습니다 **analytical** 분석의, 분석적인 **Certainly** (강한 긍정) 물론입니다, 그럼요

1. 전화 통화의 목적은 무엇인가?
   (A) 예약을 확인하는 것
   (B) 면접 일정을 잡는 것
   (C) 일부 정보를 입증하는 것
   (D) 일부 조언을 요청하는 것

해설 남자가 대화를 시작하면서 상대방과의 면접 일정을 정하기 위해 전화한다고 알리고 있으므로 (B)가 정답이다.

어휘 **verify** ~을 입증하다, 확인하다

2. 여자의 전문 분야는 무엇일 것 같은가?
   (A) 엔지니어링
   (B) 마케팅
   (C) 연구
   (D) 회계

해설 대화 중반부에 남자가 여자에게 회계 담당 사원 직책에 지원한 것이 맞는지 묻자, 여자가 그렇다고 대답하고 있으므로 (D)가 정답이다.

어휘 **expertise** 전문 지식, 전문 기술

3. 남자는 여자에게 무엇을 하도록 요청하는가?
   (A) 새 지점을 방문하는 일
   (B) 문서를 보내는 일
   (C) 일부 데이터를 정리하는 일
   (D) 일부 자료를 조사하는 일

해설 대화 후반부에 남자가 여자에게 과거의 분석 보고서 샘플을 하나 보내 달라고 요청하고 있으므로 (B)가 정답이다.

Questions 4 - 6 refer to the following conversation.

W: Hi, Mr. Lopez. **4** This is Susan Chang from Financial Frontier Press. I want to congratulate you on being selected as the most influential business leader in Silicon Valley. I'd love to showcase your work in **4** an article for our December issue.

M: Wow! I'm really honored. My schedule's very busy this month, but I think I know the perfect way we can work together. **5** I'm restoring a children's park downtown. How about meeting on site? Then, you could also take some photos.

W: I really like that idea. When can I stop by?

M: Let's plan for Thursday or Friday of next week. That way, **6** my team and I will have time to organize a thorough tour of our project for you.

여: 안녕하세요, 로페즈 씨. 저는 <파이낸셜 프론티어 프레스>의 수잔 창입니다. 실리콘 밸리에서 가장 영향력 있는 사업가로 선정되신 것을 축하 드리고자 합니다. 저희 12월호의 기사에서 귀하의 업적을 꼭 선보이고 싶습니다.

남: 와! 정말 영광입니다. 제 일정이 이번 달에는 아주 바쁘지만, 협력할 수 있는 완벽한 방법을 제가 알고 있는 것 같습니다. 제가 시내에서 어린이 공원 한 곳을 복구하고 있습니다. 그 현장에서 만나뵈면 어떨까요? 그때 사진도 좀 촬영하실 수 있습니다.

여: 그 생각이 정말 마음에 듭니다. 제가 언제 들를 수 있죠?

남: 다음 주 목요일이나 금요일로 계획해 보죠. 그렇게 하시면, 저희 팀과 제가 시간을 내서 저희 프로젝트를 꼼꼼히 둘러 보실 자리를 마련해 드릴 것입니다.

어휘 **influential** 영향력 있는 **showcase** ~을 선보이다 **restore** ~을 복구하다, 복원하다 **on site** 현장에서 **stop by** 들르다 **that way** 그렇게 하면, 그런 방법으로 **thorough** 꼼꼼한, 철저한

4. 여자는 어디에서 일하는가?
   (A) 잡지 회사에서
   (B) 공사 현장에서
   (C) 마케팅 대행사에서
   (D) 건축 회사에서

해설 대화 시작 부분에 여자가 <파이낸셜 프론티어 프레스> 소속임을 밝히면서 12월호 기사를 언급하고 있으므로 (A)가 정답이다.

5. 남자는 무엇을 제안하는가?
(A) 특정 구역에 주차할 것
(B) 한 팀의 사람들을 데려 올 것
(C) 특정 장소에서 만날 것
(D) 한 웹사이트를 살펴볼 것

해설 대화 중반부에 남자가 시내에서 어린이 공원 한 곳을 복구하고 있다는 말과 함께 그 현장에서 만나는 게 어떨지 제안하고 있으므로 (C)가 정답이다.

6. 남자는 무엇을 할 것이라고 말하는가?
(A) 제안서를 완전히 작성하는 일
(B) 투어를 계획하는 일
(C) 몇몇 사진을 선택하는 일
(D) 몇몇 동료에게 전화하는 일

해설 대화 후반부에 남자가 자신의 팀과 자신이 하고 있는 프로젝트를 꼼꼼히 둘러볼 자리를 마련해 주겠다고 알리고 있으므로 (B)가 정답이다.

어휘 **write up** ~을 완전히 작성하다

Questions 7 - 9 refer to the following conversation with three speakers.

> W1: [7] I've gathered everyone here to discuss our brand's new fitness watches. In two months' time, we're supposed to begin consumer testing these devices. Paulo, as the lead developer, can you give me any updates?
> M: Actually, [8] some bugs came up in the software for the watch, which is why I requested Janisha to help us. She's responsible for software development.
> W2: So, we've been having some unexpected issues with the feature that measures users' heart rate. We're going to get it fixed as soon as possible though.
> W1: That's good to hear. This is a crucial project. So, [9] Paulo, I'd like you to send me a detailed update by tomorrow evening.
>
> ---
>
> 여1: 제가 우리 브랜드의 새 피트니스 시계 이야기를 하기 위해 이 자리에 모든 분을 소집했습니다. 2개월이라는 기간 후에, 우리는 이 기기에 대해 소비자 테스트를 시작하기로 되어 있습니다. 파울로 씨, 선임 개발자로서, 어떤 새로운 소식이든 전해 주시겠어요?
> 남: 실은, 몇몇 버그가 그 시계 소프트웨어에 나타났는데, 그게 바로 제가 재니샤 씨께 저희를 도와 달라고 요청한 이유입니다. 이분께서 소프트웨어 개발을 책임지고 계시거든요.
> 여2: 자, 저희가 사용자들의 심장 박동수를 측정하는 기능에 몇 가지 예기치 못한 문제를 계속 겪고 있습니다. 하지만, 가능한 한 빨리 바로잡을 예정입니다.
> 여1: 좋은 소식이네요. 이 프로젝트는 아주 중요합니다. 따라서, 파울로 씨, 내일 저녁까지 상세한 최신 정보를 제게 보내 주셨으면 합니다.

어휘 **consumer test** ~에 대해 소비자 테스트를 하다 **come up** 나

타나다, 발생하다 **unexpected** 예기치 못한 **heart rate** 심장 박동수 **get A p.p.** A를 ~되게 하다 **though** (문장 끝이나 중간에서) 하지만 **crucial** 아주 중요한, 중대한

7. 화자들이 무엇에 관해 이야기하고 있는가?
(A) 휴대 전화기
(B) 전화 충전기
(C) 피트니스 기기
(D) 운동 기계

해설 대화 시작 부분에 여자 한 명이 새 피트니스 시계 이야기를 하기 위해 모든 사람을 소집했다고 알리고 있으므로 (C)가 정답이다.

8. 남자는 어떤 문제를 언급하는가?
(A) 생산 비용이 증가해 왔다.
(B) 제안된 예산이 불충분하다.
(C) 소비자 테스트를 위한 시간이 충분하지 않다.
(D) 일부 소프트웨어가 제대로 작동하지 않는다.

해설 대화 중반부에 남자가 몇몇 버그가 시계 소프트웨어에 나타났다고 알리고 있으므로 (D)가 정답이다.

어휘 **insufficient** 불충분한

9. 남자는 무엇을 하도록 요청받는가?
(A) 보고서를 제공하는 일
(B) 전문가에게 연락하는 일
(C) 한 가지 특징을 재설계하는 일
(D) 샘플 하나를 살펴보는 일

해설 대화 후반부에 여자가 남자에게 내일 저녁까지 상세한 최신 정보를 보내 달라고 요청하고 있으므로 (A)가 정답이다.

어휘 **specialist** 전문가

Questions 10 - 12 refer to the following excerpt from a meeting.

> Alright, let's proceed to the next thing on our meeting agenda. I have a big announcement from our shipping department. [10] Beginning next Monday, we will begin accepting orders from not only domestic customers but from international ones, too. As you might've heard, [11] our products have attracted lots of interest in multiple foreign countries these days, and we finally possess the infrastructure that allows us to meet their demands. Still, [12] I will be keeping an eye on our revenue for the next several months to evaluate how beneficial this adjustment is for our company.
>
> ---
>
> 좋습니다, 우리 회의 안건의 다음 항목으로 넘어가 보겠습니다. 우리 배송 담당 부서에서 전하는 중요한 공지가 하나 있습니다. 다음 주 월요일부터, 국내 고객들뿐만 아니라 해외 고객들에게도 주문을 받기 시작할 것입니다. 들으셨겠지만, 우리 제품이 요즘 여러 해외 국가에서 많은 관심을 끌어왔으며, 우리가 마침내 그 수요를 충족할 수 있게 해 주는 기반 시설을 보유하고 있습니다. 그럼에도 불구하고, 저는 이러한 조정이 우리 회사에 얼마나 유익할 것인지 평가하기 위해 앞으로 몇 달 동안 우리의 수익을 계속 주시할 예정입니다.

어휘 **proceed to** (순서상) ~로 넘어가다, 나아가다 **domestic** 국내의 **might have p.p.** ~했을지도 모른다 **infrastructure** 기반 시설 **keep an eye on** ~을 주시하다 **evaluate** ~을 평가하다 **adjustment** 조정, 조치

10. 화자의 말에 따르면, 회사는 어떤 서비스를 제공할 예정인가?
　　(A) 회원 특혜
　　(B) 해외 배송
　　(C) 24시간 고객 지원
　　(D) 월간 구독

해설 담화 초반부에 화자가 다음 주 월요일부터 국내 고객들뿐만 아니라 해외 고객들에게도 주문을 받기 시작할 것이라고 알리고 있으므로 (B)가 정답이다.

어휘 **perk** 특혜, 특전

11. 회사는 왜 서비스를 확대하기로 결정했는가?
　　(A) 일부 고객이 불만을 제기했다.
　　(B) 제조 비용이 하락했다.
　　(C) 수요가 증가했다.
　　(D) 협의가 최종 확정되었다.

해설 담화 중반부에 화자가 자사의 제품이 요즘 여러 해외 국가에서 많은 관심을 끌어오면서 그 수요를 충족할 시설을 보유하게 된 사실을 언급하고 있으므로 (C)가 정답이다.

어휘 **negotiation** 협의, 협상 **finalize** ~을 최종 확정하다

12. 화자는 앞으로 몇 달 동안에 걸쳐 무엇을 할 것이라고 말하는가?
　　(A) 회사 수익을 관찰하는 일
　　(B) 다른 공장 장소들을 방문하는 일
　　(C) 직원 평가를 실시하는 일
　　(D) 해외 전문가와 상의하는 일

해설 담화 후반부에 화자가 앞으로 몇 달 동안 회사의 수익을 계속 주시할 예정이라고 알리고 있으므로 (A)가 정답이다.

어휘 **evaluation** 평가(서) **overseas** 해외의

Questions 13 - 15 refer to the following announcement.

Morning, everybody! Before we open, 13 I have a quick announcement about a seasonal change to our café's menu. 13 14 I'm going to introduce new coffee drinks that will be served beginning this Sunday. I've prepared a sample of one of them, Espresso Cascade, here for you to try if you'd like. Actually, for all the new beverages, customers must choose which flavor of syrup that they'd like to add to their drink, such as toffee nut, caramel, or vanilla. So, 15 please make sure to be careful when taking customers' orders. Don't forget to ask for each person's choice of flavor.

안녕하세요, 여러분! 문을 열기 전에, 우리 카페 메뉴에 대한 계절 한정 변동 사항과 관련해 한 가지 간단한 공지가 있습니다. 이번 주 일요일부터 제공될 새로운 커피 음료들을 소개해 드리겠습니다. 원하실 경우에 여러분께서 시음해 보실 수 있도록 여기 그 중 한 가지, 에스프레소

캐스케이드의 샘플을 준비해 왔습니다. 실은, 모든 새로운 음료에 대해, 고객들께서 반드시 토피넛이나 캐러멜, 또는 바닐라 같이, 어느 시럽 맛을 음료에 추가하기를 원하시는지 선택하셔야 합니다. 따라서, 고객들의 주문을 받으실 때 반드시 신중하셔야 합니다. 잊지 마시고 각 고객께서 선택하시는 맛을 여쭤 보시기 바랍니다.

어휘 **serve** (음식 등) ~을 제공하다 **beverage** 음료 **flavor** 맛, 풍미 **careful** 신중한, 조심스러운 **take one's order** ~의 주문을 받다 **ask for** ~을 묻다, 요청하다

13. 화자는 누구일 것 같은가?
　　(A) 슈퍼마켓 직원
　　(B) 커피 매장 매니저
　　(C) 제품 개발자
　　(D) 출장 요리 제공업자

해설 담화 초반부에 화자가 카페 메뉴에 대한 변동 사항을 공지하겠다는 말과 함께 새로운 커피 음료들을 소개하겠다고 알리고 있으므로 (B)가 정답이다.

14. 화자의 말에 따르면, 이번 주 일요일에 무슨 일이 있을 것인가?
　　(A) 새로운 메뉴 품목들이 이용 가능해질 것이다.
　　(B) 계절 근로자들이 면접을 볼 것이다.
　　(C) 한 제품군이 할인될 것이다.
　　(D) 한 가지 기업 정책이 시행될 것이다.

해설 담화 중반부에 화자가 이번 주 일요일부터 새로운 커피 음료들이 제공될 것이라고 언급하고 있으므로 (A)가 정답이다.

어휘 **be made available** 이용 가능해지다 **corporate** 기업의 **go into effect** 시행되다, 발효되다

15. 화자는 청자들에게 무엇에 관해 주의를 주는가?
　　(A) 불만 사항을 정중히 처리하는 일
　　(B) 주간 보고서를 제출하는 일
　　(C) 지불액을 정확하게 처리하는 일
　　(D) 신중하게 주문받는 일

해설 담화 후반부에 화자가 고객들의 주문을 받을 때 반드시 신중해야 한다고 당부하고 있으므로 (D)가 정답이다.

어휘 **politely** 정중히 **accurately** 정확하게

Questions 16 - 18 refer to the following talk.

I'm thrilled to welcome everyone to 16 this workshop on automated learning systems. I know you're all having wonderful conversations right now, but we have a lot in store for today. To begin, I would like to introduce Dr. Janessa Pritchard up onto the stage. 16 17 She will be demonstrating how computers get machines to perform complex operations in split seconds. Regardless of whether you're a computer programmer, I'm confident that this presentation will be exciting. 18 Please don't hesitate to raise your hand and ask questions during the session. We love to see active participation.

자동화된 학습 시스템에 관한 이 워크숍에 오신 모든 분을 맞이하게 되어 대단히 기쁩니다. 여러분께서 모두 바로 지금 아주 즐거운 대화를 나누고 계신다는 사실을 알고 있지만, 저희가 오늘을 위해 마련한 것이 많습니다. 먼저, 재니샤 프릿차드 박사님을 무대로 모셔 소개해 드리고자 합니다. 프릿차드 씨께서는 컴퓨터가 어떻게 기계에게 찰나의 순간에 복잡한 작업을 수행하게 하는지 시연해 주실 예정입니다. 여러분께서 컴퓨터 프로그래머인지와 상관없이, 이 발표가 흥미로울 것이라고 확신합니다. 이 시간 중에 주저하지 마시고 손을 들어 질문해 주시기 바랍니다. 적극적으로 참여하시는 모습을 꼭 보고 싶습니다.

어휘 **automated** 자동화된 **have A in store** A를 마련해 놓다, 준비해 놓다 **demonstrate** ~을 시연하다, 설명하다 **operation** (컴퓨터 등의) 작업, 연산 **in split seconds** 찰나의 순간에 **regardless of** ~와 상관없이 **raise** ~을 들어 올리다 **active** 적극적인

16. 담화의 주제는 무엇인가?
(A) 패션 디자인
(B) 컴퓨터 공학
(C) 가전 제품 제조
(D) 자동차 수리

해설 담화 초반부와 중반부에 화자가 자동화된 학습 시스템에 관한 워크숍이라는 말과 함께 컴퓨터의 기능과 관련해 언급하고 있으므로 (B)가 정답이다.

어휘 **appliance** 가전 제품 **automotive** 자동차의

17. 프릿차드 박사는 곧이어 무엇을 할 것인가?
(A) 기계를 조립하는 일
(B) 몇몇 이미지를 제공하는 일
(C) 시연회를 진행하는 일
(D) 일부 양식을 나눠 주는 일

해설 담화 중반부에 화자가 어떻게 컴퓨터가 기계에게 찰나의 순간에 복잡한 작업을 수행하게 하는지 프릿차드 박사가 시연할 것이라고 알리고 있으므로 (C)가 정답이다.

어휘 **assemble** ~을 조립하다 **pass out** ~을 나눠 주다

18. 화자는 청자들에게 무엇을 하도록 권하는가?
(A) 질문을 하는 일
(B) 이름표를 이용하는 일
(C) 세심한 주의를 기울이는 일
(D) 짝을 짓는 일

해설 담화 후반부에 화자가 청자들에게 주저하지 말고 손을 들어 질문하라고 권하고 있으므로 (A)가 정답이다.

어휘 **pay attention** 주의를 기울이다 **close** 세심한, 면밀한 **get into pairs** 짝을 짓다

Part 1 실내 사진 ① 회사, 주택

기출포인트 1

(A) 사람들이 몇몇 폴더를 종이로 채우고 있다.
(B) 사람들이 게시판에 전단지를 테이프로 붙이고 있다.
(C) 사람들이 복사기를 살펴 보고 있다.
(D) 사람들이 서랍에서 물품을 꺼내고 있다.

어휘 **flyer** 전단지 **look into** ~을 살펴 보다, 조사하다 **grab A out of B** B에서 A를 꺼내다

기출포인트 2

(A) 키보드가 책상에 놓여 있다.
(B) 사무실이 비어 있다.
(C) 몇몇 의자들이 정리되고 있다.
(D) 조명 기구가 꺼져 있다.

어휘 **unoccupied** (사람이 이용하지 않아) 비어 있는

기출포인트 3

(A) 소파가 커튼 쪽을 향해 있다.
(B) 등받이 없는 의자가 탁자 옆에 놓여 있다.
(C) 좌석 공간에 전등이 빛을 비추고 있다.
(D) 몇몇 쿠션이 선반 위로 정리되고 있다.

어휘 **face** v. ~을 향하다, ~에 직면하다 **illuminate** ~에 빛을 비추다, ~을 밝게 하다

기출포인트 4

(A) 여자가 앞치마를 묶고 있다.
(B) 여자가 바닥을 빗자루로 쓸고 있다.
(C) 여자가 몇몇 수납장들을 조립하고 있다.
(D) 여자가 물건들로 채워진 카트를 밀고 있다.

어휘 **tie** ~을 묶다

토익 실전 연습

1. (C)	2. (D)	3. (B)	4. (B)	5. (B)
6. (D)				

1.
(A) A desk is scattered with pens and papers.
(B) An office chair is being assembled.
(C) A file drawer has folders in it.
(D) A printer is being set up.

(A) 책상에 펜과 종이가 흩어져 있다.
(B) 사무용 의자가 조립되는 중이다.
(C) 파일 서랍에 폴더들이 들어 있다.
(D) 프린터가 설치되는 중이다.

해설　서랍 하나가 열려 있고 그 안에 폴더들이 들어 있는 모습에 초점을 맞춘 (C)가 정답이다.

어휘　**be scattered with** ~가 (여기저기) 흩어져 있다

2.

(A) Some carpeting has been rolled up.
(B) Some blankets have been folded on a bed.
(C) A book has been left wide open.
(D) A pillow has been set on an armchair.

(A) 일부 카펫이 둥글게 말려져 있다.
(B) 몇몇 담요가 침대 위에 접혀 있다.
(C) 책이 활짝 펼쳐진 채로 놓여 있다.
(D) 쿠션이 팔걸이 의자 위에 놓여 있다.

해설　쿠션 하나가 팔걸이 의자에 놓여 있는 상태에 초점을 맞춘 (D)가 정답이다.

어휘　**carpeting** 카펫(류)　**be left wide open** 활짝 펼쳐져 있다, 활짝 열린 채로 있다

3.

(A) She's cleaning some safety goggles.
(B) She's using some laboratory equipment.
(C) She's looking through a microscope.
(D) She's putting on some gloves.

(A) 여자가 몇몇 보호 안경을 세척하고 있다.
(B) 여자가 몇몇 실험 장비를 이용하고 있다.
(C) 여자가 현미경을 들여다보고 있다.
(D) 여자가 장갑을 착용하는 중이다.

해설　여자가 실험실에서 장비를 이용해 실험하는 모습에 초점을 맞춘 (B)가 정답이다.

어휘　**look through** ~을 들여다보다, 살펴 보다　**put on** (동작) ~을 착용하다

4.

(A) Some blankets are placed on top of a wardrobe.
(B) Some artwork has been hung on the wall.
(C) Some books are in a pile in a corner.
(D) Some rugs have been rolled up on the floor.

(A) 몇몇 담요가 옷장 맨 위에 놓여 있다.
(B) 몇몇 미술 작품이 벽에 걸려 있다.
(C) 몇몇 책들이 구석에 쌓여 있다.
(D) 몇몇 러그가 바닥에 둥글게 말려 있다.

해설　미술 작품들이 벽에 걸려 있는 상태에 초점을 맞춘 (B)가 정답이다.

어휘　**wardrobe** 옷장　**pile** n. 쌓아 놓은 것, 쌓여 있는 더미

5.

(A) People are washing some tools.
(B) Some plants are being planted.
(C) The grass is covered in leaves.
(D) A building is undergoing renovations.

(A) 사람들이 몇몇 도구를 세척하고 있다.
(B) 몇몇 식물들이 심어지고 있다.
(C) 잔디밭이 나뭇잎으로 뒤덮여 있다.
(D) 건물이 보수 공사를 거치고 있다.

해설　사람들에 의해 식물이 심어지고 있는 모습에 초점을 맞춘 (B)가 정답이다.

어휘　**be covered in** ~로 뒤덮여 있다　**undergo** ~을 거치다, 겪다

6.

(A) A woman is entering the room.
(B) A woman is looking out a window.
(C) A man is plugging in a computer.
(D) A man is typing on a keyboard.

(A) 여자가 방에 들어가고 있다.
(B) 여자가 창 밖을 내다보고 있다.
(C) 남자가 컴퓨터 플러그를 꽂고 있다.
(D) 남자가 키보드로 타자를 치고 있다.

해설　남자가 노트북 컴퓨터의 키보드를 치는 자세에 초점을 맞춘 (D)가 정답이다.

어휘　**look out** ~ 밖을 내다보다

Part 2 일반 의문문

기출포인트 1

Q. 커피 한 잔 하실 시간이 있으신가요?
(A) 고객 회의가 있다는 게 막 기억 났어요.
(B) 총액은 4달러 50센트입니다.
(C) 저는 그걸 우유 그리고 설탕과 함께 주문했어요.

기출포인트 2

Q. 혹시 그 IT 전문가가 와이파이를 고쳤나요?
(A) 전원 버튼을 누르고 계세요.
(B) 네, 어젯밤에 끝냈어요.
(C) 기술 지원팀이요.

어휘　**specialist** 전문가　**hold down** ~을 누르고 있다

기출포인트 3

Q. 마루코 씨의 책상이 어디 있는지 아시나요?
(A) 큰 창문들 옆에 있어요.
(B) 그게 선택된 디자인입니다.
(C) 몇몇 문서를 제출하기 위해서요.

어휘　**paperwork** 문서 (작업)

기출포인트 4

Q. 중앙 로비에 있는 상자들이 치워졌나요?
(A) 제가 방금 그 표면을 닦았어요.
(B) 아니요, 그런 거 같지 않아요.
(C) 안내데스크 옆에 있어요.

어휘　**clear** ~을 치우다　**surface** 표면　**seem like it** (앞서 언급된 일에 대해) 그런 것 같다

1. (C)	2. (C)	3. (B)	4. (C)	5. (C)
6. (B)	7. (B)	8. (C)	9. (A)	10. (B)
11. (B)	12. (B)	13. (B)	14. (C)	15. (A)
16. (C)	17. (B)	18. (A)	19. (C)	20. (A)

1. Was the midnight train to the airport canceled?
(A) He's quite exhausted.
(B) Directly to terminal 2.
(C) That's what I've been told.

공항으로 가는 그 심야 열차가 취소되었나요?
(A) 그는 꽤 지쳤어요.
(B) 2번 터미널로 곧장이요.
(C) 그렇다고 들었어요.

해설 　Be동사와 함께 공항으로 가는 심야 열차가 취소되었는지 묻고 있으므로 그렇게 들었다는 말로 확인해 주는 (C)가 정답이다.

어휘 　**exhausted** 지친, 녹초가 된

2. Do you think our firm should hire a part-time worker for the summer?
(A) Some spare computer parts.
(B) Around 10 people applied.
(C) No, I think we'll be fine.

우리 회사가 여름에 시간제 근무자를 고용해야 한다고 생각하시나요?
(A) 몇몇 여분의 컴퓨터 부품들이요.
(B) 약 10명의 사람들이 지원했어요.
(C) 아니요, 우리는 괜찮을 거 같아요.

해설 　Do와 함께 회사가 여름에 시간제 근무자를 고용해야 한다고 생각하는지 묻고 있으므로 부정을 뜻하는 No와 함께 괜찮을 것 같다는 말로 고용할 필요가 없음을 뜻하는 (C)가 정답이다.

어휘 　**spare** 여분의 　**part** 부품

3. Have you taught Haruno how to operate the fax machine?
(A) I'd appreciate that, thanks.
(B) Actually, I don't know where the user guide is.
(C) I think tax is included.

하루노 씨에게 팩스 기계 작동 방법을 가르쳐 주셨나요?
(A) 그러면 감사할 거예요, 고맙습니다.
(B) 실은, 사용자 가이드가 어디 있는지 모르겠어요.
(C) 세금이 포함되어 있는 것 같아요.

해설 　Have와 함께 하루노 씨에게 팩스 기계 작동 방법을 가르쳐 주었는지 묻고 있으므로 사용자 가이드가 어디 있는지 모르겠다는 말로 아직 가르쳐 주지 않았음을 의미하는 (B)가 정답이다.

4. Do you want to sign up for our beginner class?
(A) I forgot my parking pass.
(B) The yoga one lasts two hours.
(C) Yeah, that sounds perfect.

저희 초보자 강좌에 등록하고 싶으신가요?
(A) 제 주차권을 잊었어요.
(B) 요가 강좌는 두 시간 동안 지속됩니다.
(C) 네, 아주 좋은 것 같아요.

해설 　Do와 함께 초보자 강좌에 등록하고 싶은지 묻고 있으므로 긍정을 뜻하는 Yeah와 함께 좋은 것 같다는 생각을 말하는 (C)가 정답이다.

어휘 　**parking pass** 주차권 　**last** v. 지속되다

5. Is the landscaping staff going to trim the trees tomorrow?
(A) I chose not to join them in the end.
(B) No, they're next to the elevators.
(C) They only do it three times a year.

조경 담당 직원들이 내일 그 나무들을 손질할 예정인가요?
(A) 저는 결국 그분들과 함께 하지 않기로 결정했어요.
(B) 아니요, 그것들은 엘리베이터 옆에 있어요.
(C) 그분들은 오직 일년에 세 번만 그걸 해요.

해설 　Be동사와 함께 조경 담당 직원들이 내일 특정 나무를 손질할 예정인지 묻고 있으므로 그 사람들이 일년에 세 번만 한다는 말로 내일 하지 않는다는 뜻을 나타내는 (C)가 정답이다.

어휘 　**landscaping** 조경 (작업) 　**trim** ~을 손질하다, 다듬다 　**in the end** 결국

6. Have you looked over my proposal?
(A) Mr. Garris is reviewing an apartment.
(B) I thought you were still writing some parts.
(C) The submission guidelines are simple.

제 제안서를 살펴 보셨나요?
(A) 개리스 씨가 아파트를 보고 계세요.
(B) 여전히 몇몇 부분을 작성하고 계신 줄 알았어요.
(C) 제출 지침은 간단합니다.

해설 　Have와 함께 자신의 제안서를 살펴 봤는지 묻고 있으므로 여전히 일부를 작성하고 있는 줄 알았다는 말로 아직 보지 못했다는 뜻을 나타내는 (B)가 정답이다.

어휘 　**look over** ~을 살펴 보다

7. Do you know how to use the new cash register?
(A) I usually use credit card.
(B) Let me show you.
(C) I finished my registration.

새 금전 등록기 이용 방법을 알고 계신가요?
(A) 저는 평소에 신용카드를 사용해요.
(B) 제가 알려 드릴게요.
(C) 저는 등록을 끝마쳤습니다.

해설 　Do와 함께 금전 등록기 이용 방법을 알고 있는지 묻고 있으므로 답변자 자신이 알려 주겠다는 말로 그 방법을 알고 있음을 뜻하는 (B)가 정답이다.

어휘 　**cash register** 금전 등록기 　**Let me do** 제가 ~해 드릴게요

8. Did you select another office assistant?

(A) No, it has multiple branches.

(B) The color selection was limited.

(C) Yes, he'll start next Monday.

또 다른 사무 보조를 선택하셨나요?

(A) 아니요, 그곳은 다수의 지사들을 보유하고 있어요.

(B) 색상 선택이 제한적이었어요.

(C) 네, 다음 주 월요일에 시작할 겁니다.

해설   Do와 함께 다른 사무 보조를 선택했는지 묻고 있으므로 긍정을 뜻하는 Yes와 함께 그 사람이 근무를 시작하는 시점을 언급하는 (C)가 정답이다.

어휘   **multiple** 다수의, 다양한

9. Do you want me to claim a seat for you?

(A) Sure, I'd be grateful for that.

(B) I can't recall myself.

(C) A payment processing fee.

제가 대신 자리를 맡아 드릴까요?

(A) 네, 그러면 감사하겠습니다.

(B) 제 스스로는 기억나지 않아요.

(C) 결제 처리 수수료요.

해설   Do와 함께 대신 자리를 맡아 줄지 묻고 있으므로 긍정을 뜻하는 Sure와 함께 감사 인사를 덧붙인 (A)가 정답이다.

어휘   **claim** ~을 확보하다, 주장하다 **recall** 기억나다, 떠올리다 **processing** 처리

10. Were you able to publish the article about Dr. Yoo?

(A) From the general medicine department.

(B) There wasn't enough time.

(C) We contacted the university.

유 박사님에 관한 그 기사를 실을 수 있었나요?

(A) 일반 의학 부서로부터요.

(B) 시간이 충분하지 않았어요.

(C) 저희가 그 대학교에 연락했습니다.

해설   Be동사와 함께 기사를 실을 수 있었는지 묻고 있으므로 시간이 충분하지 않았다는 말로 실을 수 없었다는 의미를 나타내는 (B)가 정답이다.

어휘   **general medicine** 일반 의학

11. Do you know which tenant discarded this coffee table?

(A) For the living room.

(B) The family in unit 226.

(C) I'll pay with card.

어느 세입자가 이 커피 테이블을 버렸는지 아시나요?

(A) 거실용입니다.

(B) 226호에 사는 가족이요.

(C) 카드로 결제하겠습니다.

해설   Do와 함께 커피 테이블을 버린 세입자를 알고 있는지 묻고 있으므로 226호의 가족이라는 말로 특정 사람을 지칭하는 (B)가 정답이다.

어휘   **discard** ~을 버리다, 폐기하다 **unit** (아파트·상가 등의) 세대, 점포

12. Are you eating lunch once this workshop is done?

(A) Affordable options for office workers.

(B) Yes, I'm supposed to have it with my team.

(C) That session was your favorite?

이 워크숍이 끝나는 대로 점심 식사를 하실 건가요?

(A) 회사원들에게 가격이 알맞은 선택지예요.

(B) 네, 저희 팀과 함께 먹기로 되어 있어요.

(C) 그 시간은 당신이 가장 좋아하는 거였죠?

해설   Be동사와 함께 워크숍이 끝나는 대로 점심 식사를 할 것인지 묻고 있으므로 긍정을 뜻하는 Yes와 함께 소속 팀과 함께 먹기로 되어 있다는 말로 식사 계획을 언급하는 (B)가 정답이다.

13. Do you sell these candy bars in other flavors?

(A) A dark chocolate coating.

(B) Oh sorry, I don't work here.

(C) I can place an order for more.

이 캔디바를 다른 맛으로도 판매하시나요?

(A) 다크 초콜릿 코팅이요.

(B) 아, 죄송하지만, 저는 여기서 일하지 않아요.

(C) 제가 더 주문해 드릴 수 있어요.

해설   Do와 함께 캔디바를 다른 맛으로도 판매하는지 묻고 있으므로 매장에서 일하는 사람이 아니라는 말로 알 수 없다는 뜻을 나타내는 (B)가 정답이다.

어휘   **flavor** 맛, 풍미 **coating** (겉에 입히는) 코팅

14. Are you able to test our model soon?

(A) I think I scored well on it.

(B) She's a potential investor.

(C) Yes, we're planning it right now.

곧 저희 모델을 테스트하실 수 있으세요?

(A) 저는 그 부분에 대해 좋은 점수를 기록한 것 같아요.

(B) 그분은 잠재 투자자입니다.

(C) 네, 지금 그 일을 계획하고 있어요.

해설   Be동사와 함께 모델을 곧 테스트할 수 있는지 묻고 있으므로 긍정을 뜻하는 Yes와 함께 그 일에 대한 계획을 세우는 중이라고 밝히는 (C)가 정답이다.

어휘   **score** v. 점수를 기록하다

15. Is there a schedule of events planned for this year?

(A) The HR team will update you on that.

(B) A professional development workshop.

(C) Changing our plans might be costly.

올해로 계획된 행사들의 일정표가 있나요?

(A) 인사팀이 그 부분에 대해 업데이트해 드릴 겁니다.

(B) 직무 능력 개발 워크숍이요.

(C) 우리 계획을 변경하는 건 더 많은 비용이 들 거예요.

해설 Be동사와 함께 계획된 행사들의 일정표가 있는지 묻고 있으므로 인사팀이 업데이트해 줄 것이라는 말로 정보를 얻을 수 있는 방법을 언급하는 (A)가 정답이다.

어휘 **professional development** 직무 능력 개발, 전문성 개발 **costly** 비용이 드는

16. Has the project deadline been pushed back?
(A) The sales have increased.
(B) We just got back from a client meeting.
(C) Yes, it is now scheduled for next month.

프로젝트 마감 기한이 뒤로 미뤄졌나요?
(A) 판매량이 증가했습니다.
(B) 저희는 고객 회의에서 방금 복귀했어요.
(C) 네, 이제 다음 달로 예정되어 있습니다.

해설 Has와 함께 프로젝트 마감 기한이 미뤄졌는지 묻고 있으므로 긍정을 뜻하는 Yes와 함께 미뤄진 새 일정을 알려 주는 (C)가 정답이다.

어휘 **push back** ~을 뒤로 미루다 **get back** 복귀하다, 돌아 오다, 돌아 가다

17. Does the receptionist know that Ms. Hamilton is out sick?
(A) The reception here is weak.
(B) You'd better tell her soon.
(C) Thanks, but I'm okay.

해밀턴 씨가 아파서 결근 중이라는 걸 안내 담당자가 알고 있나요?
(A) 여기 수신 상태가 약해요.
(B) 곧 그분에게 얘기해 드리는 게 좋을 겁니다.
(C) 감사하지만, 전 괜찮아요.

해설 Does와 함께 해밀턴 씨가 아파서 결근 중이라는 걸 안내 담당자가 아는지 묻고 있으므로 그 사람에게 곧 얘기하는 게 좋다는 말로 아직 알지 못한다는 뜻을 나타내는 (B)가 정답이다.

어휘 **out sick** 아파서 결근한 **reception** (신호의) 수신 상태, 환영회, 접수처

18. Are there any rooms with an ocean view?
(A) Did you check the reservation page?
(B) No, a bigger apartment.
(C) The weather is warm today.

바다 경관이 보이는 어떤 객실이든 있나요?
(A) 예약 페이지를 확인해 보셨어요?
(B) 아뇨, 더 큰 아파트예요.
(C) 오늘 날씨가 따뜻하네요.

해설 Be동사와 함께 바다 경관이 보이는 어떤 객실이든 있는지 묻고 있으므로 예약 페이지를 확인해 봤는지 되묻는 것으로 미리 확인할 수 있는 방법을 언급하는 (A)가 정답이다.

19. Have you resolved the audio issue?
(A) The volume button is on the side.
(B) Yes, it's the video for the banquet.
(C) No, I couldn't figure it out.

그 오디오 문제는 해결하셨어요?
(A) 볼륨 버튼은 옆에 있어요.
(B) 네, 연회 동영상입니다.
(C) 아니요, 제가 파악할 수 없었어요.

해설 Have와 함께 오디오 문제를 해결했는지 묻고 있으므로 부정을 뜻하는 No와 함께 파악할 수 없었다는 말로 해결되지 않은 상태임을 나타내는 (C)가 정답이다.

어휘 **resolve** ~을 해결하다 **on the side** 옆에, 측면에 **figure A out** A를 파악하다, 알아내다

20. Are you managing the Jefferson account?
(A) Yes, together with Amelia.
(B) The amount was charged incorrectly.
(C) Before noon, just to be safe.

당신이 제퍼슨 고객사를 관리하고 계시는 건가요?
(A) 네, 아멜리아 씨와 함께요.
(B) 그 금액이 부정확하게 청구되었어요.
(C) 정오 전에요, 혹시 모르니까요.

해설 Be동사와 함께 상대방이 고객사를 관리하는 사람인지 묻고 있으므로 긍정을 뜻하는 Yes와 함께 담당하는 사람을 언급하는 (A)가 정답이다.

어휘 **account** 고객(사), 거래처, 계정, 계좌 **incorrectly** 부정확하게 **just to be safe** 혹시 모르니까, 만약을 위해서

Part 3&4 세부사항/say about을 묻는 문제

기출포인트 1

여: 안녕하세요, 페레즈 씨. 제 이름은 티나 애커먼입니다. 제가 귀하의 여행사에서 투어 가이드 직책을 제안받았는데, 아직 계약서를 전달받지 못했습니다.
남: 아, 그 부분에 대해 진심으로 사과드립니다, 애커먼 씨. 제가 지난 주 내내 출장을 갔다가, 막 돌아왔어요.
여: 알겠습니다. 그럼, 마지막에 이야기 나눴을 때, 제가 9월에 근무를 시작하면 좋겠다고 언급하셨는데요. 그게 여전히 사실인가요?
남: 그렇습니다. 지금 통화하면서 계약서를 준비하고 있습니다. 대규모 투어를 9월 첫째 주에 떠날 예정이기 때문에, 그 책임을 맡겨 드리고 싶습니다.

어휘 **travel agency** 여행사 **away** 다른 곳에 가 있는, 자리를 비운 **mention that** ~라고 언급하다 **case** 사실, 경우, 사례 **put A in charge** A에게 책임을 맡기다

1. 여자는 왜 전화하는가?
(A) 도움에 대해 감사를 표하기 위해
(B) 일자리 제안에 대한 후속 조치를 취하기 위해
(C) 면접 날짜를 확인하기 위해
(D) 공석인 일자리에 관해 묻기 위해

어휘 **gratitude** 감사(의 마음) **follow up on** ~에 대한 후속 조치를 취하다 **vacant** 공석인, 비어 있는

정답 및 해설 **133**

2. 남자는 최근 무엇을 했는가?

(A) 부서를 옮기는 일

(B) 사무실을 이전하는 일

(C) 임원 한 명과 만나는 일

(D) 출장으로부터 돌아오는 일

어휘   transfer ~을 옮기다 relocate ~을 이전하다 executive 임원, 이사

3. 9월 첫째 주에 무슨 일이 있을 것인가?

(A) 직원 한 명이 은퇴할 것이다.

(B) 한 일정표가 최종 확정될 것이다.

(C) 투어 하나가 시작될 것이다.

(D) 사무실 한 곳이 문을 닫을 것이다.

기출포인트 2

> 쿡토피아 키친웨어 사의 월간 요리 시연 행사에 오신 모든 분을 환영합니다. 잠시 후에, 요리 전문가 클로에 파틸 씨께서 인도의 전통 요리인 치킨 티카 마살라를 준비하는 방법을 공개해 주실 예정입니다. 요리사 파틸 씨께서는 유명 지역 식당인 바랏 비스트로의 설립자이십니다. 최근, 파틸 씨께서는 정통 인도 음식에 대한 경험은 여전히 유지하고 반영하면서, 완전히 새로운 채식주의자 전용 메뉴를 고안하시기 위해 애쓰셨습니다. 매주 주말에는, 본인 레스토랑에서 요리 강좌도 개최하고 계십니다. 심지어 저도 여러 강좌에 참석한 바 있는데, 각각 강좌가 정말 즐거웠습니다. 요리사 파틸 씨께서 이제 준비되신 것으로 보이므로, 시작해 보겠습니다!

어휘   demonstration 시연(회) reveal ~을 공개하다, 드러내다 eatery 식당 whole 완전히, 전적으로 preserve ~을 유지하다, 보존하다 reflect ~을 반영하다 authentic 정통의, 진짜인

1. 어떤 행사가 소개되고 있는가?

(A) 요리 시연회

(B) 농산물 시장

(C) 개장식

(D) 기업 환영회

어휘   corporate 기업의 reception 환영회

2. 클로에 파틸 씨가 최근 무엇을 했는가?

(A) 또 다른 지점을 여는 일

(B) 주방을 개조하는 일

(C) 메뉴를 고안하는 일

(D) 해외로 출장을 떠나는 일

어휘   abroad 해외로, 해외에서

3. 화자는 일부 강좌들과 관련해 무슨 말을 하는가?

(A) 무료 식사를 포함한다.

(B) 매일 진행된다.

(C) 즐거운 시간들이다.

(D) 인기가 많다.

토익 실전 연습

1. (B)	2. (A)	3. (D)	4. (A)	5. (D)
6. (B)	7. (C)	8. (B)	9. (B)	10. (B)
11. (C)	12. (B)	13. (C)	14. (B)	15. (D)
16. (C)	17. (D)	18. (C)		

Questions 1 - 3 refer to the following conversation.

> M: Hi, **1** I wanted to ask if there are any short-term leases for an apartment with your agency. I'm going to be in Jakarta for 3 months, so a hotel just wouldn't be cost-efficient.
>
> W: We can certainly help you. Can you be more specific about your preferences?
>
> M: **2** My workplace is in the center of the city, by Setu Lake, so I want to be able to walk to and from it. I also want a studio apartment that's fully furnished and has wireless Internet. Would that be possible?
>
> W: We definitely have some rental properties around there, but I'm going to have to check if any are available. **3** Please tell me the exact dates you'll be living here.

남: 안녕하세요, 귀하의 업체에 어떤 아파트든 단기 임대가 되는 곳이 있는지 여쭤 보고 싶었습니다. 제가 자카르타에 3개월 동안 있을 예정이라서, 호텔은 그저 비용 효율적이지 않을 겁니다.

여: 저희가 분명 도와 드릴 수 있습니다. 선호하시는 곳과 관련해서 좀 더 구체적으로 말씀해 주시겠어요?

남: 제 근무지가 세투 호수 옆에 있는 도심 지역에 있기 때문에, 걸어서 오갈 수 있기를 원합니다. 모든 시설이 완비되어 있으면서 무선 인터넷도 되는 원룸 아파트를 원합니다. 가능할까요?

여: 분명 그곳 주변에 몇몇 임대용 건물이 있기는 하지만, 어디든 이용 가능한 곳이 있는지는 확인해 봐야 할 겁니다. 이곳에서 거주하시게 되는 정확한 날짜를 알려 주십시오.

어휘   short-term 단기의 cost-efficient 비용 효율적인 certainly 분명히(= definitely) specific 구체적인, 특정한 studio apartment 원룸 아파트 fully furnished 모든 시설이 완비된 exact 정확한

1. 여자는 어디에서 근무하고 있을 것 같은가?

(A) 이삿짐 전문 회사에서

(B) 부동산 중개업체에서

(C) 보험 회사에서

(D) 호텔 리조트에서

해설   남자가 대화 시작 부분에 여자에게 단기 임대가 되는 아파트가 있는지 확인하고 있는데, 이는 부동산 중개업체 직원에게 할 수 있는 말이므로 (B)가 정답이다.

2. 남자는 자신의 근무지와 관련해 무슨 말을 하는가?

(A) 도심 지역에 위치해 있다.

(B) 대기업이다.

(C) 그 건물이 새로 지어졌다.

(D) 지하철역 근처에 있다.

해설　대화 중반부에 남자가 자신의 근무지가 도심 지역에 있다고 언급하고 있으므로 (A)가 정답이다.

어휘　corporation 기업　construct ~을 짓다, 건설하다

3. 여자는 어떤 정보를 요청하는가?

(A) 방 크기

(B) 방문객 숫자

(C) 서비스 비용

(D) 거주 시기

해설　여자가 대화 마지막 부분에 남자에게 거주하게 되는 정확한 날짜를 알려 달라고 요청하고 있으므로 (D)가 정답이다.

Questions 4 - 6 refer to the following conversation.

M: Hello, I oversee the editorial staff, and 4 our freelance writer mentioned she hasn't gotten paid yet. So, I wanted to ask about it. Her employee ID number is 0821.

W: I can check for you. Well, it seems like she should've received her paycheck last Thursday. But 5 Stella, who's in charge of contracted workers, was on vacation. She should be processing them now.

M: 6 Can you give me a rough estimate of how long everything will take?

W: 6 It's hard to say, but I'll ask Stella when I have a spare moment and then let you know.

남: 안녕하세요, 제가 편집 담당 직원들을 관리하는데, 저희 프리랜서 작가가 아직 비용을 지급받지 못했다고 언급해 주셨습니다. 그래서, 그 부분과 관련해 여쭤 보고 싶었습니다. 그분 직원 번호는 0821입니다.

여: 확인해 드리겠습니다. 음, 지난주 목요일에 급여 수표를 받으셨어야 했던 것 같네요. 하지만 계약직 직원들을 담당하고 계시는 스텔라 씨께서 휴가 중이셨습니다. 지금 처리해 주고 계실 겁니다.

남: 모든 일이 얼마나 오래 걸릴지 대략적인 예상 기간을 좀 알려 주시겠어요?

여: 말씀드리기 어렵긴 하지만, 제가 여유 시간이 있을 때 스텔라 씨에게 여쭤보고 나서 알려드릴게요.

어휘　oversee ~을 관리하다, 감독하다　editorial 편집의　get paid 돈을 지급 받다　should have p.p. ~했어야 했다　paycheck 급여 수표　contracted 계약을 맺은　on vacation 휴가 중인　rough 대략적인　spare 여유의, 여분의

4. 남자는 왜 전화를 거는가?

(A) 비용 지급과 관련해 묻기 위해

(B) 은행 계좌를 개설하기 위해

(C) 의견을 요청하기 위해

(D) 직원 번호를 확인하기 위해

해설　남자가 대화를 시작하면서 자신이 관리하는 프리랜서 작가가 아직 비용을 지급받지 못했다고 언급한 사실을 알리면서 그 부분과 관련해 물어 보고 싶었다고 말하고 있으므로 (A)가 정답이다.

어휘　verify ~을 확인하다, 입증하다

5. 여자의 말에 따르면, 무엇이 지연을 초래했는가?

(A) 이메일 주소가 부정확했다.

(B) 컴퓨터 시스템이 작동하지 않았다.

(C) 일정이 준수되지 않았다.

(D) 직원이 사무실에 있지 않았다.

해설　여자가 대화 중반부에 계약직 직원들을 담당하고 있는 스텔라 씨가 휴가 중이었다는 말로 비용 지급이 지연된 원인을 밝히고 있으므로 (D)가 정답이다.

어휘　cause ~을 초래하다　incorrect 부정확한

6. 여자는 어떤 정보를 나중에 제공할 것 같은가?

(A) 총액

(B) 예상 기간

(C) 추적 번호

(D) 요약 보고

해설　대화 후반부에 남자가 얼마나 오래 걸릴지 대략적인 예상 기간을 알려 달라고 묻는 것에 대해 여자가 말하기 어렵긴 하지만 담당자인 스텔라 씨에게 물어보고 알려주겠다고 대답하고 있으므로 (B)가 정답이다.

어휘　tracking 추적, 파악

Questions 7 - 9 refer to the following conversation with three speakers.

W: Hey, Ryan. 7 Can you look over my slides for a meeting? I have to present them next Monday.

M1: 8 The one with Mammoth Corporation, right?

W: Yes. 8 I'm going to introduce our marketing plan for their chain of clothing stores.

M1: Well, you know, 9 Mammoth Corporation likes informal meetings. Probably just a single printout emphasizing how our marketing plan will help generate more clothing sales should be enough.

W: Oh! Matthew, you have experience with this client. Do you agree?

M2: 9 Ryan has a good point. Rather than a presentation, I think they'd prefer to just have a nice chat during the meeting.

여: 안녕하세요, 라이언 씨. 제 회의용 슬라이드 좀 살펴봐 주시겠어요? 제가 다음 주 월요일에 발표해야 합니다.

남1: 매머드 주식회사에 대한 것 맞죠?

여: 네. 제가 그곳 의류 매장 체인에 대한 우리 마케팅 계획을 소개할 예정입니다.

남1: 음, 있잖아요, 매머드 주식회사는 격식에 얽매이지 않는 회의를 좋아합니다. 아마 우리 마케팅 계획이 어떻게 더 많은 의류 매출을 창출하는 데 도움이 될지 강조하는 인쇄물 한 장이면 충분할 겁니다.

여: 아! 매튜 씨, 당신이 이 고객사와 함께 한 경험이 있으시죠. 동의하시나요?

남2: 라이언 씨가 좋은 지적을 해 주셨어요. 발표 대신, 그쪽 분들께서는 회의 시간에 그냥 좋은 대화를 하는 걸 선호하실 것 같아요.

어휘   **informal** 격식에 얽매이지 않는, 비공식적인   **printout** 인쇄물   **emphasize** ~을 강조하다   **generate** ~을 창출하다, 만들어 내다   **have a good point** 좋은 지적을 하다   **rather than** ~ 대신, ~가 아니라   **more of** 오히려 ~인

7. 여자는 무엇을 준비하고 있는가?
(A) 인수 제안서
(B) 지출 요약서
(C) 슬라이드 발표
(D) 매장 평면도

해설   여자가 대화 시작 부분에 자신의 회의용 슬라이드를 살펴봐 달라고 부탁하면서 다음 주 월요일에 발표해야 한다고 알리고 있으므로 (C)가 정답이다.

어휘   **acquisition** 인수, 획득   **expenditure** 지출, 소비

8. 매머드 주식회사는 어떤 종류의 업체인가?
(A) 조경 전문 회사
(B) 의류 매장 체인
(C) 여행사
(D) 가전 제품 제조사

해설   남자 한 명이 대화 중반부에 매머드 주식회사를 언급하자, 여자가 그 회사의 의류 매장 체인에 대한 마케팅 계획을 소개한다고 알리고 있으므로 (B)가 정답이다.

9. 남자들이 무엇과 관련해 동의하는가?
(A) 명칭이 변경되어야 한다.
(B) 회의가 격식이 없어야 한다.
(C) 광고가 더 길어야 한다.
(D) 웹사이트가 업데이트되어야 한다.

해설   남자 한 명이 대화 중반부에 매머드 주식회사가 격식에 얽매이지 않는 회의를 좋아한다고 밝힌 것에 대해 대화 후반부에서 다른 남자가 좋은 지적을 했다고 동의하고 있으므로 (B)가 정답이다.

Questions 10 - 12 refer to the following introduction.

[10] Thanks for tuning into Health Matters on KUCI. Our guest in the studio today is Dr. Emily Batista, a renowned nutritionist at Jefferson Medical Center and author of the best-selling book, *"Building a Healthier You."* In today's session, [11] Dr. Batista will be providing insight on how to maintain a healthy diet while balancing other commitments, like work and hobbies. We'll be accepting questions from our listeners throughout the show, so [12] don't hesitate to text at 555-9381. Remember, no charges apply to contact us!

저희 KUCI의 <건강이 중요하다>를 청취해 주셔서 감사합니다. 오늘 저희 스튜디오의 초대 손님은 에밀리 바티스타 박사님으로서, 제퍼슨 의료 센터의 유명 영양 전문가이시자 베스트셀러 도서 <나를 더 건강하게 만드는 것>의 저자이십니다. 오늘 시간에는, 바티스타 박사님께서 일과 취미 같이, 다른 해야 할 일들의 균형을 잡으면서 건강에 좋은 식습관을 유지하는 방법에 관한 통찰력을 제공해 주실 것입니다.

저희가 프로그램 내내 청취자 여러분의 질문을 받을 것이므로, 주저하지 마시고 555-9381번으로 문자 메시지를 보내 주시기 바랍니다. 기억하셔야 하는 점은, 저희에게 연락하시는 데 요금이 적용되지 않는다는 사실입니다!

어휘   **tune into** ~을 청취하다, ~에 채널을 맞추다   **renowned** 유명한   **nutritionist** 영양 전문가   **insight** 통찰력, 이해   **commitment** 해야 할 일, 약속, 의무   **apply** 적용되다

10. 화자는 어디에서 일하는가?
(A) 도서관에서
(B) 라디오 방송국에서
(C) 병원에서
(D) 피트니스 센터에서

해설   화자가 담화를 시작하면서 프로그램 명칭 및 채널을 맞춰 청취하는 것에 대한 감사 인사, 그리고 스튜디오 초대 손님을 언급하고 있으므로 (B)가 정답이다.

11. 바티스타 박사는 무슨 이야기를 할 것인가?
(A) 건설 안전
(B) 일자리 찾기
(C) 건강에 좋은 식습관
(D) 재무 관리

해설   화자가 담화 중반부에 바티스타 박사가 일과 취미 등의 균형을 잡으면서 건강에 좋은 식습관을 유지하는 방법에 관한 통찰력을 제공해 줄 것이라고 알리고 있으므로 (C)가 정답이다.

12. 화자는 질문을 제출하는 것과 관련해 무슨 말을 하는가?
(A) 특정 시간대에는 분주할 수 있다.
(B) 어떤 비용도 들지 않는다.
(C) 생방송 중의 교환원과 곧바로 연결된다.
(D) 주말마다 연락될 수 있다.

해설   화자가 담화 마지막 부분에 문자 메시지를 보내도록 요청하면서 어떤 요금도 적용되지 않는다고 알리고 있으므로 (B)가 정답이다.

어휘   **certain** 특정한, 일정한   **operator** (전화) 교환원

Questions 13 - 15 refer to the following excerpt from a meeting.

Alright, so our next matter of discussion is staffing. First off, on behalf of the management team, I want to thank you all for your dedication to the Public Relations Department. Our firm has expanded a lot in the past few years, and [13] our number of contracts has doubled. Therefore, [14] we've made the decision to recruit three more employees to aid with operations in this department. The job listings have already been posted online. But, well, we really want to get these spots filled as soon as possible. So, [15] if you would like to recommend anyone qualified, please reach out to me immediately.

좋습니다, 그럼 우리의 다음 논의 사안은 직원 모집입니다. 우선, 경영진을 대표해, 홍보부에 대한 여러분 모두의 헌신에 대해 감사드리고자 합니다. 우리 회사는 지난 몇 년 동안 규모가 많이 확장되어 왔으며, 계약 숫자는 두 배로 늘었습니다. 따라서, 이 부서의 운영에 도움을 줄 세 명의 추가 직원을 모집하기로 결정을 내렸습니다. 이 구인 공고는 이미 온라인으로 게시되었습니다. 하지만, 음, 저희는 이 자리들이 가능한 한 빨리 충원되기를 원합니다. 그래서, 여러분께서 자격이 있는 어떤 분이든 추천하고자 하시는 경우, 제게 즉시 연락 주시기 바랍니다.

어휘 **matter** 사안, 문제 **staffing** 직원 모집, 인력 충원 **on behalf of** ~을 대표해 **recruit** ~을 모집하다 **aid with** ~에 도움을 주다, ~을 돕다 **job listing** 구인 공고 **spot** 자리, 장소, 곳 **reach out to** ~에게 연락하다

13. 화자는 회사와 관련해 무슨 말을 하는가?
(A) 또 다른 지점을 열었다.
(B) 자선 재단에 기부했다.
(C) 추가 계약을 얻었다.
(D) 합병을 협의했다.

해설 화자가 담화 중반부에 계약 숫자가 두 배로 늘어난 사실을 언급하고 있으므로 (C)가 정답이다.

어휘 **acquire** ~을 얻다, 획득하다 **merger** 합병, 통합

14. 화자의 말에 따르면, 어떤 결정이 최근에 내려졌는가?
(A) 몇몇 투자를 하는 것
(B) 추가 직원을 모집하는 것
(C) 시스템을 업그레이드하는 것
(D) 정책을 수정하는 것

해설 화자가 담화 중반부에 세 명의 추가 직원을 모집하기로 결정을 내린 사실을 알리고 있으므로 (B)가 정답이다.

15. 화자는 청자들에게 무엇을 하도록 요청하는가?
(A) 공지를 살펴보는 일
(B) 지원서를 작성하는 일
(C) 각자의 의견을 제공하는 일
(D) 추천하는 일

해설 화자가 담화 마지막 부분에 자격이 있는 어떤 사람이든 추천하려는 경우에 자신에게 즉시 연락해 달라고 요청하고 있으므로 (D)가 정답이다.

Questions 16 - 18 refer to the following telephone message.

Hi, Ms. Sophia Grason. 16 This is Sarah from the Castro Valley Career Fair's organizational team leaving you a message. We successfully received your registration form for reserving a booth at the fair, but 17 it seems like you've forgotten to include the registration fee along with it. The fee is $400, but we must receive the payment by next Wednesday in order to guarantee a space for your company. We really are

excited to have you at the event, especially considering how 18 it's the largest job fair we've held yet. As of now, over 3,000 job seekers have already signed up, and I'm sure that number will keep rising. Feel free to call me back with any questions you may have. Thanks.

안녕하세요, 소피아 그레이슨 씨. 저는 귀하께 메시지를 남기는 카스트로 밸리 취업 박람회 조직팀의 새라입니다. 저희가 이번 박람회의 부스를 예약하시는 귀하의 등록 양식을 성공적으로 접수하기는 했지만, 등록비를 함께 포함하시는 것을 잊으신 듯합니다. 이 요금은 400달러인데, 귀하의 회사를 위한 자리를 보장하시려면 저희가 반드시 다음 주 수요일까지 지불 비용을 수납해야 합니다. 저희는 귀하를 이번 행사에 모시게 되어 정말 기쁘게 생각하고 있으며, 특히 저희가 지금까지 개최했던 것 중에서 가장 규모가 큰 취업 박람회임을 감안하면 그렇습니다. 현재까지, 3,000명이 넘은 구직 지원자들께서 이미 등록하셨으며, 분명 이 수치는 계속 상승할 것입니다. 갖고 계실 수 있는 어떤 질문에 대해서든 제게 언제든지 다시 전화 주시기 바랍니다. 감사합니다.

어휘 **career fair** 취업 박람회(= job fair) **organizational** 조직상의, 구조상의 **booth** 부스, 임시 칸막이 공간 **considering** ~을 감안하면, 고려하면 **yet** (최상급과 함께) 지금까지 중에서 **as of now** 현재까지, 현재로서는 **job seeker** 구직 지원자

16. 화자는 어떤 종류의 행사를 조직하고 있는가?
(A) 무역 박람회
(B) 박물관 전시회
(C) 취업 박람회
(D) 전문 컨퍼런스

해설 화자가 담화를 시작하면서 자신이 카스트로 밸리 취업 박람회 조직팀에 속한 사람이라고 소개하고 있으므로 (C)가 정답이다.

17. 화자가 전화하는 이유는 무엇인가?
(A) 특별 제품을 홍보하는 것
(B) 절차를 설명하는 것
(C) 기술 문제를 해결하는 것
(D) 미납 금액을 요청하는 것

해설 화자가 담화 중반부에 상대방이 등록비를 포함하는 것을 잊은 사실과 함께 그 요금이 다음 주 수요일까지 수납되어야 한다고 알리고 있으므로 (D)가 정답이다.

어휘 **procedure** 절차 **missing** 빠진, 놓친, 없는

18. 화자는 행사와 관련해 무슨 말을 하는가?
(A) 넓은 주차장이 있다.
(B) 입장료가 없다.
(C) 참석자가 많을 것이다.
(D) 연기될 것이다.

해설 화자가 담화 후반부에 3,000명이 넘은 구직 지원자들이 이미 등록한 사실과 함께 그 수치가 계속 상승할 것이라고 언급하고 있으므로 (C)가 정답이다.

어휘 **well attended** 참석자가 많은, 참석률이 높은

DAY 05

Part 1 실내 사진 ② 상점, 식당

기출포인트 1

(A) 조명이 진열장에 빛을 비추고 있다.
(B) 의류가 거치대에 걸려 있다.
(C) 여자가 몇몇 바지를 구매하고 있다.
(D) 여자가 핸드백을 들여다보고 있다.

어휘　illuminate ~에 빛을 비추다, ~을 밝게 하다　peer into ~을 들여다보다

기출포인트 2

(A) 몇몇 포스터들이 창문을 덮고 있다.
(B) 몇몇 제품들이 진열되어 있다.
(C) 몇몇 쇼핑객들이 코트를 구매하고 있다.
(D) 몇몇 쇼핑객들이 카트에 가방을 넣고 있다.

기출포인트 3

(A) 웨이터가 테이블을 치우고 있다.
(B) 우산 하나가 의자 밑에 놓여 있다.
(C) 몇몇 요리가 고객들에게 나눠졌다.
(D) 몇몇 식사 손님들이 식당에 앉아 있다.

어휘　be seated 앉아 있다, 착석해 있다

기출포인트 4

(A) 남자가 몇몇 식품을 칼로 얇게 썰고 있다.
(B) 남자가 선반에서 접시를 꺼내고 있다.
(C) 남자가 몇몇 메모를 작성하고 있다.
(D) 남자가 물로 몇몇 농산물을 세척하고 있다.

어휘　slice ~을 얇게 썰다　grab A from B B에서 A를 꺼내다　produce n. 농산물

토익 실전 연습

1. (C)　2. (C)　3. (C)　4. (C)　5. (A)
6. (D)

1.

(A) The man is placing an item on a counter.
(B) The man is looking through a clothing rack.
(C) The man is putting on gloves.
(D) The man is taking out his wallet.

(A) 남자가 제품 하나를 계산대에 올려 놓고 있다.
(B) 남자가 의류 거치대를 살펴 보고 있다.
(C) 남자가 장갑을 착용하는 중이다.
(D) 남자가 지갑을 꺼내고 있다.

해설　남자가 장갑 한쪽을 착용해 보는 동작에 초점을 맞춘 (C)가 정답

이다.

어휘　counter 계산대, 판매대, 조리대　take out ~을 꺼내다

2.

(A) One of the people is pushing a shopping cart.
(B) One of the people is exiting the store.
(C) The woman is paying for some groceries.
(D) The man is emptying some boxes.

(A) 사람들 중 한 명이 쇼핑 카트를 밀고 있다.
(B) 사람들 중 한 명이 매장에서 나가고 있다.
(C) 여자가 몇몇 식료품에 대한 비용을 지불하고 있다.
(D) 남자가 몇몇 상자들을 비우고 있다.

해설　여자가 계산대 앞에 서서 물품 구입을 위해 비용을 지불하는 상황에 초점을 맞춘 (C)가 정답이다.

어휘　exit v. ~에서 나가다　empty v. ~을 비우다

3.

(A) Some shirts are being folded.
(B) Some banners are being hung up.
(C) Some clothes have been arranged for display.
(D) Some clothes racks are piled up in a corner.

(A) 몇몇 셔츠가 개어지고 있다.
(B) 몇몇 현수막이 걸리고 있다.
(C) 몇몇 의류가 진열용으로 정리되어 있다.
(D) 몇몇 의류 거치대가 구석에 쌓여 있다.

해설　의류가 여러 진열대에 정리되어 있는 상태에 초점을 맞춘 (C)가 정답이다.

어휘　banner 현수막　hang up ~을 걸다, 매달다　pile up ~을 쌓아 올리다

4.

(A) Some potted plants have been placed on the floor.
(B) A bottle has been filled with water.
(C) Some glasses have been arranged on shelves.
(D) A glass jar has been put into the recycling bin.

(A) 몇몇 화분에 심은 식물이 바닥에 놓여 있다.
(B) 병 하나가 물로 가득 채워져 있다.
(C) 몇몇 유리잔이 선반에 정리되어 있다.
(D) 유리 병 하나가 재활용 쓰레기통에 담겨 있다.

해설　유리잔 몇 개가 선반에 놓여 있는 상태에 초점을 맞춘 (C)가 정답이다.

5.

(A) The people are studying some menus.
(B) A man is paying for his food.
(C) One of the women is having her meal.
(D) The people are sitting in a row.

(A) 사람들이 몇몇 메뉴를 살펴 보고 있다.
(B) 남자가 음식에 대해 비용을 지불하고 있다.
(C) 여자들 중 한 명이 식사를 하고 있다.

(D) 사람들이 일렬로 앉아 있다.

해설 테이블 앞에 모여 앉아 있는 사람들이 메뉴를 보고 있는 자세에 초점을 맞춘 (A)가 정답이다.

어휘 study ~을 살펴 보다

6.

(A) Some signs have been left in front of a store.
(B) Some benches have been arranged side by side.
(C) Trees are covering some tables from the sun.
(D) An outdoor dining area is unoccupied.

(A) 몇몇 표지판이 매장 앞에 놓여 있다.
(B) 몇몇 벤치가 나란히 정렬되어 있다.
(C) 나무들이 몇몇 탁자를 햇빛으로부터 가리고 있다.
(D) 야외 식사 공간이 비어 있다.

해설 건물 외부의 식사 공간에 사람이 아무도 없는 상태에 초점을 맞춘 (D)가 정답이다.

어휘 sign 표지(판) side by side 나란히 dining area 식사 공간 unoccupied (사람이 없어서) 비어 있는

Part 2 부정/부가 의문문

기출포인트 1

Q. 그 도서관 복구 프로젝트가 아직 끝나지 않은 건가요?
(A) 많은 고객들이 주말에 방문해요.
(B) 아니요, 사람들이 시작한지 한 달밖에 되지 않았어요.
(C) 제가 나머지 용품을 찾았어요.

어휘 restoration 복구, 복원 the rest of 나머지의 supplies 용품, 물품

기출포인트 2

Q. 편집하신 부분을 빨간색으로 표시하셔야 하지 않나요?
(A) 좋은 생각입니다.
(B) 그건 서랍 안에 있어요.
(C) 그 프리랜서 편집자요.

어휘 mark ~을 표시하다 edit n. 편집(한 부분), 수정 in red 빨간색으로, 붉은색으로 editor 편집자

기출포인트 3

Q. 마드리드에 있는 판매업자에게 알려 주시지 않으셨나요?
(A) 그녀는 항상 그곳에 가고 싶어 했어요.
(B) 사실 재미있었어요.
(C) 네, 제가 지난주에 요청서를 제출했어요.

어휘 vendor 판매업자, 판매업체

기출포인트 4

Q. 재무팀으로 전근하시는 게 맞죠?
(A) 공식 성명이요.
(B) 직원 안내 책자를 참고하세요.
(C) 아니요, 지원하지 않기로 결정했어요.

어휘 transfer 전근하다, 전학하다, (교통편) 갈아타다 statement 성명(서), 진술(서), 말 staff directory 직원 안내 책자

토익 실전 연습

1. (C)	2. (B)	3. (A)	4. (A)	5. (B)
6. (C)	7. (B)	8. (C)	9. (A)	10. (A)
11. (C)	12. (B)	13. (B)	14. (C)	15. (B)
16. (B)	17. (C)	18. (A)	19. (B)	20. (A)

1. Aren't you interviewing the candidates for the internship?
(A) An efficient worker.
(B) She reviewed the résumés.
(C) No, I think Maurice will do that.

인턴십 프로그램 지원자들을 면접 보시지 않나요?
(A) 유능한 직원이에요.
(B) 그분이 이력서들을 검토했어요.
(C) 아니요, 모리스 씨께서 그 일을 하실 것 같아요.

해설 상대방이 인턴십 지원자들을 면접 보지 않는지 묻고 있으므로 부정을 뜻하는 No와 함께 모리스 씨가 그 일을 한다고 알리는 (C)가 정답이다.

어휘 efficient (사람이) 유능한, (일 등이) 효율적인

2. You haven't informed management about the delivery delay yet, have you?
(A) Yes, I saw the notice.
(B) I was in charge of that?
(C) Sure, help yourself.

아직 경영진에 배송 지연에 대해 알리지 않으셨죠?
(A) 네, 그 공지 봤어요.
(B) 제가 그 부분에 대한 담당이었나요?
(C) 그럼요, 마음껏 드세요.

해설 아직 경영진에 배송 지연에 대해 알리지 않았는지 묻고 있으므로 자신이 그렇게 하는 것에 대한 담당자였는지 되묻는 (B)가 정답이다.

어휘 management 경영진, 운영진 help yourself 마음껏 드세요

3. Shouldn't we give discounts to city residents?
(A) You're right, thank you.
(B) In that neighborhood.
(C) No, it's been discontinued.

우리가 도시 주민들에게 할인을 제공해야 하지 않나요?
(A) 맞는 말씀이에요, 감사합니다.
(B) 저 지역에서요.
(C) 아니요, 그건 단종되었어요.

해설 도시 주민들을 위해 할인을 제공해야 하지 않는지 묻고 있으므로 동의 및 감사의 뜻을 나타내는 (A)가 정답이다.

어휘 neighborhood 지역, 인근, 이웃 discontinue ~을 단종하다

4. The seminar for this Friday was pushed back, wasn't it?

(A) I haven't heard anything.
(B) In less than an hour.
(C) Another set of training workbooks.

이번 주 금요일 세미나가 미뤄지지 않았나요?
(A) 전 아무 얘기도 듣지 못했어요.
(B) 한 시간 미만으로요.
(C) 또 다른 교육 책자 세트요.

해설 이번 주 금요일 세미나가 미뤄지지 않았는지 묻고 있으므로 아무 얘기도 듣지 못했다는 말로 알지 못한다는 뜻을 나타내는 (A)가 정답이다.

어휘 **push back** ~을 미루다 **workbook** 책자, 학습지, 문제지

5. Isn't your progress report due before noon?

(A) Yes, it's the newest model.
(B) Oh, thank you for the reminder.
(C) He's shown great progress.

당신의 진행 보고서는 정오가 되기 전이 기한이지 않나요?
(A) 네, 가장 새로운 모델이에요.
(B) 오, 알려 주셔서 감사합니다.
(C) 그분은 엄청난 발전을 보여 주었어요.

해설 상대방의 보고서 제출 기한이 정오가 아닌지 묻고 있으므로 그러한 정보를 말해 준 것에 대한 감사의 인사를 전하는 (B)가 정답이다.

어휘 **progress** 진행, 진척, 발전 **due** ~가 기한인 **reminder** (말·메시지 등의) 알림, 상기시키는 것

6. Haven't you purchased this brand before?

(A) Can I help you find anything?
(B) 5 dollars more expensive.
(C) I can't recall exactly.

전에 이 브랜드를 구입하신 적이 있지 않으세요?
(A) 무엇이든 찾으시는 걸 도와 드릴까요?
(B) 5달러 더 비싸요.
(C) 정확히 기억나지 않네요.

해설 전에 한 특정 브랜드를 구입한 적이 있지 않은지 묻고 있으므로 정확히 기억나지 않는다는 말로 모르겠다는 뜻을 나타내는 (C)가 정답이다.

어휘 **recall** 기억나다, 떠올리다 **exactly** 정확히

7. This restaurant will be closed for Christmas, won't it?

(A) There's a long wait.
(B) Yes, but only for one day.
(C) A trip to the Caribbean.

이 레스토랑이 크리스마스에 문을 닫지 않나요?
(A) 대기 시간이 깁니다.
(B) 네, 하지만 딱 하루만입니다.
(C) 카리브해로 가는 여행이요.

해설 레스토랑이 크리스마스에 문을 닫지 않는지 묻고 있으므로 긍정

을 뜻하는 Yes와 함께 문을 닫는 기간을 추가 정보로 언급하는 (B)가 정답이다.

어휘 **long wait** 긴 대기 시간, 오랜 기다림

8. Doesn't Monica usually come in at 10 AM?

(A) You know, I think she would agree.
(B) It should be pretty brief.
(C) Yes, but she has an early meeting.

모니카 씨께서 평소 오전 10시에 오시지 않나요?
(A) 있잖아요, 제 생각엔 그분이 동의할 것 같아요.
(B) 아주 간략해야 합니다.
(C) 네, 하지만 이른 시간에 회의가 있으세요.

해설 모니카 씨가 평소에 오전 10시에 오지 않는지 묻고 있으므로 긍정을 뜻하는 Yes와 함께 그럼에도 불구하고 일찍 온 이유를 언급하는 (C)가 정답이다.

9. You're going to finish installing all the tiles by Friday, aren't you?

(A) Yes, that's the plan.
(B) White ones look good in the bathroom.
(C) I designed the whole thing.

금요일까지 모든 타일 설치를 끝마치시는 게 맞죠?
(A) 네, 그럴 계획입니다.
(B) 욕실에는 흰색 타일이 좋아 보여요.
(C) 제가 모든 것을 디자인했습니다.

해설 금요일까지 모든 타일 설치를 끝마치는 게 맞는지 묻고 있으므로 긍정을 뜻하는 Yes와 함께 그게 계획이라고 알리는 (A)가 정답이다.

어휘 **whole** 모든, 전체의

10. Hasn't the contractor sent you the blueprint yet?

(A) There's been a delay.
(B) A different construction company.
(C) Yes, a signed copy, please.

계약업자가 당신에게 아직 설계도를 보내 주지 않았나요?
(A) 지연 문제가 있었습니다.
(B) 다른 건설 회사요.
(C) 네, 서명된 것으로 한 부 부탁합니다.

해설 계약업자가 상대방에게 아직 설계도를 보내 주지 않았는지 묻고 있으므로 지연 문제가 있었다는 말로 아직 보내 주지 않았다는 뜻을 나타내는 (A)가 정답이다.

어휘 **contractor** 계약업자, 계약업체 **blueprint** 설계도, 청사진 **signed** 서명된

11. Our trade show is happening in May, right?

(A) Sure, I already showed her.
(B) On the second floor.
(C) There's been a change in the timeline.

우리 무역 박람회가 5월에 열리는 게 맞죠?
(A) 네, 제가 이미 그분께 보여 주었어요.

(B) 2층에서요.

(C) 진행 일정에 변동이 있었어요.

해설   자신들의 무역 박람회가 5월에 열리는 게 맞는지 묻고 있으므로 진행 일정에 변동이 있었다는 말로 5월에 열리지 않는다는 뜻을 나타내는 (C)가 정답이다.

어휘   **timeline** 진행 일정(표)

12.   Lucy's lease expires in two months, doesn't it?

(A) The tenant association.

(B) I believe she'll choose to renew it.

(C) Make sure you read the terms carefully.

루시 씨의 임대 계약이 두 달 후에 만료되지 않나요?

(A) 세입자 조합이요.

(B) 저는 그분이 갱신하기로 결정할 거라고 생각해요.

(C) 반드시 조항을 신중히 읽어 보세요.

해설   한 여자의 임대 계약이 두 달 후에 만료되지 않는지 묻고 있으므로 그 여자가 계약을 갱신하기로 결정할 거라고 생각한다는 의견을 말하는 (B)가 정답이다.

어휘   **expire** 만료되다 **association** 조합, 협회 **terms** (계약서 등의) 조항

13.   Don't you want to try the new restaurant?

(A) I prefer cheese in my sandwiches.

(B) I've already been there.

(C) A wide selection of drinks.

새 식당에 한 번 가 보고 싶지 않으세요?

(A) 저는 샌드위치에 치즈가 있는 걸 선호해요.

(B) 저는 이미 그곳에 가 봤어요.

(C) 아주 다양한 음료요.

해설   새 식당에 가 보고 싶지 않은지 묻고 있으므로 이미 그곳에 가 봤다고 대답하는 (B)가 정답이다.

어휘   **try** ~에 한 번 가 보다, ~을 한 번 시도해 보다 **a wide selection of** 아주 다양한

14.   The wooden panels for the patio deck are going to get polished, correct?

(A) A total of $1,200, including labor.

(B) Yes, the finished product looks great.

(C) We're still constructing the base.

테라스 데크에 쓸 목재 합판에 광택 작업이 이뤄질 예정인 게 맞죠?

(A) 총 1,200달러이며, 인건비 포함입니다.

(D) 네, 안선된 제품이 아주 좋아 보이네요.

(C) 우린 여전히 토대 공사 중입니다.

해설   테라스 데크에 쓸 목재 합판에 광택 작업이 이뤄지는 게 맞는지 묻고 있으므로 여전히 토대 공사 중이라는 말로 아직 광택 작업이 이뤄지지 않는다는 뜻을 나타내는 (C)가 정답이다.

어휘   **panel** (나무나 금속 등으로 된) 합판, 판 **patio** 테라스 **deck** 데크(주택 뒤쪽에 바닥을 나무 합판으로 연결해 마루처럼 만든 곳) **polish** ~에 광을 내다 **labor** 인력, 노동력 **base** 토대, 기초, 밑바탕

15.   Didn't you deliver the glove samples to Ms. Daughtry last week?

(A) Refer to the store policies.

(B) No, I'll get on it right now.

(C) Yes, I would love to!

지난주에 도트리 씨에게 장갑 샘플을 전달해 주시지 않았나요?

(A) 매장 정책을 참고하세요.

(B) 아니요, 지금 바로 할 겁니다.

(C) 네, 저도 꼭 그러고 싶어요!

해설   지난주에 도트리 씨에게 장갑 샘플을 전달해 주지 않았는지 묻고 있으므로 부정을 뜻하는 No와 함께 그 일을 지금 할 것이라고 알리는 (B)가 정답이다.

어휘   **refer to** ~을 참고하다, 언급하다 **get on** ~을 시작하다, 맡다

16.   We should set up the new clothing display now, don't you think?

(A) We display the shift schedule every week.

(B) There's still some time before opening.

(C) I'm afraid I won't have any time to play.

우리가 지금 새 의류 진열품을 설치해야 한다고 생각하지 않으세요?

(A) 우리는 매주 교대 근무 일정표를 게시합니다.

(B) 개장 전에 여전히 시간이 좀 있습니다.

(C) 죄송하지만 놀 시간이 없을 것 같아요.

해설   지금 새 의류 진열품을 설치해야 한다고 생각하지 않는지 묻고 있으므로 개장 전에 여전히 시간이 있다는 말로 지금 하지 않아도 된다는 뜻을 나타내는 (B)가 정답이다.

17.   Couldn't we rent the space until August?

(A) At a real estate agency.

(B) It was very spacious.

(C) The storage unit isn't available then.

저희가 8월까지 그 공간을 임대할 수 있지 않을까요?

(A) 부동산 중개업체에서요.

(B) 아주 널찍했어요.

(C) 그 보관 공간을 그땐 이용할 수 없습니다.

해설   8월까지 특정 공간을 임대할 수 있지 않은지 묻고 있으므로 그때는 이용할 수 없다는 말로 8월까지 임대할 수 없다는 뜻을 나타내는 (C)가 정답이다.

어휘   **real estate agency** 부동산 중개업체 **spacious** 널찍한 **storage** 보관 (공간)

18.   Won't Hector's Landscaping be hired to maintain our garden?

(A) It depends on our budget.

(B) That's great news.

(C) It has a flowerbed in the center.

헥터스 조경회사가 우리 정원을 유지 관리하도록 고용되지 않을까요?

(A) 그건 우리 예산에 달려 있습니다.

(B) 아주 좋은 소식이네요.

(C) 중앙에 화단이 있습니다.

해설 헥터스 조경회사가 정원을 유지 관리하도록 고용되지 않을지 묻고 있으므로 자신들의 예산에 달려 있다는 말로 고용 조건을 언급하는 (A)가 정답이다.

어휘 **landscaping** 조경 **flowerbed** 화단

19. Shouldn't you have applied for the vendor permit already?
(A) Nothing else.
(B) The event's been canceled.
(C) Food and drinks are available.

그 상점 허가증을 이미 신청하셨어야 하지 않았나요?
(A) 다른 건 아무것도 없어요.
(B) 그 행사가 취소되었습니다.
(C) 음식과 음료를 구매할 수 있어요.

해설 특정 허가증을 이미 신청했어야 하지 않았는지 묻고 있으므로 행사가 취소되었다는 말로 허가증을 신청할 필요가 없다는 뜻을 나타내는 (B)가 정답이다.

어휘 **shouldn't have p.p.** ~했어야 했다

20. Can't I leave the packages here for now?
(A) The hallways should stay clear of items.
(B) I didn't receive any parcels.
(C) We will leave in 5 minutes.

일단 여기에 배송 물품들을 놓아 둘 수 있지 않나요?
(A) 복도는 물품이 놓여 있지 않은 상태여야 합니다.
(B) 저는 어떤 소포도 받지 않았어요.
(C) 우리는 5분 후에 출발할 겁니다.

해설 특정 위치에 물품들을 놓아 둘 수 있지 않은지 묻고 있으므로 복도에 물품이 있으면 안된다는 말로 허용되지 않는다는 뜻을 나타내는 (A)가 정답이다.

어휘 **for now** 일단은, 지금으로서는 **clear of** ~이 없는

Part 3&4 의도파악 문제

기출포인트 1

남1: 좋습니다, 마무리하기 전에 한 가지 사항이 더 있습니다. 두 분 중 어느 한 분이든 다음 주 화요일에 있을 오후 세미나를 위해 대회의실 3A를 예약하셨나요?
여: 네, 제가 어제 예약했습니다. 아, 그리고 그 회의실에 있는 프로젝터를 교체하는 요청서도 제출했습니다. 지난달에 있었던 시간에서 몇몇 참석자들이 흐릿한 디스플레이에 대해 불만을 제기했거든요.
남1: 그 부분을 처리해 주셔서 감사합니다. 다른 건 또 없나요?
남2: 아, 브랜든 씨가 간단히 연설을 하고 싶으시대요.
남1: 흠... 그분을 추가하기엔 너무 늦은 걸지도 몰라요.
여: 저, 일정이 아직 최종 확정되진 않았습니다.

어휘 **blurry** 흐릿한 **take care of** ~을 처리하다 **present a talk** 연설하다, 강연하다 **too A to do** ~하기엔 너무 A한

1. 대화는 주로 무엇에 관한 것인가?
(A) 기술 보조를 고용하는 일
(B) 행사를 준비하는 일
(C) 신제품을 홍보하는 일
(D) 사무 공간을 관리하는 일

2. 여자는 무엇에 관한 불만 사항을 받았는가?
(A) 일부 장비가 제대로 작동하지 않았다.
(B) 일부 정보가 정확하지 않았다.
(C) 화면 디스플레이가 너무 작았다.
(D) 한 연설자가 너무 오랫동안 발표했다.

3. 여자가 "일정이 아직 최종 확정되진 않았습니다"라고 말할 때 암시하는 것은 무엇인가?
(A) 조언이 좀 필요하다.
(B) 승인을 기다리고 있다.
(C) 변경이 이뤄질 수 있다.
(D) 문제가 하나 생겼다.

어휘 **come up** 생기다, 발생하다

기출포인트 2

전 세계의 다른 지역에 있는 동료들과 의사 소통하기 위해 화상 회의 툴에 자주 의존하고 계신가요? 그러시다면, 저희 넷링크 360 앱이 여러분께 안성맞춤입니다. 기존의 화상 회의 시스템들은 일반적으로 특정 전화선의 설치와 다수의 접속 키, 그리고 비싼 장비를 필요로 합니다. 왜 이 모든 것 때문에 여러분의 시간을 낭비하시나요? 저희 넷링크 360은, 여러분의 스마트폰이나 태블릿에 저희 앱을 설치하시기만 하면, 눈 깜짝할 사이에 다음 번 화상 회의에 참여하실 수 있습니다. 저희 웹사이트에서 저희 프로그램의 간단하면서도 다양한 기능을 이용하는 방법에 관한 안내 동영상을 확인해 보시기 바랍니다. 저희 넷링크 360은 팀워크를 간소화해 드립니다.

어휘 **videoconferencing** 화상 회의 **if so** 그러면, 그렇다면 **be tailored for** ~에게 안성맞춤이다, 맞춰져 있다 **in an instant** 눈 깜짝할 사이에, 순식간에 **tutorial** 안내의, 지도의 **A yet B** A하면서도 B한 **streamline** ~을 간소화하다

1. 넷링크 360은 무엇인가?
(A) 홈 엔터테인먼트 시스템
(B) 화상 회의 애플리케이션
(C) 새로운 검색 엔진
(D) 데이터 분석 소프트웨어

어휘 **analytics** 분석 (정보)

2. 화자가 "왜 이 모든 것 때문에 여러분의 시간을 낭비하시나요?"라고 말할 때 무엇을 의미하는가?
(A) 절차가 변경되어야 한다.
(B) 다른 시스템들이 그만큼 효율적이지 않다.
(C) 청자들이 정비사에게 연락해야 한다.
(D) 많은 회의가 필요 이상으로 길다.

어휘 **procedure** 절차 **efficient** 효율적인 **mechanic** 정비사

3. 화자는 청자들이 웹사이트에서 무엇을 할 수 있다고 말하는가?
   (A) 기기를 사전 주문하는 일
   (B) 고객 후기를 읽는 일
   (C) 특별 할인을 받는 일
   (D) 시연을 보는 일

어휘   pre-order ~을 사전 주문하다

토익 실전 연습

1. (D)	2. (C)	3. (A)	4. (B)	5. (D)
6. (A)	7. (B)	8. (C)	9. (A)	10. (B)
11. (C)	12. (B)	13. (B)	14. (C)	15. (A)
16. (B)	17. (A)	18. (D)		

Questions 1 - 3 refer to the following conversation.

M: Hi, Mei. ▣1 Did you hear that Ms. Kim will retire next month?

W: Yes, I'll be sad to see her go. She mentored me while I was an intern, and we've worked together on countless projects over the years.

M: ▣2 Our communications team will definitely be different without her. ▣3 Has anyone suggested to you that you should lead the team once she leaves?

W: Yeah… I've considered it. But it'll be a big move up, even though I've been working in communications for almost seven years. Plus, Human Resources has yet to post the job opening yet.

M: Well, I'm sure they'll want someone internal.

남: 안녕하세요, 메이 씨. 김 씨께서 다음 달에 은퇴하시는 것을 얘기 들으셨어요?

여: 네, 그분이 떠나시는 걸 보게 되어서 슬플 거예요. 제가 인턴이었을 때 멘토 역할을 해 주셨고, 수년 동안에 걸쳐서 수없이 많은 프로젝트를 함께 작업해 왔거든요.

남: 우리 홍보팀은 그분 없이는 분명 달라질 겁니다. 누구든 당신에게 그분께서 그만두시는 대로 당신이 팀을 이끌어야 한다고 제안한 사람이 있었나요?

여: 네… 저도 그것을 고려해 봤습니다. 하지만 중요한 승진이 될 거예요, 비록 제가 거의 7년 동안 홍보팀에서 일해 오고 있긴 하지만요. 게다가, 인사부에서 아직 이 공석을 게시하지도 않았고요.

남: 음, 분명 그쪽에선 내부의 누군가를 원할 겁니다.

어휘   retire 은퇴하다, 퇴직하다 mentor v. ~의 멘토가 되다
countless 수없이 많은 definitely 분명히 move up 승진, 신급 job opening 공석, 빈 자리 internal 내부의

1. 다음 달에 무슨 일이 있을 것인가?
    (A) 회사 합병이 진행될 것이다.
    (B) 인턴 프로그램이 시작될 것이다.
    (C) 연설이 있을 것이다.
    (D) 동료가 은퇴할 것이다.

해설   남자가 대화를 시작하면서 메이 씨에게 김 씨가 다음 달에 은퇴한다는 사실을 언급하고 있으므로 (D)가 정답이다.

어휘   merger 합병, 통합

2. 화자들은 어떤 부서에서 근무하고 있는가?
    (A) 고객 서비스
    (B) 인사
    (C) 홍보
    (D) 재무

해설   남자가 대화 중반부에 Our와 함께 소속 부서를 홍보팀이라고 밝히고 있으므로 (C)가 정답이다.

3. 남자가 "분명 그쪽에선 내부의 누군가를 원할 겁니다"라고 말할 때 암시하는 것은 무엇인가?
    (A) 여자가 한 자리에 지원해야 한다.
    (B) 회사가 직원 복지 혜택을 제공하고 있다.
    (C) 면접이 이미 진행되는 중이다.
    (D) 공석을 게시하는 데 약간의 시간이 걸릴 것이다.

해설   남자가 여자에게 새로 팀을 이끌어야 한다고 제안한 사람이 있었는지 질문한 것과 관련해, 인사부에서 내부의 누군가를 원할 거라고 말하는 것은 여자에게 내부 승진을 위해 지원해 보라는 뜻이므로 (A)가 정답이다.

어휘   employee benefit 직원 복지 혜택 take time 시간이 걸리다

Questions 4 - 6 refer to the following conversation with three speakers.

W1: Hi, Zhihao and Teresa. ▣4 Do either of you know where Felix is? I knocked on his office door, but no one answered.

M: Hmm, I'm not sure. But ▣4 I know his phone number. Should I call him?

W1: Oh, it's okay then. I know Felix is fluent in Japanese, so ▣5 I wanted him to translate this letter I got from a client in Japan. ▣6 I can just wait until he comes in to get it translated.

M: You know, Teresa studied in Japan for four years.

W2: Yep. If you'd like, I can work on it this afternoon after lunch.

여1: 안녕하세요, 지하오 씨, 그리고 테레사 씨. 두 분 중 어느 분이든 펠릭스 씨께서 어디 계시는지 아시나요? 그분 사무실 문을 두드려 봤는데, 아무런 대답이 없어서요.

남: 음, 잘 모르겠어요. 하지만 제가 그분 전화번호를 알고 있어요. 제가 신화해 볼까요?

여1: 아, 그럼 괜찮아요. 펠릭스 씨께서 일본어를 유창하게 하신다는 걸 알고 있어서, 일본의 한 고객에게서 받은 이 편지를 번역해 주셨으면 했어요. 자리에 돌아 오셔서 번역해 주실 때까지 그냥 기다려도 됩니다.

남: 있잖아요, 테레사 씨가 일본에서 4년 동안 공부하셨어요.

여2: 네. 괜찮으시면, 점심 시간 지나서 오늘 오후에 작업해 드릴 수 있습니다.

어휘 **fluent** 유창한 **translate** ~을 번역하다 **get A p.p.** A를 ~되게 하다 **work on** ~에 대한 작업을 하다

4. 남자가 무엇을 하겠다고 제안하는가?
(A) 기사를 작성하는 것
(B) 동료에게 전화하는 것
(C) 영수증을 살펴 보는 것
(D) 안건을 업데이트하는 것

해설 대화 초반부에 여자 한 명이 펠릭스 씨를 찾는 것과 관련해 남자가 전화번호를 안다고 말하면서 자신이 전화해 볼지 묻고 있으므로 (B)가 정답이다.

어휘 **agenda** 안건, 의제

5. 펠릭스 씨는 무엇에 대해 필요한가?
(A) 해외에 있는 호텔을 예약하는 일
(B) 항공권을 구입하는 일
(C) 제조사에 전화하는 일
(D) 편지를 번역하는 일

해설 여자 한 명이 대화 중반부에 펠릭스 씨를 him으로 지칭해 그가 편지를 번역해 주길 원한다고 언급하고 있으므로 (D)가 정답이다.

어휘 **overseas** 해외에, 해외로

6. 남자가 "테레사 씨가 일본에서 4년 동안 공부하셨어요"라고 말할 때 무엇을 의미하는가?
(A) 테레사 씨가 한 가지 일을 도와 줄 수 있다.
(B) 테레사 씨가 경험 많은 직원이다.
(C) 한 프로젝트에 오랜 시간이 걸렸다.
(D) 일부 정보가 빠져 있다.

해설 여자 한 명이 대화 중반부에 펠릭스 씨가 돌아 와서 번역해 주기를 기다려도 된다고 말한 것에 대해 테레사 씨가 일본에서 4년 동안 공부했다고 알리는 것은 번역 업무를 대신 도와 줄 수 있다는 뜻이므로 (A)가 정답이다.

어휘 **missing** 빠진, 없는, 사라진

Questions 7 - 9 refer to the following conversation.

W: Chao, 7 let's plan a team-building event with our software engineering unit.
M: Sure. We could use the café area on the ninth floor.
W: But it won't be an event for in-house software engineers only. About five staff members will be attending virtually.
M: Oh, that's true. 8 Everybody should feel equally included. Then let's have our in-house staff participate from their workstations, too.
W: Sounds good. 9 I'll search for online activities that are fun but practical for team building.

여: 차오 씨, 우리 소프트웨어 엔지니어링부와 함께 하는 팀 빌딩 행사를 계획해 봐요.
남: 좋습니다. 9층에 있는 카페 공간을 이용할 수 있을 거예요.
여: 하지만 회사 내의 소프트웨어 엔지니어들만을 위한 행사가 되진 않을 겁니다. 사실상 약 5명의 직원들이 참석하게 될 거예요.
남: 아, 맞아요. 모든 사람이 동등하게 포함된 느낌을 받아야 하죠. 그럼 우리 회사 내 직원들에게도 각자의 근무 자리에서 참여하게 해 보죠.
여: 좋은 것 같아요. 제가 팀 빌딩용으로 재미있으면서 현실적인 온라인 활동들을 검색해 볼게요.

어휘 **unit** (회사 등의) 부서, 과 **in-house** 회사 내부의 **virtually** 사실상, 거의 **workstation** 근무 자리, 작업대 **A but B** A하면서 B한 **practical** 현실적인, 실용적인

7. 대화는 무엇에 관한 것인가?
(A) 지역 식당을 방문하는 일
(B) 팀 행사를 주최하는 일
(C) 일부 장비를 업그레이드하는 일
(D) 사무 공간을 재배치하는 일

해설 여자가 대화를 시작하면서 자신들의 소프트웨어 엔지니어링부와 함께 하는 팀 빌딩 행사를 계획해 보자고 제안하고 있으므로 (B)가 정답이다.

어휘 **eatery** 식당

8. 여자가 왜 "사실상 약 5명의 직원들이 참석하게 될 거예요"라고 말하는가?
(A) 비용 환급이 신속히 처리되어야 한다.
(B) 한 장소가 불편할지도 모른다.
(C) 일부 직원들이 제외된 느낌을 받을 수 있다.
(D) 참석이 의무여야 한다.

해설 여자가 약 5명의 직원들이 참석할 것이라고 알리자, 남자가 모든 사람이 동등하게 포함된 느낌을 받아야 한다고 말하고 있다. 이는 일부 직원이 제외된 느낌을 받지 않게 하려는 것이므로 (C)가 정답이다.

어휘 **reimbursement** 비용 환급 **exclude** ~을 제외하다 **mandatory** 의무적인

9. 여자는 곧이어 무엇을 할 것인가?
(A) 몇몇 활동을 조사하는 일
(B) 몇몇 초대장을 보내는 일
(C) 진행 일정표를 수정하는 일
(D) 행사장을 예약하는 일

해설 대화 후반부에 여자가 온라인 활동들을 검색해 보겠다고 알리고 있으므로 (A)가 정답이다.

Questions 10 - 12 refer to the following announcement.

10 Our office cleanup is next Wednesday, on the third. There'll be bins set up throughout the office for you to place garbage and recyclables in. Make sure to use the paper shredder for any documents containing clients' personal information. 11 Our office manager, Kumar, has rented some extra machines for shredding as well. Thanks for handling that, Kumar. Also, two new associates have been hired to start next month, so 12 we'll need to clear up some space for their desks and move the stacks of files that are on the floor in the area they'll work in. There's plenty of unused cabinets in the back of the office.

우리 사무실 대청소가 다음 주 수요일인 3일에 있습니다. 여러분이 쓰레기와 재활용품을 안에 담을 수 있는 통이 사무실 전체에 걸쳐 설치될 것입니다. 고객들의 개인 정보를 포함하고 있는 모든 문서에 대해서는 반드시 종이 분쇄기를 이용해 주시기 바랍니다. 사무실 관리 책임자이신 쿠마 씨께서 분쇄 작업을 위해 몇몇 여분의 기계도 대여해 두셨습니다. 이 부분을 처리해 주셔서 감사합니다, 쿠마 씨. 그리고, 두 명의 신입 사원이 다음 달에 근무를 시작하도록 고용되었으므로, 이분들의 책상을 놓을 일부 공간도 말끔히 치워야 할 것이며, 이분들이 근무하게 될 구역 바닥에 있는 파일 더미도 옮겨야 합니다. 사무실 뒤쪽에 사용하지 않는 캐비닛이 많이 있습니다.

어휘   **cleanup** 대청소 **bin** 통, 용기 **recyclables** 재활용품 **shredder** 분쇄기 **as well** ~도, 또한 **associate** 사원 **clear up** ~을 말끔히 치우다

10.   청자들은 다음 주 수요일에 무엇을 할 것인가?
(A) 일부 데이터를 수집하는 일
(B) 그들의 사무실을 청소하는 일
(C) 여러 고객들과 만나는 일
(D) 재활용 워크숍을 개최하는 일

해설   화자가 담화를 시작하면서 자신들의 사무실 대청소가 다음 주 수요일에 있다고 알리고 있으므로 (B)가 정답이다.

11.   화자는 무엇을 한 것에 대해 쿠마 씨에게 감사하는가?
(A) 재고 조사를 한 것
(B) 가구를 조립한 것
(C) 일부 장비를 대여한 것
(D) 일부 지출 비용을 계산한 것

해설   화자가 담화 중반부에 쿠마 씨가 분쇄 작업에 필요한 몇몇 기계를 대여한 사실을 알리면서 감사의 인사를 전하고 있으므로 (C)가 정답이다.

어휘   **take inventory** 재고 조사를 하다 **assemble** ~을 조립하다 **calculate** ~을 계산하다 **expense** 지출 (비용), 경비

12.   화자는 왜 "사무실 뒤쪽에 사용하지 않는 캐비닛이 많이 있습니다"라고 말하는가?
(A) 충분한 공간과 관련된 우려를 표하기 위해
(B) 몇몇 책상을 놓을 위치를 추천하기 위해

(C) 일부 파일을 보관할 곳을 명시하기 위해
(D) 이사에 대한 도움을 요청하기 위해

해설   담화 후반부에 화자가 신입 사원들의 책상을 놓을 공간도 치워야 한다고 알리면서 사무실 뒤에 사용하지 않는 캐비닛이 많다고 언급하는 것은 그 공간을 치워 책상을 놓아야 한다는 뜻이므로 (B)가 정답이다.

어휘   **concern** 우려, 걱정 **sufficient** 충분한 **specify** ~을 명시하다

Questions 13 - 15 refer to the following advertisement.

Is your fitness tracker difficult or awkward to use? Well, 13 the Healthy Buddy is your perfect solution. It is made to be worn like a wristwatch. 14 With other wearable devices, users have to press a button in the middle of their workout to monitor things like their heart rate or how many calories they've burned. Who would want to do that? On the Healthy Buddy, the touch screen has an automatic display, so you can monitor your data in one glance while you work out. And 15 for a limited, three-week period only, the Healthy Buddy is being sold at 15 percent off at select stores. Make sure to get one today!

여러분의 피트니스 추적 장치가 사용하기 어렵거나 불편하신가요? 그러시면, 저희 헬시 버디가 완벽한 해결책입니다. 이 제품은 손목시계처럼 착용할 수 있도록 만들어져 있습니다. 다른 착용 가능한 기기들은, 사용자께서 운동 중에 버튼을 눌러 심장 박동수 또는 얼마나 많은 칼로리를 소모하셨는지 등과 같은 것들을 관찰하셔야 합니다. 누가 그렇게 하고 싶어 할까요? 저희 헬시 버디는, 터치 스크린에 자동 디스플레이가 있으므로, 운동하시면서 한 눈에 데이터를 관찰하실 수 있습니다. 그리고 3주 기간 한정으로, 저희 헬시 버디가 선별된 매장에서 15퍼센트 할인된 가격에 판매되고 있습니다. 오늘 꼭 하나 마련하시기 바랍니다!

어휘   **tracker** 추적 장치 **awkward** 불편한, 어색한 **wearable** 착용 가능한 **in the middle of** ~ 중에, ~하는 도중에 **workout** 운동 **in one glance** 한 눈에 **work out** 운동하다 **select** a. 선별된, 엄선된

13.   헬시 버디는 무엇인가?
(A) 운동 방법
(B) 착용 가능한 기기
(C) 모바일 애플리케이션
(D) 물병

해설   화자가 담화 초반부에 헬시 버디라는 제품을 소개하면서 손목시계처럼 착용할 수 있도록 만들어져 있다는 특징을 언급하고 있으므로 (B)가 정답이다.

14.   화자가 "누가 그렇게 하고 싶어 할까요?"라고 말할 때 무엇을 의미하는가?
(A) 한 가지 제품이 부정적인 평가를 받았다.
(B) 한 가지 과정이 시간 소모적이다.
(C) 한 가지 일이 불편하다.
(D) 한 가지 서비스가 너무 느리다.

해설　담화 중반부에 화자가 다른 유사한 제품들은 사용자가 운동 중에 버튼을 눌러 필요한 사항들을 관찰해야 한다고 언급하면서 누가 그렇게 하고 싶어 할지 묻고 있다. 이는 그러한 방식이 불편하다는 뜻이므로 (C)가 정답이다.

어휘　**negative** 부정적인 **time-consuming** 시간 소모적인

15. 왜 청자들에게 구매하는 것이 권장되는가?
(A) 한 가지 제품이 일시적으로 할인될 것이다.
(B) 매장 한 곳이 폐업할 것이다.
(C) 몇몇 제품들이 단종될 것이다.
(D) 이용 가능한 좌석이 제한적이다.

해설　화자가 담화 후반부에 3주 기간 한정으로 헬시 버디가 15퍼센트 할인된 가격에 판매되고 있다고 알리면서 오늘 마련하라고 당부하고 있으므로 (A)가 정답이다.

어휘　**go out of business** 폐업하다

Questions 16 - 18 refer to the following information.

Thank you for attending Springtime Symphony's annual concert. 16 Tonight's show was scheduled to start at 7 o'clock. However, a few of the stage lights keep flickering. So, while our lighting technicians are resolving the issue, I want to take a brief moment to talk about our theater. In case you are unaware, 17 all our concierge staff are volunteers. As a community-based theater, help is always welcome. Concierge staff assist guests with finding their seats, but of course, also get to enjoy free performances. 17 18 If this opportunity interests you, please refer to the last page on your program booklet for additional information.

스프링타임 심포니의 연례 콘서트에 참석해 주셔서 감사합니다. 오늘 공연은 7시에 시작될 예정이었습니다. 하지만, 몇몇 무대 조명이 계속 깜박이고 있습니다, 따라서, 저희 조명 기술자들이 이 문제를 해결하는 동안, 잠시 시간을 내어 저희 극장에 관해 이야기해 드리고자 합니다. 여러분께서 알고 계시지 못하는 경우에 말씀 드리자면, 모든 저희 안내 담당 직원들은 자원 봉사자입니다. 지역 사회를 기반으로 하는 극장으로서, 도움은 언제든 환영합니다. 안내 담당 직원들은 손님들께서 좌석을 찾으시는 데 도움을 드리기도 하지만, 당연히, 무료 공연을 즐기게 되기도 합니다. 이런 기회에 관심이 있으실 경우, 추가 정보를 얻으실 수 있도록 여러분의 프로그램 안내 책자의 마지막 페이지를 참고해 주시기 바랍니다.

어휘　**flicker** 깜박이다 **take a brief moment to do** 잠시 시간 내어 ~하다 **in case (that)** ~할 경우에 (대비해) **concierge staff** 안내 담당 직원들 **get to do** ~하게 되다 **booklet** 안내 책자

16. 화자가 "몇몇 무대 조명이 계속 깜박이고 있습니다"라고 말할 때 암시하는 것은 무엇인가?
(A) 참가자 수가 많았다.
(B) 지연 문제가 있었다.
(C) 청자들이 주의를 기울여야 한다.
(D) 공연자들이 현재 예행 연습을 하고 있다.

해설　담화 초반부에 화자가 오늘 공연이 7시에 시작될 예정이었다고 언급하면서 무대 조명이 계속 깜박인다는 문제를 알리는 것은 지연의 원인을 말하는 것이므로 (B)가 정답이다.

어휘　**turnout** 참가자 수 **rehearse** 예행 연습하다

17. 청자들은 무엇을 하도록 요청 받는가?
(A) 자원 봉사자가 되는 것
(B) 몇몇 음료를 즐기는 것
(C) 추첨 행사에 참가하는 것
(D) 공연자들을 만나는 것

해설　화자가 담화 중반부에 안내 담당 직원들이 자원 봉사자임을 언급한 뒤에, 그렇게 일할 기회에 관심이 있을 경우에 관련 정보를 찾을 수 있는 방법을 알리고 있으므로 (A)가 정답이다.

어휘　**raffle** (경품 등을 주는) 추첨 행사

18. 화자는 어디에서 일부 정보를 찾을 수 있다고 말하는가?
(A) 게시판에서
(B) 인터넷에서
(C) 프론트 데스크에서
(D) 프로그램 안내 책자에서

해설　화자가 담화 후반부에 추가 정보를 얻으려면 프로그램 안내 책자의 마지막 페이지를 참고하라고 알리고 있으므로 (D)가 정답이다.

Part 1 실외 사진 ① 도시, 공사장

기출포인트 1

(A) 남자가 다른 보행자에게 인사하고 있다.
(B) 남자가 난간에 기대어 있다.
(C) 남자가 여행 가방을 끌고 있다.
(D) 남자가 몇몇 계단을 걸어 내려가고 있다.

어휘 　greet ~에게 인사하다, ~을 맞이하다　lean on ~에 기대다

기출포인트 2

(A) 건물이 그늘로 덮여 있다.
(B) 기둥들이 보도를 따라 줄지어 있다.
(C) 나무 한 그루가 심어지고 있다.
(D) 사람들이 계단에 몰려 있다.

어휘 　shade 그늘　be crowded onto ~에 몰려 있다, 모여 있다

기출포인트 3

(A) 손수레가 작업장에서 밀려지고 있다.
(B) 남자가 모래를 쌓아 올리기 위해 삽을 이용하고 있다.
(C) 몇몇 벽돌들이 서로 위에 차곡차곡 쌓이고 있다.
(D) 몇몇 비계가 담장 옆에 기대어 세워져 있다.

어휘 　worksite 작업장　one another 서로　next to ~ 옆에

기출포인트 4

(A) 남자들 중 한 명이 망치를 사용하고 있다.
(B) 남자들 중 한 명이 나무에 윤을 내고 있다.
(C) 남자들 중 한 명이 목재 널빤지를 들어 올리고 있다.
(D) 남자들 중 한 명이 몇몇 금속을 절단하고 있다.

어휘 　polish ~에 윤을 내다, 광을 내다　lift ~을 들어 올리다　plank 널빤지

토익 실전 연습

1. (B)　　2. (C)　　3. (A)　　4. (C)　　5. (B)
6. (D)

1.

(A) A mountain is across from some buildings.
(B) A bus is being driven down a road.
(C) Some bicycles are set up for display.
(D) Some people are waiting at a bus stop.

(A) 산 하나가 몇몇 건물들 맞은편에 있다.
(B) 버스 한 대가 도로를 따라 운행되고 있다.
(C) 몇몇 자전거들이 진열용으로 설치되어 있다.
(D) 몇몇 사람들이 버스 정류장에서 기다리고 있다.

해설 　버스 한 대가 도로에서 이동하는 모습에 초점을 맞춘 (B)가 정답이다.

어휘 　across from ~ 맞은편에　down ~을 따라, ~ 저쪽으로　stop n. 정류장

2.

(A) Lampposts are being fixed.
(B) People are gathering around a bench.
(C) Some pedestrians are crossing the street.
(D) Some cars are parked at an intersection.

(A) 가로등 기둥들이 수리되고 있다.
(B) 사람들이 벤치 주변에 모여 있다.
(C) 몇몇 보행자들이 길을 건너고 있다.
(D) 몇몇 자동차들이 교차로에 주차되어 있다.

해설 　보행자들이 길을 건너는 동작에 초점을 맞춘 (C)가 정답이다.

어휘 　gather 모이다　intersection 교차로

3.

(A) Some people are boarding an airplane.
(B) Some people are strolling outside.
(C) Some people are picking up their baggage.
(D) Some people are waiting at a departure gate.

(A) 몇몇 사람들이 비행기에 탑승하고 있다.
(B) 몇몇 사람들이 야외에서 산책하고 있다.
(C) 몇몇 사람들이 각자의 수하물을 집어 들고 있다.
(D) 몇몇 사람들이 탑승구에서 기다리고 있다.

해설 　사람들이 비행기에 탑승하는 동작에 초점을 맞춘 (A)가 정답이다.

어휘 　board ~에 탑승하다　baggage 수하물, 짐

4.

(A) A ladder has been left in a garden.
(B) A bucket has been hung on a hook.
(C) Bricks have been loaded in a wheelbarrow.
(D) Wooden planks have been mounted to a wall.

(A) 사다리 하나가 정원에 남겨져 있다.
(B) 양동이 하나가 고리에 걸려 있다.
(C) 벽돌들이 손수레에 실려 있다.
(D) 목재 널빤지들이 벽에 부착되어 있다.

해설 　벽돌들이 손수레에 실려 있는 상태에 초점을 맞춘 (C)가 정답이다.

어휘 　hook 고리　mount (벽 등에) ~을 부착하다, 장착하다

5.

(A) The workers are cleaning the wall.
(B) The workers are standing on a scaffolding.
(C) One of the men is looking into a toolbox.
(D) One of the men is climbing some stairs.

(A) 작업자들이 벽을 청소하고 있다.
(B) 작업자들이 비계 위에 서 있다.

(C) 남자들 중 한 명이 공구 상자를 들여다보고 있다.
(D) 남자들 중 한 명이 몇몇 계단을 오르고 있다.

해설   작업자들이 공사장에 설치된 비계에 서 있는 상태에 초점을 맞춘 (B)가 정답이다.

6.

(A) She's pointing at a tool case.
(B) She's picking up the ladder.
(C) She's laying some bricks.
(D) She's wearing a safety helmet.

(A) 여자가 공구 케이스를 가리키고 있다.
(B) 여자가 사다리를 들어 올리고 있다.
(C) 여자가 몇몇 벽돌들을 놓고 있다.
(D) 여자가 안전모를 착용한 상태이다.

해설   여자가 안전모를 착용한 채로 있는 상태에 초점을 맞춘 (D)가 정답이다.

어휘   **point at** ~을 가리키다 **lay** ~을 놓다

Part 2 제안&요청/선택 의문문

기출포인트 1

Q. 우리가 세미나에 가기 전에 우체국에 들러도 될까요?
(A) 참석자들이 많았습니다.
(B) 그럼요, 당연히 갈 수 있죠.
(C) 분실된 소포요.

어휘   **stop by** ~에 들르다 **head to** ~에 가다, ~로 향하다 **parcel** 소포

기출포인트 2

Q. 이 설문 조사지를 좀 작성해 주시겠어요?
(A) 아니요, 저는 펜을 갖고 있지 않아요.
(B) 총 고객이 몇 명이나 되죠?
(C) 네, 그렇게 할게요.

어휘   **total** a. 총, 전체의 n. 총액, 합계 v. 총계가 ~이 되다

기출포인트 3

Q. 제출 마감 기한을 화요일로 정해야 할까요, 아니면 수요일로 해야 할까요?
(A) 화요일이 모두에게 더 나을 겁니다.
(B) 월간 진행 보고서요.
(C) 공개 지원 기간이요.

어휘   **progress** 진행, 진척

기출포인트 4

Q. 해리슨 씨께서 베를린에 거주하고 계신가요, 아니면 함부르크에 거주하시나요?
(A) 그분이 햄버거를 좋아하는 것 같아요.
(B) 그분 자택이 프랑크푸르트에 있습니다.
(C) 두 곳 모두 방문하기 즐거운 곳입니다.

1. (B)	2. (C)	3. (A)	4. (A)	5. (C)
6. (B)	7. (B)	8. (C)	9. (B)	10. (A)
11. (C)	12. (B)	13. (C)	14. (B)	15. (B)
16. (B)	17. (A)	18. (B)	19. (B)	20. (C)

1.

Will you contact the supplier regarding the new shipment schedule?
(A) Can I get a month's supply of it?
(B) Sure, I'll take care of it now.
(C) A detailed invoice.

새 배송 일정과 관련해서 공급업체에 연락해 주시겠어요?
(A) 그것에 대한 한 달 공급량을 받을 수 있나요?
(B) 물론이죠, 제가 지금 처리할게요.
(C) 상세한 거래 내역서요.

해설   새 배송 일정과 관련해서 공급업체에 연락해 달라는 요청 의문문이므로 수락을 뜻하는 Sure와 함께 지금 처리하겠다고 알리는 (B)가 정답이다.

어휘   **regarding** ~와 관련해 **invoice** 거래 내역서

2.

Would you like to enroll in our yoga classes?
(A) Yes, all equipment is provided.
(B) She's signing up right now.
(C) No, I'm usually busy on Fridays.

저희 요가 강좌에 등록하고 싶으신가요?
(A) 네, 모든 장비가 제공됩니다.
(B) 그분이 지금 바로 등록하고 계세요.
(C) 아니요, 제가 평소에 금요일마다 바빠서요.

해설   요가 강좌에 등록하고 싶은지 묻는 제안 의문문이므로 거절을 뜻하는 No와 함께 금요일마다 바쁘다는 말로 이유를 언급하는 (C)가 정답이다.

어휘   **enroll in** ~에 등록하다 **equipment** 장비

3.

Would you prefer to sign a one- or two-year lease?
(A) I might move abroad next year.
(B) Thanks, the quality seems great.
(C) The apartment complex.

1년 임대 계약에 서명하고 싶으신가요, 아니면 2년으로 하시고 싶으신가요?
(A) 제가 내년에 해외로 이주할지도 모릅니다.
(B) 감사합니다, 품질이 아주 좋아 보입니다.
(C) 그 아파트 단지요.

해설   1년 임대 계약을 맺을 것인지, 아니면 2년 계약으로 할 것인지 묻는 선택 의문문이므로 내년에 해외로 이주할지도 모른다는 말로 1년 계약으로 하겠다는 뜻을 나타내는 (A)가 정답이다.

어휘   **abroad** 해외로, 해외에 **complex** (건물) 단지, 복합 건물

4.

Can you run through the presentation with me after

lunch?

(A) I'd like to, but it's not ready yet.

(B) The text is easy to read.

(C) An introductory slide.

점심 식사 후에 저와 함께 발표 내용을 살펴 보시겠어요?

(A) 그러고 싶지만, 그게 아직 준비되지 않았습니다.

(B) 글이 읽기 쉽습니다.

(C) 도입부의 슬라이드요.

해설 점심 식사 후에 함께 발표 내용을 살펴 보도록 묻는 제안 의문문
이므로 그럴 수 없는 이유를 언급하는 것으로 거절의 뜻을 나타
내는 (A)가 정답이다.

어휘 **run through** ~을 살펴 보다, 훑어 보다 **introductory** 도입부
의, 서론의, 입문의

5. Should I bring pasta or a salad to the party?

(A) There's plenty for everyone.

(B) No, but I had fun at the dinner.

(C) I don't have a preference.

제가 파티에 파스타를 가져 갈까요, 아니면 샐러드를 가져 갈까요?

(A) 모두에게 충분히 있습니다.

(B) 아니요, 하지만 그 저녁 식사 자리가 즐거웠어요.

(C) 저는 딱히 선호하는 건 없어요.

해설 파티에 파스타를 가져 갈지, 아니면 샐러드를 가져 갈지 묻는 선
택 의문문이므로 특별히 선호하는 건 없다는 말로 둘 중 어느 것
이든 괜찮다는 뜻을 나타내는 (C)가 정답이다.

어휘 **plenty** 충분한, 많은, 풍부한

6. Do you mind proofreading this draft for me?

(A) Which manual should I refer to?

(B) No, not at all.

(C) I like to read in my free time.

저를 위해 이 초안 좀 교정해 주시겠어요?

(A) 어느 설명서를 제가 참고해야 하나요?

(B) 네, 그렇게 할게요.

(C) 저는 여유 시간에 독서하는 걸 좋아해요.

해설 초안을 교정해 달라고 묻는 요청 의문문이므로 mind로 묻는 질
문에 대한 긍정의 대답인 No, not at all로 수락의 뜻을 나타내는
(B)가 정답이다.

어휘 **proofread** (문서 등) ~을 교정하다 **draft** 초안

7. Should I prepare any food for the banquet?

(A) Did you check the dress code?

(B) They've hired Carnival Catering Inc.

(C) Most likely at a nice hotel.

제가 그 연회를 위해 어떤 음식이든 준비해 드릴까요?

(A) 복장 규정을 확인하셨나요?

(B) 그분들이 카니발 케이터링 주식회사를 고용했어요.

(C) 멋진 호텔에서 열릴 가능성이 가장 큽니다.

해설 연회를 위해 어떤 음식이든 준비해 줄 것이 있는지 묻는 제안 의

문이므로 케이터링 회사를 고용했다는 말로 도움이 필요없다
는 뜻을 나타내는 (B)가 정답이다.

어휘 **most likely** ~할 가능성이 가장 큰

8. Would you rather meet via video conference?

(A) She has editing experience.

(B) My camera is waterproof.

(C) Yes, how does Thursday sound?

화상 회의를 통해 모이고 싶으신가요?

(A) 그분은 편집 경험이 있습니다.

(B) 제 카메라는 방수입니다.

(C) 네, 목요일이 어떠신가요?

해설 화상 회의를 통해 모이고 싶은지 묻는 제안 의문문이므로 수락을
뜻하는 Yes와 함께 모이는 시점에 대한 의견을 되묻는 (C)가 정
답이다.

어휘 **via** ~을 통해 **video conference** 화상 회의 **how does A
sound?** A가 어떠신가요?

9. Will you be available to perform on Saturday or Sunday?

(A) A jazz festival.

(B) I'm not sure yet.

(C) Yes, it was a grand theater.

토요일에 공연하실 수 있으신가요, 아니면 일요일에 하실 수 있
으신가요?

(A) 재즈 페스티벌이요.

(B) 아직 잘 모르겠습니다.

(C) 네, 웅장한 극장이었어요.

해설 토요일에 공연할 수 있는지, 아니면 일요일에 할 수 있는지 묻는
선택 의문문이므로 아직 잘 모르겠다는 말로 당장 정할 수 없다
는 뜻을 나타내는 (B)가 정답이다.

어휘 **grand** 웅장한, 위엄 있는

10. Do you want me to post a notice on our website?

(A) Yes, that would be great.

(B) I didn't notice that.

(C) A media statement.

제가 우리 웹사이트에 공지를 게시해 드릴까요?

(A) 네, 그러면 아주 좋을 겁니다.

(B) 저는 그런 줄 몰랐어요.

(C) 언론 성명서요.

해설 자신이 웹사이트에 공지를 게시할지 묻는 제안 의문문이므로 수
락을 뜻하는 Yes와 함께 그렇게 하면 아주 좋을 것이라는 의견을
덧붙인 (A)가 정답이다.

어휘 **statement** 성명(서), 말, 진술

11. Did you bake these cookies or buy them?

(A) By the kitchen door.

(B) A famous local bakery.

(C) Neither. They're from my friend.

이 쿠키들을 구우셨나요, 아니면 구입하셨나요?

(A) 주방 출입문 옆에요.

(B) 유명한 지역 제과점이요.

(C) 둘 다 아닙니다. 제 친구가 준 거예요.

해설 상대방이 쿠키들을 구웠는지, 아니면 구입했는지 묻는 선택 의문문이므로 둘 다 아니라는 말과 함께 쿠키를 어떻게 얻었는지 설명하는 (C)가 정답이다.

12. Why don't we visit a hiking trail this weekend?

(A) Yes, I enjoy mountain biking.

(B) I have a family gathering I need to be at.

(C) How much is the deposit?

이번 주말에 등산로를 방문하는 게 어때요?

(A) 네, 저는 산악 자전거 타기를 즐깁니다.

(B) 제가 참석해야 하는 가족 모임이 있습니다.

(C) 선금이 얼마인가요?

해설 이번 주말에 등산로를 방문하는 게 어떤지 묻는 제안 의문문이므로 참석해야 하는 가족 모임이 있다는 말로 거절 의사를 나타내는 (B)가 정답이다.

어휘 **hiking trail** 등산로 **deposit** n. 선금, 보증금

13. Is this month's workshop companywide or with our team only?

(A) For a whole day.

(B) That's what I was told.

(C) Catherine has the details.

이번 달 워크숍이 회사 전체적인 건가요, 아니면 저희 팀만 해당되나요?

(A) 하루 종일이요.

(B) 저는 그렇다고 들었어요.

(C) 캐서린 씨가 상세 정보를 갖고 있습니다.

해설 워크숍이 회사 전체적인 것인지, 아니면 자신의 팀만 해당되는지 묻는 선택 의문문이므로 캐서린 씨가 상세 정보를 갖고 있다는 말로 관련 정보를 파악하는 방법을 알리는 (C)가 정답이다.

어휘 **companywide** 회사 전체적인, 회사 전반의 **whole** 전체의, 모든

14. Could you text Ms. Fenley and tell her we're at the arrivals gate?

(A) Thanks, we had a great time.

(B) Yes, of course.

(C) An electronic boarding pass.

펜리 씨에게 문자 메시지를 보내서 우리가 도착 출구에 와 있다고 말해 주시겠어요?

(A) 감사합니다, 아주 즐거운 시간이었습니다.

(B) 네, 물론이죠.

(C) 전자 탑승권이요.

해설 펜리 씨에게 문자 메시지를 보내서 도착 출구에 와 있다고 말해 줄 수 있는지 묻는 요청 의문문이므로 수락을 뜻하는 (B)가 정답이다.

어휘 **text** v. ~에게 문자 메시지를 보내다 **boarding pass** 탑승권

15. Should we replace the dishwasher today or tomorrow?

(A) I ordered some new dishware.

(B) Today works best for me.

(C) Don't forget to place them side by side.

우리가 오늘 식기 세척기를 교체해야 할까요, 아니면 내일 해야 할까요?

(A) 제가 몇몇 새 접시들을 주문했어요.

(B) 저는 오늘이 가장 좋습니다.

(C) 잊지 마시고 그것들을 나란히 놓아 주세요.

해설 오늘 식기 세척기를 교체해야 하는지, 아니면 내일 해야 하는지 묻는 선택 의문문이므로 오늘을 선택하는 (B)가 정답이다.

어휘 **dishware** 접시류, 그릇류 **work best for** (일정 등이) ~에게 가장 좋다 **side by side** 나란히

16. Should I take out the recycling for George?

(A) I don't have anything to recycle.

(B) He'd probably appreciate that.

(C) Let's choose next Monday.

제가 조지 씨 대신 재활용품을 내다 놓을까요?

(A) 저는 재활용할 게 아무것도 없어요.

(B) 그러면 그분이 아마 감사하게 생각할 겁니다.

(C) 다음 주 월요일을 선택합시다.

해설 자신이 재활용품을 내다 놓을지 묻는 제안 의문문이므로 George를 He로 지칭해 그러한 조치에 대해 감사할 것이라는 생각을 밝히는 (B)가 정답이다.

어휘 **take out** ~을 내다 놓다, 데리고 나가다 **recycling** 재활용품

17. Do you think we should hire a professional photographer or ask the office assistant?

(A) I still haven't decided.

(B) At the end of the year.

(C) Wow, they turned out nice!

우리가 전문 사진가를 고용해야 한다고 생각하세요, 아니면 사무 보조 직원에게 요청해야 할까요?

(A) 저는 여전히 결정하지 못했어요.

(B) 올 연말에요.

(C) 우와, 아주 잘 나왔네요!

해설 전문 사진가를 고용해야 하는지, 아니면 사무 보조에게 요청할지 묻는 선택 의문문이므로 결정하지 못했다는 말로 아직 선택할 수 없다는 뜻을 나타내는 (A)가 정답이다.

어휘 **turn out + 형용사** ~한 것으로 드러나다, 알고 보니 ~하다

18. Would you be able to move my check-up to Friday?

(A) The room is now ready for you.

(B) I'll ask the doctor.

(C) I'll move on to the next agenda item.

제 검진을 금요일로 옮겨 주실 수 있으세요?

(A) 객실이 지금 준비되어 있습니다.

(B) 의사 선생님께 여쭤볼게요.

(C) 다음 안건 항목으로 넘어가겠습니다.

어휘   **production** 생산(량)   **exactly** 정확히   **welding** 용접   **at a low capacity** 가동률이 낮은, 용량이 낮은   **ship out** ~을 배송하다   **get A -ing** A에게 ~하게 하다   **smoothly** 순조롭게

1.   화자들은 어떤 업계에서 일하고 있는가?
   (A) 주방용품
   (B) 자동차 제조
   (C) 가구 디자인
   (D) 소비자 가전 제품

어휘   **appliances** (가전) 기기   **electronics** 전자제품

2.   시각자료를 보시오. 어느 모델이 이야기되고 있는가?
   (A) 모델 1
   (B) 모델 2
   (C) 모델 3
   (D) 모델 4

3.   여자는 곧이어 무엇을 할 것이라고 말하는가?
   (A) 견적서를 보내는 일
   (B) 팀을 소집하는 일
   (C) 몇몇 부품을 주문하는 일
   (D) 몇몇 유지 관리를 요청하는 일

어휘   **quote** 견적(서)   **component** 부품, 구성 요소

기출포인트 2

> 베이 에어리어 최고의 음악 방송국, 96.5 SBC FM입니다. 곧 시작하는 서니베일 시내 가을 음악 시리즈와 관련해 중요한 것을 공지해 드리고자 합니다. 저희는 머피 애비뉴에 9월 21일에 몇몇 수리 작업이 진행될 것이라는 소식을 들었습니다. 자동차와 보행자 모두 해당 도로 공사 중에 그 길을 이용할 수 없을 것입니다. 행사 주최측에 따르면, 이는 그 주말에 계획되어 있는 콘서트가 10월 중으로 일정이 재조정될 가능성이 가장 크다는 것을 의미합니다. 이 콘서트 시리즈의 출연진 및 기타 일정 관련 최신 소식을 보시려면, 반드시 저희 소셜 미디어 페이지를 확인하시기 바랍니다.

어휘   **kick off** 시작하다   **receive word** 소식을 듣다   **roadwork** 도로 공사   **most likely** ~할 가능성이 가장 큰   **line-up** 출연진   **check out** ~을 확인하다

1.   화자는 어떤 문제를 언급하는가?
   (A) 행사가 인기가 많지 않다.
   (B) 도로가 수리될 것이다.
   (C) 몇몇 판매업자들이 손을 뗐다.
   (D) 몇몇 곡들이 변경될 것이다.

어휘   **back out** (하던 일에서) 손을 떼다, 빠지다

2.   시각자료를 보시오. 화자에 따르면, 어느 음악가가 공연의 일정을 재조정할 것인가?
   (A) 리암 로페즈
   (B) 미아 버
   (C) 노아 테일러
   (D) 소피아 미야자키

해설   검진을 금요일로 옮겨 줄 수 있는지 묻는 요청 의문문이므로 의사에게 물어보겠다는 말로 조건을 먼저 언급하는 (B)가 정답이다.

어휘   **check-up** (건강) 검진   **move on to** (진행 순서상) ~로 넘어가다   **agenda** 안건, 의제

19.   Should we go straight to the warehouse or stop by the office first?
   (A) Yes, I agree with you.
   (B) Either is fine with me.
   (C) There's lots of storage space.

   우리가 창고로 곧장 가야 하나요, 아니면 사무실에 먼저 들러야 하나요?
   (A) 네, 동의합니다.
   (B) 둘 중 어느 쪽이든 저는 좋습니다.
   (C) 보관 공간이 많이 있어요.

해설   창고로 곧장 가야 하는지, 아니면 사무실에 먼저 들러야 하는지 묻는 선택 의문문이므로 어느 쪽이든 좋다는 말로 크게 상관없다는 의미를 나타내는 (B)가 정답이다.

어휘   **go straight to** ~로 곧장 가다   **stop by** ~에 들르다

20.   Are you buying this car for leisure or for work?
   (A) The center opens at 10.
   (B) An agent will be right with you.
   (C) I'll use it for both.

   이 자동차를 여가를 위해 구매하시는 건가요, 아니면 일 때문에 구매하시는 건가요?
   (A) 그 센터가 10시에 문을 엽니다.
   (B) 직원이 곧 계신 쪽으로 갈 겁니다.
   (C) 둘 모두로 사용할 예정입니다.

해설   자동차를 여가를 위해 구매하는지, 아니면 일 때문인지 묻는 선택 의문문이므로 두 가지 목적으로 사용할 것이라는 말로 모두 목적이 될 수 있음을 알리는 (C)가 정답이다.

어휘   **agent** 직원, 대리인, 중개인

Part 3&4 시각자료 ①

기출포인트 1

> 남: 안녕하세요, 강 씨. 제가 우려되는 것이 있습니다. 저와 함께 이 차량 생산 보고서를 봐 주시겠어요?
> 여: 물론이죠. 정확히 무엇이 문제인가요?
> 남: 저, 보고서의 4페이지를 보시면 우리 모델 C300 조립 라인에 있는 용접 로봇들 중 하나가 가동률이 낮은 상태로 작동되고 있었던 것으로 나옵니다. 결과적으로, 그 모델의 생산량이 우리 모든 모델들에서 가장 낮았습니다.
> 여: 알겠습니다, 흠... 그 용접 기계를 이용하는 것을 중단하죠, 그리고 즉시 점검할 수 있도록 제가 기술자에게 연락할게요. 우리가 이번 주에 모델 S300을 아주 많이 배송해야 하기 때문에, 가능한 한 빨리 그 조립 라인이 순조롭게 운영되도록 해야 합니다.

3. 화자는 청자들에게 무엇을 하도록 권하는가?

(A) 행사 일정표를 출력하는 일

(B) 각자 음식을 가져 오는 일

(C) 소셜 미디어 페이지를 방문하는 일

(D) 주차 허가증을 신청하는 일

토익 실전 연습

1. (B)	2. (C)	3. (D)	4. (D)	5. (C)
6. (A)	7. (C)	8. (A)	9. (B)	10. (A)
11. (B)	12. (B)			

Questions 1 - 3 refer to the following conversation and graph.

W: 1️⃣ Tonight, we have transportation expert Raj Phillips joining me.

M: 1️⃣ Thank you for inviting me.

W: These days, there's been many more train delays across the country than normal. Can you help explain why?

M: Instead of using their cars, more travelers have been choosing to take the train, which means more congestion and delays.

W: Are all trains being affected?

M: Well, yes, but see this graph here? Some have an average delay of about 6 minutes, while 2️⃣ others, like this type, can be more than 10.

W: Any suggestions for travelers?

M: Try to opt for faster trains with less stops. 3️⃣ If you can change your travel plans to use a more reliable train, and you'll be fine.

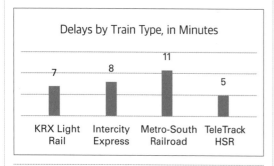

Delays by Train Type, in Minutes

KRX Light Rail	Intercity Express	Metro-South Railroad	TeleTrack HSR
7	8	11	5

여: 오늘 밤엔, 교통 전문가 라지 필립스 씨께서 함께 해 주시겠습니다.

남: 초대해 주셔서 감사합니다.

여: 요즘, 전국적으로 평소보다 더 많은 열차 지연 문제가 있었습니다. 이유를 설명하도록 도와 주시겠습니까?

남: 각자의 자동차를 이용하는 대신, 더 많은 여행객들이 열차를 타기로 결정하고 있는데, 이는 더 많은 혼잡과 지연 문제를 의미합니다.

여: 모든 열차가 영향을 받고 있는 건가요?

남: 음, 네, 하지만 여기 이 그래프가 보이시나요? 일부는 약 6분의 평균적인 지연 문제가 있지만, 이 유형처럼, 다른 것들은 10분을 넘을 수 있습니다.

여: 여행객들을 위한 어떤 제안이든 있으신가요?

남: 덜 정차하는 더 빠른 열차를 선택하려 해 보십시오. 더 신뢰할 수 있는 열차를 이용하실 수 있도록 여행 계획을 변경하실 수 있다면, 문제 없으실 겁니다.

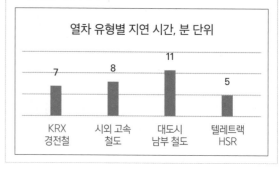

열차 유형별 지연 시간, 분 단위

KRX 경전철	시외 고속 철도	대도시 남부 철도	텔레트랙 HSR
7	8	11	5

어휘   **have A -ing** ~하는 A가 있다 **transportation** 교통 **instead of** ~ 대신 **take** (교통편·도로 등) ~을 이용하다, 타다 **congestion** 혼잡 **affect** ~에 영향을 미치다 **opt for** ~을 선택하다 **reliable** 신뢰할 수 있는

1. 여자는 누구일 것 같은가?

(A) 안전 조사관

(B) 뉴스 기자

(C) 역무원

(D) 여행 가이드

해설   여자가 대화 초반부에 초대 손님으로 교통 전문가를 소개하자, 남자가 초대에 대한 감사 인사를 하고 있고, 이후에 전국적인 열차 지연 문제에 관한 질문과 답변이 이어지고 있어 뉴스를 보도하는 상황으로 볼 수 있으므로 (B)가 정답이다.

2. 시각자료를 보시오. 남자는 어느 열차 유형을 지적하는가?

(A) KRX 경전철

(B) 시외 고속 철도

(C) 대도시 남부 철도

(D) 텔레트랙 HSR

해설   남자가 대화 중반부에 지연 시간이 10분이 넘는 열차를 특별히 언급하고 있으며, 시각자료에서 10분이 넘는 열차는 Metro-South Railroad이므로 (C)가 정답이다.

어휘   **point out** ~을 지적하다

3. 남자는 무엇을 추천하는가?

(A) 단체로 여행하는 것

(B) 특별 탑승권을 구입하는 것

(C) 가볍게 짐을 꾸리는 것

(D) 여행 계획을 조정하는 것

해설   남자가 대화 후반부에 더 신뢰할 수 있는 열차를 이용하도록 여행 계획을 변경하면 문제 없을 것이라고 권하고 있으므로 (D)가 정답이다.

어휘   **pass** 탑승권, 입장권, 출입증 **adjust** ~을 조정하다, 조절하다

Questions 4 - 6 refer to the following conversation and graph.

W: Jaeyoung, these are our sales from last weekend's farmer's market. Our maple syrup was a hit. I'm happy we sold a lot of it.

M: Yeah, [4] the new equipment we purchased last month has definitely made harvesting better-quality syrup much easier. But look at the graph here. [5] Only 10 pounds of this were sold.

W: Alright, then at the next farmer's market, [5] let's reduce the price for that.

M: Sounds good. Oh, and [6] did you read the article in today's newspaper about the farmer's market? I think it's great promotion for attracting more customers.

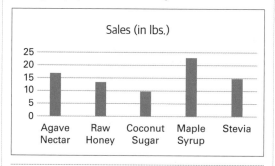

Sales (in lbs.)

여: 재영 씨, 이게 지난 주말에 있었던 농산물 시장에서의 우리 판매량입니다. 우리 메이플 시럽이 히트작이었어요. 우리가 이걸 많이 판매해서 기뻐요.

남: 네, 우리가 지난달에 구입한 새 장비로 인해 확실히 더 질 좋은 시럽을 수확하는 것이 훨씬 더 쉬워졌어요. 하지만 그래프의 이곳을 한 번 보세요. 이건 겨우 10파운드만 판매되었어요.

여: 맞아요, 그럼 다음 농산물 시장에서는, 이것의 가격을 낮춰 보죠.

남: 좋은 것 같아요. 아, 그리고 오늘 신문에 농산물 시장과 관련해 실린 기사는 읽어 보셨어요? 더 많은 고객을 끌어들이기 위한 아주 좋은 홍보 수단인 것 같아요.

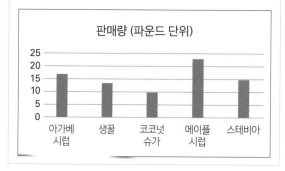

판매량 (파운드 단위)

어휘 **definitely** 확실히, 분명히 **harvest** ~을 수확하다, 거둬들이다
attract ~을 끌어들이다

4. 화자들은 지난달에 무엇을 했는가?
(A) 새로운 사업을 시작했다.
(B) 무역 박람회에 참가했다.
(C) 제조 공장을 방문했다.
(D) 새 장비를 구입했다.

해설 남자가 대화 중반부에 지난달에 새로 구입한 장비를 언급하고 있으므로 (D)가 정답이다.

어휘 **trade show** 무역 박람회

5. 시각자료를 보시오. 어느 제품이 다음 번에 더 낮은 가격으로 판매될 것인가?
(A) 아가베 시럽
(B) 생꿀
(C) 코코넛 슈가
(D) 메이플 시럽

해설 대화 중반부에 남자가 겨우 10파운드만 판매된 제품을 언급하자, 여자가 다음 번에 그 가격을 낮춰 보자고 제안하고 있다. 시각자료에서 10파운드에 해당하는 것이 Coconut Sugar이므로 (C)가 정답이다.

6. 남자는 왜 더 많은 고객이 시장에 올 것이라고 생각하는가?
(A) 신문에 기사가 있었다.
(B) 입장이 이제 무료일 것이다.
(C) 음악 공연이 있을 것이다.
(D) 주최자들이 더 많은 음식 판매업자를 모집했다.

해설 대화 후반부에 남자가 오늘 신문에 실린 농산물 시장 관련 기사를 읽어 봤는지 물으면서 더 많은 고객을 끌어들이기 위한 좋은 홍보 수단이라고 언급하고 있으므로 (A)가 정답이다.

Questions 7 - 9 refer to the following telephone message and directory.

Hi, Ms. Wong. [7] I'm looking forward to our meeting tomorrow regarding my team's marketing campaign for your brand. We have lots of great ideas we want to share with you. Anyway, I know this'll be your first time visiting our office, so I wanted to make sure you know how to find us. Once you get to the Lawson Business Office, [8] you'll need to pick up your security pass at the front desk. It should have your name on it. Then, you'll need to head toward a specific wing. In this building, all the suites are separated into sections, so you must enter the right one. [9] Look for the South Wing and scan your pass to enter. Our marketing firm is in the very last suite, all the way at the end of the hall.

Lawson Business Office Directory	
North Wing	Suite 100 - 110
South Wing	Suite 111 - 120
East Wing	Suite 121 - 134
West Wing	Suite 135 - 155

안녕하세요, 웡 씨. 귀사의 브랜드를 위한 저희 팀의 마케팅 캠페인과 관련해 내일 함께 하는 회의를 고대하고 있습니다. 귀하와 공유하고자 하는 아주 좋은 아이디어를 많이 갖고 있습니다. 어쨌든, 이번이 귀하께서 저희 사무실을 처음 방문하신다는 것을 알고 있기 때문에, 저희를 찾는 방법을 꼭 알고 계시기를 원했습니다. 로슨 비즈니스 오피스에 도착하시는 대로, 프론트 데스크에서 보안 출입증을 받아 오셔야

할 것입니다. 거기에 귀하의 성함이 적혀 있을 것입니다. 그런 다음, 특정 부속 건물 한 곳으로 향하셔야 할 것입니다. 이 건물에서는, 모든 스위트가 여러 구역으로 분리되어 있기 때문에, 반드시 정확한 곳으로 들어 오셔야 합니다. 남쪽 부속 건물을 찾으신 다음, 출입증을 스캔하셔서 들어 오십시오. 저희 마케팅 회사는 맨 마지막 스위트에 있으며, 복도 끝까지 쭉 오시면 됩니다.

로슨 비즈니스 오피스 안내	
북쪽 부속 건물	스위트 100호 – 110호
남쪽 부속 건물	스위트 111호 – 120호
동쪽 부속 건물	스위트 121호 – 134호
서쪽 부속 건물	스위트 135호 – 155호

어휘 **regarding** ~와 관련해 **anyway** 어쨌든 **get to** ~에 도착하다, 가다, 오다 **security pass** 보안 출입증 **head toward** ~로 향하다, 가다 **specific** 특정한, 구체적인 **wing** 부속 건물 **suite** 스위트(여러 방이 연결된 공간) **separate A into B** A를 B로 분리하다 **all the way** 쭉, 내내

7. 무엇이 회의 시간에 논의될 것 같은가?
(A) 웹사이트 디자인
(B) 컨퍼런스 일정
(C) 마케팅 캠페인
(D) 소프트웨어 프로그램

해설 화자가 담화를 시작하면서 상대방의 브랜드를 위한 마케팅 캠페인과 관련해 내일 함께 하는 회의를 고대하고 있다고 알리고 있으므로 (C)가 정답이다.

8. 청자는 프런트 데스크에서 무엇을 해야 하는가?
(A) 일부 신원 확인증을 받는 일
(B) 몇몇 문서를 보여 주는 일
(C) 주차증을 출력하는 일
(D) 양식에 서명하는 일

해설 화자가 담화 중반부에 프런트 데스크에서 보안 출입증을 받아야 한다고 알리고 있으므로 (A)가 정답이다.

9. 시각자료를 보시오. 화자의 사무실이 어느 스위트에 위치해 있는가?
(A) 스위트 110호
(B) 스위트 120호
(C) 스위트 134호
(D) 스위트 155호

해설 담화 후반부에 화자의 사무실이 남쪽 부속 건물의 맨 마지막 스위트에 있다고 알리고 있으며, 시각자료에서 남쪽 부속 건물에 해당하는 Suite 111-120에서 맨 마지막 호수가 120이므로 (B)가 정답이다.

Questions 10 - 12 refer to the following broadcast and plan.

Thanks for tuning into Nightly News on PBX Radio out of Burlingame. According to city officials, **10** the fundraising concert that took place at Burlingame Outdoor Amphitheater last weekend achieved great results. **11** Despite the original event getting rescheduled because of a rainstorm, more attendees came out than anticipated. From that night alone, **12** the city was able to raise enough money to reach the second milestone toward its $50,000 goal for constructing the new public park! **12** Installation of play areas and amenities in the park will start as early as next week.

BURLINGAME PUBLIC PARK FUNDRAISING PROJECT

Construction Phases
Grand Opening
→ Goal : $50,000
Landscaping & Garden Installation
→ Milestone 3 : $40,000
Playground & Amenities Installation
→ Milestone 2 : $25,000
Site Preparation
→ Milestone 1 : $10,000

벌링게임의 PBX 라디오에서 전해 드리는 심야 뉴스를 청취해 주셔서 감사합니다. 시 관계자들에 따르면, 지난주에 벌링게임 야외 원형 경기장에서 개최된 모금 콘서트가 훌륭한 결과를 달성했습니다. 애초의 행사가 폭풍우로 인해 일정이 재조정되었음에도 불구하고, 예상보다 더 많은 참석자들께서 나와 주셨습니다. 그날 밤만으로도, 우리 시는 새로운 공공 공원을 짓는 데 필요한 50,000달러라는 목표를 향한 두 번째 중요 단계에 이를 정도로 충분한 자금을 모금할 수 있었습니다! 공원 내 놀이 구역과 편의시설의 설치 공사는 이르면 다음 주에 시작될 것입니다.

벌링게임 공원 모금 프로젝트

공사 단계
개장식
→ 목표: $50,000
조경 작업 및 정원 설치
→ 중요 단계 3: $40,000
운동장 및 편의시설 설치
→ 중요 단계 2: $25,000
부지 준비
→ 중요 단계 1: $10,000

어휘 **tune into** ~을 청취하다, ~에 채널을 맞추다 **official** n. 관계자, 당국자 **amphitheater** 원형 경기장, 원형 극장 **alone** (명사 뒤에서) ~ 하나만으로도 **milestone** 중요 단계, 중대 시점 **as A as B** B만큼 A하게 **landscaping** 조경 (작업)

10. 어떤 행사가 지난주에 개최되었는가?

    (A) 야외 콘서트

    (B) 스포츠 경기대회

    (C) 시상식

    (D) 영화 상영회

해설   화자가 담화 초반부에 지난주에 야외 원형 경기장에서 모금 콘서트가 개최되었다고 언급하고 있으므로 (A)가 정답이다.

11. 행사 일정이 왜 재조정되었는가?

    (A) 시장이 참석할 수 없었다.

    (B) 날씨가 좋지 않았다.

    (C) 행사장이 수리가 필요했다.

    (D) 항공편이 지연되었다.

해설   화자가 담화 중반부에 애초의 행사가 폭풍우로 인해 일정이 재조정된 사실을 언급하고 있으므로 (B)가 정답이다.

12. 시각자료를 보시오. 시에서 지금까지 얼마나 많이 모금했는가?

    (A) $10,000

    (B) $25,000

    (C) $40,000

    (D) $50,000

해설   담화 후반부에 화자가 두 번째 중요 단계에 이른 사실과 함께 그 단계에 해당하는 놀이 구역 및 편의시설 설치 공사의 시작 시점을 알리고 있다. 시각자료에서 놀이 구역 및 편의시설 설치 공사로 표기된 두 번째 중요 단계에 해당하는 금액이 $25,000이므로 (B)가 정답이다.

DAY 07

Part 1 실외 사진 ② 풍경

기출포인트 1

(A) 몇몇 나무가 다듬어지고 있다.

(B) 몇몇 아이들이 공원에서 놀고 있다.

(C) 보행로에 벤치들이 줄지어 있다.

(D) 남자가 소지품을 꾸리고 있다.

어휘   **pack up** (짐 등) ~을 꾸리다 **belongings** 소지품

기출포인트 2

(A) 사람들 중 한 명이 자전거를 타고 있다.

(B) 사람들 중 한 명이 벤치에서 쉬고 있다.

(C) 몇몇 사람들이 식사를 즐기고 있다.

(D) 두 사람이 서로 나란히 조깅하고 있다.

어휘   **jog** 조깅하다 **next to each other** 서로 나란히

기출포인트 3

(A) 자전거 전용 도로가 해안과 평행하게 이어지고 있다.

(B) 몇몇 비치 타월들이 펼쳐져 있다.

(C) 몇몇 의자들이 물을 향해 있다.

(D) 보트 한 대가 멀리 떨어진 곳에 떠 있다.

어휘   **run** (길 등이) 이어지다, 뻗어 있다 **parallel to** ~와 평행하게 **shore** 해안, 기슭 **lay out** ~을 펼쳐 놓다 **float** 떠 있다 **in the distance** 멀리 (떨어져)

기출포인트 4

(A) 자동차 한 대가 여객선에 실려 있다.

(B) 몇몇 보트들이 부두에 정박되어 있다.

(C) 사람들이 호숫가를 따라 걷고 있다.

(D) 사람들이 물 속으로 다이빙하고 있다.

어휘   **ferry** 여객선 **lakeshore** 호숫가 **dive into** ~로 다이빙하다

토익 실전 연습

1. (D)	2. (A)	3. (B)	4. (B)	5. (B)
6. (C)				

1.

(A) Some tourists are sitting next to a riverbank.

(B) The people are setting their bags on the floor.

(C) Some backpackers are collecting rocks.

(D) Some hikers are crossing a bridge.

(A) 몇몇 관광객들이 강둑 옆에 앉아 있다.

(B) 사람들이 바닥에 각자의 가방을 내려 놓고 있다.

(C) 몇몇 배낭 여행객들이 암석을 수집하고 있다.

(D) 몇몇 등산객들이 다리를 건너고 있다.

해설   몇몇 등산객들이 다리를 건너고 있는 동작에 초점을 맞춘 (D)가
            정답이다.

어휘   **riverbank** 강둑   **backpacker** 배낭 여행객

2.

(A) Park maintenance work is being carried out.
(B) They're carrying tools to a construction site.
(C) A worker is standing beneath an overhang.
(D) One of the bushes is being watered.

(A) 공원 유지 관리 작업이 실시되고 있다.
(B) 사람들이 공사 현장으로 공구를 나르고 있다.
(C) 한 작업자가 돌출되어 있는 곳 밑에 서 있다.
(D) 관목들 중 하나에 물이 뿌려지고 있다.

해설   사람들이 공원 관리를 위해 작업하는 모습에 초점을 맞춘 (A)가
            정답이다.

어휘   **carry** ~을 나르다, 옮기다, 휴대하다   **beneath** ~ 밑에
         overhang 돌출되어 있는 곳, 돌출구

3.

(A) He's climbing out of a boat.
(B) He's holding a fishing pole.
(C) He's swimming in the lake.
(D) He's rowing with a paddle.

(A) 남자가 보트에서 내리고 있다.
(B) 남자가 낚싯대를 붙잡고 있다.
(C) 남자가 호수에서 수영하고 있다.
(D) 남자가 노를 이용해 배를 젓고 있다.

해설   남자가 낚싯대를 붙잡고 있는 자세에 초점을 맞춘 (B)가 정답
            이다.

어휘   **climb out of** ~에서 내리다, 빠져 나오다   **row** v. 배를 젓다
         paddle 노

4.

(A) There are some men fishing from a pier.
(B) A ship has been docked at a harbor.
(C) Some people are riding in a boat on the sea.
(D) Some tourists are waiting on a wooden bridge.

(A) 부두에서 낚시하는 몇몇 남자들이 있다.
(B) 배 한 척이 항구에 정박되어 있다.
(C) 몇몇 사람들이 바다에서 보트를 타고 있다.
(D) 몇몇 관광객들이 나무 다리에서 기다리고 있다.

해설   배 한 척이 항구에 정박되어 있는 상태에 초점을 맞춘 (B)가 정답
            이다.

어휘   **fish** v. 낚시하다

5.

(A) The sky is filled with rainclouds.
(B) Some hills are overlooking a lake.
(C) There are people playing in the water.
(D) Some houses are next to the sand.

(A) 하늘이 비구름으로 가득 차 있다.
(B) 몇몇 언덕이 호수를 내려다보고 있다.
(C) 물 속에서 노는 사람들이 있다.
(D) 몇몇 주택들이 모래사장 옆에 있다.

해설   언덕들이 호수를 내려다보는 위치에 있는 모습에 초점을 맞춘
            (B)가 정답이다.

어휘   **raincloud** 비구름   **overlook** (건물 등이) ~을 내려다보다

6.

(A) One of the women is examining a tree.
(B) Some hikers are walking up some stairs.
(C) Some bushes are growing along a path.
(D) One of the women is packing her bag.

(A) 여자들 중 한 명이 나무를 살펴보고 있다.
(B) 몇몇 등산객들이 몇몇 계단을 걸어 올라가고 있다.
(C) 몇몇 덤불이 길을 따라 자라고 있다.
(D) 여자들 중 한 명이 가방을 꾸리고 있다.

해설   덤불들이 길을 따라 자라고 있는 상태에 초점을 맞춘 (C)가 정답
            이다.

어휘   **examine** ~을 살펴 보다, 점검하다   **pack** (짐 등) ~을 꾸리다

Part 2 평서문

기출포인트 1

Q. 앤드류 씨가 6월에 바르셀로나 지사로 전근했다는 얘기를 들었어요.
(A) 분기 매출 보고서요.
(B) 아니요. 그 거래는 전혀 성사되지 않았습니다.
(C) 네, 저희가 계속 함께 근무하고 있습니다.

어휘   **transfer to** ~로 전근하다, (교통편) ~로 갈아타다
         transaction 거래   **go through** (계약 등이) 성사되다

기출포인트 2

Q. 우리 카메라에 배터리가 또 다 떨어졌어요.
(A) 충전기가 프린터 옆에 있습니다.
(B) 제가 그걸 곧 주문할게요.
(C) 사진이요, 아니면 동영상이요?

어휘   **out of** ~가 다 떨어진, ~을 다 쓴   **charger** 충전기

기출포인트 3

Q. 우리 팀 회의 시간에 최종 디자인을 발표합시다.
(A) 그게 벌써 선택되었나요?
(B) 중요한 고객 계정이요.
(C) 우리가 다음 주에 최종 면접을 개최합니다.

기출포인트 4

Q. 새 공원이 곧 개장한다니 기뻐요.
(A) 도서관 맞은편에요.
(B) 제가 그곳으로 막 자전거를 타러 갔었어요.
(C) 그곳이 가장 가까운 곳입니다.

어휘   **across from** ~ 맞은편에 **bike** v. 자전거를 타다

토익 실전 연습

1. (B)	2. (A)	3. (B)	4. (B)	5. (A)
6. (C)	7. (C)	8. (A)	9. (C)	10. (A)
11. (C)	12. (B)	13. (C)	14. (A)	15. (B)
16. (A)	17. (C)	18. (A)	19. (C)	20. (C)

1. I was very surprised with Ms. Weller's sales results this week.
(A) I calculated our revenue.
(B) Yes, she's our best associate.
(C) Please check the cash register.

저는 웰러 씨의 이번 주 매출 결과에 아주 놀랐어요.
(A) 제가 우리 수익을 계산했습니다.
(B) 네, 그분이 우리 회사 최고의 사원이에요.
(C) 금전 등록기를 확인해 주시기 바랍니다.

해설   웰러 씨의 매출 결과에 놀랐다는 사실을 밝히고 있으므로 긍정을 뜻하는 Yes와 함께 최고의 사원이라는 말로 이유를 밝히는 (B)가 정답이다.

어휘   **calculate** ~을 계산하다 **associate** 사원 **cash register** 금전 등록기

2. I'm going to try making an earlier reservation at the restaurant.
(A) What time do they open?
(B) An entire day.
(C) I agree, they serve great food.

제가 그 레스토랑에 더 이른 시간으로 한 번 예약해 보려고 합니다.
(A) 그곳이 몇 시에 열죠?
(B) 하루 종일이요.
(C) 동의해요, 그곳은 훌륭한 음식을 제공하죠.

해설   레스토랑을 더 이른 시간으로 예약해 보려 한다는 생각을 밝히고 있으므로 몇 시에 여는지 되묻는 것으로 예약 시점과 관련해 확인하려는 (A)가 정답이다.

어휘   **entire** 전체의, 모든 **serve** (음식 등) ~을 제공하다, 내오다

3. I'd like you to lead the training program this time.
(A) A large group of attendees.
(B) Sorry, but I don't think I can.
(C) For only one week.

이번에 교육 프로그램을 진행해 주셨으면 합니다.
(A) 대규모 참석자 그룹이요.
(B) 죄송하지만, 제가 할 수 있을 것 같지 않습니다.
(C) 딱 일주일 동안이요.

해설   교육 프로그램을 진행해 달라고 요청하고 있으므로 사과를 나타내는 Sorry와 함께 할 수 있을 것 같지 않다는 말로 거절 의사를 밝히는 (B)가 정답이다.

4. We secured a deal with the contractor.
(A) Twice a month.
(B) That's great to hear!
(C) Until the end of the year.

우리가 그 계약업체와의 거래를 따냈어요.
(A) 한 달에 두 번이요.
(B) 아주 듣기 좋은 소식이네요!
(C) 올 연말까지요.

해설   특정 계약업체와의 거래를 따냈다는 사실을 알리고 있으므로 아주 좋은 소식이라는 말로 긍정적인 결과에 대한 반응에 해당하는 (B)가 정답이다.

어휘   **secure** (계약 등) ~을 따내다, 확보하다 **deal** 거래, 계약

5. There were lots of delicious samples at the farmer's market.
(A) Did you try anything?
(B) Some fresh produce.
(C) Thanks, I made it myself.

농산물 시장에 맛있는 시식용 제품이 많이 있었어요.
(A) 뭐든 한 번 드셔 보셨나요?
(B) 일부 신선한 농산물이요.
(C) 감사합니다, 제가 직접 만들었어요.

해설   농산물 시장에 맛있는 시식용 제품이 많다는 사실을 알리고 있으므로 어떤 것이든 시식해 봤는지 되묻는 (A)가 정답이다.

어휘   **produce** n. 농산물 **oneself** (부사처럼 쓰여) 직접

6. I don't remember which phone number I put down on the registration form.
(A) Upstairs on the 2nd floor.
(B) He contacted me today.
(C) Madison will help you check.

제가 등록 양식에 어느 전화번호를 기재했는지 기억나지 않아요.
(A) 위층으로 올라 가서서 2층에요.
(B) 그분께서 오늘 저에게 연락하셨어요.
(C) 매디슨 씨가 확인하시도록 도와 드릴 겁니다.

해설   어느 전화번호를 기재했는지 기억나지 않는다는 문제점을 밝히고 있으므로 매디슨 씨가 확인하도록 도와줄 것이라는 말로 해결책을 제시하는 (C)가 정답이다.

어휘   **put down** ~을 기재하다, 적어 두다 **upstairs** 위층으로

7. I tried refilling the paper, but the sales report still won't print.
(A) Typically about 100 pages.
(B) The form is all filled out.
(C) Just e-mail me the document instead.

제가 용지를 다시 채워 보려 했지만, 매출 보고서가 여전히 출력되지 않습니다.
(A) 일반적으로 약 100페이지요.
(B) 그 양식은 모두 작성되어 있습니다.
(C) 대신 그냥 그 문서를 제게 이메일로 보내 주세요.

해설   용지를 다시 채워 보려 했지만 매출 보고서가 출력되지 않았다는 문제점을 알리고 있으므로 해당 문서를 이메일로 보내 달라는 말로 해결책을 제시하는 (C)가 정답이다.

어휘   **refill** ~을 다시 채우다 **typically** 일반적으로, 보통

8. This year's marketing budget has been reduced.
(A) **Which teams will be affected?**
(B) That market is cheaper than the others.
(C) I didn't attend that training.

올해 마케팅 예산이 줄어들었습니다.
(A) **어느 팀들이 영향을 받을까요?**
(B) 그 시장은 나머지 곳들보다 더 저렴해요.
(C) 저는 그 교육에 참석하지 않았습니다.

해설   올해 마케팅 예산이 줄어들었다는 소식을 전하고 있으므로 어느 팀들이 영향을 받을 되묻는 것으로 예산 감소라는 원인에 따른 결과와 관련해 이야기하려는 (A)가 정답이다.

9. I had a chance to review customers' feedback on our website.
(A) After a few months.
(B) A product review.
(C) **What did they say?**

제가 우리 웹사이트에서 고객들의 의견을 살펴볼 기회가 있었습니다.
(A) 몇 개월 후에요.
(B) 제품 후기요.
(C) **뭐라고 하던가요?**

해설   자사 웹사이트에서 고객들의 의견을 살펴볼 기회가 있었다는 사실을 알리고 있으므로 고객들이 무슨 말을 했는지 되묻는 것으로 고객 의견을 확인하려는 (C)가 정답이다.

10. We should really offer a home delivery service at our pizza restaurant.
(A) **I like that idea.**
(B) Two regular cheese pizzas, please.
(C) Yes, but no one answered.

우리 피자 레스토랑에서 정말로 자택 배달 서비스를 제공해야 합니다.
(A) **그 생각이 마음에 듭니다.**
(B) 레귤러 치즈 피자 두 개 부탁합니다.
(C) 네, 하지만 아무도 대답하지 않았어요.

해설   소속 레스토랑에서 자택 배달 서비스를 제공해야 한다는 의견을 제시하고 있으므로 그 생각이 마음에 든다는 말로 긍정적으로 반응하는 (A)가 정답이다.

11. Maria in the HR office will be on vacation for two weeks.
(A) It's part of a summer tour package.
(B) A reasonably priced flight.
(C) **OK, I'll send out a notice.**

인사부의 마리아 씨가 2주 동안 휴가를 가질 겁니다.

(A) 여름 투어 패키지의 일부입니다.
(B) 합리적으로 가격이 책정된 항공편이요.
(C) **알겠습니다, 제가 공지를 발송할게요.**

해설   인사부 직원이 휴가를 간다는 정보를 제공하고 있으므로 다른 사람들에게 알릴 수 있는 방법을 언급하는 (C)가 정답이다.

어휘   **on vacation** 휴가 중인 **reasonably** 합리적으로, 적정하게 **send out** ~을 발송하다

12. I really like the wristwatch in that display cabinet.
(A) No, they're made of stainless steel.
(B) **Let me check if there's any left in stock.**
(C) I watched the movie in theaters.

저 진열장에 있는 손목시계가 정말 마음에 들어요.
(A) 아니요, 그것들은 스테인리스 스틸로 만들어져 있습니다.
(B) **재고로 남은 것이 조금이라도 있는지 확인해 보겠습니다.**
(C) 저는 영화관에서 그 영화를 봤어요.

해설   진열장에 있는 손목시계가 마음에 든다는 생각을 밝히고 있으므로 재고로 남은 것이 있는지 확인해 보겠다는 말로 구입 가능성과 관련해 언급하는 (B)가 정답이다.

어휘   **be made of** ~로 만들어지다 **there is[are] A left** 남은 A가 있다 **in stock** 재고로 있는

13. I decided to install a new security system to monitor the store.
(A) For the safety of all employees.
(B) The inspector will be arriving shortly.
(C) **Did you teach everyone how to use it?**

저는 매장을 관찰할 수 있는 새로운 보안 시스템을 설치하기로 결정했습니다.
(A) 모든 직원들의 안전을 위해서요.
(B) 점검 담당자가 곧 도착할 예정입니다.
(C) **모두에게 그것을 이용하는 방법을 가르쳐 주셨나요?**

해설   매장을 관찰할 수 있는 새로운 보안 시스템을 설치하기로 결정했다는 사실을 알리고 있으므로 모두에게 그 이용 방법을 가르쳐 주었는지 되묻는 (C)가 정답이다.

14. I can't recall if I've posted this week's shift schedule already.
(A) **I saw the updates on our internal website.**
(B) She's extremely experienced.
(C) A department dinner at 6 PM.

제가 이번 주 교대 근무 일정표를 이미 게시했는지 기억 나지 않네요.
(A) **제가 우리 내부 웹사이트에서 최신 정보를 확인했습니다.**
(B) 그분은 대단히 경험이 많은 분이세요.
(C) 오후 6시에 있을 부서 회식이요.

해설   교대 근무 일정표를 게시했는지 기억나지 않는다는 문제점을 알리고 있으므로 내부 웹사이트에서 최신 정보를 확인했다는 말로 게시되었음을 암시하는 (A)가 정답이다.

어휘   **recall** 기억하다, 떠올리다 **internal** 내부의

15. I just wanted to thank you for repairing the air conditioner.

(A) The handouts have been prepared.

(B) The filter just needed some cleaning.

(C) A reliable airline.

에어컨을 수리해 주신 것에 대해 그저 감사드리고 싶었습니다.

(A) 유인물이 준비되었습니다.

(B) 필터에 약간의 세척이 필요했을 뿐이었습니다.

(C) 신뢰할 수 있는 항공사요.

해설   에어컨을 수리해 준 것에 대해 감사 인사의 말을 하고 있으므로 수리한 방법을 언급하는 것으로 간단한 일이었음을 뜻하는 (B) 가 정답이다.

어휘   **handout** 유인물   **reliable** 신뢰할 수 있는

16. Don't forget to sign at the bottom before submitting the form.

(A) Should I use a black or blue pen?

(B) I don't have an assignment.

(C) Please turn in the report.

양식을 제출하시기 전에 잊지 마시고 하단에 서명하시기 바랍니다.

(A) 검은색 펜을 사용해야 하나요, 아니면 파란색 펜을 써야 하나요?

(B) 저는 배정된 일이 없습니다.

(C) 보고서를 제출해 주세요.

해설   양식을 제출하기 전에 하단에 서명하도록 당부하고 있으므로 서명하는 데 어떤 색으로 된 펜을 사용해야 하는지 되묻는 (A)가 정답이다.

어휘   **assignment** 배정(된 일), 할당(된 일)

17. We might not have enough water bottles for everyone.

(A) These bags should fit everything.

(B) A leadership development seminar.

(C) There's plenty more in the storage closet.

모두에게 충분할 정도로 물병이 있지 않을지도 몰라요.

(A) 이 가방들은 모든 것에 어울릴 겁니다.

(B) 리더십 개발 세미나요.

(C) 보관용 캐비닛에 더 많이 있어요.

해설   물병이 충분히 있지 않을지도 모른다는 문제점을 언급하고 있으므로 보관용 캐비닛에 더 많이 있다는 말로 해결책을 알리는 (C) 가 정답이다.

어휘   **fit** ~에 어울리다, 적합하다   **plenty** 많은, 풍부한

18. Let's visit the proposed festival site after work today.

(A) I have dinner plans later.

(B) Because the manager invited us.

(C) I've finished writing the proposal.

오늘 퇴근 후에 제안된 축제 장소를 방문해 봅시다.

(A) 저는 이따가 저녁 식사 계획이 있습니다.

(B) 부장님께서 저희를 초대하셨기 때문입니다.

(C) 제안서를 작성하는 일을 끝마쳤습니다.

해설   퇴근 후에 제안된 축제 장소를 방문해 보자고 제안하고 있으므로 저녁 식사 계획이 있다는 말로 거절의 뜻을 나타내는 (A)가 정답이다.

19. Please put the fruit in a separate plastic bag.

(A) They're $5 for a pack.

(B) I bought vegetables, too.

(C) Sure, I can do that for you.

그 과일을 별도의 비닐 봉지에 담아 주세요.

(A) 한 묶음에 5달러입니다.

(B) 저도 채소를 구입했어요.

(C) 그럼요, 그렇게 해 드리겠습니다.

해설   과일을 다른 비닐 봉지에 따로 담아 달라고 요청하고 있으므로 긍정을 뜻하는 Sure와 함께 그렇게 해 주겠다는 말로 수락을 의미하는 (C)가 정답이다.

20. We need to hire a professional tax accountant this year.

(A) I went to the accounting workshop.

(B) She's the best one I know.

(C) I'm afraid our budget is too small for that.

우리는 올해 전문 세무사를 고용해야 합니다.

(A) 저는 그 회계 워크숍에 갔어요.

(B) 그분이 제가 아는 최고입니다.

(C) 우리 예산이 그러기엔 너무 적은 것 같아요.

해설   전문 세무사를 고용해야 한다는 의견을 밝히고 있으므로 그렇게 하기엔 예산이 너무 적다는 문제점을 알리는 (C)가 정답이다.

어휘   **I'm afraid** (부정적인 일에 대해) ~인 것 같습니다, 유감이지만 ~입니다

Part 3&4 시각자료 ②

기출포인트 1

여: 도움이 필요하신 게 있으신가요, 존 씨?

남: 안녕하세요, 우리 트랙터들 중 한 대가 밖에 건초밭에서 기계적인 문제를 겪고 있어서, 켄드릭 씨가 저한테 공구 상자를 가지러 갔다 오라고 하셨어요. 근데 저는 오늘이 여기서 일하는 첫 날이라, 많은 것이 어디 있는지 알지 못합니다.

여: 아, 공구 창고로 가셔야 해요. 강 맞은편으로 가시면, 헛간 옆에 있어요.

남: 알겠습니다. 그곳으로 어떻게 가죠?

여: 있잖아요, 그곳으로 함께 걸어서 건너 갑시다. 제가 바구니들이 좀 필요하기도 하거든요.

어휘   **hayfield** 건초밭   **toolbox** 공구 상자   **toolshed** 공구 창고 **barn** 헛간

1. 남자는 어떤 문제를 언급하는가?

(A) 정비사가 올 수 없다.

(B) 트랙터 한 대가 작동하지 않는다.

(C) 몇몇 공구가 재고가 없다.

(D) 몇몇 도로가 접근할 수 없다.

어휘 **mechanic** 정비사 **inaccessible** 접근할 수 없는, 이용할 수 없는

2. 시각자료를 보시오. 여자는 남자에게 어디로 가라고 말하는가?
(A) 구조물 A로
(B) 구조물 B로
(C) 구조물 C로
(D) 구조물 D로

3. 여자는 무엇을 하겠다고 하는가?
(A) 동료에게 전화하는 일
(B) 몇몇 바구니들을 쌓아 놓는 일
(C) 열쇠 한 꾸러미를 제공하는 일
(D) 남자와 함께 가는 일

기출포인트 2

맨 앞쪽을 주목해 주시겠습니까? 여러분 모두 로터스 리프에서의 식사가 즐거우셨기를 바랍니다. 말씀 드렸다시피, 이곳은 잘 알려진, 지역에서 가장 좋아하는 곳으로서, 심지어 최근에는 푸켓에 있는 식당들 사이에서 최고의 서비스 상을 수상하기도 했습니다. 좋습니다. 자, 아마 이미 여러분의 오른편에서 멀리 아름다운 해안선과 바다가 펼쳐져 있는 것을 알아차리셨을 수도 있습니다. 우리가 일정대로 도착했기 때문에, 앞으로 이곳에서 2시간 동안 느긋하게 계시면서 보내실 수 있습니다. 우리가 이곳에 있는 동안 노을이 질 것이므로, 반드시 카메라를 지참하고 계시기 바랍니다. 버스에서 내리실 때, 근처의 도보 산책로 및 자연 보호 구역들을 살펴보시고자 하시는 분들을 위해 종이 지도를 나눠 드리겠습니다.

어휘 **up front** 맨 앞에 **shoreline** 해안선 **spread out** 펼쳐져 있는 **exit** ~에서 나가다 **hand out** ~을 나눠 주다, 배부하다 **nature reserve** 자연 보호 구역 **nearby** ad. 근처에 a. 근처의

1. 화자는 로터스 리프와 관련해 무슨 말을 하는가?
(A) 최근에 인정을 받았다.
(B) 한 잡지에 특집으로 실렸다.
(C) 노을 경관을 제공한다.
(D) 시에서 가장 큰 식당이다.

어휘 **recognition** 인정, 인식, 표창

2. 시각자료를 보시오. 담화는 몇 시에 진행되고 있을 것 같은가?
(A) 오후 1시에
(B) 오후 3시 30분에
(C) 오후 6시에
(D) 오후 7시 30분에

3. 화자는 무엇을 나눠 줄 것이라고 말하는가?
(A) 고객 설문 조사지
(B) 음료
(C) 인쇄된 지도
(D) 우비

토익 실전 연습

1. (D)	2. (A)	3. (B)	4. (C)	5. (A)
6. (C)	7. (C)	8. (C)	9. (D)	10. (C)
11. (D)	12. (A)			

Questions 1 - 3 refer to the following conversation and map.

M: Hello. **1** I saw your ad online while looking for apartments. Are there any studio apartments available in June, perhaps?

W: Yes. Actually, we've just completed building a new complex.

M: Do the units get a lot of sunlight? I like to grow indoor plants, so natural light is important.

W: Yes, they have plenty of windows. **2** The building in the far corner furthest from the entrance faces south, so it gets the most direct sunlight.

M: That sounds great. Can you give me some more details?

W: Well, **3** if you want a reserved parking space right in front of your unit, it will cost an extra 50 dollars per month.

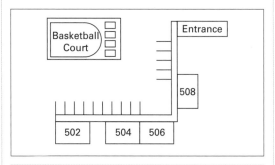

남: 안녕하세요. 제가 아파트를 찾아보던 중에 온라인에서 귀하의 광고를 봤습니다. 혹시, 6월에 이용 가능한 어떤 원룸 아파트라도 있나요?

여: 네. 실은, 저희가 새 단지 건설을 막 완료했습니다.

남: 그 세대들에 햇빛이 많이 드나요? 제가 실내 식물을 기르는 것을 좋아해서, 자연광이 중요하거든요.

여: 네, 창문이 많이 있습니다. 입구에서 가장 멀리 떨어져 있는 맨 구석 쪽 건물이 남향이기 때문에, 직사광선이 가장 많이 듭니다.

남: 아주 좋은 것 같습니다. 상세 정보를 좀 더 제공해 주시겠습니까?

여: 음, 세대 바로 앞쪽에 있는 지정 주차 공간을 원하시면, 매달 50달러의 추가 비용이 들 겁니다.

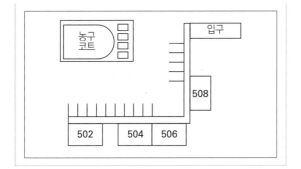

어휘 **studio apartment** 원룸 아파트 **complex** 단지, 복합 건물 **unit** (아파트 등의) 세대, (상가 등의) 점포 **in the far corner** 맨 구석 쪽에, 맨 끝 모퉁이에 **furthest** ad. 가장 멀리 a. 가장 먼 **reserved** 지정된

1. 여자는 누구일 것 같은가?
(A) 조경 전문 계약업자
(B) 공사장 작업자
(C) 건물 점검 담당자
(D) 아파트 관리 책임자

해설 남자가 대화를 시작하면서 아파트를 찾아보다가 온라인에서 상대방이 낸 광고를 본 사실과 함께 6월에 이용 가능한 원룸 아파트가 있는지 묻고 있으므로 (D)가 정답이다.

어휘 **landscaping** 조경 (작업)

2. 시각자료를 보시오. 여자는 어느 위치를 언급하고 있는가?
(A) 502
(B) 504
(C) 506
(D) 508

해설 대화 중반부에 여자가 입구에서 가장 멀리 떨어져 있는 맨 구석쪽 건물이 남향이라는 사실을 특별히 언급하고 있다. 시각자료에서 입구와 가장 멀리 떨어진 구석 쪽 건물이 502로 표기되어 있으므로 (A)가 정답이다.

3. 남자는 무엇에 대해 추가 비용을 지불할 수도 있는가?
(A) 정원 가꾸기 강좌
(B) 지정 주차 공간
(C) 농구 레슨
(D) 월 청소 서비스

해설 대화 후반부에 여자가 지정 주차 공간을 원하는 경우에 매달 50달러의 추가 비용이 있다는 사실을 밝히고 있으므로 (B)가 정답이나.

어휘 **gardening** 정원 가꾸기

Questions 4 - 6 refer to the following conversation and map.

M: Wendy, [4] I received the map we requested for this Friday's shoot. It's for the scene that involves biking.
W: Awesome. Let's take a look. The actors will be biking north on Fair Oaks Avenue. But…
M: What's wrong?
W: [5] I feel like we should adjust the route so that our camera operators can follow the action more easily.
M: Alright, what do you have in mind?
W: [6] Instead of taking a right onto Carroll Street, let's have them turn left and go toward the bakery.
M: Okay, got it. I'll contact the store manager after we get approval for that road to be closed temporarily.

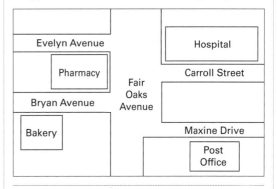

남: 웬디 씨, 우리가 이번 금요일 촬영을 위해 요청했던 약도를 받았습니다. 자전거 타는 모습을 포함하는 장면에 필요한 것입니다.
여: 아주 잘됐네요. 한 번 봅시다. 배우들이 페어 오크스 애비뉴의 북쪽으로 자전거를 타게 될 겁니다. 하지만…
남: 왜 그러시죠?
여: 우리 촬영 감독들이 그 액션을 더욱 쉽게 따라잡을 수 있도록 경로를 조정해야 할 것 같아요.
남: 그럼, 어떻게 하실 생각이시죠?
여: 캐롤 스트리트 쪽으로 우회전하는 대신, 좌회전하게 해서 제과점 쪽으로 갑시다.
남: 네, 알겠습니다. 그 도로가 일시적으로 폐쇄되도록 승인을 받은 후에 그 매장 관리자에게 연락하겠습니다.

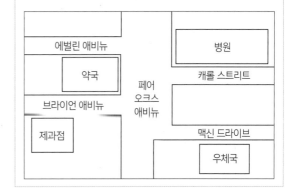

어휘 **shoot** 촬영 **biking** 자전거 타기 **adjust** ~을 조정하다, 조절하다 **have A in mind** A를 생각해 두다, 염두에 두다 **take a right** 우회전하다 **turn left** 좌회전하다 **go toward** ~ 쪽으로 가다

4. 화자들은 어떤 업계에서 일하고 있을 것 같은가?

(A) 접객

(B) 자동차

(C) 영화

(D) 여행

해설　남자가 대화를 시작하면서 촬영하는 데 필요한 안내도를 받은 사실과 함께 자전거 타는 모습을 포함하는 장면을 언급하고 있으므로 (C)가 정답이다.

5. 여자는 왜 변경하고 싶어 하는가?

(A) 한 과정이 덜 어려워질 것이다.

(B) 한 특정 구역이 붐빌지도 모른다.

(C) 한 허가증이 승인되지 않았다.

(D) 한 매장이 행사를 개최할 것이다.

해설　여자가 대화 중반부에 촬영 감독들이 액션을 더욱 쉽게 따라잡을 수 있도록 경로를 조정해야 할 것 같다고 언급하고 있다. 이는 수월한 촬영 작업을 위한 것이므로 (A)가 정답이다.

어휘　**crowded** 붐비는 **grant** ~을 승인하다, 주다

6. 시각자료를 보시오. 어느 도로가 폐쇄되어야 하는가?

(A) 캐롤 스트리트

(B) 맥신 스트리트

(C) 브라이언 애비뉴

(D) 에벌린 애비뉴

해설　여자가 대화 후반부에 캐롤 스트리트 쪽으로 우회전하는 대신, 좌회전하게 해서 제과점 쪽으로 이동하는 경로를 제안하고 있다. 시각자료에서 제과점 방향으로 좌회전하면 나타나는 도로 이름이 Bryan Avenue이므로 (C)가 정답이다.

Questions 7 - 9 refer to the following telephone message and map.

Hi, this is Pam from Whizz Mobility. 7 I'm scheduled to pick you up from Union Train Station today. I noticed that you chose your pickup location to be near the storage lockers, but that street is usually very congested. If possible, 8 can you go past the platform escalators and meet me outside instead? 7 That's where rideshare services are designated to wait. 9 If you're okay with this location change, please respond to the prompt I've sent on the app. Thank you!

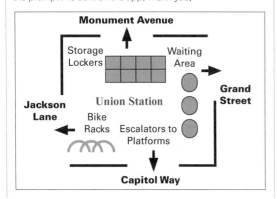

안녕하세요, 저는 휘즈 모빌리티의 팸입니다. 제가 오늘 유니온 기차역에서 귀하를 차로 모시러 갈 예정입니다. 귀하께서 보관용 사물함 근처로 승차 위치를 선택하셨다는 사실을 알게 되었는데, 그쪽 거리가 평소에 아주 혼잡합니다. 가능하시면, 대신 승강장 에스컬레이터들을 지나서 밖에서 저를 만나시겠습니까? 그곳이 바로 차량 공유 서비스 업체들이 대기하도록 지정되어 있는 장소입니다. 이 위치 변경이 괜찮으시면, 제가 앱으로 보내 드린 메시지에 답장해 주시기 바랍니다. 감사합니다!

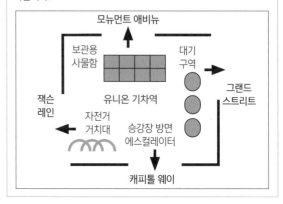

어휘　**pickup** 차로 태우러 가기 **congested** 혼잡한 **rideshare** 차량 공유 **designated** 지정된 **respond to** ~에 답장하다 **prompt** (컴퓨터, 앱 등에서 보내는) 메시지

7. 화자는 누구일 것 같은가?

(A) 열차 기관사

(B) 정부 관계자

(C) 차량 공유 운전자

(D) 안내 보조

해설　화자가 담화 초반부에는 차로 상대방을 태워 갈 예정이라고 밝히고 있고, 중반부에 차량 공유 서비스 업체가 대기하는 곳을 알려 주고 있으므로 (C)가 정답이다.

8. 시각자료를 보시오. 화자는 어디에서 만나고 싶어 하는가?

(A) 모뉴먼트 애비뉴에서

(B) 잭슨 레인에서

(C) 캐피톨 웨이에서

(D) 그랜드 스트리트에서

해설　담화 중반부에 화자가 승강장 에스컬레이터들을 지나서 밖에서 만나자고 제안하고 있다. 시각자료에서 승강장 방향 에스컬레이터로 표기된 곳의 바깥쪽에 쓰여 있는 거리 이름이 Capitol Way이므로 (C)가 정답이다.

9. 변동 사항이 어떻게 확정될 것인가?

(A) 음성 메시지를 남겨서

(B) 전화를 걸어서

(C) 문자 메시지를 보내서

(D) 앱을 이용해서

해설　화자가 담화 후반부에 자신이 제안하는 위치 변경이 괜찮으면 앱으로 보낸 메시지에 답장해 달라고 알리고 있으므로 (D)가 정답이다.

Questions 10 - 12 refer to the following talk and diagram.

Welcome to Ponderosa Park. **10** I'll be leading you on a tour of our park today. Ever since I was young, this place has always held special meaning to me. **10** That's why I've chosen to work here for the past two decades. Now, this section over here is in remembrance of **11** Agnes Rivera. As you might already know, **11** she donated generously to help keep this park running. Thanks to Agnes Rivera, this land features a diverse array of trees that have flourished over the years. There's a guide to some of the different types in your pamphlet. Check out this one here. **12** Notice how its leaves have edges arranged like teeth, and its tip is pointed? So, let's try to identify this tree using our pamphlets.

BIRCH Small leaves with teeth-like edges and pointy tip	**COAST REDWOOD** Small, flat, and scale-like leaves arranged along stem
ENGLISH OAK Large leaves with wavy edges and slender stem	**MAPLE** Large leaves with pointy tip, shaped like a hand

폰데로사 공원에 오신 것을 환영합니다. 제가 오늘 저희 공원 투어를 위해 여러분을 안내해 드릴 예정입니다. 제가 어렸을 때부터 줄곧, 이곳은 언제나 제게 특별한 의미를 지니고 있었습니다. 그것이 바로 제가 지난 20년 동안 이곳에서 일하기로 결정한 이유입니다. 자, 바로 이쪽에 있는 이 구역은 아그네스 리베라 씨를 기리기 위한 곳입니다. 이미 알고 계실지 모르겠지만, 이분께서는 이 공원이 계속 운영되도록 도움을 주시기 위해 아낌없이 기부해 주셨습니다. 아그네스 리베라 씨 덕분에, 이곳이 튼튼한 수년 동안에 걸쳐 번성해 온 아주 다양한 나무들을 특징으로 합니다. 여러분의 안내 책자에 몇 가지 다른 유형들에 대한 안내가 있습니다. 여기 이것을 확인해 보세요. 이 잎에 어떻게 치아 같이 정렬되어 있는 가장자리가 있고 끝부분이 뾰족하게 되어 있는지 보이시나요? 자, 우리 안내 책자를 이용해 이 나무를 확인해 보도록 하겠습니다.

자작나무 치아 같은 가장자리와 뾰족한 끝부분을 지닌 작은 잎	해안 삼나무 줄기 부분을 따라 정렬된 작고, 납작하며, 비늘 같은 잎
영국산 오크나무 곡선 모양의 가장자리와 가느다란 줄기를 지닌 커다란 잎	단풍나무 뾰족한 끝부분을 지닌, 손 같은 모양을 이룬 커다란 잎

어휘 **in remembrance of** ~을 기리는, 추모하는 **flourish** 번성하다 **pointed** 뾰족한(= pointy) **scale** 비늘 **stem** 줄기 **wavy** 곡선의, 구불구불한 **slender** 가느다란 **shaped** 모양을 이룬

10. 화자는 누구일 것 같은가?
(A) 교수
(B) 생태학자
(C) 공원 경비대원
(D) 정원 조경 전문가

해설 화자가 담화 초반부에 자신이 공원 투어를 진행하는 사람임을 밝히면서 20년 동안 그 공원에서 근무해 왔다고 알리고 있으므로 (C)가 정답이다.

11. 화자는 아그네스 리베라 씨와 관련해 무슨 말을 하는가?
(A) 공원 설립자이다.
(B) 나무에 대해 열정적이다.
(C) 교육 프로그램을 운영한다.
(D) 공원에 기부했다.

해설 담화 중반부에 화자가 아그네스 리베라 씨를 소개하면서 공원이 계속 운영되도록 도움을 주기 위해 아낌없이 기부했다는 사실을 알리고 있으므로 (D)가 정답이다.

12. 시각자료를 보시오. 화자는 어느 나무를 가리키는가?
(A) 자작나무
(B) 해안 삼나무
(C) 영국산 오크나무
(D) 단풍나무

해설 화자가 담화 후반부에 치아 같이 정렬되어 있는 가장자리가 있고 끝부분이 뾰족한 상태라는 특징을 언급하고 있다. 따라서 (A)가 정답이다.

READING
COMPREHENSION

RC

Part 5 단문 공란 메우기

▸ 하나의 짧은 문장 안에 있는 빈칸에 알맞은 단어나 어구를 고르는 유형으로 총 30문제가 출제된다.

▸ Grammar(문법), Vocabulary(어휘) 그리고 Combination(혼합) 유형으로 구성되어 있으며, 30문제를 최대 10분안에 풀어야 한다.

▸ Grammar 유형은 선택지가 같은 파생어로 구성되어 있고, 빈칸에 알맞은 품사를 고르는 유형으로 대개 3초 안에 풀 수 있다.

▸ Vocabulary 유형은 선택지가 같은 품사지만 다른 단어들로 구성되어 있어, 해석 또는 숙어로 푸는 유형이다.

▸ Combination 유형은 선택지가 각기 다른 품사와 단어들로 구성되어 있어, 빈칸에 알맞은 품사를 고르고 해석으로 풀어야 하는 유형이다.

Part 6 장문 공란 메우기

▸ 하나의 지문을 읽고 4개의 빈칸에 알맞은 단어 또는 문장을 채우는 유형으로 총 4세트(16문제)가 출제되고 최대 8분 안에 푸는 것을 권장한다.

▸ 한 세트에 3개의 문제는 Grammar(문법), Vocabulary(어휘), Combination(혼합) 유형이 출제되고, 나머지 1개의 문제는 문장 삽입 유형이 고정적으로 출제된다.

▸ 문장 삽입 유형은 전반적인 지문의 흐름을 파악하여 가장 적절한 선택지를 고르는 유형이다.

▸ Part 5와 달리 한 문장 내에서 정답을 고르지 못하므로 빈칸의 앞/뒤 문장에서 정답의 근거를 찾거나 지문 전체를 모두 봐야 할 수도 있다.

Part 7 독해

▸ 지문을 읽고 2~5개의 문제를 푸는 유형으로 총 54문제가 출제되고 최대 50분 안에 풀어야 한다.

▸ 단일 지문은 총 29문제가 출제되는데 1개의 지문에 2~4개의 질문이 출제되고, 복수지문은 총 25문제가 출제되며 2~3개의 지문에 5개의 질문이 고정적으로 출제된다.

▸ 지문의 유형은 편지, 이메일, 광고, 회람, 공지, 기사 등이 있고, 질문의 유형으로는 주제/목적, 세부 사항, 사실 확인, 추론, 문장 삽입, 동의어, 의도 파악, 그리고 연계 문제가 있다.

▸ 지문을 읽기 전에 먼저 질문을 읽고 키워드를 훑어 읽는 것(skimming)이 좋으며, 빈출 패러프레이징 암기로 문제를 쉽게 풀 수 있다.

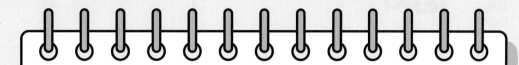

DAY 01 학습포인트

Part 5 동사

기출포인트 1 **수식어구에 낚이지 않아야 하는 수 일치**
- 수식어구에 있는 명사를 주어로 착각하지 않도록 유의
- 복합 동사 문제는 [수 → 태 → 시제] 순서로 소거하며 풀이

기출포인트 2 **제추요주명 동사 뒤 that절에는 동사원형이 정답**
- 당위성/필수성을 나타내는 동사와 형용사 암기

기출포인트 3 **to부정사와 결합하는 수동태**
- 「be동사 + ------- + to부정사」 구조의 수동태 표현 암기
- 고난도 4형식 동사 수동태 문장 구조 파악

기출포인트 4 **동사의 형식을 따지는 고난도 동사 어휘 문제**
- 외워야 알 수 있는 1형식, 4형식, 5형식 동사 암기

Part 6 문맥파악 ① 시제

기출포인트 1 **첫 문장에 시제 단서가 있는 경우**
- 지문의 첫 문장/첫 단락에 사용된 시제와 동일한 시제를 정답으로 선택
- 시제 문제가 출제되지 않더라도 첫 문장/첫 단락은 꼭 읽기

기출포인트 2 **전체 맥락이 시제 단서인 경우**
- 지문에서 전반적으로 사용된 시제를 정답으로 선택
- 지문 유형에 따라 자주 사용되는 시제 단서 학습

Part 7 주제/목적

기출포인트 1 **첫 난락에서 수세/복석 난서 찾기**
- 주제/목적을 나타내는 정답 단서 표현 암기
- 첫 단락을 읽고 글의 주제/목적을 찾을 수 없는 경우 지문 전체를 읽고 마지막에 풀이

PART 5 동사

동사 문법 문제는 매 시험마다 2~3문제가, 어휘 문제는 2문제 정도가 출제된다. 문법 문제는 동사 자리 찾기/수 일치/태, 그리고 알맞은 시제를 고르는 유형으로 나오며, 어휘 문제는 주로 해석을 통해 의미상 가장 적절한 단어를 고르는 유형이 나온다. 하지만, 난이도가 높아지면 암기로만 풀 수 있는 동사 숙어 표현이나 동사의 형식을 따져야 하는 유형 등으로 출제된다.

기출포인트 1 수식어구에 낚이지 않아야 하는 수 일치

Mr. Kane's clothing and hairstyle that he chose to copy from his favorite movie star hardly ------- to the company's new dress code policy.

(A) conform
(B) conforms
(C) to conform
(D) conforming

Oh! 정석 풀이법

빈칸 앞에 주어와 관계대명사 that절이, 빈칸 뒤에 전치사구가 있으므로 빈칸은 문장의 동사 자리이다. 문장의 주어가 복수명사 Mr. Kane's clothing and hairstyle이므로 복수동사 (A) conform이 정답이다. 단수명사 두 개가 등위접속사 and로 연결되었기 때문에 복수동사로 수 일치시킨다.

주의

동사의 수 일치를 따질 때 수식어구에 제시된 명사들을 유심히 살펴봐야 한다. 수식어구에 속해 있으면서 주어로 혼동할 만한 단수명사 movie star에 낚여 단수동사 conforms를 고르는 실수에 유의해야 한다.

복합 동사 문제 출제 패턴

동사 문법 문제가 고난도로 출제된다면, 태와 시제까지 복합적으로 고려해야 하는 문제로 나온다. 따라서 [수(implementation) → 태(us) → 시제(over the past three months)] 순으로 소거하며 풀어야 오답률을 줄일 수 있다.

The implementation of advanced technology ------- us to triple the production rate over the past three months.

(A) enable
(B) has enabled
(C) will enable
(D) has been enabled

기출포인트 2 제추요주명 동사 뒤 that절에는 동사원형이 정답

It is recommended that we ------- the shareholder meeting until the CFO receives the quarterly financial report.

(A) postpone
(B) postponed
(C) are postponing
(D) to postpone

Oh! 정석 풀이법

빈칸이 that절의 주어 we와 목적어 the shareholder meeting 사이에 있으므로 빈칸에는 동사가 들어가야 하는데, 빈칸 앞에 is recommended라는 추천의 의미를 가진 동사가 제시되어 있다. 따라서 동사에 가정법이 적용되어 시제 및 수 일치의 적용을 받지 않는 동사원형이 빈칸에 와야 하므로 (A) postpone이 정답이다.

당위성을 띠는 동사/형용사와 that절의 동사

- request, require, ask, demand, insist, recommend, advise, suggest, propose 가 어떠한 행동을 제안 · 추천 · 요구 · 주장 · 명령하는 경우, 그 내용을 나타내는 that절은 당위성을 띤다. 따라서 동사에 가정법이 적용되어 항상 동사원형을 써야 한다.
- important, essential, necessary, crucial, vital, imperative가 '필수적'이라는 의미를 서술할 때도 뒤에 제시된 that절의 동사 자리에는 동사원형이 와야 한다.

주의

당위성을 나타내는 동사/형용사의 that절에 시제나 수 일치의 적용을 받은 동사가 쓰였다면, 이때는 제안 · 추천 · 요구 · 주장 · 명령 · 필수적이라는 의미로 쓰인 것이 아닌 다른 의미로 쓰였거나 단순 사실을 전달하는 경우이다.

to부정사와 결합하는 수동태

The new augmented reality headset is ------- to launch in the third financial quarter.

(A) schedules
(B) schedule
(C) scheduled
(D) scheduling

 정석 풀이법

목적어를 필요로 하는 타동사 schedule이 선택지에 제시되어 있고, 빈칸 뒤에 명사 목적어가 아닌 to부정사 to launch가 있으므로 빈칸은 빈칸 앞에 be동사 is와 함께 수동태를 구성해야 한다. 따라서 (C) scheduled가 정답이다. 선택지에 동사의 여러 형태가 변형되어 제시되어 있고 빈칸 앞에 be동사가, 빈칸 뒤에 to부정사가 있다면 수동태를 구성하는 p.p.가 정답일 확률이 매우 높다.

기출 to부정사와 결합하는 수동태 표현

be expected to do ~할 것으로 예상되다
be designed to do ~하도록 고안되다
be scheduled to do ~하도록 예정되어 있다
be projected to do ~할 것으로 예측되다
be invited[asked, required] to do
~하도록 요청받다

고난도 4형식 수동태 출제포인트

사람이 주어일 때 수동태 뒤에 명사를, 사물이 주어일 때 수동태 뒤에 주로 전치사구를 동반한다.

Only premium members **will be granted** access to our extensive online archive of scientific research papers.
고급 회원들에게만 저희의 광범위한 과학 연구 논문 온라인 저장소에 대한 이용권이 부여될 것입니다.

Even though Mr. Raglan has some prior management experience, the promotion **was given** to a more deserving candidate.
라글란 씨가 이전의 관리 경험이 몇몇 있긴 하지만, 승진은 더 자격이 있는 후보자에게 주어졌다.

기출포인트 4 **동사의 형식을 따지는 고난도 동사 어휘 문제**

To accommodate everyone's travel itineraries, most hotels now ------- guests the option to check out later for an additional fee.

(A) proceed
(B) give
(C) deem
(D) choose

 정석 풀이법

선택지에 나온 동사가 모두 다른 형식을 가진 동사이고, 빈칸 뒤에 목적어가 두 개(간접목적어 guests - 직접목적어 the option)가 있으므로 빈칸은 4형식 동사 자리이다. 선택지 중 4형식 동사는 (B) give와 (D) choose인데, 문맥상 '대부분의 호텔들이 추가 비용으로 늦게 체크아웃을 할 수 있는 선택권을 투숙객들에게 제공한다'가 자연스러우므로 (B) give가 정답이다.

기출 1형식 자동사

differ 다르다
expire 만료되다
proceed 진행되다
function 작동되다
rise 상승하다
last 지속되다
participate 참가하다
come 오다

기출 4형식 동사

offer 제공하다
give, grant 주다
award 수여하다
send 보내다
assign 할당하다
issue 발급하다
guarantee 보장하다
charge (요금 등을) 부과하다

기출 5형식 동사

make, render 만들다
find 생각하다
consider, deem 간주하다
keep 유지하다
leave ~한 채로 남겨두다
call 부르다
appoint, name 임명하다
vote 선출하다

토익 실전 연습

1. The product developers at Glint Manufacturing ------- to start drafting a project proposal next week.

   (A) intend
   (B) intending
   (C) intentional
   (D) intentionally

2. The phones in the customer service call center of Northern Energy ------- all day due to the power cuts.

   (A) to ring
   (B) ringing
   (C) having rung
   (D) have been ringing

3. The new cell phone developed by Kai Electronics ------- an impressive camera.

   (A) to feature
   (B) feature
   (C) features
   (D) featuring

4. All workers in the factory ------- to complete all health and safety classes by the end of the month.

   (A) require
   (B) are required
   (C) requiring
   (D) have required

5. Each Sirius laptop computer ------- with a three-year warranty and a complimentary anti-virus software package.

   (A) includes
   (B) serves
   (C) adjusts
   (D) comes

6. The chat programs installed by the IT team are ------- to facilitate collaboration between departments.

   (A) relied
   (B) designed
   (C) notified
   (D) progressed

7. Passengers should note that the flight to Amsterdam leaving from Gate 27 ------- by two hours.

   (A) has been delayed
   (B) have been delayed
   (C) is delaying
   (D) were delayed

8. The chairman of Alderwood Community Group suggests that members ------- to at least 5 days of volunteer work per month.

   (A) commits
   (B) committed
   (C) committing
   (D) commit

9. After thirty years of service at Trident Pharmaceuticals, Mr. Marx recently ------- director of the marketing department.

   (A) named
   (B) is named
   (C) was named
   (D) has named

10. The museum's security team has the right to ------- taking photographs in certain exhibition spaces.

    (A) act
    (B) vote
    (C) prohibit
    (D) award

11. Please ------- that any unauthorized use of company property will result in disciplinary action.

(A) advise
(B) advised
(C) be advised
(D) advises

12. Mike Langley, the CFO of Almond Health Foods, ------- to announce drastically lower annual expenditure at the board meeting next week.

(A) expects
(B) expecting
(C) is expected
(D) had expected

13. We cannot implement the proposal to construct two new parking lots until it ------- by the city council's planning department.

(A) is approving
(B) approves
(C) has been approved
(D) will be approved

14. All Stanforth University graduates are ------- to attend the commencement ceremony on July 10.

(A) celebrated
(B) considered
(C) invited
(D) noticed

15. The CEO of Browning Logistics ------- Mr. Smith two extra vacation days in recognition of his contributions to the firm.

(A) promoted
(B) inducted
(C) solicited
(D) granted

16. Mr. De Jong has insisted that all branch supervisors ------- for the management training course in August.

(A) registering
(B) register
(C) are registering
(D) will register

17. For inquiries regarding your monthly salary and bonuses, please ------- Ms. Edwards in the payroll department.

(A) appeal
(B) keep
(C) contact
(D) remain

18. Everyone invited to the customer service training workshop ------- an information packet last week containing the schedule.

(A) was sending
(B) would send
(C) will be sent
(D) was sent

19. Castor Corporation is ------- for new methods to improve staff productivity in its branch offices.

(A) looking
(B) seeing
(C) suggesting
(D) leaning

20. The report on trends in consumer spending habits published last month ------- that people are making more effort to save money.

(A) conclusion
(B) conclude
(C) concludes
(D) is concluded

문맥파악 ① 시제

빈칸이 포함된 문장에 시제 단서가 있는 Part 5와 달리, Part 6에서는 빈칸이 속한 문장의 앞이나 뒤, 또는 앞뒤를 모두 보고 적절한 시제를 선택해야 한다. 가장 자주 출제되는 유형은 지문의 첫 문장 또는 첫 단락에서 시제의 단서를 찾는 유형이며, 지문 전체의 흐름을 파악해야 하는 고난도 유형도 출제된다.

기출포인트 1 첫 문장에 시제 단서가 있는 경우

To: All HR Division Employees

I am thrilled to announce that Emily Johnson's dedication and exceptional performance **1.** ------- her an exciting promotion. **2.** ------- from May 20, Ms. Johnson will be taking on the role of leading our human resources division.

Ms. Johnson initially joined our team as a staff trainer eight years ago, and her contributions have been instrumental in shaping our workforce. In her previous role, she significantly enhanced the skills of our employees **3.** -------. Please try to take a moment to congratulate Ms. Johnson, and let's all ensure we provide any support she may require during the **4.** ------- to her new role.

1.
(A) have won
(B) wins
(C) will win
(D) winning

3.
(A) Her marketing skills are valuable to our business.
(B) It is exciting to see her great sales performance.
(C) Her workshops have been especially effective.
(D) Our company has offered her extensive training.

2.
(A) Making
(B) Coming
(C) Starting
(D) Having

4.
(A) intermission
(B) acquisition
(C) transition
(D) occupation

Oh! 정석 풀이법

빈칸 앞에 that절과 주어가, 빈칸 뒤에 두 개의 목적어가 있으므로 빈칸은 that절의 동사 자리임을 알 수 있다. 선택지가 동사 win의 여러 시제로 구성되어 있으므로 시제 단서를 찾아야 하는데, 첫 문장에 언급된 승진은 해당 사항이 결정된 후에 공지되는 것이 자연스럽다. 따라서 공지 시점(am thrilled to announce)보다 앞서야 하므로 현재완료시제 (A) have won이 정답이다.

Part 6 시제 문제풀이 TIP

특히 이메일(e-mail)이나 편지(letter) 유형의 경우, 지문 상단의 이메일/편지 발신 날짜와 지문에 제시된 날짜를 비교하여 동사의 시제를 선택할 수 있다. 제시된 날짜만 단순히 비교하여 시간의 전후 관계를 파악하는 유형이므로 쉬운 유형에 속한다.

주의

Part 6 문제 세트에서 동사의 시제 문제가 출제되지 않더라도 첫 문장 또는 첫 문단을 읽는 것을 추천한다. 대부분의 경우 첫 문장이나 첫 문단에서 지문의 주제를 파악할 수 있기 때문에 문맥 파악이 필수적인 어휘 문제나 문장삽입 문제 풀이를 위해 반드시 읽고 넘어가는 것이 좋다.

Thank you for providing details about the **1.** ------- agenda you will have during your stay in Tokyo. Upon reviewing your requests, we have adjusted the timings for your guided exploration with us.

2. ------- the second day of your excursion, you have the option to explore three different sites in the morning. You can either look into the rich history of Edo Castle or immerse yourself in the tranquil beauty of the Meiji Shrine. Alternatively, you can embark on a scenic stroll through the bustling streets of the Tsukiji Fish Market.

Kindly let us know your preference, and if there are any other modifications you would like to make to your schedule. **3.** -------. We hope you **4.** ------- your visit to our wonderful city.

Warm regards,

Kazuki Tanaka, Tokyo Discoveries

1.

(A) fast
(B) tight
(C) warm
(D) prevalent

3.

(A) You should receive the payment within five working days.
(B) Thanks for choosing Tokyo Discoveries for your sightseeing needs.
(C) Tokyo Discoveries has been in business for over three decades.
(D) Your complaint has been passed on to our customer support team.

2.

(A) Regard
(B) Regards
(C) Regarded
(D) Regarding

4.

(A) enjoy
(B) enjoyed
(C) have enjoyed
(D) would enjoy

Oh! 정석 풀이법

지문 전체적으로 현재시제와 현재완료 시제를 사용하여 도쿄에서 머무는 동안의 일정을 설명하고 있고, 빈칸 앞 문장에서 일정을 변경하고 싶다면 연락을 달라는 것으로 보아 편지의 수신인이 여행지로 떠나기 전임을 알 수 있다. 따라서 이 멋진 도시에 방문하는 것을 즐기기 바란다는 의미가 되어야 하므로 가까운 미래를 나타낼 수 있는 현재시제 (A) enjoy가 정답이다.

전체 흐름을 살펴야 하는 시제 문제풀이 TIP

전체 흐름을 통해 시제 정답을 찾아야 하는 경우, 보통 지문 전체에 걸쳐 주로 사용되는 시제와 동일한 시제를 고를 경우 정답인 경우가 많다.

지문 유형에서 시제 단서 찾기

- 공지(notice, announcement), 회람(memo): 회사에서 앞으로 일어날 일을 알리므로 주로 미래시제가 정답

- 광고(advertisement): 회사의 서비스/제품을 제공해왔거나 제공할 예정임을 알리므로 주로 현재/현재완료/미래시제가 정답

- 기사(article): 지역 행사의 진행 결과나 기업체 간 인수합병 완료 소식 등을 알리므로 주로 과거시제가 정답

- 안내문(instructions): 제품 조립 과정 등을 설명하므로 주로 현재시제가 정답

Questions 1 - 4 refer to the following e-mail.

To: Jane Smith <jsmith@comstar.com>
From: Michael Johnson <mjohnson@xotech.org>
Date: September 15
Subject: Staff Training Program

Hi Jane,

It was a pleasure meeting you at the conference in Boston last month. While we chatted, you briefly described the staff training program you implemented last quarter. You mentioned that the program **1.** ------- online modules tracking completion rates, with rewards for teams with the highest scores. I was intrigued by how this initiative improved employee skills and performance. It seems like an excellent method for demonstrating our commitment to staff development and letting them **2.** ------- how much we value their efforts. **3.** -------. Would you be open to discussing with me how you **4.** ------- the training modules and the reward criteria?

I look forward to hearing from you.

Best regards,

Michael Johnson

1.

(A) originated
(B) featured
(C) requested
(D) eliminated

3.

(A) I have noticed some ways in which you could improve your program.
(B) Our employees' growth and morale are important to us.
(C) Please be assured that this will not happen again in the future.
(D) I am considering using your company's product at my next meeting.

2.

(A) know
(B) to know
(C) knowing
(D) known

4.

(A) structure
(B) structured
(C) having structured
(D) had structured

Questions 5 - 8 refer to the following memo.

To: Team Members and Collaborators
Date: Monday, March 12
Subject: Appointment of New Program Coordinator

Hi everyone,

5. -------. I'm thrilled to announce a new addition to our team. Tomás Rodriguez **6.** ------- as the Community Health Initiative's (CHI) latest Program Coordinator. Mr. Rodriguez brings a wealth of experience and expertise in community outreach and program **7.** ------- in the healthcare industry, having previously worked with various health advocacy organizations in the region.

Mr. Rodriguez officially commenced his role with us yesterday, so please stop by his office on the third floor and introduce **8.** ------- to him at a convenient time.

Warm regards,

Samantha Lee
Executive Director, Community Health Initiative

5.

(A) Please remember to arrive promptly at the meeting.
(B) I want to thank you for solving our problem.
(C) You are all welcome to attend an upcoming event.
(D) I have some exciting news to share.

6.

(A) is hiring
(B) will be hired
(C) has been hired
(D) is being hired

7.

(A) referral
(B) administrator
(C) recruitment
(D) management

8.

(A) yourself
(B) yours
(C) you
(D) your

PART 7 주제/목적

Part 7에서 주제 또는 목적 문제는 약 5~6문제 정도 출제되는데, 주제보다는 목적을 묻는 문제의 출제 비중이 더 높다. 대부분 주제/목적 유형의 정답 단서는 지문 초반에 있기 때문에 제시된 지문을 조금만 읽어도 정답을 고를 수 있으므로 비교적 쉬운 난이도에 속하지만, 고난도로 출제되는 경우 지문의 내용을 모두 읽고 지문의 주제나 목적을 골라야 하므로 가장 마지막에 푸는 것이 좋다.

기출포인트 1 첫 단락에서 주제/목적 단서 찾기

ATTENTION: PLEASE READ BEFORE SETTING UP

We extend our gratitude for your choosing to buy the Talos X50. Before commencing the setup process, it is imperative to ensure that all components are intact. For step-by-step setup instructions, please refer to the accompanying visual guide provided. Begin by carefully placing the main unit on a flat surface. It's important to exercise caution when handling cables and connectors to avoid damage.

When prompted to do so, please accept the download and installation of recommended anti-virus software. For further assistance, please visit our Web site. Don't forget to register your product for warranty coverage: www.technologyhub.com.

1. What is the purpose of the instructions?

(A) To inform customers about new products
(B) To provide guidance on a purchased item
(C) To offer tips on maintaining a warranty
(D) To explain a returns and repairs policy

2. What kind of item is most likely discussed?

(A) A computer
(B) An office chair
(C) A kitchen appliance
(D) A video game

Oh! 정석 풀이법

1. 주제/목적 유형의 정답 단서는 지문의 첫 단락에 제시될 확률이 높다. 첫 단락부터 읽어 글의 목적을 파악한다.
정답 please refer to the accompanying visual guide provided
→ (B) To provide guidance on a purchased item

2. 두 번째 문제의 정답은 다음 단락에 있을 확률이 높다. 안티 바이러스 소프트웨어 다운 등 컴퓨터 관련 내용이 제시되어 있으므로 이를 언급한 선택지를 정답으로 고른다.
정답 installation of recommended anti-virus software → (A) A computer

기출 주제/목적을 나타내는 정답 단서 표현
I'd like to do ~하고 싶습니다
I'd like you to do 귀하께서 ~하시길 바랍니다
I was wondering if ~일지 궁금합니다
I'm writing to do ~하기 위해 편지[이메일]를 씁니다
I'm pleased to do ~하게 되어 기쁩니다
If you are eager to do ~, we invite you to do ~하고 싶으시다면, …하시길 요청드립니다
Please, Just, Simply do ~해주십시오
Can you ~? ~해 주실 수 있나요?

주의
주제나 목적 문제의 정답 단서가 항상 지문의 첫 문장 또는 첫 단락에 제시되는 것은 아니므로 우선 첫 단락을 읽고 정답 단서를 찾을 수 없는 경우 지문 전체를 읽어 내려가야 한다. 다른 문제를 먼저 푼 후에 파악된 내용으로 글의 주제와 목적을 찾을 수도 있으므로 첫 단락 독해에 너무 많은 시간을 소비해서는 안 된다.

정답 및 해설 p. 260

Questions 1 - 2 refer to the following e-mail.

To: Sarah Choi <schoi@whatsoninbellford.com>
From: Chris Jacobs <cjacobs@whatsoninbellford.com>
Subject: Food Festival Web Site Posting
Date: August 25

Hi Sarah,

I'm working on a piece about the city's annual food festival, scheduled for September 2nd and 3rd. While I have the timing down — the event is running from 10 a.m. on Saturday to 8 p.m. on Sunday — I'm trying to confirm the location for this year's event. My notes indicate it's set for Jefferson Park, but there was an announcement recently from the town council about a potential change in venue to accommodate a larger number of visitors than in previous years. Can you help me out with this? I'm supposed to post details of the event in two hours.

Thanks in advance,

Chris
Content Writer, What's On In Bellford
www.whatsoninbellford.com

---

1. What is the purpose of the e-mail?

(A) To promote a local festival
(B) To point out a colleague's error
(C) To request assistance
(D) To extend an invitation

2. What is suggested about the food festival?

(A) It is held once per month.
(B) It will last for three days.
(C) It requires an admission fee.
(D) It will be featured on a Web site.

Questions 3-5 refer to the following letter.

Fitness Oasis Monthly
September 13

Samara Smith
1234 Eastwood Avenue
Los Angeles, CA 90005

Dear Ms. Smith,

Your one-year membership at Fitness Oasis will conclude on September 20th. If you're eager to continue enjoying our state-of-the-art facilities and personalized fitness programs, we invite you to take advantage of our exclusive membership options.

Enclosed you will find a renewal application form offering membership durations of 6, 12, or 24 months. As you will see on the form, the longer the duration, the better value for money you will receive! Whichever membership option you choose, you will receive a complimentary gym bag, towel, and water bottle, provided that we receive your form by the end of this month.

At Fitness Oasis, we value your commitment to your health and fitness journey. We strive to provide top-notch facilities and support to help you achieve your fitness goals. Your opinions are integral to our continuous improvement efforts, so please visit our Web site at www.fitnessoasis.org to share your thoughts and suggestions.

Regards,

Nathan Green
Member Services Team
Fitness Oasis

---

3. Why was the letter written?

(A) To offer a discount on gym equipment
(B) To promote a new gym location
(C) To encourage renewal of a membership
(D) To provide details about fitness classes

4. What will Ms. Smith receive when signing up in September?

(A) Free gifts
(B) Personal training classes
(C) A coupon
(D) A parking permit

5. What can Ms. Smith do on the Web site?

(A) View a class schedule
(B) Watch fitness demonstrations
(C) Leave feedback about the business
(D) Create a member profile page

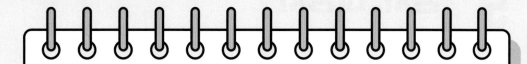

학습포인트

PART 5 명사, 대명사

명사 문법 문제는 매 시험마다 2~4문제가, 어휘 문제는 2~3문제 정도가 출제된다. 문법 문제는 단순 명사 자리 찾기 유형부터 선택지에 2개 이상의 명사가 제시되는 까다로운 유형까지 매달 나온다. 대명사 문법 문제는 매 시험마다 적어도 1~2문제가 출제되는데, 주로 인칭대명사의 격을 고르는 유형이 출제되기 때문에 난이도는 상당히 낮은 편이다. 인칭대명사 외에도 재귀대명사와 부정/수량대명사, 지시대명사 those 등도 출제되므로 각 대명사의 특성을 잘 구분해서 알아두어야 한다.

기출포인트 1 해석이 필요 없는 명사 수 일치

------- among mobile application developers has resulted in lower prices in many app stores.

(A) Competition
(B) Competitive
(C) Competitor
(D) Competes

Oh! 정석 풀이법

빈칸 뒤에 전치사구와 동사 has resulted가 제시되었으므로 빈칸에는 주어 역할을 할 수 있는 명사가 와야 한다. 선택지 중 명사는 (A) Competition과 (C) Competitor인데, Competitor는 가산명사로 단수일 때 앞에 부정관사가 있어야 하므로 오답이다. 따라서 불가산명사 (A) Competition이 정답이다.

기출포인트 2 형태로 헷갈리게 하는 명사

Several long-serving staff members are expected to apply for an ------- in the senior management team.

(A) opening
(B) open
(C) opened
(D) opens

Oh! 정석 풀이법

빈칸 앞에 부정관사가 있고, 빈칸 뒤에 전치사구가 있으므로 빈칸은 명사 자리이다. 선택지 중 유일한 명사 (A) opening이 정답이다. opening은 -ing로 끝나는 특수한 형태를 가진 명사이므로 다른 품사로 헷갈리지 않게 암기해두는 것이 좋다.

주의

선택지에 두 개 이상의 명사가 제시될 때, 동사에 정답 단서가 있는 경우도 있다.

Please **submit** your [applicant / **application**] by October 29th.
10월 29일까지 귀하의 지원서를 제출해주시기 바랍니다.

기출 최신 출제 불가산명사

funding 자금 제공
engineering 공학 기술
processing 처리
planning 기획
productivity 생산성

수량형용사와 명사 수 일치 정답 공식

① 앞에 one, each, every가 있다면 단수명사가 정답
② 앞에 (a) few, a number of, many, all, several이 있다면 복수명사가 정답
③ 앞에 양을 나타내는 much, (a) little이 있다면 불가산명사가 정답

주의

opening이 동명사로 쓰일 경우, 동사나 전치사의 목적어 역할을 할 수 있으며 뒤에 명사 목적어를 가질 수 있다.

Mr. Camber has succeeded **in opening three branches** of his restaurant chain.
챔버 씨는 그의 레스토랑 체인의 세 개 지점을 개장하는 것을 성공했다.

기출 다른 품사로 착각하기 쉬운 명사

cleaning 청소
opening 공석
spending 지출
rental 대여
initiative 계획
renewal 갱신

기출포인트 3   복합명사

In an attempt to boost staff -------, Repley Corporation has implemented a new employee incentive program.

(A) product
(B) productive
(C) productivity
(D) productively

 정석 풀이법

빈칸 앞에 to부정사 to boost가 있으므로 staff는 boost의 목적어 역할을 해야 하는데, 해석상 '직원을 증진시킨다'는 어색하므로 빈칸은 staff와 함께 복합명사로서 목적어 역할을 할 또 다른 명사가 필요한 자리이다. 따라서 staff와 함께 '직원 생산성'의 의미를 구성할 수 있는 (C) productivity가 정답이다. (A) product도 명사이지만 가산명사이므로 앞에 부정관사가 제시되거나 복수명사 형태로 쓰여야 한다.

Mr. Chalmers will announce the theme park's monthly sales ------- at the year-end banquet.

(A) measures
(B) grounds
(C) instructions
(D) figures

 정석 풀이법

선택지가 모두 다른 명사로 구성되어 있고, 빈칸에는 연말 연회에서 차머 씨에 의해 발표되는 대상을 나타낼 수 있는 어휘가 와야 한다. 따라서 빈칸 앞에 있는 sales와 함께 쓰여 '매출 수치'의 의미를 구성하는 (D) figures가 정답이다. sales figures는 정답으로 자주 출제되는 복합명사로 암기해 놓는 것이 좋다.

기출 최다 빈출 복합명사

retail store 소매점
advertising strategy 광고 전략
training sessions 교육 시간
safety regulation 안전 규정
employee productivity 직원 생산성
expert panel 전문 위원단
wellness initiative 건강 목적
meeting agenda 회의 안건
seminar registration 세미나 등록
budget flight 저가 항공편
branch supervisor position 지점장 직책

Ms. Laing ------- was happy to give the presentation at the product launch event.

(A) she
(B) herself
(C) her
(D) hers

 정석 풀이법

선택지가 모두 인칭대명사로 구성되어 있고, 빈칸을 제외한 문장의 구성이 완전하므로 빈칸에는 주어 Ms. Laing을 강조할 수 있는 재귀대명사가 필요하다. 따라서 (B) herself가 정답이다.

주의

완전한 구조의 문장에서의 재귀대명사는 주로 남이 아니라 자신이 '직접' 했다는 것을 강조하기 위해 사용되며, 강조하려는 주어 바로 뒤 또는 문장의 맨 끝에 위치할 수 있다.

The founder of Regal Catering Company prepares all the buffet dishes **himself**.
리갈 케이터링 사의 창립자는 모든 뷔페 요리를 그가 직접 준비한다.

이 외에도, 재귀대명사는 문장 내 주어와 동일한 대상을 나타낼 경우 동사의 목적어 자리에도 올 수 있다.

Prior to the employee orientation, (**you**) familiarize **yourself** with the company's products.
직원 오리엔테이션에 앞서, 회사 제품들에 익숙해지시기 바랍니다.

기출 재귀대명사 관용 표현

by oneself 혼자 힘으로, 스스로 (= on one's own)
among oneself 서로, 자신들끼리
for oneself 스스로, 직접
of itself 저절로
in itself 그 자체로

기출포인트 5　　사람 VS. 사물 부정대명사

Please hand ------- a copy of the presentation notes at the beginning of the meeting.

(A) anything
(B) everyone
(C) themselves
(D) which

 정석 풀이법

빈칸에는 발표 자료의 사본 한 부를 나눠주려는 대상을 나타낼 수 있는 대명사가 와야 하므로 '모든 사람'을 뜻하면서 불특정한 여러 사람을 나타낼 수 있는 사람 부정대명사 (B) everyone이 정답이다.

부정대명사 출제 패턴

① 사람 VS. 사물 부정대명사 선택하기
　- 사람 부정대명사: everyone, anyone, someone, no one
　- 사물 부정대명사: everything, anything, something
② 범위에 따른 알맞은 부정대명사 고르기

대상이 2개	대상이 3개 이상
one ~ the other 하나는 ~ 다른 것은	one ~ others 하나는 ~ 다른 것들은
each 각각	some ~ others 일부는 ~ 다른 것들은
both 둘 다	most 대부분
neither 둘 중 어느 것도	one another 서로(목적어로만 사용)
each other 서로(목적어로만 사용)	

기출포인트 6	수량 부정대명사의 수 일치

------- of the actors in the play starred in a popular television series.

(A) Someone
(B) The one
(C) One
(D) As one

 정석 풀이법

빈칸 뒤에 of the actors가 있으므로 선택지에서 유일하게 「of the 명사」 구조와 함께 쓰일 수 있는 수량 부정대명사 (C) One이 정답이다. 해석상으로도 '연극에 나온 배우들 중 한 명이 인기 있는 텔레비전 시리즈에서 주연을 맡았다'는 맥락이 자연스럽다.

○ 수량 부정대명사 출제 패턴

① 「수량 부정대명사 of the 명사」에서 「of the 명사」와 함께 쓰일 수 있는 부정대명사 고르기

[**Each** / Every] **of the orientation attendees** was given an information packet.
각각의 오리엔테이션 참석자들은 정보 묶음을 받았다.

② 「수량 부정대명사 of the 명사」에서 명사 자리에 복수명사/불가산명사 넣기

One of the [responsibility / **responsibilities**] **of the IT technicians** is to deal with software issues.
IT 기술자의 책무 중 하나는 소프트웨어 문제를 처리하는 것이다.

주의

수량 부정대명사 문제에서 오답 선택지로 가장 많이 출제되는 것은 every인데, 그 이유는 「every of the 명사」 구조로는 사용될 수 없기 때문이다. every는 주로 명사 앞에 위치하는 부정형용사로 출제된다.

기출 「**수량 부정대명사 of the 명사**」
- 「one, each, neither, nobody, both, (a) few, several + of the + 복수명사」
- 「all, none, some + of the + 복수명사/불가산명사」

기출포인트 7	who 앞 빈칸엔 지시대명사 those가 정답

The CEO of Cromarty Engineering reminded ------- who plan to attend the convention to keep all travel receipts for reimbursement.

(A) those
(B) which
(C) who
(D) your

 정석 풀이법

빈칸 앞에는 동사 reminded가, 빈칸 뒤에 관계대명사 who가 있으므로 빈칸에는 동사의 목적어 역할을 할 수 있으면서 관계대명사의 수식을 받을 수 있는 대명사가 와야 한다. 따라서 이 두가지 조건을 충족하는 것은 지시대명사 those뿐이므로 (A) those가 정답이다.

○ 지시대명사 those 파헤치기

- 불특정 다수를 가리키므로 '~하는 사람들'이라고 해석한다.
- 관계대명사 who/분사구/전치사구가 뒤에서 those를 수식할 수 있다.
- those 뒤에 들어갈 복수동사를 고르는 문제로도 출제된다.

Those who [volunteers / **volunteered**] at the company's charity event will receive an extra day of paid vacation.
회사 자선행사에서 봉사한 사람들은 추가 유급 휴가를 받을 것이다.

주의

'~하는 사람'을 의미할 때는 「anyone + who/분사구/전치사구」를 사용하는데, anyone이 불특정한 한 사람을 가리키므로 뒤에 단수동사가 와야 한다. 지시대명사가 들어갈 빈칸 뒤에 제시된 단수동사를 보고 anyone을 고르는 문제로도 자주 출제된다.

토익 실전 연습

1. Anyone planning to bring an ------- to our office potluck party this Friday should ensure that the dish does not contain nuts.

   (A) item
   (B) items
   (C) itemize
   (D) itemized

2. The new ------- at our company, aimed at streamlining our workflow processes, is set to be implemented next quarter.

   (A) initiate
   (B) initiative
   (C) initiated
   (D) to initiate

3. Employees should take ------- possessions home at the end of each day to prevent clutter and maintain a clean and organized workspace.

   (A) them
   (B) themselves
   (C) their
   (D) theirs

4. The financial report will be submitted to the board of directors after ------- compile the regional sales data.

   (A) I
   (B) me
   (C) myself
   (D) my

5. The Silverside Suspension Bridge is considered a particularly impressive feat of ------- that has revolutionized approaches to bridge design.

   (A) engineer
   (B) engineered
   (C) engineering
   (D) to be engineered

6. The comprehensive textbook covers several -------, ranging from history and literature to economics and political science.

   (A) subject
   (B) subjects
   (C) subjected
   (D) subjecting

7. Our innovative kitchen utensils can now be found at all major retail -------, making them easily accessible to consumers across the country.

   (A) store
   (B) stored
   (C) storing
   (D) stores

8. If you require a car ------- for your upcoming business trip, Mr. Fleming in HR can assist you in arranging one with our preferred agency.

   (A) rental
   (B) rent
   (C) renting
   (D) rents

9. The job requirements for the branch supervisor ------- are clearly outlined in the posting on the company's Web site.

   (A) platform
   (B) control
   (C) position
   (D) business

10. ------- signing up for the workshop will not only gain valuable skills but also receive a certificate of completion at the end of the program.

    (A) Each
    (B) Neither
    (C) Everything
    (D) Anyone

11. Attendance is mandatory for the monthly training ------, where employees will have the chance to enhance their skills and knowledge.

(A) assemblies
(B) reasons
(C) sessions
(D) facilities

12. Our team has implemented a new schedule for ------ every morning, ensuring that all workspaces are ready for the day ahead.

(A) cleaning
(B) clean
(C) cleaned
(D) be cleaned

13. As part of our commitment to the environment, we must ensure that ------ of the necessary waste disposal procedures are adhered to at all times.

(A) all
(B) whose
(C) every
(D) anybody

14. The executive council will discuss foreign investment options for ------ in accordance with the government's tax regulations.

(A) fund
(B) funded
(C) fundable
(D) funding

15. For ------ who wish to participate in the charity fundraiser, please sign up at the reception desk and pick up your fundraising packet.

(A) either
(B) whichever
(C) those
(D) one another

16. Delfine Enterprises has begun implementing an incentive program that grants performance-based rewards every quarter to increase employee ------.

(A) product
(B) productive
(C) productivity
(D) productively

17. Ms. Zane insisted on working on the business proposal by ------ until she was satisfied with the quality and accuracy of the content.

(A) her
(B) herself
(C) she
(D) hers

18. ------ will have to be designated as the project manager to oversee the planning and execution of the upcoming company event.

(A) Something
(B) Whoever
(C) Each other
(D) Someone

19. The article was accompanied by a clear ------ of the research team, which included Professor Lee and Dr. Chang.

(A) photograph
(B) photographer
(C) photography
(D) photographic

20. In the manufacturing industry, safety ------ must be strictly followed to keep the workplace risk-free.

(A) ceremonies
(B) regulations
(C) departments
(D) constructions

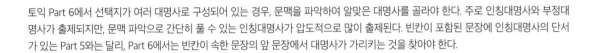

PART 6 문맥파악 ② 대명사

토익 Part 6에서 선택지가 여러 대명사로 구성되어 있는 경우, 문맥을 파악하여 알맞은 대명사를 골라야 한다. 주로 인칭대명사와 부정대명사가 출제되지만, 문맥 파악으로 간단히 풀 수 있는 인칭대명사가 압도적으로 많이 출제된다. 빈칸이 포함된 문장에 인칭대명사의 단서가 있는 Part 5와는 달리, Part 6에서는 빈칸이 속한 문장의 앞 문장에서 대명사가 가리키는 것을 찾아야 한다.

기출포인트 1 인칭대명사를 골라야 하는 경우

Dear Mr. Peters,

I am delighted to hear that you are interested in bringing your students to our museum on Friday, April 21st. Please be advised that, for school trips, there must be one teacher present for every five students. **1.** -------. As you requested, I have attached a list of the **2.** ------- exhibits that would be of most interest to your students. I have also noted some **3.** ------- taking place that day, such as a science demonstration and a talk. Please let **4.** ------- know if you wish to confirm the school trip, and I will discuss other ways in which we could accommodate your group!

Carla Sawyer, Senior Administrator
Dallas Science Museum

1.

(A) During off-peak hours, these exhibits may be closed.
(B) This policy must be followed without exceptions.
(C) This fee includes access to all exhibition halls.
(D) The museum will reopen on Friday, April 28th.

2.

(A) legal
(B) artistic
(C) athletic
(D) educational

3.

(A) events
(B) plays
(C) locations
(D) trips

4.

(A) they
(B) me
(C) I
(D) them

Oh! 정석 풀이법

빈칸 앞 문장들에서 편지의 발신인인 칼라 소여 씨가 과학 박물관의 전시회와 관련된 사항들을 설명하고 있고, 빈칸 뒤에 편지의 수신인인 피터스 씨에게 수학여행을 확정하고 싶다면 알려달라고 요청하고 있으므로 확정 여부를 전달 받게 될 대상은 박물관 관계자인 칼라 소여 씨이다. 따라서 편지의 작성자를 나타내는 (B) me가 정답이다.

○ **Part 6 인칭대명사 문제풀이 TIP**

선택지에 she, he, it, they 등의 인칭대명사가 제시되면, 빈칸 바로 앞 문장부터 대명사의 지칭 대상을 찾아야 한다. 이때, 가리키는 대상의 성별(남자/여자)과 수 일치(단수/복수) 등을 반드시 확인하여 알맞은 격의 인칭대명사를 골라야 한다.

○ **주의**

인칭대명사가 아닌 부정대명사 문제가 출제되더라도 당황하지 않아도 된다. 인칭대명사 문제풀이 방법과 동일하게, 빈칸 앞 문장에서 언급된 명사의 수만 파악하면 정답을 쉽게 고를 수 있다. 언급된 명사가 단수라면 one/each/either 등이, 복수라면 both/some/most 등이 정답일 확률이 높다.

Questions 1 - 4 refer to the following advertisement.

Come on down to Amazing Cakes and learn how to bake beautiful, delicious cakes to share with your friends or family. **1.** -------. You will learn how to make a perfect Vanilla Sponge Cake that **2.** ------- ingredients sourced from local farms and suppliers. If you enjoy your first experience of learning how to bake, you may wish to sign up for one of our other classes, which we run regularly to benefit and unite our **3.** -------. Among other things, **4.** ------- provide you with tips on how to create the perfect frosting and how to keep your cakes light and moist. To register for our free starter class this weekend, visit www.amazingcakes.org.

1.

(A) To celebrate this achievement, we are offering several discounts.
(B) We can cater a wide variety of private and corporate events.
(C) Please place your cake order at least seven days in advance.
(D) This Sunday at 2 P.M., we are running a free class for beginners.

2.

(A) to use
(B) used to
(C) using
(D) uses

3.

(A) environment
(B) economy
(C) organization
(D) community

4.

(A) us
(B) we
(C) both
(D) yours

세부사항

Part 7 세부사항 유형은 약 20문제 이상 출제되는 최빈출 유형이며, 지문에서 Wh-의문사에 해당되는 인물/단순 정보/요청사항/장소/시점/이유/기간 등의 내용을 찾아야 한다. 지문에서 질문의 키워드가 언급된 부분을 찾고, 해당 부분 근처만 읽는다면 빠르게 풀 수 있다. 지문에 제시된 표현이 선택지에서 그대로 제시되기도 하지만, 패러프레이징을 통해 다르게 제시되기도 하므로 유의해야 한다.

기출포인트 1   세부사항 정답 키워드 찾기

Expense Allowance

Name: William Nash

Date: June 3

DETAILS	AMOUNT
This is to cover the cost of a hotel stay from June 12 to June 14 while I visit company headquarters in Ottawa to oversee the training of new sales representatives.	£750.00
I acknowledge the receipt of the above funds.	

Signed: *William Nash*

1. What will Mr. Nash do in Ottawa?

(A) Present sales figures

(B) Attend a recruitment fair

(C) Train new employees

(D) Tour a new head office

2. What does Mr. Nash acknowledge?

(A) Changing a department budget

(B) Registering for a business course

(C) Receiving accommodation expenses

(D) Paying for company equipment

Oh! 정석 풀이법

1. 첫 번째 세부사항 문제의 키워드 Ottawa는 표(DETAILS)에서 찾을 수 있으므로 그 아래 제시된 문장을 해석한다.

정답 in Ottawa, oversee the training of new sales representatives
→ (C) Train new employees

2. 두 번째 세부사항 문제의 키워드 acknowledge는 지문 하단 부분에 그대로 제시되었다. 신입 영업사원 교육 감독을 위해 오타와에서 머물 호텔의 비용을 충당하기 위한 비용 청구를 수령했다고 알리고 있으므로 이와 관련된 선택지를 정답으로 고른다.

정답 to cover the cost of a hotel stay, acknowledge the receipt of the above funds → (C) Receiving accommodation expenses

기출 세부사항 유형 정답 키워드

- 보수 공사, 행사, 특정 기간의 시작 날짜/종료 날짜/시간
- 기업 본사/지점의 위치
- 할인 정보, 결제 방법, 추가 정보 확인 방법
- 사람 이름, 직책 정보
- 장소/위치를 나타내는 고유명사

Part 7 패러프레이징 유형 총 정리

① 동의어 사용

지문 We need to **postpone** the meeting.

선택지 The meeting has to be **rescheduled**.

② 상위어/하위어 사용

지문 The company developed a **hybrid engine**.

선택지 The company developed a new **product**.

③ 동사의 태 변경

지문 The manager **reviewed** the report.

선택지 The report **was reviewed** by the manager.

④ 품사 변경

지문 Please let me know what time your flight **arrives**.

선택지 To verify for an **arrival** time

Questions 1-2 refer to the following memo.

To: All staff members
From: Rosa Lincoln
Date: February 8
Subject: Updated procedure

I am writing to let all Sportsworld Publishing staff members know about a change to the way we enter data into our database. We previously kept limited information about our subscribers, but starting from now, you will be required to include more details for each individual.

I have provided a sample below, which will illustrate how the information should be entered when creating an account for a new subscriber. In order to complete the necessary fields on an account page, you should first click on "Expand Details" and then complete each field as shown below.

Name	Timothy Underwood
Delivery Address	390 Springdale Road, Seattle, WA 98105
Publication	Baseball World
E-mail Contact	tunderwood@truemail.com
Number of Issues	12
Fee Paid	$84

If you have any questions about this new procedure, please do not hesitate to contact me.

Rosa Lincoln
Sportsworld Publishing

1. What did the company recently change?

(A) How to handle delivery problems
(B) How to sign up for a service
(C) How to contact customers
(D) How to enter computer data

2. Who is Mr. Underwood?

(A) A baseball player
(B) An article writer
(C) A magazine subscriber
(D) An IT technician

Questions 3-5 refer to the following letter.

Ms. Alisa Sanchez
1011 Rodeo Boulevard
San Diego, CA
October 15

Dear Ms. Sanchez,

Please be advised that your one-year tennis club membership will end on November 12. Please contact me at 555-0137 at your earliest convenience to renew your membership. If you are late in renewing, our coaches may not be able to assist you with lessons. Also, due to increased club costs, we have been forced to slightly increase our fees, effective immediately. I have detailed these changes below, should you wish to renew your Platinum Membership.

Membership renewal with increased fees:
Membership fee: $55.00
Personal locker fee: $20.00
Parking space fee: $25.00
Tennis lesson fee: $35.00

Total Platinum Membership monthly fee: $135.00

In the event that you do not wish to renew your membership, please ensure that you remove all personal belongings from your designated locker before your current membership expires. We hope you will continue to be a valued member of our club!

Sincerely,

Mike Ortega

3. What is the purpose of the letter?

(A) To invite a potential client to visit a club's facilities
(B) To offer a discount on tennis lessons
(C) To provide information about a membership
(D) To request the payment of overdue fees

4. According to the letter, what must Ms. Sanchez pay for each month?

(A) Use of a swimming pool
(B) Web site access
(C) Equipment rental
(D) Storage space

5. Who most likely is Mr. Ortega?

(A) A sports journalist
(B) A club secretary
(C) A tennis coach
(D) A parking lot attendant

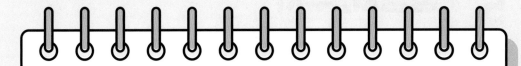

학습포인트

Part 5 형용사, 부사

기출포인트 1 보어 자리엔 형용사가 정답
- 동사의 보어 자리에 오는 형용사(VS. 명사)

기출포인트 2 일반 형용사 VS. 분사형 형용사
- 기출 분사형 형용사 암기, 자동사의 분사는 -ing 현재분사만 사용

기출포인트 3 암기로 바로 푸는 수량/부정형용사
- 수량/부정형용사 문제 정답 공식 → 「every + 복수 시간명사」는 '~마다'라고 해석

기출포인트 4 패턴으로 푸는 비교급과 최상급
- 비교급 + than, 소유격/the (most) + 최상급, of/in 전치사구 + 최상급

기출포인트 5 빈칸을 제외한 문장이 완전하다면 부사가 정답
- 다른 부사도 수식할 수 있는 부사 → 접속부사도 Part 5에서 출제

기출포인트 6 대상을 특정하는 특수 부사
- 명사(구)를 수식할 수 있는 부사

기출포인트 7 -ly로 끝나지 않아 주의해야 할 부사
- 특이한 형태의 부사와 혼동 부사 의미 구분

기출포인트 8 어울리는 단어가 정해진 부사
- 숫자 수식 부사, 증감 동사와 쓰이는 부사, 빈도부사, 비교급/최상급과 쓰이는 부사

Part 6 문맥파악 ③ 어휘

기출포인트 1 전체 맥락을 파악해 어휘를 골라야 하는 경우
- 첫 문제가 어휘 문제인 경우, 빈칸 바로 뒤 문장에 단서가 제시될 확률↑

Part 7 사실 확인

기출포인트 1 지문 - 선택지를 하나씩 대조해야 하는 NOT 유형
- 사실 유형(True) 70%, NOT 유형 30% 비중으로 출제

PART 5 형용사, 부사

형용사 문법 문제는 매 시험마다 2~3문제가, 어휘 문제는 3~4문제 정도가 출제된다. 형용사 문법 문제는 형용사 자리를 찾는 유형과 수량/부정형용사 문제, 그리고 종종 비교급/최상급 문제도 나온다. 부사 문법 문제는 매 시험마다 2~3문제가, 어휘 문제는 2~3문제 정도가 나오는데 문법 문제는 부사 자리를 고르는 유형이 항상 출제된다.

기출포인트 1 보어 자리엔 형용사가 정답

When receiving employee medical reports, keep these documents ------- by locking them in the filing cabinet.

(A) secure
(B) security
(C) securely
(D) securing

 정석 풀이법

빈칸 앞에 5형식 동사 keep과 목적어 these documents가 있으므로 빈칸은 목적격보어 자리이다. 따라서 형용사 (A) secure 또는 명사 (B) security가 빈칸에 올 수 있는데, '서류 = 보안'의 동격 관계가 성립되지 않으므로 형용사 (A) secure가 정답이다.

주의

빈칸이 보어 자리이고, 선택지에 명사와 형용사가 제시되었다면 토익에서는 99% 형용사 보어가 정답이다. 특히, 5형식 동사 수동태의 목적격보어 자리에 형용사를 고르는 문제는 단골로 출제된다.

An attractive tourist destination could **be made** [**possible** / possibility] by constructing new accommodation options.
매력적인 관광지는 새로운 숙박 선택지들을 지음으로써 가능해질 수 있다.

부사로 헷갈리기 쉬운 형용사

timely 시기적절한
costly 값비싼
leisurely 한가로운
friendly 친근한
orderly 질서정연한

기출포인트 2 일반 형용사 VS. 분사형 형용사

The presenter of Ms. Wilton's business award noted that her sales performance was -------.

(A) impressed
(B) impressive
(C) impress
(D) impression

 정석 풀이법

빈칸 앞 that절의 주어 her sales performance와 be동사 was가 있으므로 빈칸은 주격보어 자리이다. 분사형 형용사 (A) impressed와 일반 형용사 (B) impressive, 그리고 명사 (D) impression이 빈칸에 들어갈 수 있는데, 판매 실적이 깊은 인상을 받은 주체는 아니므로 (A)는 오답이며, '그녀의 판매 실적 = 인상'의 동격 관계를 성립하지 않으므로 (D)도 오답이다. 따라서 (B) impressive가 정답이다. 일반 형용사와 분사형 형용사가 보어 자리에 들어가야 한다면 일반 형용사를 항상 우선적으로 선택한다.

기출 분사형 형용사

designated 지정된
detailed 상세한
limited 제한된
demanding 힘든
leading 선도적인
following 다음의

주의

자동사를 분사로 만들 경우 능동의 개념만 있기 때문에 항상 -ing 현재분사를 써야 한다.

lasting 지속되는
rising 상승하는
existing 기존의
remaining 남아 있는
upcoming 다가오는
growing 증가하는

기출포인트 3 암기로 바로 푸는 수량/부정형용사

Appleton Furnishings will provide a refund on ------- product that is damaged during shipping.

(A) all
(B) few
(C) any
(D) those

 정석 풀이법

선택지가 수량형용사, 부정형용사, 그리고 지시대명사로 구성되어 있고, 빈칸 뒤에 단수명사 product가 있으므로 단수명사와 함께 사용할 수 있는 부정형용사 (C) any 가 정답이다.

기출포인트 4 패턴으로 푸는 비교급과 최상급

Sawyer Hardware promises that its Woodstain Varnish will provide you with the ------- surface, or your money back.

(A) smoothness
(B) smoother
(C) smoothest
(D) smoothly

 정석 풀이법

빈칸 뒤에 명사 surface가 있으므로 빈칸에는 명사를 수식하는 형용사가 들어가야 한다. 따라서 비교급 (B) smoother 또는 최상급 (C) smoothest가 빈칸에 들어갈 수 있는데, 빈칸 앞에 정관사 the가 있고 '해당 제품이 가장 부드러운 표면을 제공한 다'는 의미가 되어야 자연스러우므로 (C) smoothest가 정답이다.

수량/부정형용사 문제 정답 공식

① 수량형용사
- 뒤에 단수명사가 있다면 each, every, another가 정답
- 뒤에 복수명사가 있다면 (a) few, many, all, some, several이 정답
- 뒤에 불가산명사가 있다면 (a) little, some, all이 정답

② 부정형용사
- 뒤에 단수명사가 있다면 another, any 가 정답
- 뒤에 복수명사가 있다면 some, any, other이 정답
- 뒤에 불가산명사가 있다면 some, any가 정답

주의

수량형용사 every 뒤에 복수 시간명사가 올 수도 있는데, 이때는 '~마다'라는 뜻으로 주기적 행위를 나타낸다.

Our employee well-being policy allows all workers to take breaks [**every** / several] 3 hours.
우리의 직원 복지 정책은 모든 직원들이 3시간마다 휴식을 취하도록 한다.

비교급/최상급 문제 정답 공식

① 비교급
- 뒤에 than이 있으면 비교급이 정답

② 최상급
- 앞에 소유격/the (most)가 있으면 최상급이 정답
- 대상의 범위를 나타내는 전치사 of/in이 사용된 경우, 최상급이 정답

Of the numerous IT technicians at CompuServe Inc., Mr. Flint is the [**most skilled** / skilled] in repairing hardware.
컴퓨서브 주식회사의 수많은 IT 기술자들 중에서, 플린트 씨가 하드웨어 수리에 가장 숙련됐다.

주의

비교급 문제에서 문맥상 비교 대상을 쉽게 파악할 수 있거나, than 뒤에 제시될 내용이 '지금보다, 전보다'라는 의미일 경우 than을 생략하기도 한다.

Ms. Choi has been tasked with creating a [some / **more**] **innovative** advertising campaign for our new product range.
최 씨는 우리 신제품군을 위해 전보다 더 혁신적인 광고 캠페인을 만드는 업무를 맡았다.

기출포인트 5 빈칸을 제외한 문장이 완전하다면 부사가 정답

We ------- evaluate employees to ensure outstanding individuals are given opportunities to advance within the firm.

(A) continue
(B) continuous
(C) continually
(D) to continue

 정석 풀이법

빈칸 앞에 주어 We가, 빈칸 뒤에 동사 evaluate와 목적어 employees가 있으므로 빈칸을 제외한 문장의 구조가 완전한 것을 알 수 있다. 따라서 부사 (C) continually 가 정답이다. 위 문장에서 continually는 빈칸 뒤에 제시된 동사 evaluate을 수식하는 역할을 한다.

주의해야 할 부사 위치

부사는 기본적으로 동사와 형용사 등을 수식할 수 있지만, 다른 부사도 수식할 수 있다.

Despite the inclement weather, the music festival in Fairfax Park ran [**fairly** / fair] **smoothly**.
악천후에도 불구하고, 페어펙스 파크의 음악 페스티벌은 꽤 순조롭게 진행되었다.

주의

Part 6에서만 출제되던 접속부사가 최근 Part 5에서도 출제되고 있다. 빈칸 앞뒤로 두 개 문장 또는 절과 분사구문이 제시되어 있다면 빈칸에는 접속부사가 와야 한다. as a result, accordingly, otherwise, thereby 등이 정답으로 출제되었다.

Aston Concert Hall failed its recent safety inspection, and -------, the venue has been closed.
(A) otherwise
(B) comparatively
(C) on the contrary
(D) as a result

기출포인트 6 대상을 특정하는 특수 부사

Working hours have become more flexible, ------- among technology companies.

(A) particular
(B) particularly
(C) particularize
(D) particularity

 정석 풀이법

빈칸 앞에는 완전한 구조의 문장이, 빈칸 뒤에는 전치사구가 위치해 있으므로 빈칸은 부사 자리이다. 따라서 빈칸 뒤에 제시된 전치사구를 수식할 수 있는 부사 (B) particularly가 정답이다. 참고로, exclusively도 전치사구 앞에서 전치사구를 수식할 수 있는 특수 부사이다.

명사(구)를 수식할 수 있는 부사

부사는 명사 또는 명사구를 수식할 수도 있는데, only, even, clearly, formerly, specifically 등만 가능하므로 암기를 통해 다른 부사와 구분할 수 있어야 한다.

The recently opened apartment building was [closely / **formerly**] a **movie theater**.
최근에 문을 연 아파트 건물은 이전에 영화관이었다.

-ly로 끝나지 않아 주의해야 할 부사

Mr. Chambers told the workers in the accounting office that they could leave work on time and complete the financial report -------.

(A) almost
(B) exactly
(C) later
(D) previously

 정석 풀이법

빈칸 앞 문장의 구조가 완전하므로 빈칸은 부사 자리인데, '챔버스 씨가 직원들에게 제 시간에 퇴근하고 나중에 보고서를 완성해도 된다고 말했다'는 의미가 되어야 자연스 러우므로 '나중에'라는 뜻을 가진 (C) later이 정답이다. later은 일반 부사처럼 -ly로 끝 나지 않지만 부사의 기능을 할 수 있다.

특이한 생김새를 가진 부사

soon 곧
later 나중에
just 그저, 단지
back 뒤로
still 여전히

기출 **최빈출 혼동 부사**

high 높이 – highly 매우
hard 열심히 – hardly 거의 ~않다
short 짧게 – shortly 곧
close 가까이 – closely 면밀하게, 긴밀하게
late 늦게 – later 나중에, ~후에 – lately 최근에

기출포인트 8 **어울리는 단어가 정해진 부사**

It should take ------- 45 minutes to travel from the airport to the conference venue.

(A) enough
(B) somewhat
(C) exceedingly
(D) approximately

 정석 풀이법

선택지가 모두 부사이고 빈칸 뒤에는 시간 표현 45 minutes가 있으므로 숫자 표현 과 함께 쓸 수 있는 (D) approximately가 정답이다. 선택지가 모두 부사로 구성되있 다고 해서 반드시 해석으로 문제를 풀어야 하는 것은 아니다.

어울리는 단어가 정해진 부사

① 숫자를 수식하는 부사
   about, approximately, nearly, almost, over
② 증감을 나타내는 동사와 어울리는 부사
   substantially, significantly, considerably, sharply, steadily
③ 빈도를 나타내는 부사
   frequently, rarely, never, sometimes, usually
④ 비교급/최상급과 쓰이는 부사
   - 비교급: much, even, far, more
   - 최상급: most, very

토익 실전 연습

1. Many of the candidates applying for the managerial position possess an ------- degree in business administration.

   (A) advance
   (B) advances
   (C) advanced
   (D) advancement

2. Please mind your steps ------- as you disembark from the train to ensure your safety.

   (A) careful
   (B) cares
   (C) carefully
   (D) caring

3. The staff at Wilmot National Hospital are extremely ------- to the needs of their patients.

   (A) attention
   (B) attentiveness
   (C) attentive
   (D) attentively

4. If you purchase an artwork plus a frame from our store, we will frame the piece for you ------- free of charge.

   (A) completes
   (B) completing
   (C) complete
   (D) completely

5. Attendees at the conference are delighted to find ------- refreshments provided throughout the day.

   (A) complimented
   (B) complimentary
   (C) compliment
   (D) complimenting

6. At Northside Airways, we take every measure to keep our passengers ------- during their journey.

   (A) safe
   (B) safety
   (C) safes
   (D) saves

7. The factory manufactured ------- 1,000 units of the product to meet the growing demand.

   (A) approximately
   (B) approximate
   (C) approximated
   (D) approximation

8. The CEO of Brachus Enterprises ------- praises employees for their hard work and dedication.

   (A) potentially
   (B) comparably
   (C) frequently
   (D) deeply

9. It is crucial for our team to complete projects in a ------- manner to meet client deadlines.

   (A) time
   (B) timing
   (C) timely
   (D) timer

10. Since implementing the new procedures, our team has been performing -------, resulting in increased productivity.

    (A) efficient
    (B) most efficient
    (C) efficiency
    (D) more efficiently

정답 및 해설 p. 268

11. The candidate's professionalism and enthusiasm left a ------- impression on the interview panel.

(A) lasts
(B) lasting
(C) lasted
(D) lastly

12. The management team will ------- assess the proposed budget before making any decisions.

(A) close
(B) closeness
(C) closer
(D) closely

13. Please ensure to put the master key ------- in the designated drawer after use to maintain security.

(A) easy
(B) back
(C) very
(D) already

14. As part of the project requirements, employees are asked to submit progress reports ------- three days.

(A) some
(B) several
(C) every
(D) most

15. Following the recruitment of a quality assurance supervisor, the value of our merchandise increased

(A) substantial
(B) more substantial
(C) most substantial
(D) substantially

16. By streamlining our processes, we can reduce costs, ------- increasing profits for the company.

(A) throughout
(B) between
(C) thereby
(D) such as

17. ------- job application received by our HR department undergoes thorough scrutiny before being considered for further review.

(A) Each
(B) Several
(C) All
(D) Either

18. Mr. Reed announced his retirement from the corporation ------- after receiving his award in recognition of his contributions.

(A) short
(B) shorter
(C) shortest
(D) shortly

19. The magazine covers ------- interesting topics, ranging from technology to lifestyle trends.

(A) any
(B) others
(C) several
(D) something

20. Among the applicants, Ms. Smith was ------- the most qualified candidate for the position.

(A) gradually
(B) clearly
(C) usually
(D) very

문맥파악 ③ 어휘

Part 6에서 출제되는 어휘 문제는 this/that/such/대명사/정관사/소유격 등의 정답 단서를 활용하거나 지문의 첫 문장 또는 빈칸 앞/뒤에 제시된 문장을 해석하여 빈칸에 들어갈 알맞은 어휘를 고르는 유형으로 출제된다. 고난도로 출제될 경우, 전체 지문을 다 읽고 문맥을 파악해야 하므로 어휘력뿐만 아니라 내용 흐름을 이해하는 능력도 필요하다.

기출포인트 1 전체 맥락을 파악해 어휘를 골라야 하는 경우

To: All Employees
From: Gerald Harris, Hotel Manager

I must inform all of you about a recent **1.** ------- here at The Mayfair Hotel. Due to a significant rise in **2.** -------, a new policy has been implemented by the owners of the hotel. Starting tomorrow, employees will be reprimanded if they are found to be wearing any items of personal clothing rather than the assigned uniform. **3.** -------. That way, our workforce will appear more professional and cohesive. Any staff member who frequently does not wear **4.** ------- full uniform or name tag will face dismissal.

1.
(A) develop
(B) developed
(C) development
(D) developing

3.
(A) The hotel will remain temporarily closed while this change is implemented.
(B) This policy will ensure that all staff meet our standards of appearance.
(C) Guests may submit feedback forms about our amenities to the front desk staff.
(D) Anyone willing to take on this role may contact me directly.

2.
(A) applications
(B) facilities
(C) complaints
(D) rates

4.
(A) they
(B) them
(C) theirs
(D) their

Oh! 정석 풀이법

빈칸에는 새로운 정책이 시행되는 이유를 나타낼 수 있는 어휘가 필요한데, 빈칸 뒤 문장들을 읽어보면 '직원들이 배정된 근무복이 아닌 개인적인 옷을 착용할 경우, 질책당할 것'이라는 내용과 '근무복이나 이름표를 자주 착용 안 하는 직원들은 해고를 당할 것'이라는 내용을 미루어 볼 때 근무복 착용에 대한 불만사항이 있었음을 유추할 수 있으므로 '불만사항, 불평'이라는 뜻의 (C) complaints가 정답이다.

Part 6 어휘 문제풀이 TIP

① 첫 문장에 단서가 있는 경우:
지문의 첫 문장을 읽어야 한다.

② 빈칸이 포함된 문장에 단서가 있는 경우:
지시어, 대명사, 정관사, 소유격, 접속부사를 활용한다.

③ 빈칸 뒤 문장에 단서가 있는 경우:
빈칸 앞이나 빈칸이 속한 문장에서 단서를 찾을 수 없다면 빈칸 뒤 문장을 확인한다.

④ 전체 맥락을 파악해야 하는 경우:
정답 단서를 바로 찾을 수 없는 경우, 다른 문제를 먼저 풀고 맨 마지막에 풀이한다.

주의

Part 6 지문 세트의 첫 번째 문제가 어휘 문제인 경우 대부분 빈칸 바로 다음 문장에 단서가 주어질 확률이 높다.

토익 실전 연습

Questions 1 - 4 refer to the following information.

Langford Low Emission Zone

Attention all residents of Downtown Langford! We are excited to announce the implementation of our new Low Emission Zone (LEZ) in the heart of the city. The LEZ aims to reduce harmful emissions from vehicles within the downtown area. The restrictions will not apply to petrol vehicles manufactured from 2015 onwards. **1.** -------, owners of diesel-powered vehicles, or of older petrol vehicles, must comply with LEZ regulations.

Many drivers believe that using vehicles for short journeys has little impact on the environment. **2.** -------. In fact, driving short distances significantly increases the volume of harmful emissions in an urban area. As such, failure to comply with the LEZ regulations may result in penalty fines imposed by the authorities.

Please know that we are **3.** ------- these restrictions for everyone's benefit. In ensuring that the regulations **4.** -------, we are reducing our carbon footprint and preserving air quality for future generations. Together, we can make a significant impact in reducing emissions and creating a more sustainable city. For more information, please visit our Web site or contact the Downtown Green Initiative office.

1.
(A) For instance
(B) Namely
(C) However
(D) Therefore

2.
(A) Electric vehicles have revolutionized transportation.
(B) This is a common misconception.
(C) The downtown area is known for congestion.
(D) This has made Langford a greener city.

3.
(A) conserving
(B) limiting
(C) enforcing
(D) removing

4.
(A) are followed
(B) to follow
(C) following
(D) have followed

사실 확인

사실 확인 유형은 Part 7에서 약 10~12문제 출제되며, 지문의 많은 부분을 읽어야 하기 때문에 고난도 유형에 속한다. 특정 대상에 대해 옳게 말한 것을 고르는 사실 유형과 옳지 않게 설명한 것을 고르는 NOT 유형, 두 가지로 출제되는데 사실 유형이 70% 정도로 출제 비중이 훨씬 높다.

기출포인트 1 지문 - 선택지를 하나씩 대조해야 하는 NOT 유형

ENTREPRENEUR CONNECT

Looking to expand your business network? Join Entrepreneur Connect, a dynamic, new online platform designed for business professionals to share insights. Best of all, membership is completely free, allowing you to maximize your business connections without having to pay extra.

Members gain access to valuable resources through our Web site, such as business development articles, expert advice on expanding your venture, and strategies for navigating market trends. Visit www. entrepreneurconnect.com to create your profile and start networking today. Upload your business details, share your expertise, and explore opportunities to grow your enterprise.

1. What is indicated about Entrepreneur Connect?

(A) It was launched several years ago.
(B) It hosts conventions for professionals.
(C) It does not require a membership fee.
(D) It publishes a regular newsletter.

2. What is NOT mentioned as something that can be done on the Web site?

(A) Accessing articles
(B) Creating a profile
(C) Applying for jobs
(D) Sharing advice

Oh! 정석 풀이법

1. 사실 유형 질문의 키워드 Entrepreneur Connect는 첫 번째 단락에서 찾을 수 있다. 지문에서 키워드가 제시된 부분을 읽고 일치하는 선택지를 정답으로 고른다.
  정답 membership is completely free → (C) It does not require a membership fee.

2. NOT 유형 질문의 키워드 Web site는 두 번째 단락에서 찾을 수 있다. 선택지를 먼저 읽고, 지문 내에 키워드가 제시된 부분을 읽으면서 선택지와 대조하여 정답을 고른다.
  정답 gain access to, articles → (A) Accessing articles
        create your profile → (B) Creating a profile
        share your expertise → (D) Sharing advice

사실 확인 유형 문제풀이 TIP

① 사실 유형(True)
  질문의 키워드를 지문에서 찾아 선택지와 대조하면서 푼다.

② NOT 유형(NOT True)
  질문에서 키워드를 찾은 후, 선택지를 먼저 읽는다. 그 다음 지문에서 질문의 키워드 및 선택지와 관련된 내용을 찾아 하나씩 소거하며 정답을 찾는다.

주의

사실 확인 유형은 세부사항 유형 문제 풀이 방법과 거의 동일하지만, 세부사항 유형과는 달리 단서가 지문 여러 부분에 걸쳐 흩어져 있기 때문에 문제의 키워드와 관련된 부분만 빠르게 읽어야 한다. 또한, 지문의 단서들이 대부분 패러프레이징되어 선택지에 제시되기 때문에 이에 유의해야 한다.

Questions 1 - 2 refer to the following notice.

Travel Tips for High-Risk Destinations
Enigma Travel Insurance

Are you aware that standard travel insurance policies often exclude coverage for trips to high-risk destinations? It is crucial for travelers to assess their insurance coverage before embarking on their journey. Enigma Travel Insurance is one of the few reputable insurers offering comprehensive travel insurance plans tailored for high-risk destinations.

Whether you're planning an adventure to a conflict zone, a region prone to natural disasters, or a country with unstable political conditions, it is essential to have adequate insurance coverage in place. Enigma Travel Insurance specializes in providing policies approved by regulatory authorities for travel to such destinations.

However, even with comprehensive travel insurance, it is essential for travelers to take additional precautions to ensure their safety:

1. Stay informed about potential risks and hazards in your destination.
2. Register with your embassy or consulate before traveling to receive safety updates and assistance if needed.
3. Pack an emergency kit with essential supplies such as water, food, and first aid items.
4. Avoid risky activities and areas known for crime or instability.
5. Maintain communication with family and friends back home to keep them informed of your whereabouts and well-being.

---

1. What is true about the notice?

(A) Enigma Travel Insurance is the only licensed company in the region.
(B) An increasing number of people are traveling to dangerous countries.
(C) Many insurance policies do not include high-risk destination coverage.
(D) Many travelers believe travel insurance is unnecessary.

2. What tip is NOT provided in the notice?

(A) Keep in touch with friends and relatives
(B) Register to receive government updates
(C) Avoid using crowded public transportation
(D) Prepare supplies in case of emergency

Questions 3-5 refer to the following article.

Entertainment News
Thousands of Fans Assemble at Starlight Cinema

Excitement reverberated through the streets of Hollywood as eager movie enthusiasts lined up outside the iconic Starlight Cinema, awaiting the premiere of the highly anticipated film *Eclipse of the Stars*. Fans of the renowned actor Thomas Hinckley began assembling outside the theater well before sunrise, braving the early morning chill for a chance to see their idol and get his autograph.

The buzz surrounding *Eclipse of the Stars* has been building for months, fueled by extensive marketing campaigns and sneak peeks of the film using multiple trailers. Silverado Pictures, the production company behind the movie, expects the film to be a big hit, thanks largely to the rising popularity of Hinckley. As such, it allocated a large sum of money to marketing the project, including extensive online advertising and global print and billboard advertising.

Starlight Cinema, anticipating the overwhelming turnout of Hinckley's fans, took measures to ensure a smooth and enjoyable experience for all attendees. In addition to ample seating and concessions, the theater arranged for additional security and medical personnel to attend the premiere to ensure the health and safety of everyone in attendance.

---

3. Why were some people waiting in line before sunrise?

(A) To buy tickets for a film festival
(B) To audition for a movie role
(C) To watch the filming of a scene
(D) To meet a popular actor

4. What is indicated about the marketing campaign?

(A) It failed to elevate interest in a film.
(B) It was launched over one year ago.
(C) It was predominantly run locally.
(D) It was financed by Silverado Pictures.

5. What is suggested about Starlight Cinema?

(A) It recently underwent renovations.
(B) It is located next to a hospital.
(C) It gives consideration to its audience's needs.
(D) It extended its opening hours for a premiere.

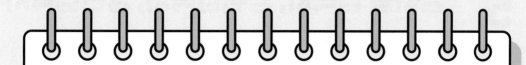

학습포인트

Part 5 명사절 접속사, 등위접속사, 상관접속사

기출포인트 1 **알맞은 명사절 접속사 찾기**
- 명사절 접속사의 종류 및 특징 비교

기출포인트 2 **명사절 접속사 that VS. whether**
- 명사절 접속사 that/whether을 목적어로 취하는 동사 암기

기출포인트 3 **명사절을 이끌 수 있는 복합관계대명사**
- 명사절 접속사 역할을 하는 복합관계대명사 whatever/whichever/whoever

기출포인트 4 **단어/구/절을 연결하는 등위접속사**
- 등위접속사의 종류 → 연결 대상의 품사도 동일

기출포인트 5 **짝꿍을 보고 정답을 고르는 상관접속사**
- 짝꿍 표현과 함께 상관접속사 암기

Part 6 접속부사 ① 양보, 추가 접속부사

기출포인트 1 **양보 접속부사**
- 기출 양보 접속부사 암기 → 최빈출 양보 접속부사 However

기출포인트 2 **추가 접속부사**
- 기출 추가 접속부사 암기
- 부연 설명을 하는 고난도 추가 접속부사 In fact

Part 7 추론

기출포인트 1 **세부 정보 추론 유형**
- 추론 유형의 종류: 전체 정보 추론, 세부 정보 추론
- 세부사항 유형과 추론 유형 문제풀이 차이 비교

PART 5 명사절 접속사, 등위접속사, 상관접속사

명사절 접속사/등위접속사/상관접속사는 매 시험마다 1문제씩 출제되거나 출제되지 않는 시험도 있다. 다만 출제될 경우, 빠르게 풀 수 있으므로 반드시 모두 맞히는 것을 목표로 해야 한다. 명사절 접속사는 타동사의 목적어 자리에 that/whether을 고르는 유형으로, 등위접속사는 문장 구조 분석 및 해석을 통해 알맞은 접속사를 고르는 유형으로, 상관접속사는 어울리는 짝꿍 표현을 고르는 유형으로 항상 쉽게 출제된다.

기출포인트 1　알맞은 명사절 접속사 찾기

Mr. Adelstein's new book outlines ------- it takes to succeed in today's business world.

(A) that
(B) which
(C) what
(D) everywhere

Oh! 정석 풀이법

빈칸은 동사 outlines의 목적어 역할을 할 절을 이끌 명사절 접속사 자리인데, 뒤에 불완전한 문장이 있으므로 (C) what이 정답이다. 명사절 접속사 which도 뒤에 불완전한 문장이 올 수 있지만, 선택의 뉘앙스가 아니므로 오답이다.

명사절 접속사의 종류 및 특징

that ~라는 것	
whether (or not) ~인지(아닌지)	+ 완전한 문장
where 어디에, why 왜, when 언제, how 어떻게	
who 누가, what 무엇을, which 어느 것을	+ 불완전한 문장
which 어떤, what 무슨, whose 누구의	명사 수식
how 얼마나	형용사/부사 수식

주의

Wh-로 시작하는 명사절은 뒤에 to부정사를 가진 구조로 바꿔 쓸 수 있다.

Mr. Lee has not decided **whether to accept** the position (or not).
리 씨는 그 직책을 수락할지 (안 할지) 결정하지 못했다.

기출포인트 2　명사절 접속사 that VS. whether

TerraWave Mobile Solutions will determine ------- the company will open additional offices after holding a meeting between its executive directors and investors.

(A) whether
(B) then
(C) since
(D) that

Oh! 정석 풀이법

빈칸 앞에 동사 will determine이 있고, 빈칸 뒤에 절이 있으므로 빈칸은 동사의 목적어 역할을 할 명사절 접속사 자리이다. 선택지 중 명사절 접속사 역할을 할 수 있는 것은 (A) whether과 (D) that인데 추가 사무실을 여는 것에 대한 여부는 불확실한 내용이므로 (A) whether이 정답이다.

기출 whether을 목적어로 취하는 동사
determine, decide, choose 결정하다
ask 묻다
let A know A에게 알려주다

기출 that을 목적어로 취하는 동사
announce 발표하다
note 주목하다
request, ask 요청하다
indicate, show 보여주다
find 알게 되다
suggest 제안하다, 암시하다

기출포인트 3 　명사절을 이끌 수 있는 복합관계대명사

The flight attendants on your flight will do ------- they can to make your journey as comfortable as possible.

(A) some
(B) whatever
(C) above
(D) each

 정석 풀이법

빈칸이 동사 will do의 목적어 역할을 할 절을 이끌 명사절 접속사 자리이므로 선택지 중 명사절 접속사 역할을 할 수 있는 복합관계대명사 (B) whatever이 정답이다. 나머지 선택지는 부정대명사나 수량형용사, 또는 전치사이므로 명사절을 이끌 수 없다.

기출포인트 4 　단어/구/절을 연결하는 등위접속사

Ms. Baker left her job in financial consulting, ------- she is now planning to open a coffee shop.

(A) as well as
(B) because
(C) and
(D) rather than

 정석 풀이법

빈칸 앞뒤에 두 개의 절이 제시되어 있으므로 빈칸은 절을 이어주는 접속사 자리이다. 선택지 모두가 접속사 역할을 할 수 있지만, 빈칸 앞뒤를 순서대로 대등하게 연결할 등위접속사가 필요하므로 (C) and가 정답이다.

기출포인트 5 　짝꿍을 보고 정답을 고르는 상관접속사

The convention venue is served well by ------- bus and train from downtown Boston.

(A) both
(B) either
(C) several
(D) every

 정석 풀이법

선택지 일부가 상관접속사로 구성되어 있고, 빈칸 뒤에 and가 제시되었으므로 이와 함께 쓸 수 있는 (A) both가 정답이다. 또 다른 상관접속사 (B) either는 or과 함께 짝꿍으로 쓰이므로 오답이다.

복합관계대명사 자세히 알아보기

- 복합관계대명사에는 whatever(무엇이든지), whichever(어느 것이든지), whoever(누구든지)이 있다.
- 주어/목적어/보어 역할을 할 수 있으며, 뒤에 불완전한 구조의 문장이 온다.

Whoever plans to work over the weekend should notify Mr. Hoskins by April 4.
주말 동안 근무할 계획이 있는 사람은 누구든지 4월 4일까지 호스킨스 씨에게 알려야 한다.

기출 등위접속사의 종류

and 그리고
but, yet 그러나
or 또는
nor 그리고 ~도 아니다
so 그래서, 그러므로
as well as ~은 물론이고
rather than ~하기보다는

주의

등위접속사는 대등한 대상 두 개를 연결하기 때문에 연결 대상의 품사 또한 동일해야 한다.

We have become well known for our **innovative yet practical** marketing approaches.
우리는 혁신적이지만 실용적인 마케팅 접근법으로 유명해졌다.

기출 짝꿍 표현과 함께 외우는 상관접속사

either A or B A 또는 B
neither A nor B A도 B도 아닌
both A and B A와 B 둘 다
not only A but (also) B A뿐만 아니라 B도
not A but B A가 아니라 B
B as well as A A뿐만 아니라 B도
A and B alike A와 B 마찬가지로

1. The museum's West Wing will temporarily close for remodeling, ------- visitors should plan their trips accordingly.

(A) except
(B) if
(C) so
(D) because

2. Local residents and visitors ------- will enjoy the new nature trail that has been constructed in Riverside Park.

(A) most
(B) alike
(C) recent
(D) very

3. Urban Apparel's headquarters are located in Toronto, ------- it has numerous retail outlets throughout Canada.

(A) but
(B) than
(C) either
(D) after

4. Gym members must pay the annual fee ------- by credit card or by bank transfer to renew their membership.

(A) than
(B) either
(C) besides
(D) as if

5. Activwear's newly launched hiking shoes are both ------- and lightweight.

(A) durable
(B) durability
(C) durably
(D) durableness

6. ------- wishes to sign up for the communication skills seminar should contact Ms. Jessop by June 10.

(A) Which
(B) Other
(C) Someone
(D) Whoever

7. Access to the research laboratory is limited to project team members ------- facility supervisors.

(A) so
(B) for
(C) and
(D) until

8. Tourists regularly travel to the Montague Islands by ------- air and sea.

(A) both
(B) either
(C) several
(D) every

9. Fans of the Trenton Thunderhawks soccer team can buy a season pass ------- a single single-day ticket.

(A) but
(B) nor
(C) or
(D) unless

10. The city council plans to resurface and ------- downtown roads as part of next year's urban renewal plan.

(A) repairable
(B) repairing
(C) repair
(D) repaired

11. Action Park's owners will decide ------- to relocate the amusement park to the prospective site in Portland.

(A) whether
(B) neither
(C) so that
(D) even if

12. The event organizer found out that neither the Swallow Hotel ------- any of the other potential banquet venues could accommodate such a large number of guests.

(A) but
(B) and
(C) nor
(D) while

13. Most of our consultants specialize not only in investments ------- in financial planning.

(A) but also
(B) let alone
(C) in fact
(D) due to

14. The store's refund policy clearly shows ------- products must be returned with a proof of purchase.

(A) so
(B) that
(C) since
(D) for

15. The safety inspector spoke with all factory supervisors to determine on ------- shift the accident took place.

(A) its
(B) whose
(C) our
(D) that

16. Astral Design Inc. recently announced ------- Scott Cherrie has been named as Head of International Marketing.

(A) that
(B) what
(C) because
(D) while

17. Please let the front desk staff know ------- you require a late check-out tomorrow.

(A) then
(B) often
(C) though
(D) whether

18. The HR manager will choose ------- will lead the staff orientation and select a suitable date for the session.

(A) what
(B) who
(C) that
(D) which

19. The instruction manual indicates ------- the air conditioning unit's filter should be removed.

(A) could
(B) not only
(C) either
(D) how

20. Either Ms. Swayles ------- Mr. Bonito will represent our firm at the upcoming trade show.

(A) or
(B) unlocc
(C) then
(D) and

PART 6 접속부사 ① 양보, 추가 접속부사

Part 6에서 접속부사의 출제 빈도는 월 1~2문제 정도로, 출제 비중이 높은 건 아니지만 지문의 문맥을 이해해야 다른 문제도 풀 수 있기 때문에 아주 중요한 역할을 한다. 그 중 양보 접속부사는 앞 문장에서 언급한 내용과 상반되는 내용을 연결하며, 추가 접속부사는 앞 문장의 내용과 유사하거나 새로운 내용을 덧붙일 때 사용한다. 해당 접속부사가 들어갈 앞뒤의 두 문장을 모두 이해해야 하므로 문맥 파악이 필수적이다.

기출포인트 1   양보 접속부사

> SolarCorp Recalls Solar Panel Models (September 22) - In the renewable energy sector, SolarCorp has been a leading provider of solar panels for residential and commercial use. **1.** -------, a recent development has led to the recall of certain solar panel models.
>
> In a public announcement by SolarCorp, a spokesperson acknowledged that the affected solar panels are not fully serving the purposes for **2.** ------- they are designed. The **3.** ------- cited in the recall notice include efficiency fluctuations and compatibility limitations with inverters. If you have experienced any of these, please contact SolarCorp immediately to arrange for an inspection and replacement. **4.** -------.

1.
(A) Therefore
(B) Moreover
(C) Similarly
(D) However

3.
(A) models
(B) versions
(C) editions
(D) issues

2.
(A) whose
(B) which
(C) where
(D) when

4.
(A) Several vendors currently stock the solar panels.
(B) Check the user guide for setup instructions.
(C) We thank you for choosing SolarCorp for your energy needs.
(D) You will receive these services free of charge.

Oh! 정석 풀이법

빈칸 앞에는 SolarCorp 사가 태양광 패널의 선도적인 공급업체라는 사실을, 빈칸 뒤에는 최근 개발이 특정 태양광 패널 모델의 회수를 이끌었다는 부정적인 사실을 언급하고 있다. 따라서 상반된 내용을 이끌 수 있는 양보 접속부사 (D) However이 정답이다.

기출 양보 접속부사
However 그러나, 하지만
Nevertheless, Nonetheless
그럼에도 불구하고
Even so 그럴지라도
On the other hand 다른 한편으로는
Unfortunately 안타깝게도, 불행히도
With that said 그건 그렇다 치고

양보 접속부사 문제풀이 TIP
① 출제 패턴
  - 앞 문장에서 수긍/긍정한 내용에 대해 상반된 내용을 빈칸 뒤에 제시
  - 앞 문장에서 장점을 언급하고, 뒤 문장에서 단점을 언급
② 출제 비중
  However > Even so > Nevertheless, Nonetheless > With that said 순으로 자주 출제된다.

AutoCare Solutions:
124 Sunset Avenue, Kingston, Jamaica

AutoCare Solutions is your key to worry-free driving. With our comprehensive maintenance packages, we ensure your vehicle's **1. -------** and performance. Our services include thorough inspections, timely repairs, and expert cleaning of vital components. **2. -------**, we offer a one-to-one training course which teaches you the basics of car maintenance.

Our team comprises experienced mechanics, all certified and dedicated to staying up to date with the latest automotive technologies and improving their skills through ongoing training. **3. -------**. We guarantee transparent pricing and professional service, **4. -------** by our AutoCare assurance standards.

Call us today at 1-876-555-0172 for a complimentary consultation and discover the convenience and reliability of AutoCare Solutions.

1.
(A) safe
(B) safely
(C) safest
(D) safety

3.
(A) View our available courses on our Web site.
(B) It is not uncommon for vehicles to break down.
(C) There is no job that they are unable to handle.
(D) We encourage you to take advantage of the discount.

2.
(A) On one hand
(B) Nonetheless
(C) Furthermore
(D) And yet

4.
(A) backed
(B) backs
(C) backing
(D) back

Oh! 정석 풀이법

빈칸 앞 문장에서 AutoCare Solutions 사가 제공하는 점검과 수리 그리고 세차라는 여러 서비스들을 언급하고 있고, 빈칸 뒤 문장에서 차량 유지 보수의 기본을 가르쳐 주는 교육 프로그램도 제공한다는 내용이 있으므로 추가 서비스 내용을 언급하는 문맥임을 파악한다. 따라서 추가 접속부사 (C) Furthermore이 정답이다.

기출 추가 접속부사

In addition, Additionally 게다가, 덧붙여
Moreover, Furthermore, Besides 게다가, 더욱이
Also 또한, 역시
Plus 그 밖에, 또한
Likewise 마찬가지로
Similarly 유사하게
In fact, As a matter of fact 사실

주의 고난도 In fact

접속부사 In fact은 앞에 제시된 내용에 대해 구체적인 추가 정보와 함께 부연 설명을 하는 접속부사이다.

Mayfield Fairground's ticket sales have been declining for the past few months, **but the owner does not think this will continue. In fact**, he thinks the **fairground's ticket earnings may rise significantly** starting from April.
메이필드 박람회장의 티켓 판매가 지난 몇 달 동안 감소했지만, 소유주는 이것이 계속되지 않을 것이라고 생각한다. 사실, 그는 4월부터 박람회장의 티켓 수익이 상당히 증가할지도 모른다고 생각한다.
→ 티켓 판매 수익에 대한 창립자의 구체적인 생각

토익 실전 연습

Questions 1 - 4 refer to the following article.

London, 23 November – Sigma Telecom announced record-breaking profits for this year, with a rise of almost 20 percent over last year's profits. The **1.** ------- in revenue is in large part due to the company's acquisition of rival telecom company, Energyline Inc. Since the purchase of Energyline, Sigma Telecom **2.** ------- the largest mobile phone service provider in the United Kingdom. **3.** -------, the outlook for the biggest and most popular provider in the industry may not be entirely positive. Several low-cost phone service providers are rapidly gaining in popularity, as customers try to reduce their spending. **4.** -------.

1.

(A) downturn
(B) increase
(C) leveling
(D) development

2.

(A) became
(B) will become
(C) had become
(D) has become

3.

(A) Nonetheless
(B) Likewise
(C) For example
(D) Therefore

4.

(A) As a result, the company recently decided to postpone its expansion plan.
(B) The new company is expected to be launched at the beginning of December.
(C) Sigma Telecom seemed to make a wise decision.
(D) It remains to be seen if Energyline Inc. will continue to be competitive.

Questions 5-8 refer to the following e-mail.

To: Karla Spiner <kspiner@artistdirect.ca>
From: Ben Cartwright <bcartwright@qme.ca>
Date: 10 June
Subject: Invitation
Attachment: Festival Flyer

Dear Ms. Spiner,

I was in the **5.** ------- during your performance at Del Rey Café in Vancouver last weekend. The songs that you presented and performed that evening were extremely impressive. **6.** -------, their melodies have been stuck in my head ever since! I'm reaching out to you because I am organizing a music festival featuring local singers and songwriters, and I would be honored if you could perform during the event. Would you be willing to play a few songs on stage in Mont Royal Park on August 3? **7.** -------. I have attached a flyer **8.** ------- more details about the event.

Kind Regards,

Ben Cartwright
Quebec Music Events

5.

(A) convention
(B) audience
(C) assignment
(D) workforce

7.

(A) You would be generously compensated for your time.
(B) The festival is unlikely to go ahead as planned this year.
(C) Everyone commented on how beautiful your voice was.
(D) Thanks for contacting me regarding performance opportunities.

6.

(A) Meanwhile
(B) In contrast
(C) In fact
(D) Initially

8.

(A) included those
(B) having included
(C) that includes
(D) is including

추론

추론 유형은 Part 7 총 54문제 중 약 10~11문제 정도 출제된다. 지문에 제시된 단서를 기반으로 언급되지 않은 새로운 내용을 유추하는 유형이므로 고난이도 유형에 속한다. 주로 글 전체를 대상으로 지문의 목적이나 대상을 묻는 전체 정보 추론과 제시된 특정 키워드에 관해 추론해야 하는 세부 정보 추론 유형으로 나뉜다. 지문을 꼼꼼히 해석하고 학습자의 주관적인 판단으로 숨은 사실을 이끌어내야 하므로 오답률이 매우 높은 유형이다.

기출포인트 1 세부 정보 추론 유형

From: Graeme Hudgens
To: Sally Ascot
Sent: Tuesday, 1:44 P.M.

The interviews for the serving staff vacancies took longer than expected. Won't have time to meet you back at our kitchen. Going straight to the final planning meeting for the company banquet at Raleigh Corporation's headquarters. Please prepare the dishes the clients inquired about and bring them along for a tasting session. They may wish to make a few more adjustments to the proposed menus. Thanks.

1. In what industry does Mr. Hudgens most likely work?

(A) Recruitment
(B) Catering
(C) Engineering
(D) Accounting

2. What does Mr. Hudgens ask Ms. Ascot to do?
(A) Contact some clients
(B) Bring some food samples
(C) Postpone a meeting
(D) Arrange a training session

Oh! 정석 풀이법

1. 문제에서 industry와 Mr. Hudgens를 키워드로 잡아야 하는 세부 정보 추론 유형이다. 지문 전반적으로 흩어진 특정 키워드들을 통해 정답을 유추할 수 있다.
   정답 our kitchen, company banquet, dishes, tasting, menus → (B) Catering

2. 요청사항에 대한 정답 단서는 지문 후반부에서 찾을 수 있다. Mr. Hudgens 씨가 Ms. Ascot 씨에게 요청한 내용의 선택지를 정답으로 고른다.
   정답 Please prepare the dishes, bring them along for a tasting session
   → (B) Bring some food samples

추론 유형 문제풀이 TIP

① 전체 정보 추론 유형
   선택지를 먼저 읽은 후 지문의 내용을 파악하여 추론할 수 있는 내용의 선택지를 찾는 것이 좋다.

② 세부 정보 추론 유형
   질문에 제시된 대상을 지문에서 찾고, 선별적으로 정보를 확인하는 것이 유리하다.

세부사항과 추론 문제풀이의 차이

① 세부사항: Who is Ms. Kim?
   지문 The actress Ms. Kim won this year's Academy Award for Best Actress.
   선택지 An award-winning performer
   풀이 키워드 확인(Ms. Kim)
      → 패러프레이징 확인
      (actress - performer, won this year's Academy Award - award-winning)

② 추론: Who is most likely Mr. Smith?
   지문 From: Edward Smith
      I'd like to talk about the changes you asked me to make the floor plan of the new building.
   선택지 An architect
   풀이 메일 발신자 확인(you asked me)
      → 요청사항 확인(make the floor plan)
      → Mr. Smith은 평면도를 만드는 건축가(architect)로 추론

Questions 1 - 2 refer to the following brochure.

Welcome to Drumsturdy Castle, a historic gem nestled in the scenic Scottish countryside. With its majestic towers and impressive stone statues, Drumsturdy Castle stands as a testament to Scotland's rich heritage and grand architecture.

Recently reopened to the public after an extensive three-month project, visitors can once again explore the castle's fascinating history and marvel at its newly restored outer walls. This work has brought new life to this iconic landmark, ensuring its preservation for generations to come.

Step back in time as you wander through the castle's ancient halls, admire the breathtaking views from its observation towers, and imagine the tales of knights and nobles that once lived within its walls. If you are a fan of films, you may recognize Drumsturdy Castle from some notable battle and wedding scenes, which adds to the building's beauty and charm.

A visit to Drumsturdy Castle promises an unforgettable journey through Scotland's rich past.

1. What is true about the Drumsturdy Castle?

(A) It is situated close to the coast.
(B) It has been closed for restoration work.
(C) It can be hired for private events.
(D) It can be reached easily from major cities.

2. What is suggested about Drumsturdy Castle?

(A) It has been rebuilt numerous times.
(B) It offers guided tours to visitors.
(C) It contains a collection of artwork.
(D) It has been featured in several movies.

Questions 3 - 5 refer to the following article.

In an age of constant connectivity and bustling lifestyles, getting a good night's sleep has become increasingly difficult for many. Recent research investigates the reasons behind this widespread sleep deprivation and its detrimental effects on human health and well-being. Factors such as excessive screen time, stress, and demanding work schedules contribute to the decline in sleep quality among individuals.

However, emerging studies highlight the importance of prioritizing sleep and incorporating short naps into daily routines. Contrary to the belief that napping is a sign of laziness, experts suggest that strategic naps can actually boost productivity, enhance cognitive function, and promote creativity.

With growing evidence supporting the benefits of adequate sleep and power naps, employers are urged to take note. Implementing company policies that support work-life balance, encourage healthy sleeping habits, and provide opportunities for rest can lead to happier, more engaged employees and ultimately, a more productive workforce.

As society deals with the consequences of chronic sleep deprivation, acknowledging the science of sleep may hold the key to unlocking greater productivity and well-being for all.

3. In what section of a newspaper would the article most likely be found?

(A) Sports
(B) Entertainment
(C) Technology
(D) Business

4. What is suggested about individuals who spend too long looking at screens?

(A) They are less communicative with others.
(B) They tend to take regular naps.
(C) They have difficulty sleeping well.
(D) They are likely to develop eyesight problems.

5. What does the article mention as a benefit of a healthy work-life balance?

(A) Increased physical activity
(B) Better relationships with friends
(C) Improved productivity
(D) Greater appreciation of sleep

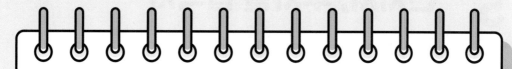

DAY
05
학습포인트

Part 5 전치사, 부사절 접속사

기출포인트 1 시간 전치사
- 시간/기간 전치사의 종류

기출포인트 2 장소 전치사
- 장소 전치사의 종류 → 시간·장소 전치사 둘 다로 사용되는 throughout

기출포인트 3 기타 전치사
- 이유, 동반/제외, 주제, 목적 전치사와 -ing 형태의 전치사 종류와 의미 암기

기출포인트 4 고난도 전치사 숙어
- 특정 동사/형용사와 결합하는 전치사 숙어 암기 → 빈출 전치사구 숙어 추가 학습

기출포인트 5 해석으로 푸는 부사절 접속사
- 부사절 접속사의 종류

기출포인트 6 문장 구조 분석으로 푸는 부사절 접속사
- 부사절 접속사와 함께 선택지에 제시되는 접속부사

기출포인트 7 부사절 접속사 VS. 전치사
- 부사절 접속사와 함께 선택지에 제시되는 전치사

Part 6 접속부사 ② 인과, 시간 접속부사

기출포인트 1 인과 접속부사
- 기출 인과 접속부사 암기 → 최빈출 인과 접속부사 Therefore, 고난도 가정 접속부사 Otherwise

기출포인트 2 시간 접속부사
- 기출 시간 접속부사 암기 → 현재/동시 상황, 미래/이후의 일, 과거 시점

Part 7 문장삽입, 동의어, 의도파악

기출포인트 1 문장삽입
- 빈출 단서 유형을 활용하여 해당 문장이 들어가야 하는 위치 찾기

기출포인트 2 동의어
- Part 7 최빈출 기출 동의어 암기

기출포인트 3 의도파악
- 단순히 제시된 문장의 의미가 아닌 문맥 속의 의도 파악

PART 5

전치사, 부사절 접속사

전치사 문제는 매 시험마다 적게는 2문제, 많이 출제될 경우 최대 6문제까지도 출제되는 Part 5 최빈출 유형이다. 전치사 문제는 주로 시간/장소/이유/동반·제외/주제/목적 전치사가 나오는데, 빈칸 뒤에 제시된 명사의 종류 또는 해석으로 자연스러운 전치사를 고르는 유형, 고난이도로 출제될 때는 전치사 숙어까지 출제된다. 부사절 접속사 문제는 매 시험마다 2~3문제가 출제되는데, 선택지가 부사절 접속사로만 구성되어 있어 해석을 통해 해결할 수 있는 유형과 선택지에 전치사나 부사, 접속부사 등이 포함되어 문장 구조까지 분석하여 풀어야 하는 유형으로 구분된다.

기출포인트 1 ꠰ 시간 전치사

A deep cleaning of the restaurant kitchen should be conducted ------- 11:30 A.M. every day.

(A) by
(B) on
(C) in
(D) with

Oh! 정석 풀이법

선택지가 모두 전치사로 구성되어 있고, 빈칸 바로 뒤에 시간 11:30 A.M.이 나왔으므로 빈칸에는 시간과 어울리는 전치사가 들어가야 한다. 따라서 시간 또는 시각과 함께 사용할 수 있는 시간 전치사 (A) by가 정답이다.

기출포인트 2 ꠰ 장소 전치사

Free bottles of mineral water will be distributed ------- the music festival site.

(A) against
(B) except
(C) throughout
(D) upon

Oh! 정석 풀이법

선택지가 모두 전치사로 구성되어 있고, 빈칸 바로 뒤에 장소 the music festival site가 나왔으므로 빈칸에는 장소와 어울리는 전치사가 들어가야 한다. 따라서 '~ 전역에 걸쳐'라는 의미를 가진 장소 전치사 (C) throughout이 정답이다.

시간 전치사의 종류

at + 시간/시각 ~에
in + 월/연도 ~에
on + 날짜/요일 ~에
by + 시점 ~까지(완료)
until + 시점 ~까지(지속)
from A to B A부터 B까지
since + 과거시점 ~ 이후로
toward(s) +시점 ~쯤
past + 시점 ~ 지나서
before, prior to ~ 전에

기출 기간 전치사

within ~이내에
throughout ~ 내내
for, during, over ~동안
in, after ~ 후에

장소 전치사의 종류

at + 지점, 장소 ~에
in + 공간의 안 ~ 안에
on + 접촉하는 표면 ~ 위에
above ~ 위쪽에
near ~ 근처에
past ~을 지나서
to ~로, ~에게
from ~로부터

주의

throughout 뒤에 기간명사가 오게 되면 '~ 내내'라는 의미의 기간 전치사로도 사용할 수 있다. across 또한 같은 용법으로 사용될 수 있다.

Access to the Blue Ridge Trail will be unavailable on days of heavy snow **throughout the winter**.
블루 리지 등산로의 이용은 겨울 내내 폭설이 오는 날에는 이용할 수 없을 것이다.

기출포인트 3 · 기타 전치사

Music from the best-selling album may not be used in TV shows or films ------- the songwriter's permission.

(A) under
(B) regarding
(C) along
(D) without

 정석 풀이법

선택지가 모두 전치사로 구성되어 있으므로 해석을 통해 빈칸에 알맞은 전치사를 골라야 한다. 빈칸 앞에는 음악이 TV 쇼나 영화에서 사용되지 않을 것이라는 내용이, 빈칸 뒤에는 작곡가의 허가라는 의미의 명사구가 제시되어 있으므로 '작곡가의 허가 없이 TV 쇼나 영화에서 사용될 수 없다'라는 뜻이 되어야 자연스럽다. 따라서 '~ 없이'라는 의미를 가진 제외 전치사 (D) without이 정답이다.

기출포인트 4 · 고난도 전치사 숙어

Mr. Bradshaw and Ms. Greenwood have collaborated ------- this month's shareholder presentation.

(A) between
(B) by
(C) beside
(D) on

 정석 풀이법

선택지가 모두 전치사로 구성되어 있고, 빈칸 앞에 동사 have collaborated가 있으므로 이 동사와 어울리면서 해석이 자연스러운 전치사를 골라야 한다. 빈칸 뒤에 브래드쇼 씨와 그린우드 씨가 협력한 대상인 주주총회 발표가 나와 있으므로 동사 collaborate와 함께 쓰여 '~에 대해 협력하다'라는 의미를 가지는 전치사 (D) on이 정답이다.

기타 전치사의 종류

① 이유
due to, because of, owing to, on account of ~ 때문에
thanks to ~ 덕택에

② 동반/제외
with, along with, together with ~와 함께
without ~ 없이
aside from ~ 외에

③ 주제
about, regarding, concerning, on, related to, with[in] regard to, as to[for] ~에 관한

④ 목적
for ~을 위해

주의 -ing형 전치사

according to ~에 따르면
including ~을 포함하여
following ~ 후에
notwithstanding ~에도 불구하고
considering ~을 고려할 때
starting ~부터

특정 단어와 결합하는 전치사

아래 숙어들은 동사/형용사를 보고 어울리는 전치사를 고르는 유형으로 출제된다.

register for ~에 등록하다
participate in ~에 참석하다
focus on ~에 집중하다, 초점을 맞추다
comply with ~을 준수하다
rely (up)on ~에 의존하다
benefit from ~에서 이익을 얻다
eligible for ~에 대한 자격이 있는
based on ~에 근거한
aware of ~을 알고 있는
adjacent to ~와 인접한

기출 빈출 전치사구 숙어

in response to ~에 대한 대응으로
instead of, on behalf of ~ 대신에
as a result of ~의 결과로
as part of ~의 일환으로
at one's own convenience ~이 편리할 때에
in accordance with ~에 따라서
in celebration of ~을 축하하여
in cooperation with ~와 협력하여
regardless of ~와 관계 없이
such as ~와 같은

기출포인트 5 　해석으로 푸는 부사절 접속사

------- Stream Sportswear is mainly known for its athletic clothing, by next year, the company will be launching several ranges of running shoes.

(A) Until
(B) Once
(C) Unless
(D) Although

 정석 풀이법

선택지가 모두 부사절 접속사로 구성되어 있으므로 해석을 통해 알맞은 부사절 접속사를 고르면 된다. 빈칸이 속한 절에는 한 회사가 주로 기능성 운동복으로 유명하다는 내용이, 콤마 뒤에는 내년쯤이면 러닝화를 출시할 것이라는 내용이 제시되어 있으므로 '비록 ~이지만'의 의미로 양보를 나타내는 (D) Although가 정답이다.

기출포인트 6 　문장 구조 분석으로 푸는 부사절 접속사

------- previous plays written by Albert Grey featured only spoken dialogue, his new play includes several songs and accompanying music.

(A) However
(B) Whereas
(C) In spite of
(D) Just

정석 풀이법

콤마를 기준으로 두 개의 절이 제시되어 있으므로 빈칸은 접속사 자리이다. 선택지 중 부사절 접속사인 (A) However과 (B) Whereas 중에 정답을 골라야 하는데, 콤마 앞뒤에 제시된 절이 상반된 내용이므로 '~하는 반면에'라는 뜻의 (B) Whereas가 정답이다. 참고로 (C) In spite of는 전치사이고, (D) Just는 부사이다.

기출 부사절 접속사의 종류

시간	when, as ~할 때
	while ~하는 동안
	until ~할 때까지
	before ~하기 전에
	after ~후에
	since ~한 이후로
	as soon as ~하자마자
	by the time ~할 때쯤이면
조건	if 만약 ~라면
	as long as ~하는 한
	unless ~가 아니라면
	once 일단 ~하면
	provided (that) ~라면
	whether ~ or (not) ~이든 아니든
양보	although, (even) though 비록 ~이지만
	however 아무리 ~해도
이유	because, since, as ~하기 때문에
	now (that) (이제) ~이므로
	in that ~라는 점에서
기타	while, whereas ~하는 반면
	as if 마치 ~인 것처럼
	so ~ that … 너무 ~해서 …하다

주의
whether가 부사절 접속사로 사용될 경우, 반드시 뒤에 ~or (not)을 동반해야 한다.

기출 부사절 접속사와 함께 선택지에 등장하는 접속부사

의미	접속부사
시간	then 그리고 나서
	afterwards 그 후에
조건	if so 만약 그렇다면
	otherwise 그렇지 않으면
양보	nevertheless, nonetheless 그럼에도 불구하고
	even so 그렇긴 하지만
기타	however 하지만
	therefore, thus 그러므로

주의
부사절 접속사 문제 풀이 시, 선택지에 제시된 단어들의 품사를 정확히 구분할 수 있어야 하므로 의미에 따른 부사절 접속사/접속부사/전치사를 묶어서 암기하는 것을 추천한다.

부사절 접속사 VS. 전치사

------- the conference room is being used for the employee orientation session, the management meeting will be held in the HR department.

(A) Throughout
(B) Within
(C) During
(D) While

 정석 풀이법 ....

콤마를 기준으로 두 개의 절이 제시되어 있으므로 빈칸은 접속사 자리이다. 따라서 선택지 중 유일한 접속사인 부사절 접속사 (D) While이 정답이다. (C) During은 '~ 동안에'라는 의미로 While과 동일한 의미를 가지지만 전치사이기 때문에 뒤에 명사가 와야 하므로 오답이다.

기출 부사절 접속사와 함께 선택지에 등장하는 전치사

의미	전치사
시간	during ~ 동안 since ~이래로 until ~까지 before ~전에 after ~후에
조건	in case of, in the event of ~인 경우에
양보	despite, in spite of ~에도 불구하고
이유	because of, due to, owing to, on account of ~ 때문에 thanks to ~ 덕택에

주의

since, until, before, after는 부사절 접속사와 전치사의 기능을 모두 가지고 있으므로 유의한다.

1. The supermarket hires additional part-time checkout operators ------- busy shopping seasons.

(A) among
(B) beside
(C) during
(D) onto

2. ------- the lack of convenient public transportation links, the Brownville neighborhood is a desirable place to live.

(A) Along
(B) Even if
(C) Aside from
(D) Because

3. Bowman Bridge will be closed to all vehicles ------- Monday due to scheduled road maintenance work.

(A) at
(B) in
(C) on
(D) of

4. Mr. Rickard's new book covers the most effective strategies ------- boosting morale among staff in the workplace.

(A) why
(B) for
(C) to
(D) how

5. Dee Agora is the most popular cast member on the TV show ------- she has been involved in the show's most exciting storylines.

(A) while
(B) unless
(C) because
(D) even though

6. Regina Gower has broken several sales records ------- her transfer to the flagship store of Polaris Appliances.

(A) since
(B) between
(C) like
(D) without

7. We advise that you familiarize yourself with the list of employers attached to this e-mail ------- you come to the job fair.

(A) once
(B) both
(C) then
(D) before

8. According to the company's policy, the shipping fee will be refunded for orders that have not been received ------- two days.

(A) about
(B) during
(C) within
(D) from

9. The delay of several shipments of building materials to Tayside was ------- the inclement weather affecting the region.

(A) rather than
(B) because
(C) due to
(D) in case

10. Our protein milkshakes have been selling extremely well, ------- our range of high-energy cereal bars has failed to take off.

(A) namely
(B) besides
(C) whereas
(D) until

11. The board members unanimously agree that the new mobile phone should be released on schedule ------- problems related to its screen resolution.

(A) otherwise
(B) although
(C) rather
(D) despite

12. Ms. Diaz was dissatisfied with the lack of amenities in her hotel room, ------- the beds were very comfortable.

(A) seldom
(B) though
(C) rarely
(D) even

13. Goldstein Gym will continue running its yoga class every Friday evening ------- there is clear demand from its members.

(A) when
(B) as long as
(C) otherwise
(D) as to

14. Touchscreen information booths are conveniently situated ------- the expansive shopping center.

(A) into
(B) down
(C) except
(D) throughout

15. ------- the *Money Experts* podcast, now is the best time to invest in promising technology companies.

(A) Whereas
(B) According to
(C) Because
(D) Instead of

16. Mr. Lennon's budget proposal is focused ------- reducing the company's annual expenditure.

(A) up
(B) in
(C) of
(D) on

17. Online courses administered through Abbot University offer increased flexibility and allow you to study ------- your own convenience.

(A) in
(B) at
(C) as
(D) with

18. All staff members, ------- they are part-time or full-time, may register for the management skills seminar taking place on May 29.

(A) neither
(B) whether
(C) unless
(D) besides

19. Surplus printer paper and other office stationery should be moved ------- the storage room next to the reception desk.

(A) by
(B) as
(C) off
(D) to

20. Customers who spend at least $100 in our store are eligible ------- complimentary gift wrapping and home delivery.

(A) over
(B) down
(C) for
(D) out

PART 6 접속부사 ② 인과, 시간 접속부사

인과 접속부사는 앞 문장의 내용을 근거로 발생하게 될 결과를 연결하는 접속부사로서, 주로 원인과 결과 또는 근거와 결론의 내용이 제시될 때 사용된다. 시간 접속부사는 빈칸 앞뒤 문장의 시점 관계를 나타내며, 현재 시점/미래 시점/과거 시점 등 매우 다양한 시간 접속부사가 사용된다.

기출포인트 1   인과 접속부사

Dear Gina,

During our recent team meeting, we looked at ways in which our podcast could align more accurately with our goals. **1.** -------.

I noticed that some of our sponsorships involve companies that primarily produce unhealthy soft drinks. We **2.** ------- partnerships that reflect our values of promoting healthy lifestyles. **3.** -------, our podcast is dedicated to empowering individuals to make positive choices. I have attached an article that explores how others have navigated similar challenges with sponsorships. I think you will find it **4.** -------.

Amanda Chen, Healthy Living Podcast

1.
(A) This has been possible due to profitable sponsorship deals.
(B) It might be worth considering changing our logo.
(C) I have an idea that you might be interested in.
(D) I would be delighted to join the podcast team.

2.
(A) will prioritize
(B) have prioritized
(C) were prioritizing
(D) should be prioritizing

3.
(A) After all
(B) By the way
(C) In the meantime
(D) On the other hand

4.
(A) useful
(B) eventful
(C) affordable
(D) comfortable

Oh! 정석 풀이법

빈칸 앞에서 건강한 생활 방식을 홍보하는 우리의 가치를 반영할 수 있는 동업자들을 우선시해야 한다는 내용이, 빈칸 뒤에서 우리 팟캐스트는 사람들이 긍정적인 선택을 하게 해야 한다는 내용이 언급되고 있다. 따라서 앞서 언급된 주장에 대한 근거와 결론을 설명할 수 있는 인과 접속부사 (A) After all이 정답이다.

기출 인과 접속부사

Therefore, Thus 그러므로, 따라서
As a result 그 결과
Accordingly 그에 따라서
Consequently, After all, Eventually, In the end 결국
In short 한 마디로
For that reason 그런 이유로

인과 접속부사 문제풀이 TIP

① 출제 패턴
 - 「원인 + 결과」 또는 「근거 + 결론」의 흐름으로 출제된다.
② 출제 비중
 Therefore > As a result > For that reason > Accordingly 순으로 자주 출제된다.

주의 고난도 Otherwise

접속부사 Otherwise는 가정 접속부사로, 앞 문장에 제시된 내용을 전제로 발생하게 될 내용을 나타낸다. 즉, 빈칸 앞뒤 문장이 「조건 + 결과」의 흐름일 때 사용한다.

If you sign up for the conference by February 1, we can **offer you the reduced fee** of $59. **Otherwise**, you will be required to **pay the full registration fee**.
2월 1일까지 컨퍼런스에 등록하신다면, 59달러의 할인된 요금을 귀께 제공해 드릴 수 있습니다. 그렇지 않으면, 귀께서는 등록비 전액을 납부하셔야 할 것입니다.

Dear Subscribers,

At StreamWorks, we're dedicated to providing you with an enjoyable streaming experience. However, we regret to inform you that we **1.** ------- technical difficulties with our Web site.

The issue arose two days ago due to an unexpected glitch in our system. **2.** -------. We anticipate having the Web site back up and running **3.** ------- the next twenty-four hours. We sincerely apologize for any inconvenience.

While our Web site is undergoing maintenance, please note that you can still access our content through our mobile app. **4.** -------, our customer support team is available to assist you with any inquiries through our app.

Warm regards,

Emma Thompson, Customer Experience Manager
StreamWorks

기출 시간 접속부사
① 현재/동시 상황
At the same time 그와 동시에
At present, Currently 현재
As usual 늘 그렇듯이
② 미래/이후의 일
Afterward(s) 나중에, 그 후에
Since then 그 이후로 계속
After this 이 다음에
③ 과거 시점
Previously 이전에
At that time 그 당시에

1.

(A) to experience
(B) experiencing
(C) had experienced
(D) are experiencing

3.

(A) if
(B) within
(C) as long as
(D) above all

2.

(A) Our technicians are currently working hard to solve this problem.
(B) The new Web site design will be easier for users to navigate.
(C) Subscribers to our service can access more than one million videos.
(D) We are delighted to announce the launch of our new streaming platform.

4.

(A) Unusually
(B) Eventually
(C) At the same time
(D) As an example

주의
접속부사는 단독으로 쓰이는 부사로 구성되어 있기도 하며, 「전치사 + 명사」로 이루어져 있는 경우도 있다.

Oh! 정석 풀이법

빈칸 앞 문장에서 웹 사이트의 유지 보수 작업이 진행되는 동안 모바일 앱은 여전히 접속 가능하다는 내용이, 빈칸 뒤에는 고객 지원팀이 앱을 통해 어떤 문의사항에도 도움을 줄 수 있다는 내용이 제시되어 있다. 따라서 앱을 통해서는 스트리밍 컨텐츠를 이용할 수도, 고객지원팀에 문의를 할 수도 있으므로 동시 상황을 나타내는 시간 접속부사인 (C) At the same time이 정답이다.

Questions 1 - 4 refer to the following letter.

September 1

Dear Hikers,

I am writing to notify you of upcoming trail maintenance in Pinecrest National Park. Beginning on October 2, several sections of the Pine Ridge Trail **1.** ------- closed for necessary repair work and restoration. **2.** -------. During this time, access to the trail will be restricted to ensure the safety of our visitors. We understand that this may inconvenience some of our regular hikers. **3.** -------, you may wish to plan ahead and consider using one of our other many picturesque trails. We anticipate that the **4.** ------- will be completed by October 22, at which point the Pine Ridge Trail will reopen for your enjoyment. We appreciate your understanding and cooperation as we strive to maintain our hiking trails for future generations to enjoy.

Sincerely,

Daniel Pallett
Pinecrest National Park

1.

(A) was
(B) will be
(C) can be
(D) has been

2.

(A) Always stay hydrated when hiking in the park.
(B) The Pine Ridge Trail is the best place to see wildlife.
(C) The enclosed map shows all the affected areas.
(D) We invite you to join us on this upcoming hiking expedition.

3.

(A) Fortunately
(B) For example
(C) Likewise
(D) Therefore

4.

(A) trip
(B) promotion
(C) event
(D) work

Questions 5-8 refer to the following e-mail.

To: Belinda Coombes <bcoombes@teachersroom.net>
From: Max Rudden <mrudden@rcacting.com>
Subject: My thanks

Dear Ms. Coombes,

Nearly ten years ago, I had the chance to visit a local theater production. The energy, the lights, and the performances left me in awe. **5.** -------, I have realized that I wanted to pursue a career as an actor.

One day, I talked to you, my drama teacher, about my aspirations. Your response was filled with wisdom and encouragement, reminding me that "a journey of a thousand miles **6.** ------- with a single step." You even mentioned that you had friends in the industry and offered to connect me with them. I would never have had **7.** ------- an opportunity if you had not made that kind gesture.

I've since immersed myself in the world of acting. I've taken classes, auditioned for roles, and worked tirelessly to sharpen my skills. While the path hasn't always been easy, I am grateful for every opportunity that has come my way. **8.** -------.

Sincerely,

Max Rudden

5.

(A) Specifically
(B) Since then
(C) Likewise
(D) Rather

6.

(A) to begin
(B) begun
(C) begin
(D) begins

7.

(A) great
(B) such
(C) each
(D) too

8.

(A) Please consider my application form favorably.
(B) Your acting has influenced my performances in many ways.
(C) I would be delighted to work with you again in the future.
(D) Thanks for encouraging me to follow my dreams.

PART 7 문장삽입, 동의어, 의도파악

문장삽입/동의어/의도파악 유형은 각각 매 시험마다 1~2문제가 출제된다. 문장삽입 유형의 정답 단서는 보통 주어진 문장에 제시되지만, 단서 없이 논리적 판단으로 풀어야 하는 고난도 문제도 종종 출제된다. 동의어 유형은 주로 다의어가 출제되며, 일반적인 의미와 달리 반드시 해당 단어가 속한 문맥의 의미를 파악해야 한다. 마지막으로, 의도파악 유형은 문자 메시지 또는 온라인 채팅 지문에서 메시지 작성자가 쓴 특정 문장의 의도를 지문의 내용 흐름 속에서 파악해야 하는 유형이다.

기출포인트 1 문장삽입

Introducing the Metro Recruitment Agency, serving the diverse communities across San Francisco with our network of four conveniently located offices. - [1] -. Our agency is committed to shaping the careers of aspiring professionals. Our team of 55 dedicated staff members are all local residents. - [2] -. With approximately 95 percent of our placements secured right here in San Francisco, our agency's reputation for excellence in training is widely recognized. - [3] -. Whether you're an aspiring entrepreneur, salesperson, or product designer in any discipline, Metro Recruitment Agency offers you the opportunity to launch your career with confidence. - [4] -.

1. Where would the information most likely appear?

(A) On a business reviews Web site
(B) In an employee handbook
(C) In a pamphlet for potential clients
(D) On an invoice for a customer

2. In which of the positions marked [1], [2], [3], and [4] does the following sentence best belong?

"Many of them have over 20 years of experience in business."

(A) [1]
(B) [2]
(C) [3]
(D) [4]

문장삽입 유형 문제풀이 TIP

- 문제에 제시된 특정 문장을 먼저 확인하고, 해당 문장이 나타내는 정보가 속해야 하는 단락을 찾는다. 그 단락에 숫자로 표기된 위치에 문장을 넣어 의미 연결이 자연스러운지 확인한다.
- 빈출 단서 유형: 대명사, 접속부사, 시간 및 순서 표현, 정관사 the 등

주의

문맥을 파악해야 하는 유형이므로 해당 지문의 다른 문제들을 먼저 푸는 것이 좋다. 특정 문장이 들어갈 위치를 파악하더라도 정답을 고르지 못하겠거나 시간이 지나치게 소요되는 상황이라면 과감히 넘기고 나중에 다시 접근하는 것도 고득점을 위한 하나의 방법이다.

Oh! 정석 풀이법

1. 질문에서 information과 appear을 키워드로 잡아야 하는 전체 정보 추론 유형이다.
정답 Recruitment Agency, shaping the careers, launch your careers
→ (C) In a pamphlet for potential clients

2. 문장삽입 문제에서 제시된 them을 가리킬 수 있는 대상을 지문에서 찾는다. 직원들이 모두 지역 주민이고, 그들 중 많은 사람들이 20년 이상의 경험을 가지고 있다는 흐름이 자연스럽다.
정답 55 dedicated staff members are all local residents → (B) [2]

(25 August) – On Friday, the Dallas-based Horizon Enterprises announced that a new Chief Operations Officer (COO) will join the board of executives following Jason Smith's decision to step down. It was revealed that Emily Chang will step into the role of COO. Ms. Chang is expected to assume her new position next month.

Ms. Chang has served the company for almost 13 years. She is recognized for spearheading the expansion of the company's operations into Europe and Japan. Presently, Ms. Chang holds the role of Manager of International Operations. While her current base is in Houston, Ms. Chang will be relocating to the company's headquarters in Dallas.

Horizon Enterprises specializes in providing supply chain solutions for its client base, which covers a wide range of businesses in the electronics, pharmaceutical, and construction industries.

1. What is the article about?

(A) The launch of a new product range
(B) The relocation of a business
(C) The retirement of a company founder
(D) The appointment of a new executive

2. The word "covers" in paragraph 3, line 2, is closest in meaning to

(A) hides
(B) includes
(C) protects
(D) creates

Oh! 정석 풀이법

1. 주제/목적 유형의 정답 단서는 주로 지문의 첫 문장 또는 첫 단락에 제시되어 있으므로 해당 부분을 먼저 읽는다.

　정답 a new Chief Operations Officer (COO) will join the board
　　→ (D) The appointment of a new executive

2. 동의어 문제에서 제시된 단어의 위치를 지문에서 찾고, 해당 단어가 포함된 문장을 읽어 의미를 파악한다. 다양한 사업체를 다루는 고객층을 위한 공급망 솔루션을 제공한다는 의미이므로 '다루다, 포함하다'라는 뜻을 가진 단어를 정답으로 고른다.

　정답 providing supply chain solutions for its client base, which covers a wide range of businesses
　　→ (B) includes

기출 Part 7 최빈출 정답 동의어

출제 단어	정답 동의어
run	manage, operate 운영하다
meet	fulfill, achieve 충족하다
extend	grant, offer 제공하다
term	duration 기간 condition 조건
good	high quality 품질이 좋은 valid 유효한
initiative	project 계획
function	gathering 행사
original	first 원래의, 원본의
secure	obtain 얻다
critical	important 중요한
available	accessible 이용 가능한

Sarah Johnson [10:14 A.M.]
Hi, Michael. I was hoping to meet with you to discuss the Smiths' garden project. The clients have requested some significant alterations to the plant selection.

Michael Rodriguez [10:20 A.M.]
I'll be at our soil supplier's warehouse all morning, but I'll be back at our office by 2 o'clock. How about getting together for a chat then?

Sarah Johnson [10:23 A.M.]
Excellent. I'll bring their specifications along with my proposed solutions.

Michael Rodriguez [10:25 A.M.]
Great. And, try not to stress too much. I understand this is your first landscaping project, but I'm confident that you can handle it with ease.

Sarah Johnson [10:28 A.M.]
I hope so! I really appreciate your guidance and support while I'm settling into my role.

Michael Rodriguez [10:30 A.M.]
That's what I'm here for! Anyway, I'll catch you in the afternoon.

---

1. What is most likely true about Ms. Johnson?

(A) She is being mentored by Mr. Rodriguez.
(B) She plans to meet Mr. Rodriguez at a client's house.
(C) She will interview for a job at 2 P.M.
(D) She recently purchased new plants for her garden.

2. At 10:30 A.M., what does Mr. Rodriguez mean when he writes, "That's what I'm here for"?

(A) He has arrived early for a meeting.
(B) He has experience in handling client complaints.
(C) He is happy to assist Ms. Johnson anytime.
(D) He has gone to the wrong location.

Oh! 정석 풀이법

1. Ms. Johnson을 키워드로 잡아야 하는 세부 정보 추론 유형이다. Sarah Johnson 씨가 작성한 메시지들을 빠르게 읽으며 사실로 추론할 수 있는 것을 찾는다.
   정답 [10:28 A.M.] I really appreciate your guidance and support while I'm settling into my role.
   → (A) She is being mentored by Mr. Rodriguez.

2. 의도파악 문제에서 제시된 인용구를 먼저 읽고 지문에서 해당 문장이 위치한 곳과 그 주변을 읽어 의도를 파악한다.
   정답 [10:28 A.M.] I really appreciate your guidance and support while I'm settling into my role.
   [10:30 A.M.] That's what I'm here for!
   → (C) He is happy to assist Ms. Johnson anytime.

의도파악 유형 문제풀이 TIP

- 문제에 제시된 특정 문장을 먼저 확인하고, 지문 속에서 찾는다. 해당 문장 앞뒤에 위치한 문장을 함께 읽고 흐름을 파악해 정답을 고른다.
- 해당 문장이 지니는 기본적인 의미를 그대로 말한 선택지는 오답 선택지일 확률이 높으므로 유의해야 한다.
- 인용구로 주로 긍정/동의, 부정/거절의 표현이 자주 출제된다.

주의
의도파악 유형은 대부분 특정 문장의 앞뒤 문맥만 파악해도 정답을 쉽게 고를 수 있지만, 고난이도로 출제되면 지문 전체를 읽어야 메시지 작성자의 의도를 알 수 있는 경우도 있다. 무엇보다 단순히 해당 문장이 지니는 의미를 찾는 것이 아니라 지문의 내용 흐름 속에서 어떤 의도로 쓰였는지 파악하는 것이 가장 중요하다.

토익 실전 연습

Questions 1 - 2 refer to the following text message chain.

Lauren Frye (12:22 P.M.)

Hey Rita, I'm so sorry, but I have to cancel our lunch plans today. I've got a work deadline I just can't miss.

Rita Deakes (12:24 P.M.)

No problem at all, Lauren. I'm already at the coffee shop, but don't worry about it. Since you're so busy, would you like me to bring something back to the office for you?

Lauren Frye (12:25 P.M.)

Sure thing! That would be amazing. All I have here is a piece of fruit.

Rita Deakes (12:27 P.M.)

It would be my pleasure. They've got a pretty extensive sandwich menu here. I'll send you a picture so you can choose what you'd like.

Lauren Frye (12:28 P.M.)

Yes, please! That would be super helpful. Thanks again, Rita. You're a lifesaver!

---

1. At 12:25 P.M., what does Ms. Frye most likely mean when she writes, "Sure thing"?

(A) She knows how to locate a coffee shop.

(B) She is confident that she can meet a work deadline.

(C) She is certain that she is unable to meet for lunch.

(D) She would appreciate being brought some food.

2. What will Ms. Deakes probably do next?

(A) Make a sandwich

(B) Take a photograph

(C) Check a Web site

(D) Call Ms. Frye

Questions 3 - 6 refer to the following article.

"Excitement Builds for Grand Opening of Haven Heights Mall"
By Lisa Anderson

"Combining modern convenience with a touch of urban charm," that's the essential theme of the promotional materials for Haven Heights Mall, a five-story shopping center set to open its doors to shoppers next month in the heart of our bustling city. - [1] -.

The mall boasts wide walkways, abundant greenery, and lively communal spaces, all centered around a bustling central plaza. Here, patrons can enjoy a diverse array of dining options, boutique shops, and leisure activities. Tucked away in the northeast corner of the mall is an expansive entertainment complex, complete with a state-of-the-art cinema, fitness center, and swimming pool. - [2] -. "We've curated an experience that truly meets every aspect of our visitors' lifestyles," remarked Emily Nguyen, marketing manager. "Once you step inside, you'll understand why Haven Heights is certain to become the city's premier shopping destination."

The creators of Haven Heights deserve praise for crafting an inviting and attractive environment. - [3] -. The decision to incorporate garden terraces and use recycled building materials emphasizes its dedication to being eco-friendly.

Currently, any consumers who are interested in getting an advance glimpse of what the mall has in store can do so by touring the model retail spaces. - [4] -. Public viewings are available every Wednesday and Saturday from 10:30 A.M. to 3:00 P.M. The official grand opening of the mall will take place on June 14.

---

3. What is indicated about the entertainment complex?

(A) It is located opposite a food court.
(B) It will open for business this month.
(C) It boasts several desirable amenities.
(D) It is situated on the fifth floor.

4. The word "meets" in paragraph 2, line 5, is closest in meaning to

(A) focuses
(B) fulfills
(C) calculates
(D) adheres

5. In which of the positions marked [1], [2], [3], and [4] does the following sentence best belong?

"Moreover, its visual appeal is matched by its commitment to sustainability."

(A) [1]
(B) [2]
(C) [3]
(D) [4]

6. How can interested individuals view the mall prior to the grand opening?

(A) By obtaining a brochure
(B) By visiting a Web site
(C) By joining a public tour
(D) By watching a video clip

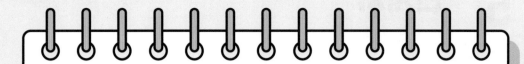

학습포인트

Part 5 관계사

기출포인트 1 **문장 구조 분석으로 푸는 관계대명사의 격**
- 주격 관계대명사 who, which, that
- 주격 관계대명사 문제는 선행사와 관계대명사절의 동사 수 일치 문제로도 출제
- 소유격 관계대명사 whose

기출포인트 2 **전치사 + 관계대명사**
- 전치사의 목적어로 사용할 수 있는 whom, which

기출포인트 3 **수량 표현 + of which/whom**
- 「수량 표현 + of」 뒤는 which나 whom이 정답
  → of which/whom을 보고 수량 표현을 고르는 문제로도 출제

기출포인트 4 **명사절을 이끌 수 있는 복합관계대명사**
- 복합관계대명사 who(m)ever, whatever, whichever

Part 6 문장삽입 ①

기출포인트 1 **선택지에 단서가 포함되어 있는 경우**
- 빈칸 위치에 따른 문장삽입 문제풀이법: 지문의 첫 문장, 지문 중간, 지문 마지막
- 문장삽입 정답 단서 종류: 지시어, 대명사, 접속부사 등

Part 7 복수지문 ①

기출포인트 1 **이중지문**
- 주제/목적, 세부사항, 동의어 → 사실 확인, 추론 → 연계문제 순으로 문제 풀이

PART 5 관계사

관계사 문제는 매 시험마다 1문제가 출제되거나 아예 출제되지 않을 때도 있다. 다만 관계사 문제가 출제되었을 때는 관계대명사의 격을 고르는 유형으로 주로 출제되는데, 주격 > 소유격 > 목적격 순으로 자주 출제된다. 또한, 복합관계사 문제는 빈칸에 알맞은 복합관계대명사를 고르는 문제로 대부분 출제되며, 문장 구조만 잘 파악하면 쉽게 풀 수 있다. 참고로, 관계부사나 복합관계부사는 자주 출제되지는 않는다.

기출포인트 1 문장 구조 분석으로 푸는 관계대명사의 격

Carriers Freight Company will provide new high-visibility vests and heavy-duty gloves to everyone ------- has registered for the worksite safety training.

(A) any
(B) who
(C) whom
(D) what

 정석 풀이법

빈칸 앞에 구조가 완전한 문장과 대명사 everyone이, 빈칸 뒤에 동사와 전치사구가 제시되어 있으므로 빈칸부터 전치사구까지가 everyone을 수식하는 구조가 되어야 한다. 따라서 관계대명사 (B) who, (C) whom, 그리고 (D) what 중에 정답을 골라야 하는데, 빈칸 뒤에 주어 없이 동사가 있으므로 주격 관계대명사 (B) who가 정답이다.

기출포인트 2 전치사 + 관계대명사

To be considered for the role, candidates must possess a valid driver's license from the state in ------- they are a resident.

(A) which
(B) where
(C) from
(D) there

 정석 풀이법

빈칸 앞에는 전치사가, 빈칸 뒤에 완전한 절이 있으므로 빈칸은 전치사의 목적어 역할을 할 수 있으면서 전치사 in과 함께 빈칸 앞 장소 선행사 the state를 수식할 수 있어야 한다. 따라서 (A) which가 정답이다. 참고로, in which는 장소 선행사를 가지는 관계부사 where로 바꿔 사용할 수 있다.

주격 관계대명사

사람 선행사면 who/that을, 사물 선행사면 which/that을 사용한다.

Patrons can obtain **a voucher** which can be used at any restaurant in the food court.
단골 고객들은 푸드코트의 어느 식당에서도 사용될 수 있는 상품권을 받을 수 있다.

주의

주격 관계대명사 문제는 선행사와 관계사절 내의 동사 수 일치 문제로 출제되기도 한다.

소유격 관계대명사

관계대명사가 들어갈 자리 뒤에 제시된 명사와 소유 관계가 성립할 때 선행사의 종류와 상관 없이 모두 whose를 사용한다.

Meadowlands Coalition is **an organization** whose mission is to advocate for farmers' labor rights.
메도우랜즈 연합은 농부들의 노동권을 옹호하는 임무를 가진 단체이다.

전치사 + 관계대명사

관계대명사는 대명사의 특징을 가지고 있으므로 전치사의 목적어로 쓰일 수 있다. 전치사의 목적어로는 whom과 which만 사용 가능하며, that은 사용할 수 없다.

The list of brand ambassadors **to** whom the clothing samples should be delivered can be found in the attachment.
의류 샘플이 배송되어야 하는 브랜드 앰버서더들의 목록은 첨부파일에서 찾을 수 있다.

수량 표현 + of which/whom

The Davis Arboretum houses and manages six greenhouses, two of ------- contain tropical orchids.

(A) that
(B) which
(C) they
(D) all

 정석 풀이법

빈칸 앞에 two라는 수량 표현과 of가 있으므로 「수량 표현 + of」 구조와 함께 사용할 수 있는 (B) which가 정답이다. which가 가리키는 것이 greenhouses이므로 사물 선행사를 수식할 수 있는 which를 사용한다.

수량 표현 + of which/whom

- 「수량 표현 + of」 뒤에는 항상 which 또는 whom이 정답이다.
- 선행사는 수량 표현 앞에 위치한 명사를 보고 사람이면 whom, 사물이면 which를 정답으로 고르면 된다.

  The conference will include talks from **biology experts, some of <u>whom</u>** are famous professors.
  그 컨퍼런스는 생물학 전문가들의 연설을 포함할 것인데, 그들 중 몇몇은 유명한 교수들이다.

- of which/whom을 보고 알맞은 수량 표현 (most, all, some, several, two 등)을 고르는 문제도 출제된다.

  Associates are urged to save pay slips and tax forms, [<u>all</u> / nothing] **of which** can be found on the Web site.
  직원들은 급여명세서와 납세신고서를 저장해놓는 것이 요구되는데, 이 모든 것은 웹 사이트에서 찾을 수 있다.

기출포인트 4 **명사절을 이끌 수 있는 복합관계대명사**

Employees are allowed to bring ------- they want to the company outing, given it adheres to the list of dietary restrictions announced earlier.

(A) wherever
(B) however
(C) whomever
(D) whatever

 정석 풀이법

선택지가 모두 복합관계사로 구성되어 있고, 빈칸 앞에는 타동사가, 빈칸 뒤에는 목적어 없이 주어와 동사, 그리고 전치사구만 있으므로 빈칸부터 콤마 앞의 전치사구까지가 동사 bring의 목적어 역할을 할 수 있어야 한다. 따라서 복합관계대명사 (C) whomever과 (D) whatever 중에 정답을 골라야 하는데 '회사 야유회에 그들이 원하는 무엇이든지 가져올 수 있다'는 의미가 되어야 하므로 (D) whatever이 정답이다.

복합관계대명사

- 관계대명사 뒤에 -ever가 붙은 형태이며, '~하든, ~이든'의 의미를 가진다.
- 복합관계대명사의 종류로는 who(m)ever, whatever, whichever이 있다.

  The notice states that we can **invite whoever wants** to watch the film premiere.
  그 공지는 영화 시사회를 보고 싶어 하는 사람은 누구든지 초대할 수 있다고 명시한다.

  We promise that you **can choose whichever you need** from our wide assortment.
  저희는 귀하께서 우리의 다양한 구색에서 필요한 어떤 것이든지 선택하실 수 있도록 약속드립니다.

1. Meridian Grocers is the only produce retailer in the Ellensburg area ------- offers same-day delivery.
   (A) then
   (B) it
   (C) that
   (D) they

2. Style-My-Way is a new smartphone app ------- allows users to find hair studios and barber shops that meet their preferences.
   (A) whoever
   (B) such
   (C) which
   (D) where

3. The delivery person ------- left a note about the damaged packaging also included his personal contact number.
   (A) who
   (B) likewise
   (C) whereas
   (D) has

4. The Sleeping Lions Resort, ------- houses a fitness center, outdoor swimming pool, and seafood buffet, serves tourists from all over the world.
   (A) themselves
   (B) someone
   (C) wherever
   (D) which

5. Five wristwatches, three of ------- were over a century old, were accidentally found at the vintage shop.
   (A) them
   (B) what
   (C) those
   (D) which

6. The departments ------- members donated to the charity fund should notify the director to receive a small thank-you gift.
   (A) its
   (B) that
   (C) which
   (D) whose

7. The recipes in J&W Publishing Inc.'s newest cookbook contains numerous special culinary techniques from Chef Holly Garland, ------- of which are particularly ingenious.
   (A) several
   (B) another
   (C) nothing
   (D) who

8. Cardinal Appliance refrigerators include a warranty that ------- for five years.
   (A) lasting
   (B) to last
   (C) last
   (D) lasts

9. Gordon Valdez recommends TuneScore, the application ------- he used while composing music for his album.
   (A) these
   (B) that
   (C) there
   (D) then

10. The security guard knows the passcode to the control room ------- the surveillance cameras are being monitored.
    (A) where
    (B) how
    (C) when
    (D) why

11. As an authentic Thai restaurant, we use the freshest ingredients and have 10 kitchen staff, most of ------- are professional cooks.

(A) them
(B) whom
(C) who
(D) theirs

12. All passengers are permitted to occupy ------- seats remain empty after take-off.

(A) whoever
(B) whenever
(C) whichever
(D) wherever

13. A free flashlight is given to any customer who ------- a Drexel Hardware Toolset by March 30th.

(A) purchase
(B) purchaser
(C) purchases
(D) purchasing

14. Developers are encouraged to specify their preferences by filling in the circles next to the software projects on ------- they would like to work.

(A) that
(B) whom
(C) which
(D) where

15. Holly Blichfeldt runs a quarterly seminar ------- she presents insights on property asset management.

(A) in which
(B) whom
(C) in order to
(D) so that

16. IT workers ------- job is to oversee internal data must attend a cybersecurity workshop twice every year.

(A) whose
(B) they
(C) that
(D) these

17. The survey respondents were requested to write ------- came to mind, no matter how irrelevant their opinions seemed to the store.

(A) whatever
(B) anywhere
(C) whenever
(D) everything

18. ------- replaces the operations supervisor must be able to maintain a calm, professional demeanor when facing adversities.

(A) Whose
(B) Whoever
(C) Anything
(D) Anyone

19. Members of Crystalline Tennis Club ------- enrollment expires this week can receive a 15 percent discount off the monthly fee if they renew by Sunday.

(A) who
(B) whom
(C) whoever
(D) whose

20. You can invite ------- wants to meet the author, provided that the total number of attendees does not surpass 100.

(A) whoever
(B) whenever
(C) however
(D) wherever

PART 6

문장삽입 ①

문장삽입 유형은 빈칸 바로 앞뒤에 위치한 문장만 확인해 흐름상 자연스럽게 연결되는 문장을 고르는 쉬운 유형부터 지문 전체의 흐름을 파악해 알맞은 문장을 고르는 고난도 유형까지 다양하게 출제된다. 특히, 선택지에 지시어나 대명사 등의 단서가 제시되고 빈칸 앞 문장에서 가리키는 대상을 찾아 정답을 고르는 유형이 가장 많이 출제된다. 뚜렷한 정답 단서가 없는 경우 빈칸 주변 문장 또는 내용을 전체적으로 파악한 뒤 흐름에 어울리지 않는 선택지를 소거하면서 푸는 것이 좋다.

기출포인트 1 선택지에 단서가 포함되어 있는 경우

Dear Mr. Moult,

I am contacting you to inform you that your **1.** ------- order of the Cudjoe Pro Training Vests has been prepared and is ready for shipping. As you placed such a large order, delivery of the **2.** ------- is free of charge. We just need to arrange a suitable date and time. As such, I would be grateful if you could contact our store at 516-555-0138 and ask **3.** ------- to Tony Watt, our shipping manager. **4.** -------.

Ross Docherty
Customer Service, Wotherspoon Sporting Goods

1.
(A) specially
(B) specialize
(C) special
(D) specializing

2.
(A) garments
(B) devices
(C) furnishings
(D) sessions

3.
(A) speak
(B) spoken
(C) is speaking
(D) to speak

4.
(A) He will present a few different options.
(B) He has experience in customizing items.
(C) He will explain the unfortunate delay.
(D) He assures me he will attend the meeting.

빈칸 위치 별 문장삽입 문제풀이 TIP
① 빈칸이 지문의 첫 문장일 경우:
지문 전체의 주제나 목적을 나타내야 하는 문장일 확률이 높다. 따라서 빈칸 뒤에 제시된 지문의 내용과 관련된 인사말, 소개, 사과 등을 담은 문장을 고른다.
② 빈칸이 지문 중간에 있는 경우:
바로 앞뒤에 위치한 문장이나 단락과의 의미 관계를 파악해 알맞은 문장을 고른다.
③ 빈칸이 지문 마지막에 있는 경우:
지문 전체 내용을 요약하거나 마지막 인사를 나타내는 문장이 빈칸에 들어갈 가능성이 높다. 따라서 빈칸 앞에 제시된 지문의 내용과 관련된 감사/사과 인사, 요청사항 등을 담은 문장을 찾는다.

기출 문장삽입 유형 정답 단서
- 지시어: the, there, such 등
- 대명사: this, its, he, she 등
- 접속부사: however, therefore, if so, also 등

Oh! 정석 풀이법

모든 선택지에 대명사 He가 있으므로 빈칸 앞 문장에서 He가 가리키는 대상을 찾아야 한다. 빈칸 바로 앞에 Tony Watt, our shipping manager와 통화하라는 내용이 있으므로 He가 배송 관리자인 토니 와트 씨임을 알 수 있다. 따라서 배송에 관련된 선택권을 안내해 줄 것이라는 내용의 (A)가 정답이다.

Questions 1 - 4 refer to the following notice.

PhysioFusion: The Bimonthly Magazine for Physiotherapists

Submit Your Own Story

Our first edition of next year will highlight physiotherapists who have transitioned into alternative careers. The specialized **1.** ------- that physiotherapists acquire through their training are increasingly sought after beyond traditional healthcare settings. **2.** -------, a large number of qualified physiotherapists have embraced diverse professional opportunities.

If you have embarked on a career change from physiotherapy, we want to hear your story. In no more than one thousand words, share your journey from physiotherapy to your current profession and describe **3.** ------- your background in physiotherapy has proven beneficial in your new role. Stories should be submitted to editor@physiofusionmag.com. **4.** -------. Regrettably, work received after this date will not be included in the edition.

1.

(A) industry
(B) skills
(C) needs
(D) fields

2.

(A) Nevertheless
(B) Once again
(C) In addition
(D) Consequently

3.

(A) what
(B) whose
(C) how
(D) which

4.

(A) Submissions must be received no later than December 19.
(B) Our training program is available to all physiotherapists.
(C) We thank you for applying for this position.
(D) Tips for research papers can be viewed on our Web site.

복수지문 유형 중 이중지문 유형은 매 시험마다 2세트씩, 총 10문제가 고정적으로 출제된다. 제시된 두 개의 지문에 나뉘어 제시되는 단서를 종합해 풀어야 하는 연계 문제가 최소 1문제씩 반드시 출제되므로 고난도 유형에 속한다. 문제 구성에서 약간의 변화가 있을 수 있지만, 대부분 1~2번은 첫 번째 지문을, 4~5번은 두 번째 지문을 보고 풀 수 있으며, 문제풀이 방법은 단일 지문과 동일하다. 주로 3번 문제가 연계 문제로 출제되며, 선택지가 같은 종류의 단어로 구성되어 있다면 연계 문제일 확률이 높다.

기출포인트 1   이중지문

To: Flow Gym Membership Services
Subject: Membership Fee Query
Date: February 2

Dear sir/madam,

I am writing to address an issue with my recent gym membership fee. Ever since I enrolled in the Gold package, I've been consistently billed $80 per month. However, I noticed that I was charged $110 for last month. This discrepancy of $30 concerns me as I opted for the Gold package specifically to manage my budget effectively. I kindly request your immediate attention to this matter. Could you please investigate the reason behind the increased charge and provide clarification as soon as possible?

John Hartman

To: John Hartman
Subject: Re: Membership Fee Query
Date: February 3

Dear Mr. Hartman,

Thank you for bringing this matter to our attention. We sincerely apologize for any inconvenience. Upon thorough investigation, we have confirmed that an error did occur in the billing process, resulting in the incorrect charge for last month. Rest assured, the excess amount will be credited back to your account for the next billing cycle at the end of this month.

To express our apologies for your patience, we would like to offer you 25%-off on gym merchandise. Furthermore, we would greatly appreciate it if you could take a moment to complete a brief survey regarding your experience with our services.

Diana Lee

이중지문 문제풀이 TIP

① 주제/목적, 세부사항, 동의어 유형 먼저 풀기
지문의 첫 단락 또는 지문의 일부만 읽고 풀 수 있는 위 유형의 문제들을 가장 먼저 푼다.

② 사실 확인, 추론 문제는 나중에 풀기
직접적인 단서를 찾기 힘들고, 지문 - 선택지 간 패러프레이징을 거칠 확률이 높은 유형은 ①번의 유형을 푼 다음에 푸는 것을 추천한다. 또한, 질문에 NOT이 있다면, 지문 - 선택지를 하나하나 대조해야 하므로 문제풀이 시간이 많이 소요되니 시간 관리에 유의해야 한다.

③ 연계 문제는 마지막에 풀기
연계 문제는 앞서 다른 유형의 문제들을 풀며 파악한 지문 내용을 활용하여 맨 나중에 푸는 것이 좋다.

주의

연계문제의 정답 단서로는 특정 날짜, 사람 이름, 행사 장소, 서비스의 종류, 비용, 방법, 시간 등과 같은 정보가 자주 출제된다.

1. What is the purpose of the first e-mail?

(A) To inquire about membership

(B) To delay a monthly payment

(C) To raise a concern about a fee

(D) To complain about gym facilities

2. What is indicated about Mr. Hartman?

(A) He has referred several friends to Flow Gym.

(B) He would like to create a separate account.

(C) He normally pays the same gym fee each month.

(D) He recently renewed his membership with Flow Gym.

3. How much money will be credited to Mr. Hartman's account in February?

(A) $25

(B) $30

(C) $80

(D) $110

4. What does Ms. Lee offer Mr. Hartman?

(A) A complimentary training session

(B) A discount on goods

(C) A plan upgrade

(D) A free month of membership

5. What does Ms. Lee encourage Mr. Hartman to do?

(A) Provide his account details

(B) Post an online review

(C) Attend a fitness class

(D) Submit some feedback

기출 이중지문 지문 빈출 구성

첫 번째 지문	두 번째 지문
문의	문의에 대한 답변
행사/공지/회의 내용	상세 일정 및 유의 사항
제품/서비스 광고	고객 혜택, 주문서
불만/문제점 제기	해결책 제시

Oh! 정석 풀이법

1. 이중지문의 1번 문제는 첫 번째 지문에 정답 단서가 있을 확률이 높다.

정답 writing to address an issue, gym membership fee
→ (C) To raise a concern about a fee

2. 이중지문의 2번 문제는 첫 번째 지문에 정답 단서가 제시될 확률이 높다.

정답 consistently billed $80 per month
→ (C) He normally pays the same gym fee each month.

3. 이중지문의 3번 문제는 연계문제일 확률이 높다. 문제의 키워드 credited, Mr. Hartman's account를 두 번째 지문에서 찾고, 첫 지무으로 독아가 두 번째 지문에서 언급된 excess amount를 찾아야 한다.

정답 ② the excess amount will be credited back to your account / ① discrepancy of $30 → (B) $30

4. 이중지문의 4번 문제는 두 번째 지문에 정답 단서가 있을 확률이 높다.

정답 offer you 25%-off on gym merchandise → (B) A discount on goods

5. 이중지문의 5번 문제는 주로 두 번째 지문 마지막 단락에 정답 단서가 제시된다.

정답 if you could take a moment to complete a brief survey
→ (D) Submit some feedback

주의

질문에서 언급되는 the first e-mail 또는 the second e-mail 등의 안내를 잘 읽는다면 노려 읽어야 할 지문의 위치를 바로 알 수 있으므로 문제풀이 시간을 크게 줄일 수 있다.

Questions 1 - 5 refer to the following article and review.

WESTERVILLE (15 June) - Timothy Anderson, a third-generation cheese and yogurt maker, launched his artisanal dairy business right here in Westerville six years ago. Tucked away near the bustling Maple Farmer's Market on Maple Avenue, his establishment, Anderson Dairy Delights, has been thriving.

Mr. Anderson attributes his success to his continuous pursuit of knowledge and innovation. "While our handcrafted cheeses and yogurts are renowned for their quality," he explained, "the market is competitive. To stay ahead, I've expanded my expertise beyond traditional dairy methods by attending seminars focusing on dairy science and sustainable farming practices."

Mr. Anderson emphasized how these seminars have empowered him to explore new avenues for distribution. "Utilizing the principles I've learned in dairy science, I've successfully approached several local restaurants and cafes to feature our products on their menus." Consequently, Anderson Dairy Delights cheeses and yogurts can now be savored at establishments such as the Maple Leaf Bistro in Castleford, the Green Terrace Café in Asheville, North Carolina, and the Alpine Retreat in Breckenridge, Colorado.

Furthermore, Mr. Anderson noted that many patrons first encounter his products while dining out. Subsequently, they seek out Anderson Dairy Delights either in person or through online platforms to purchase items for themselves. Located at 27 Maple Avenue, Anderson's Dairy Delights welcomes visitors to explore its offerings in-store or online at www.andersondairydelights.com.

---

https://www.greenterracecafe.com/diner_reviews

I recently had the pleasure of visiting the Green Terrace Café when I was in town for the Zonar Technology Convention. The café was just a short walk from the convention venue, so it was in a perfect location for me when I had a break for lunch. I was very impressed by the interior design of the café, which is furnished with comfortable armchairs and sofas and decorated with interesting artwork and ornaments. Everyone in my group was delighted with the coffees and teas we ordered, and we were particularly impressed with the cheeses and yogurts we tried as part of the lunchtime platter. The owner told me these are made by a company based in nearby Westerville. If I had one complaint, it would be that we were slightly disappointed with how much our bill came to. I feel some of the food and drinks we ordered were a little overpriced, but I would not hesitate to return in the future.

Posted by Grace Kozinski, August 29

1. What is the purpose of the article?

   (A) To recommend new restaurants
   (B) To discuss the expansion of a market
   (C) To announce the opening of a store
   (D) To profile a local business owner

2. How did Mr. Anderson expand his scientific knowledge?

   (A) By completing an internship
   (B) By reading online materials
   (C) By enrolling in a course
   (D) By attending seminars

3. What is suggested about Ms. Kozinski?

   (A) She has visited Maple Farmer's Market many times.
   (B) She bought Anderson Dairy Delights products online.
   (C) She plans to collaborate with Mr. Anderson.
   (D) She likes Anderson Dairy Delights products.

4. Where most likely was the Zonar Technology Convention held?

   (A) In Westerville
   (B) In Castleford
   (C) In Asheville
   (D) In Breckenridge

5. According to the review, what was Ms. Kozinski not pleased about?

   (A) The taste of her beverage
   (B) The decorations in a café
   (C) The location of a business
   (D) The prices on a menu

독해가 빨라지는 Part 7 고난도 어휘

▌명사

- ☐ rating 급수, 평가
- ☐ morale 사기, 의욕
- ☐ manuscript 원고
- ☐ referendum 국민 투표
- ☐ miscellaneous 기타의, 잡다한
- ☐ adjournment 폐회, 휴회
- ☐ surcharge 추가 요금
- ☐ shoplifting 절도
- ☐ centennial 100주년
- ☐ phone plan 전화 요금제
- ☐ discord 불일치
- ☐ procurement 조달
- ☐ digestion 소화
- ☐ conviction 확신
- ☐ craft 수공예
- ☐ predicament 곤경, 궁지
- ☐ discrepancy 불일치
- ☐ consistency 일관성
- ☐ subsidiary 자회사
- ☐ ingenuity 창의성
- ☐ voyage 항해, 탐험
- ☐ premises 토지, 건물
- ☐ burglary 빈집털이
- ☐ discordance 불일치
- ☐ a leave of absence 휴가
- ☐ screening 검사, 선별
- ☐ incidence 발생
- ☐ affiliate 자회사
- ☐ robbery 강도질
- ☐ treasurer 회계 담당자
- ☐ apprenticeship 견습 기간
- ☐ provision 규정, 조항

▌형용사

- ☐ tiring 피곤하게 하는
- ☐ surplus 남는
- ☐ rewarding 이익이 나는
- ☐ expressive 표현력 있는
- ☐ foremost 선도적인
- ☐ discreet 신중한
- ☐ malicious 악의 있는, 심술 궂은
- ☐ demographic 인구 통계의
- ☐ headstrong 고집 센
- ☐ alarming 놀랄 만한, 기가 막힌
- ☐ undue 부당한, 심한
- ☐ extant 현존하는, 기존의
- ☐ complete 결점 없는
- ☐ determined 결심한
- ☐ cutting-edge 최신의
- ☐ redundant 잉여의
- ☐ lucrative 이익이 나는
- ☐ responsive 응답하는
- ☐ mindful 신경 쓰는
- ☐ undisturbed 방해받지 않은
- ☐ sinister 불길한, 악의 있는
- ☐ dreadful 무서운
- ☐ emerging 출현하는
- ☐ eminent 선도적인
- ☐ gainful 이익이 나는
- ☐ disobedient 복종하지 않는
- ☐ resolved 결심한

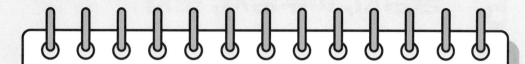

동명사, to부정사, 분사

매 시험마다 동명사 문제는 0~1문제, to부정사 문제는 0~1문제, 그리고 분사 문제는 0~2문제 평균적으로 출제된다. 동명사는 전치사 및 타동사의 목적어로 쓰이는 동명사 찾기와 명사와 동명사 특징 구분하기를 묻는 문제가 주로 출제되고, to부정사는 목적의 의미를 나타내는 부사적 용법으로 90% 이상 출제된다. 마지막으로 분사 문제는 현재분사와 과거분사를 구분하는 쉬운 문제부터 고난도 분사구문까지 출제되므로 빈출 문법 포인트 위주로 학습하는 것을 추천한다.

기출포인트 1　전치사의 목적어 역할을 하는 동명사

Through her science fiction novels, Desiree Mahram offers creative ways of ------- history and our universe.

(A) appreciate
(B) to appreciate
(C) appreciating
(D) appreciation

 정석 풀이법 ·······

빈칸 앞에 전치사 of가 있고, 빈칸 뒤에 명사구 history and our universe가 있으므로 빈칸은 전치사의 목적어 역할을 하면서 뒤에 있는 명사구를 목적어로 가질 수 있는 동명사 (C) appreciating이 정답이다. (B) to appreciate는 뒤에 있는 명사구를 목적어로 가질 수 있으나 전치사의 목적어 역할을 할 수 없으므로 오답이다.

주의

동명사는 타동사 enjoy, finish, consider, involve, mind, avoid 등의 목적어 역할도 할 수 있다.

명사 VS. 동명사 비교 분석

	명사	동명사
목적어 여부	X	O (자동사 동명사는 목적어 X)
관사 여부	관사 뒤 O	관사 뒤 X
수식 품사	형용사	부사

기출 빈출 「전치사 + 동명사」 표현

by -ing ~함으로써
after -ing ~한 후에
before -ing ~하기 전에
without -ing ~하지 않고
despite -ing ~에도 불구하고
upon -ing ~하자마자

기출포인트 2　to부정사로 착각하기 쉬운 동명사 숙어

Newton Gateways is a government institute that is dedicated to ------- internship opportunities for STEM students.

(A) arranging
(B) arrangement
(C) arrangements
(D) arrange

 정석 풀이법 ·······

빈칸 앞에 is dedicated to가 있고, 빈칸 뒤에 명사구 internship opportunities가 있으므로 빈칸은 전치사 to의 목적어 역할을 하면서 뒤의 명사구를 목적어로 취할 수 있는 동명사 자리이다. 따라서 (A) arranging이 정답이다.

주의

다음 동명사 숙어들은 to를 전치사 to가 아닌 to부정사로 착각하여 동사원형을 정답으로 고르기 쉽다.

be committed[dedicated, devoted] to -ing ~에 헌신하다
look forward to -ing ~을 고대하다
be opposed to -ing ~에 반대하다
be subject to -ing ~에 달려 있다

기출포인트 3   목적을 나타내는 to부정사

VFX Entertainment is seeking a camera assistant ------- its cinematography team.

(A) joining
(B) to join
(C) joined
(D) will join

 정석 풀이법

빈칸 앞에 구조가 완전한 문장이 있고, 빈칸 뒤에 명사구가 있으므로 빈칸에는 이 명사구를 목적어로 취하면서 부사의 역할을 할 수 있는 to부정사가 와야 한다. 따라서 '~하기 위해'라는 의미로 목적을 나타내는 (B) to join이 정답이다.

to부정사의 부사적 용법

① 부사 역할: '~하기 위해서'라는 뜻으로 목적을 나타낸다. (= in order to)
The process should be revised for employees <u>to receive</u> payments without delay.
직원들이 급여를 지연 없이 받을 수 있도록 절차가 개정되어야 한다.

② 형용사 수식
We are **pleased <u>to offer</u>** you the position of senior accountant.
귀하께 선임 회계사의 직책을 제의하게 되어 기쁩니다.

to부정사의 다른 용법

① 명사적 용법: 주어, 목적어, 보어 역할
　- to부정사를 목적어로 가지는 동사: plan, intend, expect, decide, aim, strive 등
② 형용사적 용법: 명사 수식
　- to부정사의 수식을 받을 수 있는 명사: right, effort, way, decision, ability 등

기출 to부정사와 어울리는 숙어

be eligible to do ~할 자격이 있다
be eager to do ~하는 것을 갈망하다
be scheduled to do ~할 일정이 잡히다
be ready to do ~할 준비가 되다

기출포인트 4   고난도 분사구문

Ms. Duong will send out an e-mail notification when ------- your mid-year performance evaluation.

(A) scheduled
(B) schedules
(C) scheduling
(D) will schedule

 정석 풀이법

빈칸 앞에 구조가 완전한 문장과 접속사 when이, 빈칸 뒤에 명사구 your mid-year performance evaluation이 있으므로 빈칸은 접속사 when과 함께 쓰일 수 있으면서 빈칸 뒤 명사구를 목적어로 취할 수 있는 분사가 와 부사구문이 되어야 하다 따라서 현재분사 (C) scheduling이 정답이다.

분사구문 출제 패턴

① 분사구문에서 -ing와 p.p. 구분하기
We took our clients to a luxurious hotel, [**leaving** / left] them **excited**.
우리는 고객들을 호화로운 호텔로 모셨고, 이는 그들을 흥분시켰다.

② 분사구문과 어울리는 접속사 고르기
All HorizonX smartphones must be charged using a specific connector [whereas / **unless**] otherwise **noted**.
모든 호라이즌X 스마트폰은 달리 언급이 없으면 특정한 커넥터를 사용해 충전되어야 한다.

기출 시험에 자주 나오는 「접속사 + 분사」 조합

when -ing ~ 할 때
while -ing ~하는 동안
since -ing ~하는 이래로
until p.p. ~될 때까지
once p.p. 일단 ~되면, ~되자마자
unless p.p. ~된 것이 아니라면

주의
분사구문의 의미를 분명하기 위해 접속사를 생략하기보다 그대로 쓰는 경우가 더 많다.

1. Throughout the years, city officials have considered ------- Alviso Wetlands as an ecological sanctuary.

   (A) designate
   (B) designates
   (C) designating
   (D) designation

2. In the first week of June, photojournalist Shirley Bishop is scheduled ------- her third seminar in Milan.

   (A) to give
   (B) will be giving
   (C) giving
   (D) may have given

3. The ------- committee of the Hayward Medical Institution has reallocated excess funds to the research department.

   (A) governed
   (B) governing
   (C) govern
   (D) governs

4. ------- employee directories will be passed out to every on-site worker before the end of today.

   (A) Revised
   (B) Revising
   (C) Revise
   (D) Revisions

5. Before ------- to hire some movers from HandyHaul Logistics, Ms. Wen read online reviews about their services.

   (A) decide
   (B) decision
   (C) decides
   (D) deciding

6. You should plan ------- extending your lease with our apartments for another two years.

   (A) to considering
   (B) consider
   (C) to consider
   (D) to be considered

7. The golf brand's strategic planning department is devoted to ------- effective guidance for growth.

   (A) provision
   (B) provided
   (C) providing
   (D) provides

8. The CFO is exploring ways ------- with Modus Solutions to expand its distribution network across the globe.

   (A) to partner
   (B) be partnering
   (C) is partnered
   (D) will partner

9. The daily ------- of raw meat for domestic cats is about 3 ounces.

   (A) allow
   (B) allowed
   (C) allowance
   (D) allowing

10. Many of the Ashwin Library members were opposed to ------- for renewing their annual library cards.

    (A) charge
    (B) have charged
    (C) be charged
    (D) being charged

11. Visitors must park their vehicles in the purple zone ------- otherwise indicated on the parking garage signage.

(A) because
(B) unless
(C) besides
(D) after

12. The executive board is seeking two legal coordinators ------- several corporate licensing agreements.

(A) to manage
(B) managed
(C) managerial
(D) manager

13. Quartoz Enterprises will hire part-time IT technicians at several branches ------- reduce personnel expenditure.

(A) instead of
(B) in order to
(C) as a result of
(D) owing to

14. The product manager for Thorton & Hoff Appliances is ready ------- posting video tutorials on how to assemble certain devices.

(A) begin
(B) began
(C) beginning
(D) to begin

15. ------- joining Dorsett Studios five years ago, Ms. Lee has directed countless TV ads for numerous fashion brands across Europe.

(A) Since
(B) Except
(C) During
(D) Where

16. Gemma Popov scored gold at the Table Tennis World Cup, ------- her remarkable skills despite a long hiatus.

(A) display
(B) displaying
(C) displayed
(D) displays

17. Craftbite Graphics Ltd. keeps its original designs secure by ------- its anti-malware programs and system firewalls.

(A) update
(B) updates
(C) updating
(D) updated

18. The new video game for car enthusiasts, ------- by KB72 Technologies, will go on sale at all major retail stores starting next Tuesday.

(A) development
(B) developed
(C) developing
(D) developer

19. The program booklet ------- all the speakers for the banquet dinner can be picked up by the entrance.

(A) list
(B) listing
(C) lists
(D) listed

20. All travelers are required to show valid identification ------- boarding both domestic and international flights.

(A) such as
(B) when
(C) although
(D) in addition

문장삽입 ②

문장삽입 유형 중 가장 고난이도 유형은 빈칸 앞뒤를 모두 읽어야 빈칸에 가장 적절한 문장을 선택할 수 있는 유형이다. 선택지에 지시어, 대명사, 접속부사 등의 정답 단서가 제시되지 않을 수도 있을뿐만 아니라 지문에서 많은 부분을 읽어야 하기 때문에 정답을 빠르게 찾을 수 없는 경우 문장삽입 외 나머지 3문제를 먼저 풀면서 전체 흐름을 파악한 후 푸는 것이 좋다.

기출포인트 1   빈칸 앞뒤를 모두 읽어야 하는 경우

Dear Ms. Abdullah,

I wanted to extend my gratitude for your **1.** ------- assistance in organizing the charity gala for our animal shelter. Your dedication made the event a success, and I'm grateful for the opportunity to collaborate with you.

The beautiful decorations you provided received a great deal of **2.** ------- from our attendees, and your efforts helped create an unforgettable experience for all who attended. **3.** -------. As we look ahead, I am excited about the upcoming fundraiser **4.** ------- our animal adoption program. Your enthusiasm is inspiring, and I am honored to have you as a partner in our mission.

Fatima Al-Mansoori, Dubai Animal Welfare Association

1.
(A) amazed
(B) amazement
(C) amazing
(D) amazingly

2.
(A) attention
(B) proposals
(C) innovation
(D) criticism

3.
(A) We will use your donation to improve the facility.
(B) Also, your support makes a difference in the lives of the animals.
(C) If you are interested in the event, please let me know.
(D) As such, we decided to move it to a more spacious venue.

4.
(A) will benefit
(B) to benefit
(C) has benefited
(D) benefits

Oh! 정석 풀이법

빈칸 앞 문장에서 압둘라 씨의 도움이 행사에 참석한 모든 사람들에게 잊을 수 없는 경험을 만들어주었다는 내용이, 빈칸 뒤에 곧 있을 동물 입양 프로그램에게 유익할 수 있는 모금 행사에 대해 기대된다는 내용이 있으므로 빈칸에는 동물들에게 좋은 점에 대해 언급하는 문장이 가장 적절하다. 따라서 (B)가 정답이다.

고난도 문장삽입 문제풀이 TIP

- 빈칸 앞뒤 문장이 어떤 논리 관계로 연결되는지 확인해야 한다. 주로 역접, 추가 설명, 원인과 결과 등의 의미 관계가 자주 출제된다.
- 선택지에 단서가 제시되어 있지 않다면 지문 내 빈칸 앞뒤 문장에 단서가 있는지 확인한다. 반대로, 지문에 단서가 제시되어 있지 않다면 선택지에 단서가 나타나 있을 수도 있다.

주의
정답을 바로 찾을 수 없는 경우, 해당 지문의 다른 문제들을 먼저 풀어 지문의 내용을 파악한 뒤 가장 마지막에 풀어보는 것을 추천한다.

Questions 1-4 refer to the following information.

Once your order is dispatched from our distribution center, please expect in-home delivery within approximately three days. Please note that delivery times may vary depending on the location of your **1.** ------- and your availability to receive the package. Our team at Zenith Home Décor will coordinate with a reliable courier **2.** ------- a delivery appointment that suits your schedule. Our standard delivery hours are on weekdays between 9 A.M. and 7 P.M., **3.** ------- weekend deliveries can be accommodated upon request. Upon arrival at your home, our delivery agency will carefully place the item in your desired location, ensuring a hassle-free experience for you. **4.** -------. Additionally, assembly services are included as part of our commitment to providing exceptional customer service.

1.

(A) garden
(B) records
(C) residence
(D) organization

2.

(A) to schedule
(B) is scheduling
(C) as a schedule
(D) that scheduled

3.

(A) if so
(B) when
(C) though
(D) in the meantime

4.

(A) When opening the package, please ensure that all components are included.
(B) Large items are subject to additional handling fees.
(C) Please provide your unique tracking code so that we can locate the item.
(D) They will also handle the removal of all packing materials.

삼중지문 유형은 매달 3세트씩, 총 15문제가 고정적으로 출제된다. 세 개의 지문 중 두 개 지문에 나뉘어 제시된 단서를 종합하여 풀어야 하는 1~2개의 연계 문제가 반드시 출제되므로 이중지문과 함께 고난도 유형에 속한다. 읽어야 하는 지문의 개수가 가장 많기 때문에 체감 난이도는 높지만, 문제풀이 방법은 이중지문과 동일하다. 삼중지문에서 3번 문제가 연계 문제인 경우, 첫째 지문 - 둘째 지문 또는 첫째 지문 - 셋째 지문을, 4번 문제가 연계 문제인 경우, 첫째 지문 - 셋째 지문 또는 둘째 지문 - 셋째 지문을 읽고 정답을 고를 수 있는 확률이 높다.

기출포인트 1 삼중지문

New Ownership at the Green Cactus Cantina

By Javier Rodriguez

SANTA FE (May 12) - Juan Fernandez, the former sous-chef at the Green Cactus Cantina under head chef Maria Ramirez, has completed the acquisition of the establishment. Ms. Ramirez will be relocating to her hometown of Taos. "When Maria told me about her desire to be closer to her parents and approached me about taking over, I saw it as a golden opportunity," stated Mr. Fernandez.

Ms. Ramirez remarked, "Juan has contributed significantly to our menu's success." Since Mr. Fernandez assumed ownership this week, he has already introduced some changes to the restaurant's menu, including his signature dish of queso fundido, which tastes superb. Guests can now conveniently place orders in advance by calling 555-6789.

Green Cactus Cantina
May Menu
Flavors of Mexico Prix Fixe Menu ($50 per person)

Appetizer
A) Shrimp ceviche
B) Queso fundido

Entrée
A) Beef tacos with roasted corn salsa
B) Chicken enchiladas with cilantro-lime rice

Dessert
A) Tres leches cake with fresh berries
B) Churros with Mexican chocolate dipping sauce

삼중지문 문제풀이 TIP
① 주제/목적, 세부사항, 동의어 유형을 우선 풀이
상대적으로 단서를 찾기 쉬운 위 유형의 문제들을 가장 먼저 푼다.
② 사실 확인, 추론 문제는 나중에 풀이
선택지가 대부분 패러프레이징되어 있는 위 유형의 문제들은 가급적 나중에 푸는 것이 문제풀이 시간 확보에 유리하다.
③ 연계 문제는 마지막에 풀이
이중지문 연계 문제 풀이 방법과 동일하게 다른 유형의 문제들을 풀며 파악한 내용을 바탕으로 가장 마지막에 푼다.

주의
연계 유형은 주로 선택지가 사람, 장소, 가격, 날짜, 시각, 특정 사물 등으로 구성되어 있다. 첫 번째 지문은 두 번째 및 세 번째 지문의 내용과 밀접히 관계되어 있으므로 모두 읽는 것을 추천한다.

www.santafedining.com/greencactus/review/5678

Last night, my friends and I decided to dine at the Green Cactus Cantina. Presented with two enticing options, I faced a dilemma due to my dietary restrictions, but the staff were able to customize my meal by replacing the meat with refried beans. While the main course was tasty, particularly the cilantro-lime rice, the highlight of the evening was the queso fundido. We're already planning our next visit once more.

By Dana Lewis   Post Date: May 15

1. What is the purpose of the article?

(A) To promote a new restaurant
(B) To announce the new owner
(C) To highlight the dining scene
(D) To offer a discount

2. Why is Ms. Ramirez moving to Taos?

(A) To learn new cooking methods
(B) To enjoy her hobbies
(C) To launch a new business
(D) To be nearer to her family

3. What detail from the article does Ms. Lewis agree with?

(A) The advance ordering is convenient.
(B) An appetizer is delicious.
(C) The desserts were high quality.
(D) The restaurant is located in a popular area.

4. What dish did Ms. Lewis ask to have prepared differently?

(A) Shrimp ceviche
(B) Beef tacos
(C) Chicken enchiladas
(D) Tres leches cake

5. In the review, the word "faced" in paragraph 1, line 2, is closest in meaning to

(A) searched
(B) located
(C) encountered
(D) researched

주의

질문에서 언급된 지문의 유형 article 또는 review 등을 보고 노려 읽어야 하는 지문의 위치를 쉽게 파악하여 문제풀이 시간을 크게 줄일 수 있다.

Oh! 정석 풀이법 ....

1. 주제/목적 유형의 정답 단서는 첫 지문 첫 단락에서 찾을 수 있다.
　정답 Juan Fernandez, has completed the acquisition
　　→ (B) To announce the new owner

2. 세부사항 유형 질문의 키워드 Taos는 첫 지문의 첫 단락에서 찾을 수 있다.
　정답 relocating, Taos, closer to her parents → (D) To be nearer to her family

3. 연계문제인 3번 문제의 키워드 Ms. Lewis agree는 세 번째와 첫 번째 지문에 제시되었다.
　정답 ③ highlight of the evening was the queso fundido / ① queso fundido, which tastes superb → (B) An appetizer is delicious.

4. 연계문제인 4번 문제의 키워드 prepared differently는 세 번째와 두 번째 지문에 제시되었다.
　정답 ③ customize my meal, cilantro-lime rice / ② Chicken enchiladas with cilantro-lime rice → (C) Chicken enchiladas

5. 세 번째 지문에 제시된 동의어 "faced" 주변을 읽고 유사한 의미로 쓰인 단어를 고른다.
　정답 faced a dilemma → (C) encountered

Questions 1 - 5 refer to the following Web page, form and e-mail.

---

http://www.devlinlandscaping.com

Get the Most Out of Your Garden!

Our professional landscape gardeners are highly experienced and ready to rejuvenate and improve your garden! From smaller, personal gardens to large public spaces, our team assures excellent results at an affordable price!

Our standard hourly rates are:
1 gardener = $70; 2 gardeners = $130; 3 gardeners = $190; 4 gardeners = $250

Every residential or public garden space is unique, so our rates may differ based on the size of the garden and the work required. To receive a quote, just fill out the job estimate form and submit it to us, and we will get back to you as quickly as possible.

Special Summer Offer: Book our services between July 1 and July 31 and receive one complimentary one-hour after-care service.

Devlin Landscaping Job Estimate Form	
Today's date	Tuesday, July 31
Full name	Marvin Farrelly
Phone number	555-0147
Location of job	Various
Preferred work date	August 10
Job details	I am the proprietor of three coffee shops, each of which features an attractive garden where my customers enjoy their beverages. I have attached images of the garden areas.
Additional information	My coffee shops will be closing temporarily for remodeling for a few days, starting August 10, and I would like to use this time to improve the garden areas. I've also contacted several other landscaping companies to find the most reasonable pricing. Although the gardens will be ready for your services on August 10, I hope I will still be eligible for the summer offer advertised on your Web site.

To: Marvin Farelly
From: Anita Wallace
Date: July 31
Subject: Your job estimate

Thank you for submitting your job estimate form to Devlin Landscaping. Based on the information provided, we would need to assign one worker to each of your three business locations. I would estimate that each worker would require 8 hours to provide our services, so all three gardens would be completed in one day. Please be aware that the pricing includes a final clean-up, and all waste would be taken away at the end of the day. If you are happy to proceed, I will consider today as your booking date to ensure that you are eligible for our special summer offer. Please contact me at 555-0130 so we can finalize a price, and then I will send you the necessary paperwork.

Regards,

Anita Wallace, Devlin Landscaping

---

1. On the Web page, the word "assures" in paragraph 1, line 2, is closest in meaning to

(A) convinces
(B) exceeds
(C) promotes
(D) guarantees

2. What does Mr. Farrelly mention about his coffee shops?

(A) They are located in public parks.
(B) They will be renovated in August.
(C) They opened for business last month.
(D) They were landscaped by Devlin in the past.

3. If Mr. Farelly uses Devlin Landscaping, what is the standard hourly rate he will most likely pay?

(A) $70
(B) $130
(C) $190
(D) $240

4. What is suggested about Mr. Farrelly?

(A) He has experience in landscape gardening.
(B) He will be traveling overseas from August 10.
(C) He will receive a discount on landscaping services.
(D) He would be entitled to a free after-care service.

5. According to Ms. Wallace, what can her company do?

(A) Remove waste materials
(B) Install outdoor lighting
(C) Upgrade a membership plan
(D) Measure a proposed work site

독해가 빨라지는 Part 7 고난도 어휘

▌동사

- □ adjourn 폐회하다, 휴회하다
- □ digest 소화시키다
- □ outweigh 더 중요하다
- □ ease 완화하다
- □ omit 생략하다
- □ unwind 풀다, 느긋이 쉬다
- □ nestle 둥지를 틀다
- □ confide 신뢰하다
- □ nurture 양육하다
- □ procure 조달하다
- □ retreat 후퇴하다, 물러나다
- □ split 쪼개다, 나누다
- □ convince ~에게 확신시키다
- □ smear 오염시키다, 얼룩지게 하다
- □ depict 묘사하다
- □ cheer 장려하다, 격려하다
- □ retrieve 회수하다
- □ foster 촉진하다
- □ ruin 붕괴시키다
- □ opt 채택하다
- □ dispense with ~을 면제시키다
- □ spot 찾아내다
- □ stimulate 자극하다
- □ dread 두려워하다
- □ confront 직면하다
- □ vend 팔다
- □ offend 불쾌하게 하다
- □ defeat 무찌르다
- □ yield 산출하다
- □ maltreat 학대하다
- □ amend 수정하다, 개정하다
- □ incur 초래하다

▌기타

- □ as to ~에 관한
- □ duly 정당한
- □ provisionally 임시로
- □ narrowly 가까스로
- □ namely 즉, 다시 말해
- □ out of season 철 지난
- □ yet another 또 하나의
- □ if need be 필요하다면
- □ on paper 문서상
- □ in return 그 대가로
- □ no more than 겨우, 단지
- □ as for ~에 관한
- □ at once 즉각
- □ back and forth 왔다 갔다
- □ at large 전반적으로
- □ of your choice 당신이 선택한
- □ per se 그 자체로
- □ by or before ~까지 혹은 그 이전에
- □ with regard to ~에 관한
- □ unduly 지나치게
- □ at that point 그때에
- □ to and from ~을 왕복하여
- □ as such 그것으로서
- □ at the very least 최소한

RC

정답 및 해설

Part 5 동사

기출포인트 1

해석 　케인 씨가 가장 좋아하는 영화 배우를 따라하는 것을 택한 그의 복장과 헤어 스타일이 회사의 새로운 복장 규정에 거의 맞지 않는다.

어휘 　**copy from** ~을 따라하다, 본뜨다 **hardly** 거의 ~않다 **conform (to)** (~에) 맞다, 순응하다

기출포인트 2

해석 　재무 담당 최고 책임자가 분기별 재무 보고서를 받을 때까지 주주회의를 연기하는 것이 권장된다.

어휘 　**shareholder** 주주 **CFO** 재무 담당 최고 책임자 **postpone** ~을 연기하다, 미루다

기출포인트 3

해석 　새로운 증강 현실 헤드셋은 3분기 금융 분기에 출시될 것으로 예정되어 있다.

어휘 　**augmented reality** 증강 현실 **financial** 금융의, 재무의 **quarter** 분기

기출포인트 4

해석 　모두의 여행 일정들을 수용하기 위해, 대부분의 호텔들은 현재 투숙객들에게 추가 요금으로 나중에 체크아웃할 수 있는 선택권을 준다.

어휘 　**accommodate** ~을 수용하다 **itinerary** 일정 **proceed** 진행되다, 나아가다 **deem** 간주하다

토익 실전 연습

1. (A)	**2.** (D)	**3.** (C)	**4.** (B)	**5.** (D)
6. (B)	**7.** (A)	**8.** (D)	**9.** (C)	**10.** (C)
11. (C)	**12.** (C)	**13.** (C)	**14.** (C)	**15.** (D)
16. (B)	**17.** (C)	**18.** (D)	**19.** (A)	**20.** (C)

1.

해석 　글린트 제조회사의 제품 개발자들은 다음 주에 프로젝트 제안서의 초안을 작성하기 시작할 생각이다.

해설 　빈칸 앞에는 주어와 전치사구가, 빈칸 뒤에는 to부정사구만 쓰여 있다. 따라서 빈칸에 문장의 동사가 필요하므로 선택지에서 유일한 동사인 (A) intend가 정답이다.

어휘 　**draft** ~의 초안을 작성하다 **intend (to do)** (~할) 생각이다, 작정이다 **intentional** 의도적인 **intentionally** 의도적으로

2.

해석 　노던 에너지 사의 고객 서비스 콜 센터 내 전화기들이 정전으로 인해 하루 종일 계속 울리고 있다.

해설 　빈칸 앞에는 주어와 전치사구가, 빈칸 뒤에는 부사 all day와 전치사구만 쓰여 있다. 따라서 빈칸에 문장의 동사가 필요하므로 선택지에서 유일한 동사인 (D) have been ringing이 정답이다.

어휘 　**due to** ~로 인해, ~ 때문에 **power cut** 정전

3.

해석 　카이 일렉트로닉스 사에 의해 개발된 새 휴대전화는 인상적인 카메라를 특징으로 한다.

해설 　빈칸 앞에 주어와 과거분사구가, 빈칸 뒤에는 명사구만 있으므로 빈칸에 문장의 동사가 필요하다. 주어 The new cell phone과 수 일치되어야 하므로 단수동사 (C) features가 정답이다.

어휘 　**impressive** 인상적인 **feature** ~을 특징으로 하다

4.

해석 　공장 내의 전 직원이 이달 말까지 모든 보건 안전 강좌를 완료해야 한다.

해설 　빈칸 앞에 주어와 전치사구, 빈칸 뒤에 to부정사구가 있으므로 빈칸은 문장의 동사 자리이다. 따라서 빈칸 뒤 to부정사구와 함께 수동태를 구성할 수 있는 (B) are required가 정답이다.

5.

해석 　각 시리우스 노트북 컴퓨터는 3년 기간의 품질 보증서와 무료 바이러스 방지 소프트웨어 패키지를 포함한다.

해설 　빈칸 뒤 전치사 with와 어울리는 1형식 동사가 필요하며, '품질 보증서와 소프트웨어 패키지를 포함한다'를 의미해야 자연스러우므로 with와 함께 '~을 포함하다, ~이 딸려 있다'라는 의미의 (D) comes가 정답이다.

어휘 　**warranty** 품질 보증(서) **complimentary** 무료의 **serve** (음식·서비스 등) ~을 내오다, 제공하다, 봉사하다, 근무하다 **adjust** ~을 조정하다, 조절하다

6.

해석 　IT팀에 의해 설치된 채팅 프로그램들은 부서들 사이의 협업을 용이하게 하기 위해 고안된 것이다.

해설 　빈칸 앞뒤에 위치한 be동사 및 to부정사와 결합하는 수동태가 필요하므로 이 둘과 함께 '~하기 위해 고안되다'를 의미하는 (B) designed가 정답이다.

어휘 　**facilitate** ~을 용이하게 하다 **rely** 의존하다 **notify** ~에게 알리다 **progress** v. 진척되다, ~을 진척시키다

7.

해석 　탑승객들께서는 27번 게이트에서 출발해 암스테르담으로 향하는 항공편이 2시간 지연되었다는 점에 유의하시기 바랍니다.

해설 　선택지가 모두 동사의 형태이므로 수, 태, 그리고 시제 순서대로 문제를 풀어야 한다. that절의 주어 the flight가 단수이므로 단수동사가 필요하며, 항공편은 사람에 의해 지연되는 대상이므로

수동의 의미를 나타내야 한다. 따라서 수동태 단수동사 (A) has been delayed가 정답이다.

8.

해석 앨더우드 지역 사회 그룹의 회장은 구성원들에게 매달 최소 5일 간의 자원 봉사 업무에 전념하도록 제안한다.

해설 빈칸 앞뒤에 주어와 전치사구가 있으므로 빈칸은 that절의 동 사 자리이다. 동사 suggests가 제안의 뜻을 나타내므로 that절 에는 주어와 상관없이 동사원형이 사용되어야 한다. 따라서 (D) commit가 정답이다.

어휘 **suggest that** ~하도록 제안하다 **commit** 전념하다

9.

해석 트리덴트 제약회사에서 30년간 재직한 끝에, 막스 씨는 최근 마 케팅부의 이사로 임명되었다.

해설 5형식 동사 name은 「name A B」의 능동태 구조 또는 「A be named B」의 수동태 구조로 사용되므로 사람 주어와 특정 직 책이 빈칸 앞뒤에 쓰인 구조에 어울리는 수동태이면서 부사 recently와 어울리는 과거시제 (C) was named가 정답이다.

어휘 **director** 이사, 감독, 책임자 **name (A B)** (A를 B로) 임명하다

10.

해석 그 박물관의 보안팀은 특정 전시 공간에서 사진을 촬영하는 것을 금지할 권한이 있다.

해설 빈칸 뒤 동명사를 목적어로 취할 수 있는 3형식 동사가 필요하 며, '사진 촬영을 금지할 권한이 있다'는 의미가 자연스러우므로 '~을 금지하다'를 뜻하는 (C) prohibit이 정답이다.

어휘 **certain** 특정한, 일정한 **vote** 투표하다 **prohibit** ~을 금지하다

11.

해석 회사 자산에 대한 승인되지 않은 사용은 징계 조치로 이어진다는 점에 유의하시기 바랍니다.

해설 동사 advise는 「advise A that절」 또는 「be advised that절」의 구조로 사용된다. 따라서 빈칸 뒤에 목적어 없이 that절이 바로 이어지는 구조와 어울리는 수동태 (C) be advised가 정답이다.

어휘 **unauthorized** 승인되지 않은 **property** 자산, 건물, 부동산 **result in** ~라는 결과로 이어지다, ~을 초래하다 **disciplinary** 징계의

12.

해석 아먼드 건강 식품회사의 최고 재무 이사인 마이크 랭글리 씨가 다음 주에 있을 이사회 회의 시간에 급격하게 더 낮아진 연간 지 출 비용을 발표할 것으로 예상된다.

해설 빈칸 앞에 사람 이름 주어와 명사구가 있고, 빈칸 뒤에 to부정사 가 있으므로 빈칸은 문장의 동사 자리이다. 따라서 빈칸 뒤 to부 정사와 함께 수동태를 구성할 수 있는 (C) is expected가 정답 이다.

어휘 **drastically** 급격히 **expenditure** 지출 (비용) **board** 이사회

13.

해석 저희는 시 의회의 기획부로부터 승인 받은 후에야 두 곳의 새 주 차장을 짓는 제안을 시행할 수 있습니다.

해설 선택지가 모두 동사의 형태이므로 수, 태, 그리고 시제 순서대로 문제를 풀어야 한다. it이 가리키는 proposal은 사람에 의해 승 인되는 대상이므로 수동의 의미를 나타내야 하며, 주절의 동사가 미래(cannot implement)를 나타낼 때 부사절인 until절에 현재 시제 동사 또는 현재완료시제 동사를 사용하므로 수동태 현재완 료시제 동사 (C) has been approved가 정답이다.

어휘 **not A until B** B나 되어야 A하다 **implement** ~을 시행하다 **construct** ~을 짓다, 건설하다

14.

해석 모든 스탠포스 대학 졸업생 여러분을 7월 10일에 있을 졸업식에 참석하도록 초대합니다.

해설 빈칸 앞뒤에 위치한 be동사 및 to부정사와 결합하는 수동태가 필요하므로 이 둘과 함께 '~을 초대하다'를 뜻하는 (C) invited가 정답이다.

어휘 **commencement ceremony** 졸업식 **notice** ~을 알아차리 다, 주목하다

15.

해석 브라우닝 로지스틱스 사의 대표이사는 회사에 대한 공헌을 인정 해 스미스 씨에게 이틀의 별도 휴가를 주었다.

해설 빈칸 뒤에 사람 명사와 사물 명사구가 차례로 쓰여 있어 간접목 적어와 직접목적어임을 알 수 있으므로 두 개의 목적어를 취할 수 있는 4형식 동사 (D) granted가 정답이다.

어휘 **in recognition of** ~을 인정해 **contribution** 공헌, 기여 **induct** ~을 인도하다, 취임시키다 **solicit** ~을 간청하다 **grant (A B)** (A에게 B를) 주다, 승인하다

16.

해석 데 용 씨는 모든 지점장이 8월에 있을 관리자 교육 과정에 등록 해야 한다고 주장했다.

해설 빈칸 앞에 위치한 동사 has insisted처럼 주장을 나타내는 동 사의 목적어 역할을 하는 that절에 동사원형을 사용하므로 (B) register가 정답이다.

어휘 **insist** ~을 주장하다

17.

해석 월급 및 보너스와 관련된 문의 사항에 대해서는, 급여 관리부의 에드워즈 씨에게 연락하시기 바랍니다.

해설 빈칸 뒤에 위치한 사람 이름 명사를 목적어로 취할 수 있는 3형 식 동사가 필요하며, '문의 사항에 대해 에드워즈 씨에게 연락하 시기 바랍니다'라는 의미가 자연스러우므로 '~에게 연락하다'를 뜻하는 (C) contact가 정답이다.

어휘 **inquiry** 문의 사항 **regarding** ~와 관련된 **payroll** (회사 등 의) 전체 급여, 급여 대상자 명단 **appeal** 마음을 끌다, 호소하다

18.

해석　고객 서비스 교육 워크숍에 초대된 모든 사람에게 일정표를 포함한 안내 책자 묶음이 지난주에 발송되었다.

해설　초대된 사람에게 안내 책자 묶음이 발송되는 것이므로 4형식 동사 send의 수동태를 사용해야 하는데, 과거 시점 표현 last week와 어울려야 하므로 과거시제 수동태 (D) was sent가 정답이다.

어휘　**information packet** 안내 책자 묶음

19.

해석　캐스터 주식회사가 지사마다 직원 생산성을 향상시킬 새로운 방법을 찾고 있다.

해설　빈칸 뒤에 위치한 전치사 for와 어울리는 1형식 동사가 필요하며, 의미상 '새로운 방법을 찾고 있다'가 자연스러우므로 for와 함께 '~을 찾다'라는 의미의 (A) looking이 정답이다.

어휘　**productivity** 생산성 **lean** ~을 기대어 놓다, 기대다, 의지하다

20.

해석　소비자 소비 습관의 경향과 관련해 지난달에 실린 보고서는 사람들이 돈을 절약하기 위해 더 많은 노력을 기울이는 것으로 결론 짓고 있다.

해설　빈칸 앞에 주어와 전치사구 그리고 분사구가, 빈칸 뒤에 that절이 있으므로 빈칸은 문장의 동사 자리이다. 따라서 주어 The report와 수 일치되는 단수동사의 형태이면서 that절을 목적어로 취할 수 있는 3형식 동사 (C) concludes가 정답이다.

어휘　**spending habit** 소비 습관 **conclusion** 결론, 결말 **conclude (that)** (~라고) 결론 짓다

Part 6 문맥파악 ① 시제

기출포인트 1

수신: 모든 인사부 직원들

에밀리 존슨 씨의 헌신과 이례적인 성과로 그녀가 흥미진진한 승진을 하게 되었다는 것을 알리게 되어 아주 신납니다. 5월 20일부터, 존슨 씨는 우리 인사부를 이끌 직책을 맡게 될 것입니다.

존슨 씨는 8년 전 처음 직원 트레이너로서 우리 팀에 입사했고, 그녀의 기여는 우리의 인력을 형성하는 데 도움이 되어 왔습니다. 그녀의 이전 직책에서, 우리 직원들의 능력을 상당히 향상시켰습니다. 그녀의 워크숍들은 특히 효과적이었습니다. 존슨 씨를 축하하기 위해 잠시 시간을 내주시고, 새 직책으로의 과도기 동안 그녀가 필요할 수도 있는 어떠한 지원이라도 제공합시다.

어휘　**thrilled** 신나는, 흥미진진한 **dedication** 헌신, 기여 **exceptional** 이례적인 **take on** ~을 맡다 **initially** 처음(에) **contribution** 기여, 헌신 **instrumental in** ~하는 데 도움이 된 **shape** ~을 형성하다 **significantly** 상당히 **enhance** ~을 향상시키다

1.

어휘　**win a promotion** 승진하다

2.

해설　빈칸 뒤에 제시된 May 20은 존슨 씨가 새로운 직책을 맡게 되는 시작 시점을 의미하므로 전치사 from과 함께 '~부터'라는 의미를 가지는 (C) Starting이 정답이다.

어휘　**come** 오다, 가다

3.

(A) 그녀의 마케팅 기술들은 우리 사업에 소중합니다.
(B) 그녀의 굉장한 영업 성과를 보는 것은 흥미롭습니다.
(C) 그녀의 워크숍들은 특히 효과적이었습니다.
(D) 저희 회사는 그녀에게 광범위한 교육을 제공했습니다.

해설　빈칸 앞에 존슨 씨가 입사 후 직원들의 능력을 향상시킨 사실이 제시되어 있으므로 이에 대한 방법과 효과를 언급하는 (C)가 정답이다.

4.

해설　인사부의 모든 직원들이 존슨 씨에게 도움을 주어야 하는 이유를 나타낼 어휘가 빈칸에 필요하므로 '과도기, 전환' 등을 뜻하는 (C) transition이 정답이다.

어휘　**intermission** 중간 휴식 시간 **acquisition** 인수 **occupation** 직업

기출포인트 2

귀하께서 도쿄에 머무시는 동안 가지실 빽빽한 일정들에 관해 세부사항들을 제공해주셔서 감사합니다. 귀하의 요청사항을 검토하면서, 저희와 함께 하실 가이드가 동반된 답사 여행에 대한 시간들을 조정했습니다.

귀하의 여행의 두 번째 날에 관해, 오전에 세 가지의 다른 장소를 답사할 선택권을 가지고 계십니다. 귀하께서는 에도 성의 풍부한 역사를 들여다보시거나 메이지 성지의 고요한 아름다움으로 귀하를 몰두하게 하실 수도 있습니다. 대안으로, 수키지 어시장의 북적거리는 거리들을 지나며 풍경이 아름다운 산책을 나서실 수도 있습니다.

친절하게 귀하의 선호하시는 것과 귀하의 일정에 대해 다른 변경을 하시고 싶으신지를 저희에게 알려주십시오. 귀하의 관광 요청에 대해 도쿄 디스커버리를 선택해 주셔서 감사합니다. 저희의 멋진 도시에 방문을 즐기시기를 바랍니다.

안녕히 계십시오,

카주키 타나카, 도쿄 디스커버리

어휘　**agenda** 일정, 의제 **upon -ing** ~하면서 **request** 요청사항 **adjust** ~을 조정하다 **exploration** 답사 여행 **excursion** 여행 **look into** ~을 들여다보다 **immerse oneself in** ~에 …를 몰두하게 하다 **tranquil** 고요한 **alternatively** 대안으로 **embark on** ~을 나서다 **bustling** 북적거리는 **modification** 변경, 수정

1.

해설 빈칸 뒤에 도쿄에 머무는 동안의 일정에 대한 세부정보를 제공받았다는 내용과 답사 여행에 대한 시간들을 조정했다는 내용이 언급되어 있으므로 '빽빽한'이라는 뜻으로 여행 일정의 특징을 나타낼 수 있는 (B) tight가 정답이다.

어휘 tight 빽빽한 prevalent 널리 퍼져 있는

2.

해설 빈칸 뒤에 명사구가 있으므로 빈칸은 전치사 자리이다. 따라서 (D) Regarding이 정답이다.

어휘 regard n. 존경 v. ~을 …으로 여기다 regarding ~에 관해

3.

(A) 5 영업일 이내에 지불금을 받으셔야 합니다.
(B) 귀하의 관광 요청에 대해 도쿄 디스커버리를 선택해 주셔서 감사합니다.
(C) 도쿄 디스커버리는 30년이 넘게 영업해 왔습니다.
(D) 귀하의 불만사항이 저희 고객 지원팀으로 전달되었습니다.

해설 빈칸 앞에는 선호하는 것을 알려달라고 요청하는 내용이, 빈칸 뒤에는 이 도시를 방문하는 것을 즐기기를 바란다는 내용이 언급되어 있으므로 빈칸에는 편지를 마무리하며 해당 여행사를 선택한 것에 대한 감사 인사를 남기는 것이 자연스럽다. 따라서 (B)가 정답이다.

어휘 payment 지불금 working day 영업일 sightseeing 관광 in business 영업 중인

4.

어휘 enjoy ~을 즐기다

토익 실전 연습

1. (B)	2. (A)	3. (B)	4. (B)	5. (D)
6. (C)	7. (D)	8. (A)		

1-4.

수신: 제인 스미스 <jsmith@comstar.com>
발신: 마이클 존슨 <mjohnson@xotech.org>
날짜: 9월 15일
제목: 직원 교육 프로그램

안녕하세요, 제인 씨,

지난달에 보스턴에서 열린 컨퍼런스에서 만나 뵙게 되어 기뻤습니다. 함께 이야기 나누는 동안, 귀하께서는 지난 분기에 시행하신 직원 교육 프로그램을 간단히 설명해 주셨습니다. 귀하께서는 그 프로그램이 가장 높은 점수를 기록한 팀에 대한 보상과 함께, 완료율을 추적하는 온라인 모듈을 ▣1 특징으로 한다고 언급하셨습니다. 저는 이 계획이 직원들의 능력과 성과를 향상시킨 방식에 흥미를 느꼈습니다. 이는 직원 발전에 대한 저희의 헌신을 보여 주면서 저희가 직원들의 노력을 얼마나 소중하게 여기는지 직원들에게 ▣2 알려 줄 수 있는 훌륭한

방법인 것으로 보입니다. ▣3 저희 직원들의 성장과 사기는 저희에게 중요합니다. 이 교육 모듈과 보상 기준을 ▣4 구조화하신 방식을 저와 함께 논의하실 의향이 있으신가요?

연락 주실 수 있기를 고대합니다.

안녕히 계십시오.

마이클 존슨

어휘 briefly 간단히, 짧게 implement ~을 시행하다 track ~을 추적하다 completion 완료 be intrigued by ~에 흥미를 느끼다 initiative 계획 demonstrate ~을 보여 주다 commitment 헌신, 전념 value ~을 소중히 여기다 open 의향이 있는, 마음이 열려 있는 criteria 기준

1.

해설 빈칸 뒤에 위치한 명사구를 목적어로 취할 수 있는 타동사가 필요하며, '그 프로그램이 온라인 모듈을 특징으로 하다'라고 해석하는 것이 자연스러우므로 '~을 특징으로 하다'를 뜻하는 feature의 과거형 (B) featured가 정답이다.

어휘 originate 비롯되다, 유래하다 eliminate ~을 제거하다, 없애다

2.

해설 빈칸 앞에 동명사의 형태로 쓰여 있는 동사 let은 「let + 목적어 + 동사원형」의 구조로 사용하므로 동사원형 (A) know가 정답이다.

3.

(A) 귀하께서 귀하의 프로그램을 개선하실 수 있는 몇 가지 방식을 알게 되었습니다.
(B) 저희 직원들의 성장과 사기는 저희에게 중요합니다.
(C) 이는 앞으로 다시 발생하지 않을 것이므로 안심하시기 바랍니다.
(D) 저는 다음 회의에서 귀사의 제품을 사용하는 것을 고려하고 있습니다.

해설 빈칸 앞 문장에 직원 발전에 대한 헌신을 보여 주면서 직원들의 노력을 얼마나 소중하게 여기는지 직원들에게 알리는 훌륭한 방법임을 언급하는 말이 쓰여 있다. 따라서 직원 성장 및 사기 진작이 지니는 중요성을 말하는 (B)가 정답이다.

어휘 morale 사기, 의욕 Please be assured that ~이므로 안심하십시오

4.

해설 빈칸 앞뒤로 how절의 주어와 명사구들만 쓰여 있으므로 빈칸이 how절의 동사 자리임을 알 수 있다. 또한, 빈칸 뒤에 위치한 명사구는 지문 초반부에 과거시제 동사와 함께 상대방이 지난 분기에 시행했다고 언급하는 교육 프로그램의 구성 요소에 해당한다. 따라서 과거 시점인 지난 분기에 그 요소들을 구조화한 것이므로 과거시제 동사 (B) structured가 정답이다.

어휘 structure ~을 구조화하다, 구성하다

5-8.

수신: 팀원들 및 협력업자들
날짜: 3월 12일, 월요일
제목: 신임 프로그램 담당자 선임

안녕하세요, 여러분,

5 공유해 드릴 흥미로운 소식이 좀 있습니다. 우리 팀에 새로 합류하시는 분을 알려 드리게 되어 기쁩니다. 토머스 로드리게즈 씨께서 우리 지역 사회 보건 계획(CHI)의 신임 프로그램 담당자로 6 고용되셨습니다. 로드리게즈 씨께서는 의료 업계에서 지역 사회 봉사 및 프로그램 7 관리에 대한 풍부한 경험과 전문 지식을 제공해 주고 계시며, 과거에는 지역 내의 다양한 건강 옹호 단체들과 함께 일하셨습니다.

로드리게즈 씨께서 어제 공식적으로 우리와 함께 하시는 역할을 시작하셨으므로, 편리하신 시간에 3층에 위치한 사무실에 들러 8 여러분 자신을 소개하시기 바랍니다.

안녕히 계십시오.

사만다 리
이사, 지역 사회 보건 계획

어휘 **appointment** 선임 **coordinator** (진행) 담당자, 조정 책임자 **be thrilled to do** ~해서 기쁘다 **initiative** n. 계획 **bring** ~을 제공하다 **a wealth of** 풍부한 **expertise** 전문 지식 **outreach** 봉사 (활동) **advocacy** 옹호, 지지 **commence** ~을 시작하다 **stop by** ~에 들르다

5.

(A) 제 시간에 회의 장소에 도착하시는 것을 기억하시기 바랍니다.
(B) 저희 문제를 해결해 주셔서 감사드리고 싶습니다.
(C) 다가오는 행사에 참석하시는 여러분 모두를 환영합니다.
(D) 공유해 드릴 흥미로운 소식이 좀 있습니다.

해설 빈칸 뒤에 팀에 새로 합류하는 사람을 알려 주겠다는 말과 함께 특정 인물을 소개하는 문장들이 이어지고 있다. 이는 새로운 정보를 제공하는 것이므로 특정 소식을 공유하고자 한다는 뜻을 나타내는 (D)가 정답이다.

어휘 **promptly** 제 시간에, 즉시 **upcoming** 다가오는, 곧 있을

6.

해설 앞선 문장에 새로 합류하는 사람을 알려 주겠다는 말이 쓰여 있어 빈칸 앞에 위치한 주어 Tomás Rodriguez가 해당 인물임을 알 수 있다. 또한, 회사에 의해 과거에 이미 고용된 사람이 팀에 합류할 수 있고, 과거에 발생한 일의 상태가 현재까지 이어지고 있음을 나타내는 현재완료 수동태 (C) has been hired가 정답이다.

7.

해설 빈칸에 쓰일 명사는 바로 앞에 위치한 program과 복합명사를 구성해 로드리게즈 씨가 경험 및 전문 지식을 지니고 있는 업무 분야를 나타내야 한다. 따라서 '프로그램 관리'가 가장 자연스러

우므로 '관리'를 뜻하는 (D) management가 정답이다.

어휘 **referral** (사람의) 소개, 위탁, 보내기 **administrator** 행정 담당자 **recruitment** (인원) 모집

8.

해설 빈칸이 속한 so절은 두 개의 동사가 and로 연결된 구조이며, 빈칸은 타동사의 목적어 자리이다. 명령문의 주어 you가 생략되었으므로 주어와 목적어가 동일할 때 사용하는 재귀대명사 (A) yourself가 정답이다.

Part 7 주제/목적

기출포인트 1

주의: 설치하시기 전에 읽어주십시오.

귀하께서 탈로스 X50을 구매하는 것을 결정해 주신 것에 대해 감사드립니다. 설치 과정을 시작하시기 전에, 모든 부품이 온전한지 확실히 하는 것은 필수적입니다. 단계적인 설치 안내를 위해, 제공된 동봉 시각 안내자료를 참조해 주십시오. 주 기기를 평평한 표면에 신중하게 놓음으로써 시작하십시오. 손상을 피하기 위해 케이블과 연결 장치들을 다룰 때 주의하시는 것은 중요합니다.

위와 같이 작업하실 때, 권장된 안티 바이러스 소프트웨어의 다운로드와 설치를 허용하십시오. 추가적인 도움을 위해서, 저희 웹 사이트를 방문해 주십시오. 품질보증기간을 위해 귀하의 제품을 www.technologyhub.com에 등록하시는 것을 잊지 마십시오.

어휘 **extend one's gratitude** 감사하다 **imperative** 필수적인 **component** 부품 **intact** 온전한 **step-by-step** 단계적인 **refer to** ~을 참고하다 **accompanying** 동봉된 **flat** 평평한 **exercise caution** 주의하다 **prompt to do** ~을 하다, 촉발하다 **warranty coverage** 품질보증기간

1.

안내의 목적은 무엇인가?
(A) 새로운 제품에 관해 고객들에게 알리기 위해
(B) 구매된 제품에 대한 지침을 제공하기 위해
(C) 보증을 유지하기 위한 조언을 제공하기 위해
(D) 반품 및 수리 정책을 설명하기 위해

어휘 **inform** ~을 알리다 **guidance** 지침

2.

무슨 종류의 제품이 논의되고 있는 것 같은가?
(A) 컴퓨터
(B) 사무실 의자
(C) 주방 기구
(D) 비디오 게임

토익 실전 연습

1. (C)	2. (D)	3. (C)	4. (A)	5. (C)

1-2.

어휘 **posting** 게시(물) **piece** (글·그림·음악 등의) 하나, 한 작품 **have A down** A를 숙지하다 **run** 진행되다 **indicate** ~을 나타내다, 가리키다 **accommodate** ~을 수용하다 **be supposed to do** ~하기로 되어 있다, ~해야 하다 **in advance** 미리, 사전에

1. 이메일의 목적은 무엇인가?
   (A) 지역 축제를 홍보하는 것
   (B) 동료의 실수를 지적하는 것
   (C) 도움을 요청하는 것
   (D) 초대장을 보내는 것

해설 이메일 작성자인 크리스 씨가 지문 전체적으로 현재의 상황을 먼저 설명한 다음, 후반부에 가서 특정 문제와 관련해 자신을 도와 달라고 요청하고 있으므로 (C)가 정답이다.

어휘 **point out** ~을 지적하다 **extend an invitation** 초대장을 보내다

2. 식품 축제와 관련해 암시된 것은 무엇인가?
   (A) 한 달에 한 번씩 개최된다.
   (B) 3일 동안 지속될 것이다.
   (C) 입장료를 필요로 한다.
   (D) 한 웹 사이트에 특집으로 실릴 것이다.

해설 지문 상단의 제목이 식품 축제 웹 사이트 게시물이고, 지문 후반부에 이메일 작성자가 행사 세부 사항을 게시한다는 내용이 제시되어 있다. 따라서 행사 관련 정보가 한 웹 사이트에 게시된다는 것을 알 수 있으므로 (D)가 정답이다.

어휘 **last** v. 지속되다 **admission fee** 입장료 **feature** ~을 특집으로 싣다

3-5.

어휘 **conclude** 종료되다, 끝나다 **be eager to do** (간절히) ~하기를 원하다 **state-of-the-art** 최신의 **invite A to do** A에게 ~하도록 요청하다 **take advantage of** ~을 이용하다 **exclusive** 전용의, 독점적인 **Enclosed you will find A** A를 동봉해 드렸으니 확인해 보십시오 **the** 비교급, **the** 비교급 더 ~할수록, 더 …하다 **value for money** 금액 대비 가치 **provided that** ~한다는 조건 하에, ~한다면 **commitment** 헌신, 전념 **strive to do** ~하기 위해 애쓰다 **top-notch** 최상의 **integral** 필수적인

3. 편지는 왜 쓰여졌는가?
   (A) 체육관 장비에 대해 할인을 제공하기 위해
   (B) 새 체육관 지점을 홍보하기 위해
   (C) 회원권 갱신을 권장하기 위해
   (D) 피트니스 강좌에 관한 상세 정보를 제공하기 위해

해설 첫 단락에 상대방의 회원권이 종료된다고 알린 후, 두 번째 단락에 갱신 신청서를 동봉한 사실을 언급하고 있다. 이는 종료되는 회원권을 갱신하도록 권하는 것이므로 (C)가 정답이다.

4. 스미스 씨가 9월에 등록할 경우에 무엇을 받을 것인가?

    (A) 무료 선물
    (B) 개인 트레이닝 강좌
    (C) 쿠폰
    (D) 주차 허가증

해설   지문 상단에 편지 작성 날짜가 9월 13일로 쓰여 있고, 두 번째 단락에 이달 말까지 양식을 접수하면 무료 체육관 가방과 타월, 그리고 물병을 받는다는 내용이 제시되어 있으므로 (A)가 정답이다.

5. 스미스 씨는 웹 사이트에서 무엇을 할 수 있는가?

    (A) 강좌 일정표를 확인하는 일
    (B) 피트니스 시연 영상을 시청하는 일
    (C) 업체에 관한 의견을 남기는 일
    (D) 회원 프로필 페이지를 만드는 일

해설   마지막 단락에 자사 웹 사이트를 방문해 생각과 제안 사항을 공유해 달라고 요청하는 말이 쓰여 있으므로 (C)가 정답이다.

어휘   **demonstration** 시연(회)

DAY 02

Part 5 명사, 대명사

기출포인트 1

해석   모바일 애플리케이션 개발업체들 사이의 경쟁이 많은 앱 스토어에서 더 낮은 가격이라는 결과를 낳았다.

어휘   **result in** ~라는 결과를 낳다 **compete** 경쟁하다

기출포인트 2

해석   장기 재직한 여러 직원들이 고위 관리팀의 한 공석에 지원할 것으로 예상된다.

어휘   **long-serving** 장기 재직한 **opening** 공석, 빈 자리

기출포인트 3

해석   직원 생산성을 증진하기 위한 시도의 하나로, 리플리 주식회사는 새로운 직원 보상책 프로그램을 시행했다.

어휘   **in an attempt to do** ~하기 위한 시도의 하나로 **boost** ~을 증진하다, 촉진하다 **implement** ~을 시행하다 **productive** 생산적인

해석   차머스 씨가 연말 연회에서 그 테마 공원의 월간 매출 수치를 발표할 것이다.

어휘   **year-end** 연말의 **measure** 수치, 조치, 측정, 기준 **grounds** 부지, 구내

기출포인트 4

해석   레잉 씨 자신은 제품 출시 행사에서 발표한 것을 기뻐했다.

어휘   **launch** 출시, 발표, 공개

기출포인트 5

해석   회의가 시작될 때 모든 사람에게 발표 자료 사본을 한 부 건네 주십시오.

어휘   **hand** ~을 건네다

기출포인트 6

해석   그 연극에 나온 배우들 중 한 명이 한 인기 텔레비전 시리즈에서 주연을 맡았다.

어휘   **star** v. 주연을 맡다

기출포인트 7

해석   크로마티 엔지니어링 사의 대표이사는 컨벤션에 참석할 계획인 사람들에게 비용 환급을 위해 모든 출장 관련 영수증을 보관하도록 상기시켰다.

어휘   **remind A to do** A에게 ~하도록 상기시키다
    reimbursement 비용 환급

1. (A)	2. (B)	3. (C)	4. (A)	5. (C)
6. (B)	7. (D)	8. (A)	9. (C)	10. (D)
11. (C)	12. (A)	13. (A)	14. (D)	15. (C)
16. (C)	17. (B)	18. (D)	19. (A)	20. (B)

1.

해석   누구든 이번 주 금요일에 있을 우리 사무실 포틀럭 파티에 음식을 한 가지 가져 올 계획이신 분께서는 반드시 그 음식에 견과류가 들어 있지 않도록 하셔야 합니다.

해설   부정관사와 전치사 사이에 빈칸이 위치해 있어 단수명사가 빈칸에 쓰여야 하므로 (A) item이 정답이다.

어휘   potluck party 포틀럭 파티(각자 음식을 가져 오는 파티) itemize ~을 항목별로 나누다

2.

해석   우리 회사의 새로운 계획은, 업무 흐름 과정을 간소화하는 것을 목표로 하고 있으며, 다음 분기에 시행될 준비가 되어 있다.

해설   빈칸은 형용사의 수식을 받을 명사 자리이므로 (B) initiative가 정답이다.

어휘   streamline ~을 간소화하다 workflow 업무 흐름 be set to do ~할 준비가 되다 initiate ~을 시작하다 initiative 계획

3.

해석   직원들은 잡동사니를 방지하고 깔끔하면서 정리된 업무 공간을 유지하기 위해 매일 업무 종료 시에 각자의 소지품을 집으로 가져 가야 한다.

해설   동사와 명사 목적어 사이에 위치한 빈칸은 명사를 수식할 단어가 필요한 자리이므로 소유격 인칭대명사 (C) their가 정답이다.

어휘   possessions 소지품 prevent ~을 방지하다 clutter 잡동사니 organized 정리된

4.

해석   제가 지역 매출 데이터를 정리한 후에 재무 보고서가 이사회에 제출될 것입니다.

해설   빈칸 뒤에 동사가 쓰여 있어 after가 접속사임을 알 수 있으며, 접속사와 동사 사이에 위치한 빈칸은 after절의 주어 자리이므로 주격 인칭대명사 (A) I가 정답이다.

어휘   board of directors 이사회 compile (자료 등을 모아) ~을 정리하다

5.

해석   실버사이드 현수교는 특히 인상적인 공학 기술의 위업으로 여겨지는 것으로서, 교각 디자인 방식에 혁신을 일으켰다.

해설   전치사의 목적어 역할을 할 명사가 빈칸에 필요하며, '인상적인 공학 기술의 위업'이 자연스러운 의미이므로 '공학 기술'을 뜻하는 명사 (C) engineering이 정답이다.

어휘   feat 위업 revolutionize ~에 혁신을 일으키다 engineer n. 공학자, 기술자 v. ~을 설계하다, 제작하다 engineering n. 공학 (기술)

6.

해석   그 종합적인 교재는 여러 주제를 다루고 있으며, 그 범위는 역사와 문학에서부터 경제학과 정치학까지 이른다.

해설   빈칸이 동사와 복수 수량형용사 several 뒤에 있으므로 복수명사 (B) subjects가 정답이다.

어휘   comprehensive 종합적인 range from A to B 범위가 A에서 B까지 이르다 literature 문학 political science 정치학 subject n. 주제, 대상 a. ~의 대상이 되기 쉬운

7.

해석   혁신적인 저희 주방용품을 현재 모든 주요 소매점에서 찾아보실 수 있으므로, 전국의 소비자들께서 쉽게 이용하실 수 있습니다.

해설   빈칸 바로 앞에 위치한 명사 retail과 함께 '소매점'을 의미하는 복합명사를 구성할 또 다른 명사이자, 수량형용사 all과 어울리는 복수명사 (D) stores가 정답이다.

어휘   accessible 이용 가능한, 접근 가능한

8.

해석   다가오는 출장을 위해 차량 대여가 필요하신 경우, 인사부의 플레밍 씨가 우리의 선호 업체에서 한 대 준비해 드리는 데 도움을 드릴 수 있습니다.

해설   빈칸 바로 앞에 위치한 명사 car와 어울려 '차량 대여'를 의미하는 복합명사를 구성하는 또 다른 명사 (A) rental이 정답이다.

어휘   arrange ~을 준비하다, 조치하다 preferred 선호하는 rental 대여, 임대 rent n. 집세, 대여료 v. ~을 대여하다

9.

해석   지점장 직책에 대한 자격 요건이 회사 웹 사이트의 게시물에 명확하게 개요가 설명되어 있다.

해설   빈칸 바로 앞에 위치한 명사구 branch supervisor와 어울려 '지점장 직책'을 의미하는 복합명사를 구성하는 또 다른 명사 (C) position이 정답이다.

어휘   job requirements 자격 요건 outline ~의 개요를 설명하다, 간략히 설명하다

10.

해석   워크숍에 등록하시는 분은 누구든 소중한 능력을 얻으실 뿐만 아니라 프로그램 종료 시에 수료증도 받으실 것입니다.

해설   빈칸 뒤에 위치한 현재분사구 signing up for the workshop의 수식을 받을 수 있으면서 주어 자리에 와 사람을 나타낼 수 있는 대명사 (D) Anyone이 정답이다.

어휘   not only A but also B A뿐만 아니라 B도 certificate 인증서, 자격증 completion 수료, 완료

11.

해석   직원들이 각자의 능력과 지식을 향상시킬 수 있는 기회를 갖게 되는, 월간 교육 시간에 대한 참석은 의무적이다.

해설   빈칸 바로 앞에 위치한 명사 training과 어울려 '교육 시간'을 의미하는 복합명사를 구성하는 또 다른 명사 (C) sessions가 정답이다.

어휘   **mandatory** 의무적인   **enhance** ~을 향상시키다, 강화하다   **assembly** 조립, 집합, 모임

12.

해석   저희 팀이 매일 오전에 있을 청소 작업에 대해 새로운 일정을 시행했으므로, 모든 업무 공간이 당일에 대해 미리 준비된다는 점을 보장해 드립니다.

해설   빈칸은 전치사의 목적어 역할을 할 수 있는 명사 자리이므로 (A) cleaning이 정답이다.

어휘   **implement** ~을 시행하다   **ahead** 미리, 앞서

13.

해석   환경에 대한 헌신의 일환으로, 우리는 반드시 모든 필수 폐기물 처리 절차가 항상 준수되도록 해야 합니다.

해설   빈칸 뒤에 위치한 「of the 복수명사」의 수식을 받을 수 있는 수량 부정대명사 (A) all이 정답이다.

어휘   **as part of** ~의 일환으로   **commitment** 헌신, 전념   **disposal** 처리, 처분   **adhere to** ~을 준수하다, 고수하다   **at all times** 항상

14.

해석   집행 위원회가 정부의 세금 규제에 따라 자금 제공을 위한 해외 투자 옵션들을 논의할 것이다.

해설   전치사 for와 in 사이에 위치한 빈칸은 전치사의 목적어 역할을 할 명사 자리이며, 빈칸 앞에 부정관사가 쓰여 있지 않아 셀 수 없는 명사가 필요하다는 것을 알 수 있다. 따라서 (D) funding이 정답이다.

어휘   **executive** 집행의, 행정의   **in accordance with** ~에 따라   **fundable** 자금이 지원될 수 있는   **funding** 자금 (제공)

15.

해석   자선 모금 행사에 참가하기를 원하시는 분들께서는, 안내데스크에서 등록하신 다음, 모금 관련 안내 책자 묶음을 가져 가시기 바랍니다.

해설   전치사의 목적어 역할이 가능하면서 관계대명사 who가 이끄는 절의 수식을 받을 수 있는 지시대명사 (C) those가 정답이다.

어휘   **pick up** ~을 가져 가다   **fundraising** 모금   **packet** 안내 책자 묶음, 자료집   **one another** 서로

16.

해석   델파인 엔터프라이즈 사는 직원 생산성을 높이기 위해 매 분기마다 성과 기반의 보상을 제공하는 보상책 프로그램을 시행하기 시작했다.

17.

해설   셀 수 있는 명사의 단수형인 employee는 부정관사 없이 쓰일 수 없으므로 셀 수 없는 명사가 employee와 복합명사를 구성해 to increase의 목적어 역할을 해야 알맞다. 따라서 '생산성'을 뜻하는 셀 수 없는 명사 (C) productivity가 정답이다.

어휘   **grant** ~을 주다, 수여하다   **performance-based** 성과 기반의

17.

해석   제인 씨는 내용의 수준과 정확성에 만족할 때까지 혼자 그 사업 제안서 작업을 하겠다고 고집했다.

해설   전치사 by와 어울려 '혼자 (힘으로), 스스로'라는 의미를 나타낼 때 사용하는 재귀대명사 (B) herself가 정답이다.

어휘   **insist on -ing** ~하겠다고 고집하다, 주장하다   **by oneself** 혼자 (힘으로), 스스로   **accuracy** 정확성

18.

해석   다가오는 회사 행사의 기획 및 실행을 감독하기 위해 누군가가 프로젝트 관리자로 지정되어야 할 것입니다.

해설   빈칸에는 조동사 앞에서 주어 역할을 할 수 있으면서 프로젝트 관리자로 지정되는 사람을 가리킬 대명사가 필요하다. 또한, 문장 내에 동사가 하나만 쓰여 있어 접속사가 필요하지 않으므로 사람을 가리키는 부정대명사 (D) Someone이 정답이다.

어휘   **designate A as B** A를 B로 지정하다   **oversee** ~을 감독하다   **execution** 실행

19.

해석   그 기사에 선명한 연구팀 사진이 동반되어 있었으며, 리 교수와 창 박사를 포함하고 있었다.

해설   부정관사와 형용사의 수식을 받을 단수명사가 빈칸에 쓰여야 하며, clear는 사진의 상태를 나타내는 형용사이므로 '사진'을 뜻하는 명사 (A) photograph가 정답이다.

어휘   **be accompanied by** ~이 동반되다   **photography** 사진술   **photographic** 사진의

20.

해석   제조업계에서, 안전 규정은 업무 장소를 위험하지 않은 상태로 유지하기 위해 반드시 엄격히 준수되어야 한다.

해설   빈칸 바로 앞에 위치한 명사 safety와 어울려 '안전 규정'을 의미하는 복합명사를 구성하는 또 다른 명사 (B) regulations가 정답이다.

어휘   **strictly** 엄격히   **risk-free** 위험하지 않은, 위험성 없는

Part 6 문맥파악 ② 대명사

기출포인트 1

피터스 씨께,

귀하께서 4월 21일, 금요일에 저희 박물관으로 귀하의 학생들을 데리고 오는 데 관심이 있으시다는 말씀을 듣게 되어 기쁩니다. 학교 현장 학습의 경우, 반드시 학생 5명당 교사 한 분께서 함께 하셔야 한다

는 점에 유의하시기 바랍니다. 이 정책은 반드시 예외 없이 준수되어야 합니다. 요청하신 바와 같이, 귀하의 학생들에게 가장 흥미로울 만한 교육용 전시회 목록을 첨부해 드렸습니다. 과학 시연회 및 강연 같이, 그날 개최되는 몇몇 행사들도 언급해 드렸습니다. 이 학교 현장 학습을 확정하시고자 하는 경우에 제게 알려 주시기 바라며, 그러면 제가 귀하의 단체 방문객을 수용할 수 있는 다른 방법들을 논의할 것입니다!

칼라 소여, 선임 행정 관리 책임
댈러스 과학 박물관

어휘 **Please be advised that** ~라는 점에 유의하시기 바랍니다
present a. 있는, 참석한 **of most interest to** ~에게 가장
흥미로운 **note** ~을 언급하다 **demonstration** 시연(회)
appeal to ~의 관심을 끌다 **accommodate** ~을 수용하다

1.
(A) 한산한 시간대에는, 이 전시회들이 문을 닫을 수 있습니다.
(B) 이 정책은 반드시 예외 없이 준수되어야 합니다.
(C) 이 요금은 모든 전시회장에 대한 출입을 포함합니다.
(D) 저희 박물관은 4월 28일, 금요일에 재개장할 것입니다.

해설 빈칸 앞 문장에 현장 학습에 반드시 학생 5명당 교사 한 명이 함께 해야 한다는 유의 사항이 언급되어 있다. 따라서 이 사항을 This policy로 지칭해 예외 없이 지켜져야 한다고 강조하는 (B) 가 정답이다.

어휘 **off-peak** 한산한 **exception** 예외 **access** 출입, 접근, 이용

2.
해설 빈칸에 쓰일 어휘는 빈칸 뒤 명사 exhibits를 수식해 전시회의 특징과 관련된 의미를 나타내야 한다. 그 뒤에 이어지는 that절에 학생들에게 가장 흥미로울 만하다는 말이 쓰여 있어 교육과 관련된 전시회를 의미해야 알맞으므로 '교육의'를 뜻하는 (D) educational이 정답이다.

어휘 **legal** 합법적인, 법률과 관련된 **athletic** 운동 경기의, 체육의

3.
해설 빈칸 뒤에 그 날에 개최된다는 말과 함께 예시로 과학 시연회와 강연이 언급되어 있는데 이 둘은 모두 박물관에서 개최하는 행사에 해당하므로 '행사'를 뜻하는 (A) events가 정답이다.

4.
어휘 **they** 그들은 **me** 나에게 **them** 그들에게

토익 실전 연습

1. (D)	2. (D)	3. (D)	4. (B)

1-4.

저희 어메이징 케이크에 찾아 오셔서 친구나 가족분들과 함께 나눌 수 있는 아름답고 맛있는 케이크를 굽는 방법을 배워 보시기 바랍니다. **1** 이번 주 일요일 오후 2시에, 저희가 초보자를 위한 무료 강좌를 진행합니다. 지역 농장 및 공급업체에서 공급되는 재료를 **2** 사용하는 완벽한 바닐라 스펀지 케이크를 만드는 방법을 배우실 것입니다. 굽는 법을 배우시는 첫 경험이 즐거우실 경우, 저희가 우리 **3** 지역 사회를 이롭게 하고 하나로 통합하기 위해 주기적으로 운영하고 있는, 다른 저희 강좌들 중 하나에 등록하기를 바라실 수 있습니다. 다른 무엇보다도, **4** 저희는 완벽한 프로스팅을 만드는 방법과 케이크를 가볍고 촉촉하게 유지하는 방법에 관한 팁들을 제공해 드립니다. 이번 주말에 있을 저희 무료 초보자 강좌에 등록하시려면, www.amazingcakes.org를 방문하시기 바랍니다.

어휘 **source** ~을 공급하다 **run** 진행되다, 운영되다 **benefit** ~을 이롭게 하다, ~에 유익하다 **unite** ~을 통합하다 **frosting** 프로스팅(설탕으로 만든 혼합물로서 케이크 겉면에 입히는 데 사용) **moist** 촉촉한

1.
(A) 이러한 업적을 기념하기 위해, 저희가 여러 할인 서비스를 제공합니다.
(B) 저희가 아주 다양한 개인 및 기업 행사에 출장 음식을 제공해 드릴 수 있습니다.
(C) 최소 7일 전에 미리 케이크를 주문하시기 바랍니다.
(D) 이번 주 일요일 오후 2시에, 저희가 초보자를 위한 무료 강좌를 진행합니다.

해설 빈칸 앞에 위치한 문장에 친구나 가족과 함께 나눌 수 있는 아름답고 맛있는 케이크를 굽는 방법을 배우러 오라고 권하는 말이 쓰여 있다. 따라서 그 방법을 배울 수 있는 무료 강좌의 개최 일정을 알리는 (D)가 정답이다.

어휘 **achievement** 업적, 성취 **cater** ~에 출장 음식을 제공하다 **corporate** 기업의 **in advance** 미리, 사전에

2.
해설 빈칸 뒤에 제시된 ingredients는 사람에 의해 공급되는 것이므로 재료가 과거분사 sourced의 수식을 받고 있는 구조이다. 따라서 빈칸은 관계대명사 that절의 동사 자리이므로 ingredients를 목적어로 취할 능동태 (D) uses가 정답이다.

3.
해설 빈칸은 동사 unite의 목적어 역할을 할 명사로서, 업체가 강좌를 제공하는 방법으로 통합할 수 있는 것을 가리켜야 하므로 '지역 사회'를 뜻하는 (D) community가 정답이다.

4.
해설 빈칸 뒤에 제시된 동사 provide 앞에서 주어 역할을 할 수 있는 대명사가 필요하며, 이 문장에서 팁을 제공하는 주체는 이 광고를 쓰는 사람이 속한 Amazing Cakes라는 업체이므로 '저희, 우리'라는 의미로 소속 업체를 지칭할 수 있는 (B) we가 정답이다.

Part 7 세부사항

지출 비용 수당	
성명: 윌리엄 내쉬 날짜: 6월 3일	
세부 사항	**금액**
이 금액은 제가 오타와에 있는 회사 본사를 방문해 신입 영업 사원들의 교육을 감독하는 동안 6월 12일부터 6월 14일까지의 호텔 숙박 비용을 충당하기 위함입니다.	£ 750.00
상기 비용의 수령을 인정합니다.	
서명: 윌리엄 내쉬	

어휘 **expense** 지출 (비용) **allowance** 수당 **sales representative** 영업 사원 **acknowledge** ~을 인정하다, 받았음을 알리다 **above** a. 상기의, 위에서 말한 **fund** 비용, 자금

1. 내쉬 씨는 오타와에서 무엇을 할 것인가?
(A) 매출 수치를 발표하는 일
(B) 채용 설명회에 참석하는 일
(C) 신입 직원을 교육하는 일
(D) 새 본사를 둘러 보는 일

어휘 **recruitment fair** 채용 설명회 **tour** ~을 둘러 보다, 견학하다

2. 내쉬 씨는 무엇을 인정하는가?
(A) 부서 예산을 변경한 것
(B) 한 비즈니스 강좌에 등록한 것
(C) 숙박 지출 비용을 수령한 것
(D) 회사 장비 비용을 지불한 것

토익 실전 연습

1. (D)	2. (C)	3. (C)	4. (D)	5. (B)

1-2.

수신: 전 직원
발신: 로사 링컨
날짜: 2월 8일
제목: 업데이트된 절차

■1 우리 스포츠월드 출판사 전 직원 여러분께 우리 데이터베이스에 자료를 입력하는 방식에 대한 변동 사항과 관련해 알려 드리기 위해 회람을 작성합니다. 이전에는 우리 구독자들에 관해 제한적인 정보를 유지했지만, 지금부터는, 각 개인에 대해 더 많은 상세 정보를 포함하셔야 할 것입니다.

■2 제가 아래에 샘플을 제공해 드렸으며, 이 샘플이 신규 구독자용 계정을 만들 때 어떻게 정보가 입력되어야 하는지를 보여 줄 것입니다.

계정 페이지의 필수 영역들을 작성 완료하시려면, 먼저 '상세 정보 확장'을 클릭하신 다음, 아래에서 보시는 바와 같이 각 영역을 작성 완료하셔야 합니다.

성명	■2 티모시 언더우드
배송 주소	스프링데일 로드 390, 시애틀, WA 98105
출판물	베이스볼 월드
이메일 연락처	tunderwood@truemail.com
구독 신청 부수	12
지불된 요금	$84

이 새로운 절차와 관련해 어떤 질문이든 있으시면, 주저하지 마시고 제게 연락 주십시오.

로사 링컨
스포츠월드 출판사

어휘 **procedure** 절차 **previously** 이전에, 과거에 **illustrate** ~을 보여 주다, 설명하다 **field** (입력 공간 등의) 영역 **expand** ~을 확장하다 **publication** 출판(물) **issue** (출판물 등의) 부, 호

1. 회사는 최근 무엇을 변경했는가?
(A) 배송 문제를 처리하는 방법
(B) 한 서비스에 등록하는 방법
(C) 고객에게 연락하는 방법
(D) 컴퓨터 데이터를 입력하는 방법

해설 첫 단락에 자사의 데이터베이스에 자료를 입력하는 방식에 대한 변동 사항과 관련해 알리기 위해 회람을 쓴다는 말이 있으므로 (D)가 정답이다.

어휘 **handle** ~을 처리하다, 다루다

2. 언더우드 씨는 누구인가?
(A) 야구 선수
(B) 기사 작성자
(C) 잡지 구독자
(D) IT 기술자

해설 두 번째 단락에 신규 구독자용 계정을 만들 때 어떻게 정보가 입력되어야 하는지 보여 주는 샘플을 확인하도록 요청하는 말이 쓰여 있고, 아래 샘플에 언더우드 씨의 이름이 기재되어 있다. 따라서 언더우드 씨가 구독자임을 알 수 있으므로 (C)가 정답이다.

3-5.

앨리사 산체스 씨
로데오 블리바드 1011
샌디에이고, CA
10월 15일

산체스 씨께,

■3 ■5 귀하의 테니스 클럽 1년 회원권이 11월 12일에 종료된다는 점에 유의하시기 바랍니다. 회원권을 갱신하시려면 가급적 빨리 555-0137번으로 제게 연락 주시기 바랍니다. 갱신이 늦어지는 경우,

저희 코치들이 귀하의 레슨을 도와 드릴 수 없을 것입니다. 또한, 인상된 클럽 비용으로 인해, 저희가 어쩔 수 없이 요금을 약간 인상해야 했으며, 이는 즉각 시행됩니다. 귀하의 플래티넘 회원권을 갱신하시고자 하는 경우, 이러한 변동 사항을 아래에 상세히 설명해 드렸습니다.

요금이 인상된 회원권 갱신:
회비: $55.00
4 개인 사물함 요금: $20.00
주차 요금: $25.00
테니스 레슨비: $35.00
─────────────
4 총 플래티넘 회원권 월간 요금: $135.00

회원권을 갱신하기를 바라지 않으시는 경우, 반드시 현 회원권이 만료되기 전에 귀하의 지정 사물함에서 모든 개인 물품을 치워 주시기 바랍니다. 저희 클럽의 소중한 회원으로 계속 남아 주시기를 바랍니다!

안녕히 계십시오.

마이크 오르테가

어휘 **Please be advised that** ~라는 점에 유의하십시오 **at your earliest convenience** 가급적 빨리 **be forced to do** 어쩔 수 없이 ~하다 **effective immediately** 즉각 시행되는, 즉시 발효되는 **detail** v. ~을 상세히 설명하다 **in the event that** ~하는 경우에 **designated** 지정된 **expire** 만료되다 **valued** 소중한

3. 편지의 목적은 무엇인가?
   (A) 잠재 고객에게 클럽 시설을 방문하도록 요청하는 것
   (B) 테니스 레슨에 대한 할인을 제공하는 것
   (C) 회원권과 관련된 정보를 제공하는 것
   (D) 기한이 지난 요금에 대한 지불을 요청하는 것

해설 첫 단락에 테니스 클럽 회원권이 11월 12일에 종료된다는 사실과 함께 회원권을 갱신하는 방법을 알리는 말이 쓰여 있다. 이는 회원권과 관련된 정보를 제공하는 것이므로 (C)가 정답이다.

어휘 **overdue** 기한이 지난

4. 편지 내용에 따르면, 산체스 씨는 매달 무엇에 대한 비용을 반드시 지불해야 하는가?
   (A) 수영장 이용
   (B) 웹 사이트 접속
   (C) 장비 대여
   (D) 보관 공간

해설 지문 중반부에 플래티넘 회원권이 월간 요금이 제시되어 있고, 그 세부 항목 중에 개인 사물함 요금이 포함되어 있다. 따라서 보관 공간에 대한 요금을 매달 지불해야 한다는 것을 알 수 있으므로 (D)가 정답이다.

어휘 **storage** 보관, 저장

5. 오르테가 씨는 누구일 것 같은가?
   (A) 스포츠 기자
   (B) 클럽 총무
   (C) 테니스 코치
   (D) 주차장 안내원

해설 지문 전체적으로 테니스 클럽 회원권 종료에 따른 갱신 방법, 코치들의 레슨 진행, 그리고 회원권 요금과 관련된 전반적인 정보를 제공하는 것으로 볼 때, 해당 테니스 클럽의 운영진에 속하는 사람임을 알 수 있으므로 (B)가 정답이다.

어휘 **secretary** 총무, 서기 **attendant** 안내원, 수행원

Part 5 형용사, 부사

기출포인트 1

해석   직원 의료 진단서를 받으실 때, 이 서류들을 파일 보관용 캐비닛에 잠가 놓으시는 것으로 안전하게 유지하십시오.

어휘   **medical report** 의료 진단서 **secure** a. 안전한, 안정적인 v. ~을 확보하다, 고정시키다 **securely** 안전하게

기출포인트 2

해석   월튼 씨의 비즈니스 상 시상자가 월튼 씨의 영업 성과가 인상적이었다고 언급했다.

어휘   **presenter** 시상자, 발표자 **impress** ~에게 깊은 인상을 남기다

기출포인트 3

해석   애플턴 퍼니싱스 사는 배송 중에 손상된 어떤 제품에 대해서든 환불을 제공할 것이다.

기출포인트 4

해석   저희 소여 하드웨어는 자사의 우드스테인 바니시가 가장 매끄러운 표면을 제공해 드린다는 점을 약속 드리며, 그렇지 않으면 환불해 드릴 것입니다.

어휘   **smoothness** 매끄러움, 순조로움 **smooth** 매끄러운, 순조로운

기출포인트 5

해석   저희는 뛰어난 사람이 회사 내에서 승진할 기회를 제공 받도록 보장하기 위해 지속적으로 직원을 평가합니다.

어휘   **evaluate** ~을 평가하다 **outstanding** 뛰어난, 우수한 **advance** 승진하다 **continuous** 지속적인, 끊임없는 **continually** 지속적으로, 끊임없이

기출포인트 6

해석   근로 시간이, 특히 기술 회사들 사이에서 더욱 유연해졌다.

어휘   **flexible** 유연한, 탄력적인 **particularize** ~을 자세히 설명하다 **particularity** 특수성, 특수한 요소

기출포인트 7

해석   챔버스 씨가 회계부 직원들에게 제 시간에 퇴근하고 나중에 재무 보고서를 완료해도 된다고 말했다.

기출포인트 8

해석   공항에서 컨퍼런스 행사장까지 이동하는 데 대략 45분이 걸릴 것이다.

어휘   **take** ~의 시간이 걸리다 **somewhat** 다소, 어느 정도, 약간 **exceedingly** 대단히, 극도로

토익 실전 연습

1. (C)	2. (C)	3. (C)	4. (D)	5. (B)
6. (A)	7. (A)	8. (C)	9. (C)	10. (D)
11. (B)	12. (D)	13. (B)	14. (C)	15. (D)
16. (C)	17. (A)	18. (D)	19. (C)	20. (B)

1.

해석   관리자 직책에 지원하는 많은 지원자들이 경영학 분야에서 고급 학위를 소유하고 있다.

해설   부정관사와 명사 사이에 빈칸이 있어, 명사를 수식할 형용사 또는 복합명사를 구성하는 또 다른 명사가 필요한 자리이다. 이 문장에서 degree는 경영학 분야와 관련된 학위를 가리키므로 '고급의'라는 의미로 degree와 함께 '고급 학위'를 나타낼 때 사용하는 형용사 (C) advanced가 정답이다.

어휘   **managerial** 관리의, 경영의 **possess** ~을 소유하다 **business administration** 경영학 **advance** n. 발전, 진보, 승진 a. 사전의, 선금의 v. ~을 발전시키다, 승진시키다, 나아가다

2.

해석   여러분의 안전을 보장하기 위해 열차에서 내리실 때 발걸음에 주의해 신중히 걸으시기 바랍니다.

해설   빈칸 앞에는 동사원형과 목적어로 구성된 명령문 구조의 주절이, 빈칸 뒤에는 접속사 as가 이끄는 절이 쓰여 있어 문장이 완전한 구조이다. 따라서 부사가 빈칸에 쓰여야 하므로 (C) carefully가 정답이다.

어휘   **mind your steps** 발걸음에 주의해 걷다, 발 밑을 조심하다 **disembark from** ~에서 내리다 **care** n. 보살핌, 주의, 관심 v. ~을 좋아하다, ~에 관심이 있다, 신경 쓰다

3.

해석   윌못 국립 병원의 직원들은 환자들의 요구에 극도로 주의를 기울인다.

해설   빈칸 앞에 부사가, 빈칸 뒤에 전치사가 있으므로 빈칸은 부사의 수식을 받을 형용사 자리이다. 따라서 (C) attentive가 정답이다.

어휘   **attentiveness** 신경 씀 **attentive** 주의를 기울이는

4.

해석   저희 매장에서 미술품과 액자를 사신다면, 귀하를 위해 완전히 무료로 액자에 작품을 넣어드리겠습니다.

해설   빈칸 앞에 완전한 구조의 문장이 쓰여 있으므로 빈칸은 바로 뒤에 있는 부사구와 마찬가지로 부가적인 요소가 필요한 자리이다. 따라서 부사 (D) completely가 정답이다.

어휘   **frame** n. 액자 v. 액자에 넣다

5.

해석   컨퍼런스 참석자들이 하루 종일 제공되는 무료 간식을 발견하고 기뻐하고 있다.

해설   to부정사로 쓰인 동사 find와 명사 목적어 사이에 빈칸이 있어, 명사를 수식할 형용사 또는 복합명사를 구성하는 또 다른 명사가 필요한 자리이다. refreshments가 간식이나 다과를 가리키므로 '무료의'라는 뜻으로 그 특성을 가리키는 형용사 (B) complimentary가 정답이다.

어휘   **refreshments** 간식, 다과   **compliment** n. 칭찬(하는 말) v. ~을 칭찬하다   **complimentary** 무료의

6.

해석   저희 노스사이드 항공사에서는, 여행 중에 저희 탑승객들을 안전하게 유지해 드리기 위해 모든 조치를 취하고 있습니다.

해설   5형식 동사 keep과 목적어 뒤에 빈칸이 있으므로 빈칸은 목적격보어 자리이다. 형용사 (A) safe와 명사 (B) safety가 보어로서 빈칸에 올 수 있는데 탑승객들과 안전이 동격의 관계를 이루지 않으므로 형용사 (A) safe가 정답이다.

어휘   **take every measure** 모든 조치를 취하다

7.

해석   그 공장은 증가하는 수요를 충족하기 위해 그 제품을 약 1,000개 제조했다.

해설   빈칸 뒤에 숫자 표현 1,000이 있으므로 숫자 표현 앞에 사용하는 부사 (A) approximately가 정답이다.

어휘   **unit** (제품 등의) 한 개   **demand** 수요, 요구   **approximate** a. 대략의, 근사치인 v. (수량 등이) ~에 가까워지다, ~와 거의 같다   **approximation** 근사치

8.

해석   브래커스 엔터프라이즈 사의 대표이사는 노고와 헌신에 대해 직원들을 자주 칭찬한다.

해설   동사 praises를 수식해 직원들을 칭찬하는 빈도를 나타내면서 현재시제와 어울리는 부사가 빈칸에 필요하므로 (C) frequently가 정답이다.

어휘   **praise** ~을 칭찬하다   **dedication** 헌신   **comparably** 비교적, 동등하게

9.

해석   우리 팀이 고객 마감 기한을 충족하기 위해 제때 프로젝트들을 완료하는 것이 아주 중요합니다.

해설   명사 manner와 함께 in 전치사구에 쓰여 '제때, 제시간에'를 의미하는 표현을 구성하는 형용사 (C) timely가 정답이다.

어휘   **crucial** 아주 중요한   **in a timely manner** 제때, 제시간에

10.

해석   새로운 절차를 시행한 이후로, 우리 팀이 더욱 효율적으로 업무를 수행해 오면서, 생산성 증가라는 결과를 낳았다.

해설   동사 has been performing을 수식할 부사가 빈칸에 필요하며, 새로운 절차를 시행한 이후에 과거와 비교되는 변화를 나타낼 비교급 부사가 쓰여야 알맞으므로 (D) more efficiently가 정답이다.

어휘   **implement** ~을 시행하다   **result in** ~라는 결과를 낳다   **productivity** 생산성

11.

해석   그 지원자의 전문성과 열정이 면접 위원단에 오래 지속되는 인상을 남겼다.

해설   부정관사와 명사 사이에 빈칸이 위치해 있으므로 명사를 수식할 수 있는 형용사 (B) lasting이 정답이다.

어휘   **professionalism** 전문성   **enthusiasm** 열정   **panel** 위원단   **last** v. 지속되다   **lasting** (오래) 지속되는

12.

해석   경영진이 어떤 결정이든 내리기 전에 제안된 예산을 면밀히 평가할 것이다.

해설   조동사와 동사 사이에 위치한 빈칸은 동사를 앞에서 수식할 부사가 쓰여야 하는 자리이므로 (D) closely가 정답이다.

어휘   **assess** ~을 평가하다   **closeness** 면밀함, 가까움

13.

해석   보안을 유지하기 위해 사용하신 후에는 반드시 마스터 키를 지정된 서랍에 다시 넣어 두시기 바랍니다.

해설   동사와 명사 목적어 뒤에서 동사를 수식해 키를 서랍에 넣어 두는 방식과 관련된 의미를 나타낼 부사가 필요하므로 '다시, 제 자리로' 등을 뜻하는 (B) back이 정답이다.

14.

해석   프로젝트 요구 사항의 일부로서, 직원들은 3일마다 진행 보고서를 제출하도록 요청받는다.

해설   빈칸과 three days가 진행 보고서를 제출하는 주기를 나타내야 자연스러우므로 '~마다, ~의 간격으로'를 뜻하는 「every + 복수 기간명사」를 구성하는 (C) every가 정답이다.

어휘   **as part of** ~의 일부로서, 일환으로   **requirement** 요구 사항, 요건   **progress** 진행, 진척

15.

해석   품질 보증 관리 책임자의 채용 후에, 우리 상품의 가치가 상당히 높아졌다.

해설   동사 increased를 수식해 증가 정도를 나타낼 부사가 빈칸에 쓰여야 알맞으므로 (D) substantially가 정답이다.

어휘   **following** ~ 후에   **recruitment** 채용, 모집   **quality assurance** 품질 보증

16.

해석   우리의 과정들을 간소화함으로써 비용을 감소시키고, 그에 따라 회사를 위해 수익을 늘릴 수 있다.

해설   완전한 구조의 절 뒤에 현재분사구가 이어지는 구조이므로 절과 분사구문을 연결할 수 있는 접속부사 (C) thereby가 정답이다.

어휘   **streamline** ~을 간소화하다   **thereby** 그에 따라, 그렇게 함으로써

17.

해석   저희 인사부에서 받는 각 구직 지원서는 추가 평가를 위해 심사 받기 전에 철저한 검토 과정을 거칩니다.

해설   빈칸 뒤에 위치한 복합명사 job application이 단수이므로 단수 명사를 수식할 수 있는 수량형용사가 필요하며, 회사에서 접수하는 '각각의 구직 지원서'를 나타내야 알맞으므로 (A) Each가 정답이다.

어휘   **undergo** ~을 거치다, 겪다 **thorough** 철저한 **scrutiny** (정밀한) 검토, 조사

18.

해석   리드 씨가 자신의 공헌을 인정하는 상을 받은 직후에 회사에서 퇴직할 것이라고 발표했다.

해설   빈칸 바로 뒤에 위치한 전치사 after를 수식해 '~ 직후에'라는 의미를 구성하는 부사 (D) shortly가 정답이다.

어휘   **retirement** 퇴직, 은퇴 **in recognition of** ~을 인정하여 **contribution** 공헌, 기여

19.

해석   그 잡지는 기술에서부터 생활 방식의 경향에 이르는 여러 흥미로운 주제를 다룬다.

해설   빈칸 뒤에 복수명사구가 있으므로 복수명사와 함께 쓰일 수 있는 수량형용사 중 하나를 골라야 하며, '여러 흥미로운 주제를 다루다'가 자연스러운 의미이므로 (C) several이 정답이다.

20.

해석   지원자들 중에서, 스미스 씨가 분명 그 직책에 가장 적격인 후보자이다.

해설   be동사와 빈칸 뒤에 최상급 형용사를 포함한 명사구 보어가 이어지는 구조이므로 '분명히'라는 의미로 명사구를 수식해 강조하는 역할을 하는 부사 (B) clearly가 정답이다.

Part 6 문맥파악 ③ 어휘

기출포인트 1

수신: 전 직원
발신: 제럴드 해리스, 호텔 매니저

여러분 모두에게 이곳 우리 메이페어 호텔의 최근 동향 한 가지와 관련해 반드시 알려 드리고자 합니다. 불만사항의 상당한 증가로 인해, 한 가지 새로운 정책이 호텔 소유주들에 의해 시행되었습니다. 내일부터, 직원들이 배정된 유니폼 대신 어떤 종류의 사복이든 착용하고 있는 모습이 발견되는 경우에 문책 당할 것입니다. 이 정책은 전 직원이 우리의 용모 기준을 충족하도록 보장해 줄 것입니다. 그렇게 하면, 우리 직원들이 더욱 전문적이고 단결되어 보일 것입니다. 각자의 유니폼 전체 또는 이름표를 자주 착용하지 않는 직원은 누구든 해고 조치에 직면하게 될 것입니다.

어휘   **inform** ~에게 알리다 **significant** 상당한, 중요한 **reprimand** ~을 문책하다, 질책하다 **be found to do** ~하는

것이 발견되다 **rather than** ~ 대신, ~이 아니라 **assign** ~을 배정하다 **that way** 그렇게 하면, 그런 방법으로 **workforce** 전 직원, 인력 **cohesive** 단결된, 화합된 **face** v. ~에 직면하다 **dismissal** 해고

1.

해설   부정관사와 형용사의 수식을 받을 명사가 빈칸에 쓰여야 알맞으므로 (C) development가 정답이다.

어휘   **development** (새로운) 동향, 사건

2.

어휘   **application** 신청(서), 지원(서), 적용 **rate** 요금, 비율, 등급, 속도

3.

(A) 이 변동 사항이 시행되는 동안 호텔이 일시적으로 문을 닫은 상태로 유지될 것입니다.

(B) 이 정책은 전 직원이 우리의 용모 기준을 충족하도록 보장해 줄 것입니다.

(C) 투숙객들께서는 저희 편의시설과 관련된 의견 양식을 프런트 데스크 직원에게 제출하실 수 있습니다.

(D) 이 역할을 맡을 의향이 있는 분은 누구든 제게 직접 연락하셔도 됩니다.

해설   앞선 문장에 직원들의 사복 착용으로 인해 새로운 정책이 시행된 사실이 언급되어 있으므로 이를 This policy로 지칭해 정책 시행의 목표를 알리는 (B)가 정답이다.

어휘   **temporarily** 일시적으로, 임시로 **appearance** 용모, 외모 **amenities** 편의시설 **willing to do** ~할 의향이 있는 **take on** (일·책임 등) ~을 맡다

4.

해설   동사와 명사구 사이에 위치한 빈칸에 명사구를 수식할 수 있는 소유격 인칭대명사가 쓰여야 알맞으므로 (D) their가 정답이다.

토익 실전 연습

1. (C)   2. (B)   3. (C)   4. (A)

1-4.

랜포드 저공해 구역

랜포드 시내의 모든 주민들께 알립니다! 저희는 도심부에 위치하는 새로운 저공해 구역(LEZ)의 시행을 알려 드리게 되어 기쁩니다. 이 LEZ는 시내 지역 내의 차량에서 나오는 유해 배출물을 감소시키는 것을 목표로 합니다. 이 제한 조치는 2015년 이후로 제조된 휘발유 차량에 대해서는 적용되지 않을 것입니다. ▮1▮ 하지만, 디젤 엔진 차량 또는 더 오래된 휘발유 차량 소유주들께서는 반드시 LEZ 규제를 준수하셔야 합니다.

많은 운전자들이 짧은 이동을 위해 차량을 이용해도 환경에 거의 영향을 미치지 않는다고 생각합니다. ▮2▮ 이는 흔히 있는 오해입니다.

실제로는, 짧은 거리를 운전하는 것이 도시 지역의 유해 배출물 양을 상당히 증가시킵니다. 따라서, LEZ 규제를 준수하지 못하는 경우에는 당국이 부과하는 벌금을 초래할 수 있습니다.

모두를 위해 이 제한 조치를 3 시행한다는 점을 알아 주시기 바랍니다. 반드시 이 규제가 4 준수되도록 하는 과정에서, 우리는 미래의 세대들을 위해 탄소 발자국을 감소시키고 공기의 질을 보존하게 됩니다. 모두 함께 하면, 배출물을 감소시키고 더욱 지속 가능한 도시를 만드는 데 있어 상당한 영향을 미칠 수 있습니다. 추가 정보에 대해서는 저희 웹 사이트를 방문하시거나, '시내 친환경 계획' 사무실에 연락하시기 바랍니다.

어휘 **emission** 배출(물) **implementation** 시행 **apply to** ~에 적용되다 **onwards** ~ 이후로 (계속) **comply with** ~을 준수하다 **significantly** 상당히 **as such** 따라서, 그에 따라 **penalty fine** 벌금 **impose** ~을 부과하다 **authorities** 당국 **for one's benefit** ~을 위해 **carbon footprint** 탄소 발자국 **preserve** ~을 보존하다 **sustainable** 지속 가능한 **green** 친환경의

1.

해설 빈칸 앞에는 규제가 적용되지 않는 대상이, 빈칸 뒤에는 규제를 반드시 준수해야 하는 대상이 각각 쓰여 있어 대조적인 흐름임을 알 수 있다. 따라서 양보 접속부사 (C) However가 정답이다.

어휘 **namely** 즉, 다시 말해서

2.
(A) 전기 자동차는 교통에 혁신을 일으켰습니다.
(B) 이는 흔히 있는 오해입니다.
(C) 시내 지역은 혼잡으로 알려져 있습니다.
(D) 이것이 랜포드를 더욱 친환경적인 도시로 만들어 주었습니다.

해설 빈칸 앞 문장에 많은 운전자들이 짧은 이동을 위해 차량을 이용해도 환경에 거의 영향을 미치지 않는 것으로 생각한다는 말이 쓰여 있다. 따라서 이를 This로 지칭해 그것이 잘못된 생각임을 언급하는 의미로 쓰인 (B)가 정답이다.

어휘 **revolutionize** ~에 혁신을 일으키다 **misconception** 오해 **congestion** 혼잡

3.

해설 빈칸 뒤에 위치한 these restrictions는 첫 단락에서 설명하는 새로운 제한 조치를 가리킨다. 따라서 빈칸이 속한 문장은 '모두를 위해 이 제한 조치를 시행한다는 점을 알아 주십시오'와 같이 그 시행 목적과 관련된 의미를 나타내야 알맞으므로 '~을 시행하다, 집행하다'를 뜻하는 enforce의 현재분사 (C) enforcing이 정답이다.

어휘 **conserve** ~을 보존하다 **enforce** ~을 시행하다, 집행하다

4.

해설 빈칸이 속한 that절에 주어와 빈칸만 있으므로 빈칸이 이 that절의 동사 자리임을 알 수 있다. 또한, regulations는 사람에 의해 준수되는 것이므로 수동태로 쓰여야 한다. 따라서 (A) are followed가 정답이다.

Part 7 사실 확인

기출포인트 1

기업가 커넥트

사업 네트워크를 확장하기를 바라고 계신가요? 비즈니스 전문가들께서 통찰력을 공유하시도록 고안된 역동적이고 새로운 온라인 플랫폼인, 기업가 커넥트에 가입해 보십시오. 무엇보다도, 회원 자격이 완전히 무료이므로, 추가 비용을 지불하실 필요 없이 비즈니스 교류를 극대화하실 수 있게 해 드립니다.

회원들께서는 사업 개발 관련 기사와 사업 확장에 관한 전문가의 조언, 그리고 시장 경향 탐색을 위한 전략 같은, 소중한 자료를 저희 웹 사이트를 통해 이용하실 수 있습니다. 오늘 www.entrepreneurconnect.com을 방문하셔서 프로필을 만드신 다음, 교류 관계를 시작해 보십시오. 업체 상세 정보도 업로드하시고, 전문 지식도 공유하시면서, 여러분의 기업을 성장시킬 기회를 탐구해 보시기 바랍니다.

어휘 **entrepreneur** 기업가 **look to do** ~하기를 바라다 **insight** 통찰력, 이해 **best of all** 무엇보다도 **maximize** ~을 극대화하다 **gain access to** ~을 이용할 수 있다, ~에 접근할 수 있다 **venture** (모험적) 사업 **navigate** (방향 등) ~을 탐색하다 **expertise** 전문 지식 **enterprise** 사업

1. 기업가 커넥트와 관련해 언급된 것은 무엇인가?
(A) 몇 년 전에 출시되었다.
(B) 전문가들을 위한 컨벤션을 주최한다.
(C) 회비를 필요로 하지 않는다.
(D) 정기 소식지를 발간한다.

2. 웹 사이트에서 할 수 있는 일로 언급되지 않은 것은 무엇인가?
(A) 기사를 이용하는 일
(B) 프로필을 만드는 일
(C) 일자리에 지원하는 일
(D) 조언을 공유하는 일

토익 실전 연습

1. (C)	2. (C)	3. (D)	4. (D)	5. (C)

1-2.

고위험군 목적지에 대한 여행 팁
이니그마 여행 보험회사

1 일반 여행 보험 증서는 흔히 고위험군 목적지 여행에 대한 보상 서비스를 제외한다는 사실을 알고 계신가요? 여행객들께서 여행길에 나서시기 전에 보험 보상 서비스를 평가해 보시는 것이 아주 중요합니다. 저희 이니그마 여행 보험회사는 고위험군 목적지에 맞춰진 종합 여행 보험 계획을 제공해 드리는 몇 안 되는 명성 높은 보험사들 중 하나입니다.

분쟁 지대로의 모험을 계획하고 계시든, 아니면 자연 재해를 겪기 쉬운 지역이나 정치적 상황이 불안정한 국가로의 모험을 계획하고 계시든 상관없이, 적절한 보험 보상 서비스를 갖추고 계시는 것은 필수적입니다. 저희 이니그마 여행 보험회사는 이러한 목적지로 향하는 여행에 대한 규제 당국이 승인한 보험 증서를 제공해 드리는 것을 전문으로 하고 있습니다.

하지만, 심지어 종합 여행 보험이 있다 하더라도, 여행객들께서 각자의 안전을 보장하기 위해 추가적인 예방 조치를 취하시는 것이 필수적입니다.

1. 목적지의 잠재적 위험성 및 위험 요인에 관해 지속적으로 정보를 얻으십시오.
2. 필요 시에 여행에 앞서 2(B) 자국 대사관 또는 영사관에 등록하셔서 최신 안전 정보와 도움을 받으십시오.
3. 물과 식품, 그리고 2(D) 응급 처치 물품 같은 필수 용품으로 구급 상자를 꾸리십시오.
4. 위험한 활동을 비롯해 범죄 또는 불안정성으로 알려진 지역을 피하십시오.
5. 2(A) 고국에 있는 가족 및 친구들과의 연락을 유지하셔서 여러분의 소재와 안부를 계속 알려 드리십시오.

어휘   policy (보험) 증서 exclude ~을 제외하다 embark on ~에 나서다, 착수하다 reputable 명성 있는 insurer 보험사 tailored for ~에 맞춰진 conflict zone 분쟁 지대 prone to ~을 겪기 쉬운, 당하기 쉬운 political conditions 정치적 상황 have A in place A를 갖춰 놓다 adequate 적절한 authorities 당국 take precautions 예방 조치를 취하다 hazard 위험 요인 embassy 대사관 consulate 영사관 first aid 응급 처치 instability 불안정성 whereabouts 소재, 행방 well-being 안부, 안녕

1. 공지와 관련해 사실인 것은 무엇인가?
    (A) 이니그마 여행 보험회사가 지역 내에서 유일하게 허가를 받은 회사이다.
    (B) 점점 더 많은 사람들이 위험한 국가로 여행을 떠나고 있다.
    (C) 많은 보험 증서가 고위험군 목적지 보상 서비스를 포함하지 않는다.
    (D) 많은 여행객들이 여행 보험이 불필요하다고 생각한다.

해설   첫 단락에 일반 여행 보험 증서가 흔히 고위험군 목적지 여행에 대한 보상 서비스를 제외한다는 사실을 알고 있는지 묻는 말이 쓰여 있다. 이는 그렇다는 사실을 강조하는 말에 해당하므로 (C)가 정답이다.

어휘   licensed 허가를 받은

2. 어떤 팁이 공지에서 제공되지 않는가?
    (A) 친구 및 인척과 연락을 유지할 것
    (B) 정부의 소식을 받을 수 있도록 등록할 것
    (C) 붐비는 대중 교통 이용을 피할 것
    (D) 응급 상황의 경우에 대비해 물품을 준비할 것

해설   마지막 단락의 5번 항목에 가족 및 친구들과의 연락을 유지하라는 말이, 2번 항목에 자국 대사관 또는 영사관에 등록하라는 말이, 그리고 3번 항목에 응급 처치 물품을 준비하라는 말이 쓰여

있어, 각각 (A)와 (B), 그리고 (D)에 해당하는 내용을 확인할 수 있다. 하지만 붐비는 대중 교통과 관련된 정보는 쓰여 있지 않으므로 (C)가 정답이다.

어휘   relative n. 인척, 친척 in case of ~의 경우에 (대비해)

3-5.

> **연예 뉴스**
> **스타라이트 시네마에 모여 드는 수천 명의 팬들**
>
> 많은 기대를 받고 있는 영화 <이클립스 오브 더 스타즈>의 시사회를 기다리는, 간절한 마음의 열성 영화 팬들이 상징적인 스타라이트 시네마 앞에 줄지어 서면서 뜨거운 열기가 할리우드의 거리 전역에 가득합니다. 3 유명 배우 토머스 힌클리의 팬들이 해가 뜨기 훨씬 전부터 극장 밖에 모여 들기 시작하면서, 우상을 보고 사인을 받을 수 있는 기회를 얻기 위해 이른 아침의 쌀쌀함과 과감히 맞서고 있습니다.
>
> <이클립스 오브 더 스타즈>를 둘러싼 흥분감은, 대대적인 마케팅 캠페인 및 다수의 예고편을 활용한 영화 맛보기 영상에 힘입어, 수 개월 동안 고조되어 왔습니다. 이 영화를 뒤에서 이끌고 있는 4 제작사 실버라도 영화사는 주로 힌클리의 인기 상승 덕분에, 이 영화가 대히트작이 될 것으로 예상하고 있습니다. 이에 따라, 대규모 온라인 광고와 전 세계적인 인쇄 매체 및 옥외 광고를 포함해, 4 이 프로젝트를 마케팅하는 데 거액의 돈을 할당했습니다.
>
> 스타라이트 시네마는, 압도적으로 많은 힌클리 팬들의 참석을 예상하면서, 5 모든 참석자들을 위해 순조롭고 즐거운 경험을 보장할 수 있도록 조치를 취했습니다. 충분한 좌석 공간 및 매점뿐만 아니라, 이 영화관은 참석하는 모든 사람의 건강과 안전을 보장하기 위해 시사회에 참석할 안전 및 의료 담당 직원을 추가로 준비해 두었습니다.

어휘   reverberate 가득하다, 울려 퍼지다 enthusiast 열성 팬, 애호가 iconic 상징적인 await ~을 기다리다 premiere 사사회, 초연 brave v. ~에 과감히 맞서다 chill 쌀쌀함 autograph 사인 buzz 흥분, 열광 fueled by ~에 힘입어 sneak peak 맛보기 영상 trailer 예고편 allocate ~을 할당하다 a large sum of 거액의 billboard 옥외 광고판 overwhelming 압도적인 turnout 참석, 참석자 수 take measures 조치를 취하다 ample 충분한, 풍부한 concession 매점 in attendance 참석한

3. 일부 사람들은 왜 해가 뜨기 전에 줄을 서서 기다리고 있었는가?
    (A) 영화제 입장권을 구입하기 위해
    (B) 영화 배역 오디션을 보기 위해
    (C) 한 장면의 촬영을 지켜 보기 위해
    (D) 인기 배우를 만나기 위해

해설   첫 단락에 유명 배우 토머스 힌클리의 팬들이 해가 뜨기 훨씬 전부터 극장 앞에 모여, 우상을 보고 사인을 받을 수 있는 기회를 얻으려 한다는 말이 쓰여 있으므로 (D)가 정답이다.

어휘   audition 오디션을 보다 filming 촬영

4. 마케팅 캠페인과 관련해 언급된 것은 무엇인가?

(A) 영화에 대한 관심을 끌어 올리지 못했다.

(B) 1년 전에 시작되었다.

(C) 주로 지역적으로 운영되었다.

(D) 실버라도 영화사가 자금을 제공했다.

해설 두 번째 단락에 제작사가 실버라도 영화사라는 말과 함께 영화 프로젝트를 마케팅하는 데 거액의 돈을 할당한 사실이 쓰여 있다. 따라서 실버라도 영화사가 자금을 제공했다는 것을 알 수 있으므로 (D)가 정답이다.

어휘 **elevate** ~을 끌어 올리다, 높이다 **predominantly** 주로, 대부분 **finance** v. ~에 자금을 제공하다

5. 스타라이트 시네마와 관련해 암시된 것은 무엇인가?

(A) 최근 개조 공사를 거쳤다.

(B) 병원 옆에 위치해 있다.

(C) 관객이 필요로 하는 것을 고려한다.

(D) 시사회를 위해 영업 시간을 연장했다.

해설 마지막 단락에 스타라이트 시네마가 시사회 참석자들을 위해 순조롭고 즐거운 경험을 보장할 수 있도록 조치를 취한 사실과 함께 해당 조치의 구체적인 예시를 언급하는 내용이 제시되어 있다. 이는 관객들에게 필요한 부분을 고려한 조치에 해당하므로 (C)가 정답이다.

어휘 **undergo** ~을 거치다, 겪다 **give consideration to** ~을 고려하다

Part 5 명사절 접속사, 등위접속사, 상관접속사

기출포인트 1

해석 애들스타인 씨의 신간 도서는 요즘의 비즈니스 업계에서 성공하는 데 무엇이 필요한지 개괄적으로 설명하고 있다.

어휘 **outline** ~을 개괄적으로 설명하다

기출포인트 2

해석 테라웨이브 모바일 솔루션즈 사는 자사의 이사진과 투자자들 사이에서 회의를 개최한 후에 추가 사무실을 열 것인지를 결정할 것이다.

어휘 **determine** ~을 결정하다 **executive director** 이사진, 임원진

기출포인트 3

해석 귀하의 항공편에 탑승하는 승무원들이 여러분의 여행을 가능한 한 편안하게 만들어 드리기 위해 할 수 있는 무엇이든 할 것입니다.

기출포인트 4

해석 베이커 씨는 재무 컨설팅 분야의 일자리를 그만두었으며, 현재 커피 전문점을 열 계획을 하고 있다.

어휘 **as well as** ~뿐만 아니라 …도

기출포인트 5

해석 그 컨벤션 행사장은 보스턴 시내에서 출발하는 버스와 기차 둘 모두에 의해 서비스가 잘 제공되고 있다.

어휘 **serve** ~에 서비스를 제공하다

토익 실전 연습

1. (C)	2. (B)	3. (A)	4. (B)	5. (A)
6. (D)	7. (C)	8. (A)	9. (C)	10. (C)
11. (A)	12. (C)	13. (A)	14. (B)	15. (B)
16. (A)	17. (D)	18. (B)	19. (D)	20. (A)

1.

해석 박물관의 서쪽 동이 리모델링을 위해 일시적으로 문을 닫을 것이므로, 방문객들께서는 그에 따라 각자의 여행을 계획하시기 바랍니다.

해설 빈칸 앞뒤에 두 개의 절이 있으므로 접속사가 필요하며, 빈칸 앞에는 서쪽 동이 문을 닫는다는 원인이, 빈칸 뒤에는 그에 따라 여행을 계획해야 한다는 결과가 제시되어 있으므로 '~이므로, 그래서' 등을 뜻하는 등위접속사 (C) so가 정답이다.

어휘 **wing** (건물의) 동, 부속 건물 **accordingly** 그에 따라

2.

해석 지역 주민들과 방문객들께서 똑같이 리버사이드 공원 내에 지어진 새로운 자연 산책로를 즐기시게 될 것입니다.

해설 빈칸 앞에 두 개의 명사가 등위접속사 and로 연결되어 있으므로 「A and B alike」의 구조로 'A와 B가 똑같이'라는 의미를 나타낼 때 사용하는 (B) alike가 정답이다.

3.

해석 어번 어패럴의 본사는 토론토에 위치해 있지만, 그 회사는 캐나다 전역에 걸쳐 수많은 소매 판매점을 보유하고 있다.

해설 빈칸 앞뒤에 두 개의 절이 있으므로 접속사가 필요하며, '본사는 토론토에 있지만 캐나다 전역에 수많은 소매 판매점을 보유하고 있다'는 상반의 의미가 자연스러우므로 '하지만, 그러나' 등을 뜻하는 등위접속사 (A) but이 정답이다.

4.

해석 체육관 회원들께서는 회원권을 갱신하시려면 반드시 신용카드 또는 은행 계좌 이체 둘 중 한 가지로 연간 회비를 지불하셔야 합니다.

해설 빈칸 뒤에 두 개의 by 전치사구가 or로 연결되어 있는데 'A 또는 B 둘 중의 하나'라는 의미를 나타내는 상관접속사 「either A or B」를 구성해야 알맞으므로 (B) either가 정답이다.

어휘 **bank transfer** 은행 계좌 이체 **besides** ad. 그 외에, 게다가 prep. ~ 외에(는) **as if** 마치 ~인 것처럼

5.

해석 액티브웨어 사가 새롭게 출시한 등산화는 내구성도 좋으면서 가볍다.

해설 상관접속사 「both A and B」에서 A와 B 자리에 동일한 품사가 쓰여야 하므로 lightweight과 같은 형용사인 (A) durable이 정답이다.

어휘 **lightweight** 가벼운, 경량의 **durably** 내구성이 좋게, 튼튼하게 **durableness** 튼튼함, 질김

6.

해석 의사 소통 능력 세미나에 등록하기를 원하시는 분은 누구든 6월 10일까지 제섭 씨께 연락하셔야 합니다.

해설 빈칸 뒤에 동사 wishes부터 시작하는 불완전한 절이 쓰여 있고, 그 뒤에 바로 또 다른 동사 should contact가 이어지는 구조이다. 따라서 빈칸부터 should contact 앞까지가 문장의 주어 역할을 하는 명사절이 되어야 하며, '~하기를 원하는 사람은 누구든'이라는 의미가 되는 것이 자연스러우므로 명사절을 이끌 수 있는 복합관계대명사 (D) Whoever가 정답이다.

7.

해석 연구소 출입은 프로젝트 팀 구성원 및 시설 관리자들에게로 제한되어 있다.

해설 빈칸 앞뒤에 위치한 명사구 project team members와 facility supervisors를 연결할 수 있는 것이 필요하므로 구를 연결할 수 있는 등위접속사 (C) and가 정답이다.

8.

해석 여행객들이 항공편과 여객선 둘 모두를 이용해 정기적으로 몬태규 제도로 여행을 떠난다.

해설 빈칸 뒤에 위치한 and와 함께 'A와 B 둘 모두'라는 의미를 나타내는 상관접속사 「both A and B」를 구성해야 알맞으므로 (A) both가 정답이다.

9.

해석 트렌튼 썬더호크스 축구팀의 팬들은 시즌 입장권 또는 단 한 장의 일일 입장권을 구입할 수 있다.

해설 빈칸 앞뒤에 위치한 a season pass와 a single single-day ticket이 동사의 목적어 역할을 하는 명사구이므로 구를 연결하는 등위접속사가 필요하다. 또한, '시즌 입장권 또는 일일 입장권'이라는 둘 중에 하나를 선택하는 의미를 나타내야 알맞으므로 '또는'을 뜻하는 등위접속사 (C) or가 정답이다.

어휘 **season pass** 시즌 입장권 **single-day** 일일의, 하루의

10.

해석 시 의회는 내년 도시 재개발 계획의 일환으로 시내 도로들을 재포장하고 수리할 계획이다.

해설 동일한 요소를 연결하는 등위접속사 and 앞에 to부정사가 쓰여 있으므로 to부정사를 구성하는 동사원형 resurface와 동일한 동사원형 (C) repair가 정답이다.

어휘 **resurface** (길 등) ~을 재포장하다 **as part of** ~의 일환으로, ~의 일부로 **repairable** 수리 가능한

11.

해석 액션 공원의 소유주들이 그 놀이공원을 포틀랜드의 잠재 부지로 이전할지를 결정할 것이다.

해설 빈칸 앞에 동사 will decide가 있고, 빈칸 뒤에 to부정사가 쓰여 있으므로 to부정사와 어울리는 접속사로서 '~할 것인지'를 의미하는 「whether to do」를 구성하는 명사절 접속사 (A) whether가 정답이다.

어휘 **prospective** 잠재적인, 장래의

12.

해석 그 행사 주최자는 스왈로우 호텔도 다른 어떤 잠재적인 연회 행사장도 그 정도로 아주 많은 손님들을 수용할 수 없다는 사실을 알게 되었다.

해설 빈칸 앞에 위치한 neither는 nor과 어울려 'A도 B도 둘 다 ~ 아니다'라는 의미를 나타내는 상관접속사 「neither A nor B」를 구성하므로 (C) nor가 정답이다.

13.

해석 저희 컨설턴트 대부분은 투자뿐만 아니라, 재무 계획도 전문으로 하고 있습니다.

해설 빈칸 앞에 위치한 not only는 but also와 어울려 'A뿐만 아니라 B도'라는 의미를 나타내는 상관접속사 「not only A but also B」를 구성하므로 (A) but also가 정답이다.

어휘 **specialize in** ~을 전문으로 하다 **planning** 계획, 기획 **let alone** ~은 말할 것도 없고, 고사하고

14.

해석 그 매장의 환불 정책은 제품이 반드시 구매 증명서와 함께 반품되어야 한다는 점을 명확히 보여 준다.

해설 타동사 뒤에 빈칸이 있고, 그 뒤로 절이 이어져 있어 빈칸이 shows의 목적어 역할을 하는 명사절임을 알 수 있다. 따라서 명사절 접속사 (B) that이 정답이다.

15.

해석 안전 조사관이 누구의 교대 근무에서 사고가 발생했는지 밝혀 내기 위해 모든 공장 책임자들과 이야기했다.

해설 빈칸 앞에는 전치사가, 빈칸 뒤에는 명사와 함께 절이 쓰여 있으므로 빈칸이 전치사의 목적어 역할을 하는 명사절임을 알 수 있다. 따라서 명사 shift를 수식하면서 절을 이끌 수 있는 명사절 접속사 (B) whose가 정답이다.

16.

해석 애스트럴 디자인 사는 스캇 체리 씨가 해외 마케팅 책임자로 임명되었다는 것을 최근 발표했다.

해설 타동사 뒤에 빈칸이 있고, 그 뒤로 절이 이어져 있어 빈칸이 announced의 목적어 역할을 하는 명사절임을 알 수 있다. 또한, 이 절이 완전한 구조이므로 완전한 절을 이끄는 명사절 접속사 (A) that이 정답이다.

17.

해석 프론트 데스크 직원에게 내일 늦은 체크아웃이 필요하신지 알려 주시기 바랍니다.

해설 타동사 뒤에 빈칸이 있고, 그 뒤로 절이 이어져 있어 빈칸이 know의 목적어 역할을 하는 명사절임을 알 수 있다. 따라서 명사절 접속사인 (D) whether가 정답이다.

18.

해석 인사부장님께서 누가 직원 오리엔테이션을 진행할지 선택하시고 그 시간에 적합한 날짜를 선정하실 것입니다.

해설 타동사 뒤에 빈칸이 있고, 그 뒤로 동사부터 시작하는 불완전한 절이 이어져 있어 빈칸이 choose의 목적어 역할을 하는 명사절임을 알 수 있다. 또한, 동사 lead의 주체는 사람이어야 하므로 사람을 가리키면서 불완전한 절을 이끄는 명사절 접속사 (B) who가 정답이다.

19.

해석 사용 설명서에 그 에어컨 기기의 필터를 어떻게 꺼내야 하는지 나타나 있다.

해설 타동사 뒤에 빈칸이 있고, 그 뒤로 절이 이어져 있어 빈칸이 indicates의 목적어 역할을 하는 명사절임을 알 수 있다. 따라서 명사절 접속사인 (D) how가 정답이다.

20.

해석 스웨일즈 씨 또는 보니토 씨 중 한 분께서 다가오는 무역 박람회에서 우리 회사를 대표하실 것입니다.

해설 빈칸 앞에 위치한 Either는 or과 어울려 'A 또는 B 둘 중의 하나'라는 의미를 나타내는 상관접속사 「Either A or B」를 구성하므로 (A) or가 정답이다.

어휘 **represent** ~을 대표하다 **trade show** 무역 박람회

Part 6 접속부사 ① 양보, 추가 접속부사

기출포인트 1

태양열 전지판 모델을 회수하는 솔라코프 (9월 22일) – 재생 가능 에너지 부문에서, 솔라코프 사는 주거용 및 상업용 태양열 전지판의 선도적인 제공업체였습니다. 하지만, 최근의 제품 개발은 특정 태양열 전지판 모델의 회수로 이어졌습니다.

솔라코프 사의 공개 발표에서, 대변인은 영향을 받은 태양열 전지판이 그것이 고안된 용도에 온전히 부합하지 않는다는 점을 인정했습니다. 회수 안내문에 언급된 문제들은 효율성 변동 및 인버터와의 호환성 제한을 포함합니다. 이들 중 어느 것이든 겪으신 경우, 즉시 솔라코프 사에 연락해 점검 및 교체 조치하시기 바랍니다. 이 서비스들은 무료로 받으시게 될 것입니다.

어휘 **solar panel** 태양열 전지판 **sector** 부문, 분야, 영역 **spokesperson** 대변인 **acknowledge that** ~라는 점을 인정하다 **serve the purpose** 용도에 부합하다, 목적에 알맞다 **cite** ~을 언급하다, 인용하다 **fluctuation** 변동, 등락 **compatibility** 호환성

1.

어휘 **therefore** 따라서, 그러므로 **moreover** 더욱이, 게다가

2.

해설 선택지가 모두 관계사로 구성되어 있는데, 전치사 for 뒤에 위치할 수 있는 관계대명사이자 선행사인 명사 purposes를 가리킬 수 있는 (B) which가 정답이다.

3.

해설 빈칸에 쓰일 명사는 회수 안내문에 포함되어 있다고 알리는 efficiency fluctuations과 compatibility limitations with inverters를 하나로 아우를 수 있어야 한다. 따라서 회수 조치의 원인으로서 태양열 전지판에 발생하는 문제에 해당하므로 '문제, 사안'을 뜻하는 (D) issues가 정답이다.

4.

(A) 여러 판매업체들이 현재 태양열 전지판을 재고로 보유하고 있습니다.
(B) 설치 안내 정보를 보시려면 사용자 가이드를 확인하시기 바랍니다.
(C) 필요로 하시는 에너지에 대해 저희 솔라코프를 선택해 주셔서 감사드립니다.
(D) 이 서비스들은 무료로 받으시게 될 것입니다.

정답 및 해설 275

해설 앞선 문장에 두 가지 문제가 언급되어 있고 무엇이든 겪는 경우에 즉시 솔라코프 사에 연락해 점검 및 교체하라고 당부하는 말이 쓰여 있다. 따라서 점검 및 교체 조치에 해당하는 서비스들을 these services로 지칭해 그 비용이 무료임을 추가로 알리는 의미의 (D)가 정답이다.

기출포인트 2

오토케어 솔루션즈:
선셋 애비뉴 124, 킹스턴, 자메이카

저희 오토케어 솔루션즈는 걱정 없는 차량 운행의 비결입니다. 저희 종합 유지 관리 패키지를 통해, 여러분 차량의 안전과 성능을 보장해 드립니다. 저희 서비스는 철저한 점검과 시기적절한 시점의 수리 작업, 그리고 필수 부품의 전문 세척을 포함합니다. 더욱이, 저희는 차량 유지 관리의 기본 사항들을 가르쳐 드리는 일대일 교육 과정도 제공해 드리고 있습니다.

저희 팀은 경험 많은 정비사들로 구성되어 있으며, 모두 공인된 직원들로서 최근의 자동차 기술에 대해 최신 정보를 유지하고 지속적인 교육을 통해 각자의 능력을 향상시키는 데 전념하고 있습니다. 이들이 처리하지 못하는 작업은 없습니다. 저희 오토케어 품질 보증 기준을 바탕으로, 투명한 가격 책정 및 전문적인 서비스를 보장해 드립니다.

무료 상담을 위해 오늘 1-876-555-0172번으로 전화 주셔서 저희 오토케어 솔루션즈의 편의성과 신뢰성을 발견해 보십시오.

어휘 **worry-free** 걱정 없는 **thorough** 철저한 **one-to-one** 일대일의 **comprise** ~로 구성되다 **mechanic** 정비사 **certified** 공인된, 자격증이 있는 **stay up to date** 최신 정보를 유지하다 **transparent** 투명한 **pricing** 가격 책정 **assurance** (품질 등의) 보증 **reliability** 신뢰성

1.

해설 빈칸 바로 뒤에 위치한 등위접속사 and는 동일한 요소를 연결하므로 and 뒤에 위치한 명사 performance와 동일한 품사인 명사 (D) safety가 정답이다.

2.

어휘 **on one hand** 한편으로는 **nonetheless** 그럼에도 불구하고 **and yet** ~하면서도, ~에 더해

3.

(A) 이용 가능한 강좌를 저희 웹 사이트에서 확인해 보십시오.
(B) 차량이 고장 나는 것은 드문 일이 아닙니다.
(C) 이들이 처리하지 못하는 작업은 없습니다.
(D) 이 할인 서비스를 이용하시도록 권해 드립니다.

해설 빈칸 앞 문장에 경험 많은 정비사들로 구성되어 있다는 말과 함께 그 정비사들이 능력을 향상시키는 데 전념하고 있다는 내용이 제시되어 있다. 따라서 experienced mechanics를 they로 지칭해 정비사들이 뛰어난 능력을 지니고 있음을 암시하는 의미로 쓰인 (C)가 정답이다.

4.

해설 빈칸 앞에 문장이 완전한 상태이므로 빈칸은 동사 자리가 아니다. 또한, 빈칸 뒤 by와 함께 빈칸 바로 앞에 위치한 명사구를 뒤에서 수식하는 구조가 되어야 하는데 '~에 의해 바탕이 이뤄진'이라는 수동의 의미를 나타내야 하므로 과거분사 (A) backed가 정답이다.

어휘 **back** v. ~의 바탕을 이루다, ~을 뒷받침하다

토익 실전 연습

1. (B)	2. (D)	3. (A)	4. (A)	5. (B)
6. (C)	7. (A)	8. (C)		

1-4.

런던, 11월 23일 – 시그마 텔레콤 사가 올해의 기록적인 수익을 발표했으며, 작년 수익에 비해 거의 20퍼센트가 상승했습니다. 이 수입 1 증가는 대부분 이 회사의 경쟁 통신사 에너지라인 사에 대한 인수로 인한 것입니다. 에너지라인 사의 매입 이후로, 시그마 텔레콤 사는 영국 내에서 가장 규모가 큰 모바일 전화 서비스 공급업체가 2 되었습니다. 3 그럼에도 불구하고, 업계 내에서 가장 크고 가장 인기 있는 이 공급업체에 대한 전망이 전적으로 긍정적이지 않을 수 있습니다. 여러 저가 전화 서비스 공급업체들이 빠르게 인기를 얻고 있는데, 고객들이 지출을 줄이려 하기 때문입니다. 4 그 결과, 이 회사는 최근 자사의 사업 확장 계획을 연기하기로 결정했습니다.

어휘 **record-breaking** 기록적인, 기록을 경신하는 **over** (비교) ~에 비해 **in large part** 대부분 **acquisition** 인수, 획득 **outlook** 전망 **spending** 지출

1.

해설 빈칸 뒤에 위치한 in과 어울려 수입의 변화와 관련된 의미를 나타낼 명사가 필요한데, 빈칸 앞 문장에 작년 수익보다 거의 20퍼센트 상승한 사실이 쓰여 있으므로 '증가'를 뜻하는 (B) increase가 정답이다.

어휘 **downturn** 하락, 침체 **leveling** 평탄화, 평준화

2.

해설 빈칸이 속한 문장의 시작 부분에 쓰여 있는 Since는 현재완료시제 동사와 함께 사용하므로 (D) has become이 정답이다.

3.

해설 빈칸 앞에는 가장 규모가 큰 모바일 전화 서비스 공급업체가 되었다는 말이, 빈칸 뒤에는 업계 내에서 이 업체에 대한 전망이 긍정적이지 않을 수 있다는 말이 각각 쓰여 있다. 이는 긍정적인 내용과 부정적인 내용이 이어지는 상반된 흐름이므로 양보 접속부사 (A) Nonetheless가 정답이다.

4.

(A) 그 결과, 이 회사는 최근 자사의 사업 확장 계획을 연기하기로 결정했습니다.

(B) 그 새로운 회사가 12월 초에 출범할 것으로 예상됩니다.

(C) 시그마 텔레콤 사는 현명한 결정을 내린 것으로 보였습니다.

(D) 에너지라인 사가 계속 경쟁력이 있을지는 지켜 봐야 합니다.

해설   빈칸 앞 문장에 전망이 긍정적이지 않을 수 있다는 말과 함께, 여러 저가 전화 서비스 공급업체들이 빠르게 인기를 얻고 있고 고객들이 지출을 줄이려 한다는 사실이 쓰여 있다. 따라서 그러한 현실에 따른 결과로서 사업 확장 계획을 연기하기로 결정한 사실을 말하는 (A)가 정답이다.

어휘   **It remains to be seen if** ~인지 지켜 봐야 한다

5-8.

수신: 칼라 스피너 <kspiner@artistdirect.ca>

발신: 벤 카트라이트 <bcartwright@qme.ca>

날짜: 6월 10일

제목: 초대

첨부: 축제 전단지

스피너 씨께,

저는 지난 주말에 밴쿠버의 델 레이 카페에서 열린 귀하의 공연 중에 **5** 관객으로 있었습니다. 그날 저녁에 귀하께서 소개 및 공연하신 곡들이 대단히 인상적이었습니다. **6** 실제로, 그 멜로디들이 그 이후로 계속 제 머리 속에서 맴돌고 있습니다! 제가 귀하께 연락 드리는 이유는 제가 지역 가수들과 작곡가들을 특징으로 하는 음악 축제를 조직하고 있기 때문이며, 귀하께서 행사 중에 공연해 주실 수 있다면 영광스러울 것입니다. 8월 3일에 몬트 로얄 공원의 무대에서 몇 곡 공연해 주실 의향이 있으신가요? **7** 귀하의 시간에 대해 넉넉하게 보상 받으시게 될 것입니다. 이 행사와 관련해 더 많은 상세 정보를 **8** 포함하는 전단지를 첨부해 드렸습니다.

안녕히 계십시오.

벤 카트라이트

퀘벡 뮤직 이벤트

어휘   **be stuck in one's head** 머리 속에 맴돌다, 머리 속에 남아 있다 **reach out to** ~에게 연락하다

5.

해설   빈칸이 속한 다음 문장에 상대방 공연에 대한 의견이 언급되어 있어 편지의 발신자가 그 공연을 관람한 것으로 볼 수 있다. 따라서 in the와 함께 '관객들 중에 속해 있는'이라는 의미를 구성해야 자연스러우므로 '관객들, 청중' 등을 뜻하는 (B) audience가 정답이다.

어휘   **workforce** 인력, 전체 직원들

6.

해설   빈칸 앞 문장에는 상대방이 공연한 곡들이 대단히 인상적이었다는 말이, 빈칸 뒤에는 그 멜로디들이 공연 이후로 계속 머리 속에서 맴돌고 있다는 말이 쓰여 있다. 이는 인상적이었다는 의견에 대한 구체적인 설명을 추가하는 흐름에 해당하므로 추가 접속부사 (C) In fact가 정답이다.

7.

(A) 귀하의 시간에 대해 넉넉하게 보상 받으시게 될 것입니다.

(B) 이 축제는 올해 계획대로 진행될 가능성이 없습니다.

(C) 모든 사람이 귀하의 목소리가 얼마나 아름다운지에 대해 언급했습니다.

(D) 공연 기회와 관련해 제게 연락 주셔서 감사합니다.

해설   빈칸 앞에 8월 3일에 있을 행사에서 공연하도록 요청하는 의미를 지닌 의문문이 쓰여 있으므로 이 요청을 수락하는 경우에 따른 긍정적인 결과를 알리는 (A)가 정답이다.

어휘   **be unlikely to do** ~할 가능성이 없다 **go ahead** 진행되다, 계속되다

8.

해설   빈칸 뒤에 위치한 more details는 빈칸 앞에 위치한 flyer에 담긴 내용으로 볼 수 있다. 따라서 빈칸 이하 부분이 a flyer를 수식하는 역할을 해야 알맞으므로 관계대명사 that 및 동사 includes와 함께 명사를 수식하는 관계대명사절을 구성하는 (C) that includes가 정답이다.

Part 7 추론

기출포인트 1

발신: 그래엄 허진스

수신: 샐리 애스캇

발송: 화요일, 오후 1:44

서빙 담당 직원 공석에 대한 면접이 예상보다 더 오래 걸렸습니다. 우리 주방에서 다시 만나 뵐 시간이 없었습니다. 롤리 주식회사의 본사에서 열리는 사내 연회를 위한 최종 기획 회의에 곧장 갑니다. 이 고객들께서 문의하신 요리를 준비하신 다음, 시식 시간을 위해 가져 오십시오. 그분들께서 제안된 메뉴에 대해 몇 가지 추가로 조정하기를 바라실 수도 있습니다. 감사합니다.

어휘   **bring A along** A를 가져 가다 **tasting** 시식, 시음

1.   허진스 씨는 어떤 업계에서 근무하고 있을 것 같은가?

(A) 인력 채용

(B) 출장 요리 제공

(C) 엔지니어링

(D) 회계

2.   허진스 씨는 애스캇 씨에게 무엇을 하도록 요청하는가?

(A) 몇몇 고객들에게 연락할 것

(B) 몇몇 음식 샘플을 가져 갈 것

(C) 회의를 연기할 것

(D) 교육 시간을 마련할 것

토익 실전 연습

1. (B)	2. (D)	3. (D)	4. (C)	5. (C)

1-2.

> 스코틀랜드의 경치 좋은 시골 지역에 자리잡고 있는 역사적인 보물인, 드럼스터디 성에 오신 것을 환영합니다. 장엄한 탑들과 인상적인 석조 조각상이 있는, 드럼스터디 성은 스코틀랜드의 풍부한 유산과 웅대한 건축 양식을 보여 주는 증거로서의 입지를 지니고 있습니다.
>
> **1** 3개월 동안의 대대적인 프로젝트 끝에 최근 대중들을 대상으로 재개장해, 방문객들께서 다시 한번 이 성의 매력적인 역사를 탐구하고, 새롭게 복원된 외벽에 감탄하실 수 있습니다. 이 작업이 이 상징적인 명소에 새로운 활력을 불어 넣으면서, 다가올 세대들을 위한 보존을 보장하게 되었습니다.
>
> 이 성의 여러 고대 홀 전역에 걸쳐 거닐면서 과거로의 시간 여행을 떠나 보시고, 전망대에서 보이는 숨이 멎을 듯한 경관도 감탄하며 바라보시기 바라며, 한때 성벽 내부에서 생활했던 기사와 귀족의 이야기도 상상해 보시기 바랍니다. **2** 영화를 좋아하는 팬이시라면, 이 건물의 아름다움과 매력을 한층 더해 주는 몇몇 유명한 전투 및 결혼식 장면에 나온 드럼스터디 성을 알아보실 수도 있습니다.
>
> 드럼스터디 성 방문은 스코틀랜드의 다채로운 과거를 거치는 잊지 못할 여행임을 약속합니다.

어휘   **gem** 보물, 보석   **nestled in** ~에 자리잡고 있는   **majestic** 장엄한   **testament** 증거   **marvel at** ~에 감탄하다   **step back in time** 과거로의 시간 여행을 떠나다   **wander** 거닐다, 돌아다니다   **breathtaking** 숨이 멎을 듯한   **tale** 이야기   **noble** 귀족   **charm** 매력

1. 드럼스터디 성과 관련해 무엇이 사실인가?
(A) 해안과 가까운 곳에 자리잡고 있다.
(B) 복원 작업으로 인해 문을 닫았다.
(C) 사적인 행사를 위해 이용될 수 있다.
(D) 주요 도시에서 쉽게 접근할 수 있다.

해설   두 번째 단락에 3개월 동안의 프로젝트 끝에 최근 재개장한 사실과 함께 새롭게 복원된 외벽이 언급되어 있다. 따라서 3개월 동안 문을 닫았다는 것을 알 수 있으므로 (B)가 정답이다.

2. 드럼스터디 성과 관련해 암시된 것은 무엇인가?
(A) 수 차례 다시 지어졌다.
(B) 방문객들에게 가이드 동반 투어를 제공한다.
(C) 소장하고 있는 예술품을 포함한다.
(D) 여러 영화에서 특별히 소개되었다.

해설   세 번째 단락에 영화를 좋아하는 사람이라면 몇몇 유명한 전투 및 결혼식 장면에 나온 드럼스터디 성을 알아볼 수 있다는 말이 쓰여 있으므로 (D)가 정답이다.

3-5.

> **3** 지속적인 기기 접속 및 분주한 생활 방식의 시대에서, 숙면을 취하는 것은 많은 이들에게 점점 더 어려운 일이 되었습니다. 최근의 연구는 이 보편화된 수면 박탈의 이면에 존재하는 이유와 그것이 사람의 건강과 행복에 미치는 유해한 영향을 조사하고 있습니다. **3** **4** 과도한 스크린 이용 시간, 스트레스, 그리고 까다로운 업무 일정 등과 같은 요소들이 사람들 사이에서 수면 질 감소의 원인이 되고 있습니다.

> 하지만, 최근 떠오르는 연구들은 수면을 우선시하면서 일상 생활에 짧은 낮잠을 포함하는 것의 중요성을 강조하고 있습니다. 낮잠이 게으름의 표시라는 생각과 반대로, 전문가들은 전략적인 낮잠이 실제로 생산성을 증진하고, 인지 기능을 향상시키며, 창의성을 촉진할 수 있다고 주장합니다.
>
> 적절한 수면 및 회복용 낮잠의 이점을 뒷받침하는 증거가 늘어나면서, 고용주들에게 주목하도록 재촉하고 있습니다. **5** 일과 삶의 균형을 유지하고, 건강한 수면 습관을 장려하면서, 휴식 기회를 제공하는 회사 정책을 시행하면 직원들이 더 행복하고 더 몰두한 상태로, 그리고 궁극적으로 전 직원이 더 생산적인 상태로 이어질 수 있습니다.
>
> 사회가 만성적인 수면 박탈에 따른 결과를 다루게 되면서, 수면의 과학을 인정하는 것이 모두를 위해 더 훌륭한 생산성 및 행복을 열어 젖히는 열쇠를 쥐고 있는 것일 수 있습니다.

어휘   **connectivity** 접속, 연결(성)   **bustling** 분주한, 북적거리는   **widespread** 보편화된   **deprivation** 박탈, 빼앗음   **detrimental** 유해한   **emerging** 최근 떠오르는, 새롭게 나타나는   **cognitive function** 인지 기능   **power nap** 회복을 위한 낮잠   **take note** 주목하다   **engaged** 몰두한   **chronic** 만성적인

3. 신문의 어느 면에서 기사를 찾아 볼 수 있을 것 같은가?
(A) 스포츠
(B) 연예
(C) 기술
(D) 비즈니스

해설   첫 단락에 현대인들의 생활 방식을 이야기하면서 과도한 스크린 이용 시간, 스트레스, 그리고 까다로운 업무 일정 등과 같은 부정적인 요소들을 언급하는 내용이 제시되어 있다. 이를 통해 사회적인 흐름 등을 주제로 하는 비즈니스 면에서 읽을 수 있는 기사로 볼 수 있으므로 (D)가 정답이다.

4. 스크린을 보는 데 너무 긴 시간을 보내는 사람과 관련해 암시된 것은 무엇인가?
(A) 다른 사람들과 덜 소통한다.
(B) 규칙적으로 낮잠을 자는 경향이 있다.
(C) 잘 자는 데 어려움이 있다.
(D) 시력 문제가 생길 가능성이 있다.

해설   첫 단락에 과도한 스크린 이용 시간이 수면 질 감소의 한 가지 원인으로 언급되어 있으므로 (C)가 정답이다.

어휘   **develop** (병·문제 등) ~이 생기다   **eyesight** 시력

5. 기사에서 건강한 일과 삶의 균형이 지니는 이점으로 언급하는 것은 무엇인가?
(A) 신체 활동 증가
(B) 더 나은 교우 관계
(C) 생산성 향상
(D) 수면에 대한 더 나은 인식

해설   세 번째 단락에 일과 삶의 균형을 유지하는 것이 궁극적으로 직원들이 더 생산적인 상태로 이어질 수 있는 한 가지 요소로 언급되어 있다. 따라서 (C)가 정답이다.

어휘   **appreciation** (올바른) 인식, 이해

DAY 05

Part 5 전치사, 부사절 접속사

기출포인트 1

해석   레스토랑 주방 대청소가 매일 오전 11시 30분까지 실시되어야 한다.

기출포인트 2

해석   병에 담긴 무료 생수를 음악 축제 행사장 전역에서 나눠 드릴 것입니다.

어휘   **distribute** ~을 나눠 주다, 배부하다 **against** ~에 반대해, ~에 기대어, ~에 대해 **upon** ~하자마자

기출포인트 3

해석   그 베스트셀러 앨범에 담긴 음악은 작곡가의 허락 없이는 TV 프로그램이나 영화에 쓰일 수 없다.

어휘   **permission** 허락 **regarding** ~와 관련해 **along** (길 등) ~을 따라

기출포인트 4

해석   브래드쇼 씨와 그린우드 씨가 이번 달 주주총회 발표에 대해 협력했다.

기출포인트 5

해석   비록 스트림 스포츠웨어 사가 주로 운동복으로 알려져 있기는 하지만, 내년쯤이면, 이 회사가 여러 운동화 제품군을 출시할 것이다.

어휘   **athletic** 운동의, 체육의

기출포인트 6

해석   앨버트 그레이 씨가 쓴 이전의 희곡들은 오직 말로 하는 대화만을 특징으로 했던 반면, 그의 새 희곡은 여러 노래 및 동반되는 음악을 포함한다.

어휘   **feature** ~을 특징으로 하다 **accompanying** 동반되는

기출포인트 7

해석   대회의실이 직원 오리엔테이션 시간을 위해 이용되는 동안, 관리자 회의가 인사부에서 열릴 것이다.

토익 실전 연습

1. (C)	2. (C)	3. (C)	4. (B)	5. (C)
6. (A)	7. (D)	8. (C)	9. (C)	10. (C)
11. (D)	12. (B)	13. (B)	14. (D)	15. (B)
16. (D)	17. (B)	18. (B)	19. (D)	20. (C)

1.

해석   그 슈퍼마켓은 바쁜 쇼핑 시즌 중에 추가로 시간제 계산대 직원들을 고용한다.

해설   빈칸 뒤에 위치한 명사구가 기간을 나타내므로 기간 명사(구)와 어울려 '~ 중에, ~ 동안'을 의미하는 기간 전치사 (C) during이 정답이다.

어휘   **checkout operator** 계산대 직원 **onto** ~ 위로

2.

해석   편리한 대중 교통 연결 수단의 부족 문제를 제외하면, 브라운빌 지역은 사람들이 살고 싶어 하는 곳이다.

해설   빈칸 뒤에 위치한 명사구를 목적어로 취할 전치사가 빈칸에 필요하며, '~의 부족 문제를 제외하면, 브라운빌 지역은 살고 싶어 하는 곳이다'를 의미해야 자연스러우므로 '~을 제외하면'을 뜻하는 제외 전치사 (C) Aside from이 정답이다.

어휘   **link** 연결 (수단) **neighborhood** 지역, 인근 **desirable** (사람들이) 바라는, 매력적인

3.

해석   보우먼 다리가 예정된 도로 유지 관리 작업으로 인해 월요일에 모든 차량을 대상으로 폐쇄될 것이다.

해설   빈칸 뒤 Monday 같이 요일을 나타내는 명사와 어울리는 시간 전치사 (C) on이 정답이다.

4.

해석   리카드 씨의 새 도서는 직장 내 직원들 사이에서 사기를 증진하는 데 가장 효과적인 전략들을 다룬다.

해설   빈칸 뒤에 위치한 동명사구를 목적어로 취할 수 있는 전치사가 필요하며, '사기를 증진하는 데(사기를 증진하기 위한) 가장 효과적인 전략들'을 의미해야 알맞으므로 '~하는 데 (대한), ~하기 위한'이라는 뜻으로 목적을 나타낼 때 사용하는 목적 전치사 (B) for가 정답이다.

어휘   **boost** ~을 증진하다 **morale** 사기, 의욕

5.

해석   디 아고라 씨가 그 TV 프로그램에서 가장 인기 있는 출연자인데, 그 프로그램에서 가장 흥미로운 줄거리에 관련되어 왔기 때문이다.

해설   선택지가 모두 접속사이므로 해석을 통해 알맞은 것을 찾아야 한다. '디 아고라 씨가 가장 흥미로운 줄거리에 관련되어 왔기 때문에 가장 인기 있는 출연자이다'를 의미해야 자연스러우므로 '~하기 때문에'라는 뜻의 이유 부사절 접속사 (C) because가 정답이다.

어휘   **cast member** 출연자 **storyline** 줄거리

6.

해석   레지나 가워 씨가 폴라리스 어플라이언스 사의 대표 매장으로 전근한 이후로 여러 판매 기록을 경신해 왔다.

해설   빈칸 앞에 현재완료시제 동사와 함께 판매 기록을 경신해 온 사

실이 쓰여 있으므로 대표 매장으로의 전근이 그 시작점인 것으로 볼 수 있다. 따라서 '~ 이후로'라는 의미로 과거의 시작점을 나타낼 때 사용하는 시간 전치사 (A) since가 정답이다.

어휘　**transfer** 전근, 이동　**flagship** a. (매장·상품 등이) 대표적인, 주력하는

7.

해석　취업 박람회에 오시기 전에 이 이메일에 첨부된 직원 목록에 익숙해지시기를 권해 드립니다.

해설　빈칸 뒤에 절이 있으므로 이 절을 이끌 접속사가 빈칸에 필요하며, '취업 박람회에 오기 전에 ~에 익숙해지기를 권합니다'가 의미상 자연스러우므로 '~하기 전에'를 뜻하는 부사절 접속사 (D) before가 정답이다.

어휘　**familiarize oneself with** ~에 익숙해지다, ~을 숙지하다

8.

해석　회사 정책에 따라, 이틀 이내에 수령되지 않은 주문품에 대해 배송비가 환불될 것입니다.

해설　빈칸 뒤에 기간 명사구 two days가 있고, 환불 조건으로서 '이틀 이내에'가 자연스러운 의미이므로 '~ 이내에'를 뜻하는 기간 전치사 (C) within이 정답이다.

9.

해석　테이사이드로 향하는 건축 자재의 여러 배송 지연 문제는 그 지역에 영향을 미친 악천후로 인한 것이었다.

해설　빈칸 뒤에 위치한 명사구를 목적어로 취할 전치사가 빈칸에 필요하며, '배송 지연 문제는 악천후로 인한 것이었다'를 의미해야 자연스러우므로 '~로 인해, ~ 때문에'를 뜻하는 이유 전치사 (C) due to가 정답이다.

10.

해석　우리 단백질 밀크쉐이크는 대단히 잘 판매되어 오고 있는 반면, 우리 고에너지 시리얼 바 제품군은 큰 인기를 얻지 못했다.

해설　빈칸 뒤에 절이 있어 접속사가 빈칸에 필요하며, '밀크쉐이크는 잘 판매되어 오고 있는 반면, 시리얼 바 제품군은 큰 인기를 얻지 못했다'를 의미해야 자연스러우므로 '~인 반면'을 뜻하는 부사절 접속사 (C) whereas가 정답이다.

어휘　**protein** 단백질　**take off** 큰 인기를 얻다　**namely** 즉, 다시 말해서

11.

해석　이사회는 새 휴대전화가 화면 해상도와 관련된 문제에도 불구하고 예정대로 출시되어야 한다는 점에 만장일치로 동의하고 있다.

해설　빈칸 뒤에 위치한 명사를 목적어로 취할 전치사가 빈칸에 필요하므로 선택지에서 유일하게 전치사인 (D) despite이 정답이다.

어휘　**unanimously** 만장일치로　**resolution** 해상도

12.

해석　디아즈 씨는 호텔 객실 내의 편의용품 부족 문제는 불만스러워

했지만, 침대들은 매우 편했다.

해설　빈칸 뒤에 절이 있어 이 절을 이끌 접속사가 빈칸에 필요하므로 선택지에서 유일한 접속사인 (B) though가 정답이다.

어휘　**amenities** 편의용품, 편의시설　**seldom** 좀처럼 ~ 않다　**rarely** 드물게, 좀처럼 ~ 않다

13.

해석　저희 골드스타인 체육관은 회원 여러분의 분명한 수요가 존재하는 한 매주 금요일 저녁에 요가 강좌를 계속 운영할 것입니다.

해설　빈칸 뒤에 절이 있어 접속사가 빈칸에 필요하며, '회원들의 수요가 존재하는 한 요가 강좌를 계속 운영할 것이다'를 의미해야 자연스러우므로 '~하는 한, ~하기만 하면'을 뜻하는 부사절 접속사 (B) as long as가 정답이다.

14.

해석　터치스크린 정보 안내 부스들이 그 대규모 쇼핑 센터 전역에 걸쳐 편리하게 위치하고 있다.

해설　빈칸 뒤에 위치한 명사구가 정보 안내 부스들이 자리잡고 있는 넓은 장소에 해당하므로 '~ 전역에 걸쳐'라는 의미로 넓은 장소를 나타내는 명사(구)와 함께 사용하는 장소 전치사 (D) throughout이 정답이다.

어휘　**expansive** 대규모의, 광범위한　**into** (이동) ~ 안으로, (변화) ~한 상태로　**down** (길 등) ~을 따라, ~ 저쪽에, ~ 아래에

15.

해석　<머니 엑스퍼츠> 팟캐스트에 따르면, 지금이 유망한 기술 회사들에게 투자하기 가장 좋은 시기이다.

해설　빈칸 뒤에 위치한 명사구를 목적어로 취할 전치사가 빈칸에 필요하며, 이 명사구가 투자하기 좋은 시기라는 정보의 출처인 것으로 볼 수 있으므로 '~에 따르면'이라는 의미로 출처나 근거를 나타낼 때 사용하는 전치사 (B) According to가 정답이다.

16.

해석　레넌 씨의 예산 제안서는 회사의 연간 지출을 줄이는 데 초점이 맞춰져 있다.

해설　빈칸 앞에 위치한 is focused와 어울려 '~에 초점이 맞춰져 있다'라는 의미를 나타낼 때 사용하는 전치사 (D) on이 정답이다.

어휘　**expenditure** 지출 (비용)

17.

해석　저희 애벗 대학교를 통해 운영되는 온라인 강좌들은 더 많은 탄력성을 제공해 드리므로 여러분께서 편리하실 때에 공부하실 수 있습니다.

해설　빈칸 뒤에 위치한 your own convenience와 어울려 '~가 편리할 때에'라는 의미를 나타낼 때 사용하는 전치사 (B) at이 정답이다.

어휘　**administer** ~을 운영하다, 시행하다　**flexibility** 탄력성　**at one's own convenience** ~가 편리할 때에

18.

해석 전 직원 여러분께서, 시간제 근무자든 아니면 정규직 근무자든 상관없이, 5월 29일에 개최되는 관리 능력 세미나에 등록하실 수 있습니다.

해설 빈칸 뒤에 절이 쓰여 있으므로 이 절을 이끌 접속사가 필요하며, or과 어울려 'A이든 아니면 B이든 (상관없이)'을 의미할 때 사용하는 부사절 접속사 (B) whether가 정답이다.

19.

해석 여분의 인쇄용지 및 기타 사무용 문구 제품은 안내데스크 옆에 위치한 보관실로 옮겨져야 합니다.

해설 빈칸 뒤 장소 명사구가 인쇄용지 및 기타 사무용품을 옮겨야 하는 위치에 해당되므로 '~로, ~ 쪽으로'라는 뜻으로 이동 방향을 나타낼 때 사용하는 장소 전치사 (D) to가 정답이다.

어휘 surplus 여분의, 과잉의 stationery 문구 제품 off ~에서 떨어져, 벗어나, 할인되어

20.

해석 저희 매장에서 최소 100달러를 소비하시는 고객들께서는 무료 선물 포장 및 자택 배송 서비스에 대한 자격을 얻으시게 됩니다.

해설 빈칸 앞에 위치한 are eligible과 어울려 '~에 대한 자격이 있다'라는 의미를 나타낼 때 사용하는 전치사 (C) for가 정답이다.

어휘 wrapping 포장

Part 6 접속부사 ② 인과, 시간 접속부사

기출포인트 1

지나 씨께,

최근의 우리 팀 회의 중에, 우리 팟캐스트가 우리 목표에 더 정확하게 조정될 수 있는 방법들을 살펴봤습니다. 관심이 있으실지도 모르는 아이디어가 하나 있습니다.

우리가 받는 협찬의 일부가 주로 건강에 좋지 않은 탄산 음료를 생산하는 회사들과 관련되어 있다는 사실을 알게 되었습니다. 우리는 건강한 생활 방식 증진이라는 가치를 반영하는 제휴 관계를 우선시해야 합니다. 결국, 우리 팟캐스트는 긍정적인 선택을 하도록 사람들에게 힘을 실어 주는 데 전념하는 곳입니다. 제가 다른 팟캐스트들이 어떻게 협찬을 통해 유사한 문제들을 처리했는지 탐구하는 기사를 하나 첨부해 드렸습니다. 이것이 유용하다고 생각하실 것 같습니다.

아만다 첸, 건강한 삶 팟캐스트

어휘 align with ~에 맞춰 조정하다 sponsorship 협찬, 후원 partnership 제휴 관계 reflect ~을 반영하다 empower ~에게 힘을 실어 주다 navigate (문제 등) ~을 처리하다, 다루다

1.

(A) 이는 수익성 있는 협찬 계약으로 인해 가능했습니다.

(B) 우리 로고를 변경하는 것이 고려해 볼 만한 가치가 있을지도 모릅니다.

(C) 관심이 있으실지도 모르는 아이디어가 하나 있습니다.

(D) 제가 팟캐스트 팀에 합류하게 된다면 기쁠 것입니다.

해설 빈칸 앞에는 자신들의 목표에 더 잘 맞게 조정될 수 있는 방법들을 회의 중에 살펴 본 사실이, 다음 단락에는 건강한 생활 방식 증진이라는 가치를 반영하는 제휴 관계를 우선시해야 한다고 제안하는 내용이 제시되어 있다. 따라서 회의 중에 살펴 본 방법과 관련된 아이디어 한 가지를 설명하는 흐름임을 알 수 있으므로 (C)가 정답이다.

2.

해설 빈칸이 속한 문장은 자신들이 일반적으로 우선시해야 하는 제휴 관계를 알리는 내용이어야 알맞다. 따라서, '~해야 하다'라는 의미로 권고 등을 나타낼 때 사용하는 조동사 should를 포함한 (D) should be prioritizing이 정답이다.

3.

어휘 after all 결국, 어쨌든 by the way (화제 전환 시) 그건 그렇고, 그런데 in the meantime 그러는 동안, 그 사이에

4.

해설 빈칸은 5형식 동사 find의 목적격보어로 쓰일 형용사 자리이다. 따라서 it이 가리키는 an article이 어떤 특성을 지니고 있는지를 나타낼 형용사가 필요한데, 정보 제공이 목적인 기사는 유용한 것으로 볼 수 있으므로 '유용한'을 뜻하는 (A) useful이 정답이다.

어휘 eventful 다사다난한

기출포인트 2

구독자들께,

저희 스트림웍스는, 여러분께 즐거운 스트리밍 경험을 제공해 드리는 데 전념하고 있습니다. 하지만, 저희가 웹 사이트에 기술적 문제를 겪고 있다는 사실을 알려 드리게 되어 유감스럽게 생각합니다.

이 문제는 저희 시스템의 예기치 못한 결함으로 인해 이틀 전에 발생했습니다. 저희 기술자들이 현재 이 문제를 해결하기 위해 열심히 노력하고 있습니다. 저희는 앞으로 24시간 이내에 웹 사이트가 다시 정상 가동될 것으로 예상하고 있습니다. 저희는 모든 불편함에 대해 정중히 사과 드립니다.

저희 웹 사이트가 유지 관리 작업을 거치는 동안, 저희 모바일 앱을 통해 여전히 콘텐츠를 이용하실 수 있다는 점에 유의하시기 바랍니다. 동시에, 저희 고객 지원팀이 저희 앱을 통해 모든 문의 사항에 대해 도움을 드릴 수 있습니다.

안녕히 계십시오.

엠마 톰스, 고객 경험 관리 책임
스트림웍스

어휘 arise 발생하다, 생기다 glitch 결함 up and running 정상 가동되는 undergo ~을 거치다, 겪다

1.

해설 빈칸이 속한 that절에 주어와 명사구, 그리고 전치사구만 쓰여 있으므로 빈칸은 that절의 동사 자리임을 알 수 있다. 또한, 다음 단락 첫 문장에 문제가 이틀 전에 발생한 사실이 쓰여 있어 현재 해당 문제를 겪고 있는 상황인 것으로 볼 수 있으므로 현재진행형 동사 (D) are experiencing이 정답이다.

2.

(A) 저희 기술자들이 현재 이 문제를 해결하기 위해 열심히 노력하고 있습니다.
(B) 새로운 웹 사이트 디자인은 이용자들께서 찾아 다니시기 더 쉬울 것입니다.
(C) 저희 서비스 구독자들께서는 1백만 개가 넘는 영상을 이용하실 수 있습니다.
(D) 저희는 새로운 스트리밍 플랫폼의 출시를 알려 드리게 되어 기쁩니다.

해설 앞선 문장에 예기치 못한 결함으로 인해 이틀 전에 문제가 발생한 사실이 쓰여 있으므로 이 문제를 해결하기 위한 조치에 해당하는 의미로 쓰인 (A)가 정답이다.

어휘 navigate ~을 찾아 다니다

3.

해설 빈칸 뒤에 위치한 명사구를 목적어로 취할 수 있는 전치사가 빈칸에 필요하므로 선택지에서 유일하게 전치사인 (B) within이 정답이다.

어휘 above all 무엇보다도

4.

어휘 unusually 이례적으로, 평소와 달리 eventually 결국, 마침내 at the same time 동시에 as an example 예를 하나 들자면, 일례로

토익 실전 연습

1. (B)   2. (C)   3. (D)   4. (D)   5. (B)
6. (D)   7. (B)   8. (D)

1-4.

9월 1일

등산객 여러분께,

파인크레스트 국립공원에서 곧 있을 등산로 유지 관리 작업을 알려 드리고자 편지를 씁니다. 10월 2일부터, 파인 리지 등산로의 여러 구역이 필수 수리 및 복구 작업으로 인해 **1** 폐쇄될 것입니다. **2** 동봉해 드린 지도에 영향을 받는 모든 구역이 나타나 있습니다. 이 기간 중에는, 등산로 출입이 저희 방문객들의 안전을 보장하기 위해 제한될 것입니다. 저희는 이것이 일부 저희 단골 등산객들께 불편을 끼칠 수 있다는 사실을 알고 있습니다. **3** 따라서, 미리 계획하셔서 다른 많은 그림 같은 저희 등산로들 중 하나를 이용하시는 것을 고려해 보시면

좋을 수 있습니다. 저희는 이 **4** 작업이 10월 22일까지 완료될 것으로 예상하며, 그때 파인 리지 등산로가 여러분의 즐거움을 위해 다시 열릴 것입니다. 저희가 미래의 세대들이 즐길 수 있도록 등산로를 유지하기 위해 애쓰는 과정에서 여러분의 양해와 협조에 감사 드립니다.

안녕히 계십시오.

대니얼 팰릿
파인크레스트 국립공원

어휘 trail 등산로, 산길 restoration 복구, 복원 picturesque 그림 같은 anticipate that ~라고 예상하다 strive to do ~하기 위해 애쓰다

1.

해설 빈칸이 속한 문장의 시작 부분에 폐쇄 조치가 시작되는 시점으로 언급된 October 2는 지문 상단에 표기된 작성 날짜 September 1보다 미래 시점이므로 미래시제 동사인 (B) will be가 정답이다.

2.

(A) 공원 내에서 등산할 때 항상 수분을 섭취한 상태를 유지하십시오.
(B) 파인 리지 등산로는 야생 동물을 볼 수 있는 최고의 장소입니다.
(C) 동봉해 드린 지도에 영향을 받는 모든 구역이 나타나 있습니다.
(D) 곧 있을 이 등산 탐험에 저희와 함께 하시기를 요청 드립니다.

해설 빈칸 앞 문장에 파인 리지 등산로의 여러 구역이 필수 수리 및 복구 작업으로 인해 폐쇄된다는 말이 쓰여 있으므로 그 구역을 확인할 수 있는 방법을 알리는 (C)가 정답이다.

어휘 stay hydrated 수분을 섭취한 상태를 유지하다 expedition 탐험

3.

해설 빈칸 앞 문장에는 폐쇄 조치가 일부 등산객들에게 불편을 끼칠 수 있다고 알리는 말이, 빈칸 뒤에는 다른 많은 등산로들 중 하나를 이용하도록 권하는 말이 각각 쓰여 있다. 이는 '불편함 초래'라는 원인에 따른 결과로서 '다른 등산로 이용'이라는 해결책을 알리는 흐름에 해당하므로 '따라서, 그러므로'라는 의미의 인과 접속부사 (D) Therefore가 정답이다.

4.

해설 빈칸 뒤에 10월 22일까지 완료될 것이라고 알리는 말이 쓰여 있는데, 이는 앞서 유지 관리 작업으로 언급된 necessary repair work and restoration의 일정에 해당한다. 따라서 '수리 및 복구'를 하나로 아우를 수 있는 명사가 필요하므로 '작업, 일' 등을 뜻하는 (D) work가 정답이다.

5-8.

수신: 벨린다 쿰스 <bcoombes@teachersroom.net>
발신: 맥스 러든 <mrudden@rcacting.com>
제목: 감사의 인사

쿰스 씨께,

거의 10년 전에, 저는 지역의 한 연극 무대 공연을 방문할 기회가 있었습니다. 그 에너지와 조명, 그리고 연기로 인해 저는 경외감에 빠졌습니다. ⑤ 그때 이후로, 저는 배우로서의 경력을 추구하기를 원한다는 사실을 깨닫게 되었습니다.

어느 날, 저는 제 연극 교사이셨던, 선생님께 제 열망과 관련해 말씀드렸습니다. 선생님의 답변은 지혜와 격려로 가득했고, 제게 "천 리 길도 한 걸음부터 ⑥ 시작한다"는 사실을 상기시켜 주셨습니다. 선생님께서는 심지어 업계에 친구분들께서 계신다고 언급하시면서 저를 그분들과 연결시켜 주겠다고 하셨습니다. 선생님께서 그렇게 친절한 의사 표시를 해 주시지 않았다면 저는 ⑦ 그런 기회를 절대 갖지 못했을 것입니다.

저는 그 이후로 연기의 세계에 몰두해 왔습니다. 수업을 듣고, 배역을 위해 오디션도 봤으며, 제 능력을 갈고 닦기 위해 끊임없이 노력해 왔습니다. 그 길이 항상 쉬웠던 것은 아니지만, 제게 찾아 온 모든 기회에 대해 감사하게 생각합니다. ⑧ 제게 꿈을 좇도록 격려해 주셔서 감사합니다.

안녕히 계십시오.

맥스 러든

어휘   **theater production** 연극 무대 공연 **awe** 경외감 **aspiration** 열망 **would have p.p.** ~했을 것이다 **gesture** 의사 표시 **immerse oneself in** ~에 몰두하다 **tirelessly** 끊임없이 **sharpen** ~을 갈고 닦다 **come one's way** ~에게 찾아 오다, 생기다

5.

해설   빈칸 앞에는 10년 전에 연극 무대 공연을 본 경험을 언급하는 말이, 빈칸 뒤에는 자신이 원하는 것이 무엇인지 깨달았음을 알리는 말이 쓰여 있다. 따라서 10년 전의 그 관람 경험 이후로 새롭게 깨달은 것을 알리는 흐름임을 알 수 있으므로 '그때 이후로, 그때부터'라는 의미로 과거의 시작점을 나타낼 때 사용하는 (B) Since then이 정답이다.

어휘   **specifically** 특별히, 구체적으로

6.

해설   빈칸이 속한 that절에 명사구 주어와 빈칸, 그리고 전치사구만 쓰여 있으므로 빈칸이 that절의 동사 자리임을 알 수 있다. 또한, '천 리 길도 한 걸음부터 시작한다'와 같은 속담은 현재시제 동사로 표현하는데, 주어가 3인칭 단수이므로 수 일치되는 현재시제 동사 (D) begins가 정답이다.

7.

해설   동사의 목적어 역할을 하는 명사구 앞에 빈칸이 위치해 있으므로 '그런, 그러한'이라는 의미로 부정관사 앞에 위치할 수 있는 형용사 (B) such가 정답이다.

8.

(A) 제 지원서를 호의적으로 고려해 주시기 바랍니다.
(B) 귀하의 연기가 여러모로 제 공연에 영향을 미쳤습니다.
(C) 앞으로 귀하와 다시 작업하게 된다면 기쁠 것입니다.
(D) 제게 꿈을 좇도록 격려해 주셔서 감사합니다.

해설   지문 전체적으로 이메일의 수신인인 선생님의 격려 및 도움을 받아 배우라는 꿈을 이루기 위한 노력과 과정을 이야기하고 있으므로 꿈을 실현할 수 있도록 격려와 도움을 제공해 준 것에 대해 감사의 인사를 전하는 (D)가 정답이다.

어휘   **favorably** 호의적으로 **in many ways** 여러모로

Part 7 문장삽입, 동의어, 의도파악

기출포인트 1

> 네 곳의 편리하게 위치한 사무실로 구성된 저희 네트워크를 통해 샌프란시스코 전역의 다양한 지역 사회에 서비스를 제공하는, 메트로 인력 모집 대행사를 소개합니다. – [1] –. 저희 대행사는 장차 전문가가 되실 분들의 경력을 형성해 드리는 데 전념하고 있습니다. 헌신적인 55명의 직원들로 구성된 저희 팀은 모두 지역 주민들입니다. – [2] –. 약 95퍼센트의 일자리가 바로 이곳 샌프란시스코에서 확보되고 있어서, 저희 대행사의 교육 우수성에 대한 명성이 널리 인정 받고 있습니다. – [3] –. 모든 분야에서 장차 기업가가 되실 분이든, 아니면 영업 사원이나 제품 디자이너가 되실 분이든 상관없이, 저희 메트로 인력 모집 대행사가 자신감을 갖고 경력을 시작하실 기회를 제공해 드립니다. – [4] –.

어휘   **shape** ~을 형성하다 **aspiring** 장차 ~가 되려는 **placement** 일자리 (배치) **reputation** 명성, 평판 **discipline** 분야

1.   정보는 어디에서 보일 것 같은가?
(A) 업체 평가 웹 사이트에서
(B) 직무 안내서에서
(C) 잠재 고객용 안내 책자에서
(D) 고객용 거래 내역서에서

2.   [1], [2], [3], [4]로 표기된 위치들 중에서, 다음 문장이 들어가기에 가장 적합한 곳은 어디인가?

"대부분 업계에서 20년이 넘는 경력을 보유하고 있습니다."

(A) [1]
(B) [2]
(C) [3]
(D) [4]

기출포인트 2

> (8월 25일) – 금요일에, 댈러스에 본사를 둔 호라이즌 엔터프라이즈 사는 제이슨 스미스 씨의 퇴진 결정에 이어 신임 최고 운영 이사(COO)가 이사진에 합류할 것이라고 발표했습니다. 에밀리 창 씨가 최고 운영 이사의 역할을 시작하는 것으로 드러났습니다. 창 씨는 다음 달에 새로운 직책을 맡을 것으로 예상됩니다.

창 씨는 이 회사에서 거의 13년 동안 재직해 왔습니다. 창 씨는 회사 사업을 유럽 및 일본으로 확장하는 데에 있어 선봉에 선 것으로 인정받고 있습니다. 현재, 창 씨는 해외 사업 관리 책임자의 역할을 맡고 있습니다. 현재의 활동 기반은 휴스턴에 두고 있지만, 창 씨는 댈러스에 위치한 회사의 본사로 이전할 예정입니다.

호라이즌 엔터프라이즈 사는 전자기기와 제약, 그리고 건설 업계에 속한 아주 다양한 업체들을 포함하는, 고객층을 위해 공급망 솔루션을 제공하는 것을 전문으로 하고 있습니다.

어휘 **step down** 퇴진하다, 자리에서 물러나다 **reveal** ~을 드러내다 **step into** (일 등) ~을 시작하다 **assume** (책임 등) ~을 맡다 **serve** ~에 재직하다 **spearhead** ~의 선봉에 서다 **supply chain** 공급망

1. 기사는 무엇에 관한 것인가?
(A) 새로운 제품군의 출시
(B) 업체의 위치 이전
(C) 회사 설립자의 은퇴
(D) 신임 이사의 임명

2. 세 번째 단락, 두 번째 줄의 단어 "covers"와 의미가 가장 가까운 것은 무엇인가?
(A) 숨기다
(B) 포함하다
(C) 보호하다
(D) 만들어 내다

기출포인트 3

새라 존슨 [오전 10:14]
안녕하세요, 마이클 씨! 스미스 씨 가족 정원 프로젝트를 논의하기 위해 만나 뵐 수 있기를 바라고 있었습니다. 이 고객들께서 식물 선택에 있어 몇 가지 중요한 변경을 요청하셨거든요.
마이클 로드리게즈 [오전 10:20]
제가 오전 내내 우리 흙 공급업체의 창고에 가 있겠지만, 2시까지 사무실에 복귀할 겁니다. 그때 만나서 얘기하면 어떨까요?
새라 존슨 [오전 10:23]
아주 좋습니다. 제가 제안해 드리는 해결책과 함께 그분들의 설계 명세서를 챙겨 가겠습니다.
마이클 로드리게즈 [오전 10:25]
잘됐네요. 그리고, 너무 많이 스트레스 받지 않도록 해 보세요. 이번이 처음 하시는 조경 프로젝트라는 건 알지만, 수월하게 처리하실 수 있다고 확신합니다.
새라 존슨 [오전 10:28]
그렇게 되길 바랍니다! 제가 제 역할에 자리잡는 동안 가르쳐 주시고 응원해 주셔서 정말 감사합니다.
마이클 로드리게즈 [오전 10:30]
그게 바로 제가 여기 있는 이유입니다! 어쨌든 오후에 뵙죠.

어휘 **alteration** 변경 **soil** 흙, 토양 **specifications** 설계 명세서 **stress** v. 스트레스를 받다 **with ease** 수월하게, 쉽게 **settle into** ~에 자리잡다 **catch** ~와 만나다

---

1. 존슨 씨와 관련해 무엇이 사실일 것 같은가?
(A) 로드리게즈 씨가 멘토 역할을 해 주고 있다.
(B) 고객의 집에서 로드리게즈 씨를 만날 계획이다.
(C) 오후 2시에 구직 면접을 볼 것이다.
(D) 최근 자신의 정원에 필요한 새 식물을 구입했다.

2. 오전 10시 30분에, 로드리게즈 씨가 "그게 바로 제가 여기 있는 이유입니다"라고 쓸 때 무엇을 의미하는가?
(A) 회의에 일찍 도착했다.
(B) 고객 불만 사항을 처리하는 데 경험이 있다.
(C) 언제든지 기꺼이 존슨 씨를 돕고자 한다.
(D) 엉뚱한 장소로 갔다.

토익 실전 연습

1. (D)	**2.** (B)	**3.** (C)	**4.** (B)	**5.** (C)
6. (C)				

1-2.

로렌 프라이 (오후 12:22)
안녕하세요, 리타 씨, 죄송하지만, 오늘 우리 점심 계획을 취소해야 합니다. 제가 꼭 놓치면 안 되는 업무 마감 기한이 있어서요.
리타 딕스 (오후 12:24)
전혀 문제 없어요, 로렌 씨. 제가 이미 커피점에 와 있긴 하지만, 걱정하지 마세요. **1** 너무 바쁘시니까, 제가 사무실로 뭐 좀 가져다 드릴까요?
로렌 프라이 (오후 12:25)
물론이죠! 그러면 아주 좋을 겁니다. 제가 여기 갖고 있는 거라곤 과일 한 개뿐입니다.
리타 딕스 (오후 12:27)
별 말씀요. **2** 여기 샌드위치 메뉴가 꽤 선택의 폭이 넓어요. 원하시는 것을 선택하실 수 있게 사진을 보내 드릴게요.
로렌 프라이 (오후 12:28)
네, 부탁해요! 그러면 큰 도움이 될 겁니다. 다시 한번 고마워요, 리타 씨. 당신이 제 구세주예요!

어휘 **Sure thing** 물론이죠 **lifesaver** 구세주, 구원자

1. 오후 12시 25분에, 프라이 씨가 "물론이죠"라고 쓸 때 무엇을 의미할 것 같은가?
(A) 커피점 위치를 찾는 방법을 알고 있다.
(B) 업무 마감 기한을 충족할 수 있다고 확신한다.
(C) 점심 식사를 위해 만날 수 없는 것이 분명하다.
(D) 음식을 좀 챙겨다 주면 감사할 것이다.

해설 Sure thing은 '물론이죠, 네' 등의 의미로 긍정을 나타내는 대답이다. 따라서 12시 24분에 딕스 씨가 커피점에 있다고 알리면서 뭔가 먹을 것을 챙겨다 줄지 묻는 것에 대한 긍정의 대답임을 알 수 있으므로 (D)가 정답이다.

어휘 **locate** ~의 위치를 찾다

2. 딕스 씨가 곧이어 무엇을 할 것 같은가?
(A) 샌드위치를 만드는 일

(B) 사진을 찍는 일
(C) 웹 사이트를 확인하는 일
(D) 프라이 씨에게 전화하는 일

해설 12시 27분에 딕스 씨가 샌드위치 메뉴를 언급하면서 원하는 것을 선택할 수 있게 사진을 보내겠다고 알리자, 프라이 씨가 그렇게 해 달라고 대답하고 있으므로 메뉴 사진을 찍을 것으로 볼 수 있다. 따라서 (B)가 정답이다.

3-6.

> **열기가 고조되고 있는 헤이븐 하이츠 몰 개장**
> *기사 작성, 리사 앤더슨*
>
> "현대적인 편의성과 감각적인 도시 매력의 결합," 이것은 바로 분주한 우리 도시의 한복판에서 다음 달에 쇼핑객들에게 문을 열 예정인 5층 규모의 쇼핑 센터, 헤이븐 하이츠 몰의 홍보 자료에 담긴 핵심 주제입니다. – [1] –.
>
> 이 쇼핑몰은 넓은 통로와 풍부한 녹지 공간, 그리고 활기 넘치는 공용 공간을 자랑하며, 이 모두는 중앙의 분주한 쇼핑 센터를 중심으로 합니다. 이곳에서, 고객들은 아주 다양한 먹거리 선택권과 부티크 매장, 그리고 여가 활동들을 즐길 수 있습니다. **3** 이 쇼핑몰의 붐비지 않는 북동쪽 가장자리에 위치해 있는 것은 바로 대규모 복합 오락 시설이며, 최신식 영화관과 피트니스 센터, 그리고 수영장이 완비되어 있습니다. – [2] –. "저희가 방문객들의 생활 방식에 속하는 모든 측면을 진정으로 **4** 충족해 드리는 경험을 마련해 두었습니다,"라고 마케팅 책임자 에밀리 은구옌 씨가 밝혔습니다. "일단 내부로 들어서시면, 왜 헤이븐 하이츠가 우리 도시 최고의 쇼핑 목적지가 될 것이 분명한지 이해하시게 될 것입니다."
>
> **5** 헤이븐 하이츠를 만든 사람들은 마음을 설레게 하는 매력적인 환경을 만들어 낸 것에 대해 칭찬받을 만합니다. – [3] –. 정원 테라스들을 포함하고 재활용 건축 자재를 이용하기로 한 결정은 환경 친화적인 곳이 되기 위한 헌신을 강조해 주는 부분입니다.
>
> **6** 현재, 이 쇼핑몰이 무엇을 마련해 두고 있는지 미리 엿보는 데 관심이 있는 모든 소비자들은 모형 소매 공간들을 둘러 보는 것으로 그렇게 할 수 있습니다. – [4] –. 일반인 관람은 매주 수요일과 토요일에 오전 10시 30분부터 오후 3시까지 가능합니다. 이 쇼핑몰의 공식 개장식은 6월 14일에 개최될 것입니다.

어휘 **boast** ~을 자랑하다 **abundant** 풍부한 **greenery** 녹지 공간 **communal** 공용의, 공동의 **centered around** ~을 중심으로 하는 **tucked away in** 사람들로 붐비지 않는 ~에 위치한 **state-of-the-art** 최신식의 **curate** ~을 마련하다, 엄선하다 **remark** ~을 발언하다 **premier** 최고의 **craft** ~은 만들어 내다 **inviting** 마음을 설레게 하는, 유혹하는 **get an advance glimpse of** ~을 미리 엿보다 **have A in store** A를 마련해 두다

3. 복합 오락 시설과 관련해 언급된 것은 무엇인가?
(A) 식당가 맞은편에 위치해 있다.
(B) 이번 달에 영업을 위해 문을 열 것이다.
(C) 여러 매력적인 편의시설을 자랑한다.
(D) 5층에 자리잡고 있다.

해설 복합 오락 시설이 언급되는 두 번째 단락에 최신식 영화관과 피트니스 센터, 그리고 수영장이 완비되어 있다는 특징이 쓰여 있으므로 (C)가 정답이다.

어휘 **desirable** 매력적인, (사람들이) 바라는

4. 두 번째 단락, 다섯 번째 줄의 단어 "meets"와 의미가 가장 가까운 것은 무엇인가?
(A) 초점을 맞추다
(B) 충족하다
(C) 계산하다
(D) 고수하다

해설 해당 문장에서 선행사 an experience와 that절의 동사 meets의 목적어 every aspect of our visitors' lifestyles 사이의 관계로 볼 때, '모든 면을 충족하는 경험'을 의미해야 알맞으므로 '충족하다'를 뜻하는 (B) fulfills가 정답이다.

5. [1], [2], [3], [4]로 표기된 위치들 중에서, 다음 문장이 들어가기에 가장 적합한 곳은 어디인가?

"더욱이, 그 시각적인 매력은 지속 가능성에 대한 헌신과 일치합니다."

(A) [1]
(B) [2]
(C) [3]
(D) [4]

해설 제시된 문장은 Moreover와 함께 시각적인 매력이 지속 가능성에 대한 헌신과 일치한다는 의미를 나타낸다. 따라서 시각적 매력과 관련된 특징인 '매력적인 환경'을 언급하는 문장과, 지속 가능성과 관련된 특징인 '환경 친화적인 곳임'을 설명하는 문장 사이에 위치한 [3]에 들어가 둘 모두에 대해 헌신하고 있음을 알리는 흐름이 되어야 자연스러우므로 (C)가 정답이다.

어휘 **be matched by** ~와 일치하다 **sustainability** 지속 가능성

6. 관심 있는 사람들은 개장식에 앞서 어떻게 쇼핑몰을 볼 수 있는가?
(A) 안내 책자를 얻음으로써
(B) 웹 사이트를 방문함으로써
(C) 일반인 대상 투어에 참여함으로써
(D) 동영상을 시청함으로써

해설 마지막 단락에 모형 공간들을 둘러보는 것으로 미리 쇼핑몰의 모습을 엿볼 수 있다고 알리면서 일반인이 관람할 수 있는 일정을 소개하고 있다. 따라서 (C)가 정답이다.

Part 5 관계사

기출포인트 1

해석 저희 캐리어스 프레이트 컴퍼니는 작업 현장 안전 교육에 등록한 모든 분들께 가시성이 높은 새 조끼 및 튼튼한 장갑을 제공해 드릴 것입니다.

어휘 **high-visibility** 가시성이 높은, 눈에 잘 띄는 **heavy-duty** 튼튼한, 내구성이 좋은

기출포인트 2

해석 이 역할에 대해 고려 대상이 되시려면, 지원자들께서는 반드시 주민으로 되어 있으신 주에서 발급한 유효한 운전 면허증을 소지하고 계셔야 합니다.

기출포인트 3

해석 데이비스 수목원은 여섯 곳의 온실을 보유 및 관리하고 있으며, 그 중 두 곳은 서양란을 포함하고 있다.

어휘 **tropical orchid** 서양란

기출포인트 4

해석 직원들께서는 앞서 공지된 제한 음식물 목록을 준수하신다면, 원하시는 무엇이든 회사 야유회에 가져 오시도록 허용됩니다.

어휘 **adhere to** ~을 준수하다, 고수하다 **dietary** 음식물의

토익 실전 연습

1. (C)	2. (C)	3. (A)	4. (D)	5. (D)
6. (D)	7. (A)	8. (D)	9. (B)	10. (A)
11. (B)	12. (C)	13. (C)	14. (C)	15. (A)
16. (A)	17. (A)	18. (B)	19. (D)	20. (A)

1.

해석 메리디언 그로서스는 엘렌스버그 지역에서 당일 배송 서비스를 제공하는 유일한 농산물 소매업체이다.

해설 주절과 빈칸 뒤로 주어 없이 동사로 시작하는 불완전한 절이 쓰여 있으므로 불완전한 절을 이끌어 명사구를 수식할 수 있는 관계대명사 (C) that이 정답이다.

2.

해석 스타일 마이 웨이는 이용자들에게 각자의 선호 사항을 충족하는 미용실과 이발소를 찾을 수 있게 해 주는 새로운 스마트폰 앱이다.

해설 주절과 빈칸 뒤로 주어 없이 동사로 시작하는 불완전한 절이 있으며, 이 불완전한 절을 이끌면서 명사구를 수식하는 관계대명사절을 구성해야 알맞으므로 사물을 수식하는 관계대명사 (C) which가 정답이다.

3.

해석 손상된 포장 상태에 관한 메모를 남긴 배송 기사는 자신의 개인 연락처도 포함해 두었다.

해설 빈칸과 left a note about the damaged packaging이 문장의 주어와 동사 사이에서 주어를 수식하는 관계대명사절을 구성해야 알맞으므로 관계대명사 (A) who가 정답이다.

4.

해석 슬리핑 라이온즈 리조트는, 피트니스 센터와 야외 수영장, 그리고 해산물 뷔페 식당을 보유하고 있으며, 전 세계 각지에서 찾아오는 관광객들에게 서비스를 제공한다.

해설 빈칸과 houses a fitness center, outdoor swimming pool, and seafood buffet가 문장의 주어와 동사 사이에서 주어를 수식하는 관계대명사절을 구성해야 알맞으므로 관계대명사 (D) which가 정답이다.

5.

해석 다섯 개의 손목시계가 그 빈티지샵에서 우연히 발견되었으며, 그 중 세 개는 100년이 넘은 것이었다.

해설 three of 같은 「수량 표현 + of」 뒤에 쓰일 수 있으면서 동사부터 시작하는 불완전한 절 were over a century old를 이끌 수 있는 관계대명사 (D) which가 정답이다.

어휘 **accidentally** 우연히, 뜻하지 않게

6.

해석 소속 구성원들이 그 자선 기금에 기부한 부서들은 작은 감사의 선물을 받을 수 있도록 이사님께 알려야 한다.

해설 빈칸 앞뒤에 위치한 명사 departments와 members가 '부서들의 구성원들'이라는 소유 관계에 해당하는 것으로 볼 수 있으므로 소유 관계를 나타낼 수 있는 관계대명사 (D) whose가 정답이다.

7.

해석 J&W 출판 주식회사의 최신 요리책에 담긴 조리법들은 요리사 홀리 갈랜드 씨의 수많은 특별 요리 기술을 포함하고 있으며, 그 중 몇몇은 특히 기발하다.

해설 빈칸 뒤에 위치한 of which와 어울려 「수량 표현 + of which」 구조를 구성해야 알맞으므로 (A) several이 정답이다.

어휘 **culinary** 요리의 **ingenious** 기발한, 독창적인

8.

해석 카디널 어플라이언스 냉장고들은 5년 동안 지속되는 품질 보증서를 포함하고 있다.

해설 명사 warranty를 수식하는 관계대명사 that 뒤에 위치한 빈칸은 이 관계대명사절의 동사 자리이므로 단수명사 a warranty와 수일치되는 단수동사 (D) lasts가 정답이다.

9.

해석 고든 발데즈 씨는 자신의 앨범 음악을 작곡하면서 사용했던 애플

리케이션인 튠스코어를 추천한다.

해설   목적어가 빠진 불완전한 절인 he used가 명사 application을 뒤에서 수식하는 관계대명사절을 구성해야 알맞으므로 관계대명사 (B) that이 정답이다.

어휘   **compose** ~을 작곡하다

10.

해석   그 보안 요원은 감시 카메라들이 관찰되고 있는 통제실의 비밀번호를 알고 있다.

해설   선택지가 모두 관계부사이므로 선행사와 어울리는 것을 골라야 한다. 빈칸 앞에 위치한 control room이 장소를 나타내므로 장소 선행사를 가지는 관계부사 (A) where가 정답이다.

어휘   **surveillance** 감시

11.

해석   정통 태국 식당으로서, 저희는 가장 신선한 재료를 사용하며, 10명의 주방 직원을 보유하고 있는데, 그들 대부분은 전문 요리사입니다.

해설   주절이 끝나는 10 kitchen staff 뒤로 접속사 없이 most of와 빈칸, 그리고 동사가 이어지는 구조이므로 접속사 역할을 할 수 있으면서 「수량 표현 + of」인 most of 뒤에 위치할 수 있는 목적격 관계대명사 (B) whom이 정답이다.

어휘   **authentic** 정통의, 진짜의

12.

해석   모든 탑승객들께서는 이륙 후에 비어 있는 상태로 남아 있는 어느 좌석이든 이용하시도록 허용됩니다.

해설   선택지가 모두 복합관계사이므로 빈칸의 역할 및 의미 파악을 통해 알맞은 것을 찾아야 한다. 빈칸 바로 뒤에 위치한 명사 seats를 수식해 '비어 있는 상태로 남아 있는 어느 좌석이든'이라는 의미를 구성해야 알맞으므로 '~하는 어느 것이든'을 뜻하는 (C) whichever가 정답이다.

어휘   **take-off** 이륙

13.

해석   3월 30일까지 드렉셀 하드웨어 공구세트를 구매하시는 모든 고객께 무료 손전등이 제공됩니다.

해설   빈칸이 주격관계대명사 who 뒤에 있으므로 빈칸은 관계대명사절의 동사 자리인데, 단수명사 customer와 수 일치되는 단수동사 (C) purchases가 정답이다.

14.

해석   개발 담당자들께서는 작업하고자 하시는 소프트웨어 프로젝트 옆에 동그라미를 기입하시는 것으로 선호 사항을 명시하시기 바랍니다.

해설   선택지가 모두 관계사이므로 문장 구조 파악을 통해 알맞은 것을 찾아야 한다. 전치사 뒤에 위치할 수 있으면서 사물명사 software projects를 수식할 수 있는 관계대명사 (C) which가 정답이다.

어휘   **specify** ~을 명시하다

15.

해석   홀리 블리치펠트 씨는 부동산 자산 관리에 관한 통찰력을 제공하는 분기별 세미나를 운영하고 있다.

해설   빈칸 뒤의 절은 세미나의 주제를 설명하는 내용으로서 사물명사 seminar를 수식하는 관계대명사절을 구성해야 하므로 (A) in which가 정답이다.

어휘   **insight** 통찰력, 이해   **asset** 자산, 재산

16.

해석   담당 업무가 내부 데이터 관리인 IT 직원들은 반드시 해마다 두 번씩 사이버보안 워크숍에 참석해야 한다.

해설   빈칸 앞뒤에 위치한 명사 IT workers와 job이 'IT 직원들의 담당 업무'라는 소유 관계에 해당하는 것으로 볼 수 있으므로 관계대명사 (A) whose가 정답이다.

어휘   **oversee** ~을 관리하다, 감독하다   **internal** 내부의

17.

해석   설문 조사 응답자들은 각자의 의견이 아무리 매장과 무관해 보인다 하더라도, 무엇이든 생각나는 것을 작성하도록 요청받았다.

해설   빈칸과 came to mind가 to부정사로 쓰인 write의 목적어 역할을 해야 하므로 명사절을 이끌 수 있으면서 동사 앞에 위치할 수 있는 복합관계대명사 (A) whatever가 정답이다.

어휘   **come to mind** 생각이 떠오르다   **irrelevant** 무관한, 상관없는

18.

해석   운영 책임자의 후임이 되는 사람은 누구든 역경에 직면하는 경우에 반드시 차분하고 전문적인 태도를 유지할 수 있어야 한다.

해설   빈칸과 replaces the operations supervisor가 조동사 앞에서 문장의 주어 역할을 해야 하므로 명사절을 이끌 수 있으면서 동사 앞에 위치할 수 있는 복합관계대명사 (B) Whoever가 정답이다.

어휘   **calm** 차분한   **demeanor** 태도, 품행   **adversity** 역경, 고난

19.

해석   등록 기간이 이번 주에 만료되는 크리스탈라인 테니스 클럽 회원들께서는 일요일까지 갱신하실 경우에 월 회비에서 15퍼센트 할인을 받으실 수 있습니다.

해설   빈칸 앞뒤에 위치한 명사구 Members of Crystalline Tennis Club과 명사 enrollment가 '크리스탈라인 테니스 클럽 회원들의 등록 기간'이라는 소유 관계에 해당하는 것으로 볼 수 있으므로 관계대명사 (D) whose가 정답이다.

20.

해석   총 참석자 수가 100명을 초과하지 않는다면, 작가님을 만나고 싶어 하시는 분은 누구든 초대하실 수 있습니다.

해설   빈칸과 wants to meet the author가 동사의 목적어 역할을 해야 하므로 명사절을 이끌 수 있으면서 동사 앞에 위치할 수 있는

복합관계대명사 (A) whoever가 정답이다.

어휘   **surpass** ~을 초과하다, 능가하다

Part 6 문장삽입 ①

기출포인트 1

몰트 씨께,

귀하의 커드조 프로 훈련용 조끼 특별 주문품이 준비되어 배송될 준비
가 된 상태임을 알려 드리기 위해 연락 드립니다. 이렇게 대량으로 주
문해 주셨기 때문에, 이 의류에 대한 배송은 무료입니다. 저희가 알맞
은 날짜 및 시간을 조정하기만 하면 됩니다. 따라서, 516-555-0138
번으로 저희 매장에 연락 주신 다음, 저희 배송 관리 책임자이신 토니
와트 씨와 이야기 나누시도록 요청해 주실 수 있다면 감사하겠습니
다. 이분께서 몇 가지 다른 선택권을 제공해 주실 것입니다.

로스 도처티
고객 서비스부, 워더스푼 스포츠 용품

어휘   **inform A that** A에게 ~라고 알리다 **arrange** ~을 조정하다,
        조치하다 **as such** 따라서, 그에 따라

1.

해설   소유격 인칭대명사와 명사 사이에 위치한 빈칸은 명사를 수식할
        형용사가 쓰여야 하는 자리이므로 (C) special이 정답이다.

2.

해설   빈칸에 쓰일 명사는 배송 대상이 되는 것을 나타내야 한다. 앞 문
        장에 훈련용 조끼 주문품이 배송될 준비가 되어 있다는 말이 쓰
        여 있으므로 이를 대신할 수 있는 명사로 '의류'를 뜻하는 (A)
        garments가 정답이다.

어휘   **garment** 의류 **furnishings** 가정용 가구, 설비

3.

해설   빈칸 앞에 위치한 ask는 to부정사를 목적어로 취해 '~하도록 요
        청하다'라는 의미를 나타내므로 (D) to speak가 정답이다.

4.
(A) 이분께서 몇 가지 다른 선택권을 제공해 주실 것입니다.
(B) 이분께서 제품 맞춤 제작에 대한 경력을 지니고 계십니다.
(C) 이분께서 유감스러운 지연 문제를 설명해 주실 것입니다.
(D) 이분께서 그 회의에 참석하실 것이라고 제게 장담하고 계십니다.

어휘   **customize** ~을 맞춤 제작하다 **assure A that** A에게 ~라고
        장담하다, ~임을 보장하다

토익 실전 연습

1. (B)   2. (D)   3. (C)   4. (A)

1-4.

<피지오퓨전>: 물리 치료사를 위한 격월 잡지

여러분의 이야기를 제출해 주십시오.

저희의 내년 첫 번째 호가 대체 경력으로 전환해 오신 물리 치료사들
을 집중 조명할 것입니다. 물리 치료사가 교육을 통해 터득하는 특수
한 **1** 능력들이 전통적인 의료 환경을 뛰어넘어 점점 더 그 수요가
늘어나고 있습니다. **2** 그 결과, 자격을 갖춘 아주 많은 물리 치료사
들이 다양한 직업 기회를 수용해 왔습니다.

물리 치료에서 벗어나 경력 변화를 시작하신 분이시라면, 저희가 그
이야기를 들어 보고자 합니다. 1천 단어 이내로, 물리 치료에서 현 직
업으로 이어지는 여정을 공유해 주시면서 물리 치료라는 배경이 여러
분의 새 역할에 **3** 어떻게 유익한 것으로 드러났는지 설명해 주시기
바랍니다. 이야기는 editor@physiofusionmag.com으로 제출되어
야 합니다. **4** 제출본은 반드시 늦어도 12월 19일까지 접수되어야
합니다. 유감스럽게도, 이 날짜 이후에 접수되는 글은 해당 호에 포함
되지 않을 것입니다.

어휘   **bimonthly** 격월의, 2개월마다의 **physiotherapist** 물리 치
        료사 **transition into** ~로 전환하다 **sought after** 수요가 있
        는, 많은 사람들이 찾는 **embrace** ~을 수용하다, 포용하다
        embark on ~을 시작하다, ~에 나서다 **no more than** ~ 이내
        의 **profession** 직업

1.

해설   빈칸 뒤에 위치한 that절에 물리 치료사가 교육을 통해 터득한다
        는 말이 쓰여 있어 그러한 과정을 통해 얻는 것을 나타낼 명사가
        빈칸에 필요하므로 '능력, 기술'을 뜻하는 (B) skills가 정답이다.

2.

해설   빈칸 앞에는 물리 치료사의 능력에 대해 전통적인 의료 환경을 뛰
        어넘어 점점 더 수요가 늘어나고 있다는 말이, 빈칸 뒤에는 많은
        물리 치료사들이 다양한 직업 기회를 수용해 왔다는 말이 쓰여 있
        다. 이는 특정 원인(수요 증가)에 따라 나타난 결과(다양한 직업 기
        회 수용)에 해당하므로 결과 접속부사 (D) Consequently가 정답
        이다.

3.

해설   빈칸 이하 부분은 describe의 목적어 역할을 해야 하며, 빈칸 뒤
        에 완전한 절이 쓰여 있으므로 완전한 절을 이끄는 명사절 접속
        사 (C) how가 정답이다.

4.
(A) 제출본은 반드시 늦어도 12월 19일까지 접수되어야 합니다.
(B) 저희 교육 프로그램은 모든 물리 치료사가 이용할 수 있습니다.
(C) 이 직책에 지원해 주셔서 감사드립니다.
(D) 연구 논문에 관한 팁은 저희 웹 사이트에서 보실 수 있습니다.

해설   빈칸 앞 문장에 이메일 주소와 함께 제출 방법을 알리는 내용이
        제시되어 있으므로 제출 기한을 언급하는 (A)가 정답이다.

Part 7 복수지문 ①

기출포인트 1

수신: 플로우 짐 회원 서비스팀
제목: 회비 문의
날짜: 2월 2일

담당자께,

최근의 제 체육관 회비 문제를 처리하기 위해 이메일을 씁니다. 제가 골드 패키지에 등록한 이후로 줄곧, 지속적으로 한 달에 80달러를 청구 받아왔습니다. 하지만, 지난달에 110달러가 청구되었다는 사실을 알게 되었습니다. 제가 제 예산을 효과적으로 관리하기 위해 특별히 골드 패키지를 선택했기 때문에 이 30달러의 차액 때문에 우려가 됩니다. 이 문제에 대한 즉각적인 관심을 정중히 요청 드립니다. 가능한 한 빨리 이 청구 요금 인상 문제의 이면에 존재하는 이유를 조사하셔서 설명을 제공해 주시겠습니까?

존 하트먼

어휘 **query** 문의 **consistently** 지속적으로 **bill** v. ~에게 청구서를 보내다 **discrepancy** 차액, 차이 **opt for** ~을 선택하다 **investigate** ~을 조사하다 **clarification** 설명, 해명

수신: 존 하트먼
제목: 회신: 회비 문의
날짜: 2월 3일

하트먼 씨께,

이 문제에 저희가 관심을 기울이도록 지적해 주셔서 감사합니다. 모든 불편함에 대해 진심으로 사과드립니다. 철저한 조사 결과, 청구서 발송 과정에서 오류가 발생한 것이 분명하며, 그로 인해 지난달에 대해 부정확한 청구 요금을 초래한 것으로 확인했습니다. 초과 금액은 다음 번 비용 청구 주기에 대해 이달 말에 귀하의 계좌로 입금될 것이므로 안심하시기 바랍니다.

귀하의 인내심에 대해 사과의 뜻을 표하기 위해, 체육관 상품에 대해 25퍼센트 할인을 제공해 드리고자 합니다. 게다가, 저희 서비스에 대한 귀하의 경험과 관련해 잠시 시간 내셔서 간단한 설문 조사지를 작성 완료해 주실 수 있으시다면 대단히 감사하겠습니다.

다이애나 리

어휘 **investigation** 조사 결과 **billing** 청구서 발송 **Rest assured** ~이므로 안심 아시기 바랍니다 **excess** 초과한, 과도한 **credit** ~을 입금하다 **cycle** 주기

1. 첫 번째 이메일의 목적은 무엇인가?
(A) 회원권에 관해 문의하는 것
(B) 월간 비용 지불을 지연시키는 것
(C) 요금에 관한 우려를 제기하는 것
(D) 체육관 시설에 관한 불만을 제기하는 것

어휘 **raise** (문제 등) ~을 제기하다

2. 하트먼 씨와 관련해 언급된 것은 무엇인가?
(A) 여러 명의 친구를 플로우 짐에 소개했다.
(B) 별도의 계좌를 만들고 싶어 한다.
(C) 보통 매달 동일한 체육관 회비를 지불한다.
(D) 최근 플로우 짐 회원권을 갱신했다.

어휘 **refer A to B** A를 B에 소개하다, 추천하다

3. 2월에 하트먼 씨의 계좌로 얼마나 많은 돈이 입금될 것인가?
(A) $25
(B) $30
(C) $80
(D) $110

4. 리 씨는 하트먼 씨에게 무엇을 제공하는가?
(A) 무료 트레이닝 시간
(B) 상품 할인 서비스
(C) 상품 업그레이드
(D) 한 달 간의 무료 회원권

5. 리 씨는 하트먼 씨에게 무엇을 하도록 권하는가?
(A) 계좌 상세 정보를 제공하는 일
(B) 온라인 후기를 게시하는 일
(C) 피트니스 강좌에 참석하는 일
(D) 몇몇 의견을 제출하는 일

토익 실전 연습

| 1. (D) | 2. (D) | 3. (D) | 4. (C) | 5. (D) |

1-5.

3 웨스터빌 (6월 15일) - **1** 3세대 치즈 및 요거트 제조업자인 티모시 앤더슨 씨가 6년 전에 바로 이곳, 웨스터빌에서 장인 정신이 깃든 낙농 사업체를 시작했습니다. **3** 메이플 애비뉴에 위치한 분주한 메이플 농산물 시장 근처의 한적한 곳에 위치한, 그의 사업 시설인, 앤더슨 데어리 딜라이츠는 계속 번창하고 있습니다.

앤더슨 씨는 성공의 원인이 지속적인 지식 및 혁신 추구에 있다고 여기고 있습니다. "**3** 저희 수제 치즈 및 요거트는 그 품질로 유명하기는 하지만,"이라고 설명하면서, "시장은 경쟁적이죠. 앞서 가기 위해, 저는 낙농 과학 및 지속 가능한 농업 관행에 초점을 맞춘 **2** 세미나들에 참석함으로써 전통적인 낙농업 방식을 뛰어넘어 제 전문 지식을 확대해 왔습니다."

앤더슨 씨는 이 세미나들이 어떻게 유통에 있어 새로운 길을 모색하도록 힘을 실어 주었는지 강조했습니다. "제가 낙농 과학 분야에서 배운 원리들을 활용해, 메뉴에 저희 제품을 특징으로 하도록 여러 지역 레스토랑 및 카페와 성공적으로 접촉해 왔습니다." 그 결과, 앤더슨 데어리 딜라이츠의 치즈와 요거트는 현재 노스캐롤라이나에 위치한 캐슬포드의 메이플 리프 비스트로와 **4** 애쉬빌의 그린 테라스 카페, 그

리고 콜로라도에 위치한 브레켄리지의 알파인 리트리트 같은 업체에서 음미할 수 있습니다.

더욱이, 앤더슨 씨는 많은 손님들이 외식을 하면서 자신의 제품을 처음 접하게 된다는 점에 주목했습니다. 그 후, 그 손님들은 스스로 제품을 구매하기 위해 직접 가서, 또는 온라인 플랫폼을 통해서 앤더슨 데어리 딜라이츠를 찾습니다. 메이플 애비뉴 27번지에 위치한, 앤더슨 데어리 딜라이츠는 매장 내에서, 또는 온라인 주소 www.andersondairydelights.com에서 자사의 제공품을 살펴보는 방문객들을 환영합니다.

어휘 **third-generation** 3세대의 **artisanal** 장인의 **tucked away near** ~ 근처의 한적한 곳에 위치한 **thrive** 번창하다 **attribute A to B** A의 원인이 B라고 여기다 **pursuit** 추구 **practice** 관행, 관례 **empower** ~에게 힘을 실어 주다 **savor** ~을 음미하다 **encounter** ~을 접하다, ~와 마주치다 **dine out** 외식하다 **in person** 직접 (가서)

---

https://www.greenterracecafe.com/diner_reviews

4 저는 최근 조나 기술 컨벤션 때문에 그 도시에 가 있을 때 그린 테라스 카페를 방문하는 기쁨을 누렸습니다. 이 카페가 컨벤션 행사장에서 조금만 걸어 가면 되는 거리에 있었기 때문에, 점심 식사 시간을 가졌을 때 제게 완벽한 위치에 있었습니다. 저는 그 카페의 실내 디자인에 아주 깊은 인상을 받았는데, 편한 팔걸이 의자와 소파가 갖춰져 있으며, 흥미로운 미술품과 장식물로 장식되어 있기 때문입니다. 제 일행에 속한 모든 사람이 저희가 주문한 커피와 차에 기뻐했으며, 3 저희는 특히 점심 식사 모둠 요리의 일부로서 맛본 치즈와 요거트에 깊은 인상을 받았습니다. 그곳 소유주께서는 이것들이 근처의 웨스터빌에 본사를 둔 한 회사가 만드는 것이라고 알려 주셨습니다. 한 가지 불만 사항이 있다면, 5 계산서가 얼마나 많이 나왔는지에 대해 저희가 약간 실망했다는 사실일 것입니다. 저희가 주문한 몇몇 음식과 음료가 약간 지나치게 비쌌다고 생각하지만, 나중에 다시 찾아 가기를 주저하진 않을 것 같습니다.

게시자, 그레이스 코진스키, 8월 29일

어휘 **be furnished with** ~가 갖춰져 있다 **ornament** 장식물 **platter** (큰 접시에 담은) 모둠 요리 **overpriced** 지나치게 비싼

1. 기사의 목적은 무엇인가?
(A) 새로운 식당들을 추천하는 것
(B) 한 시장의 확장을 이야기하는 것
(C) 한 매장의 개장을 알리는 것
(D) 한 지역 사업체 소유주의 프로필을 소개하는 것

해설 첫 번째 지문 첫 번째 단락에 3세대 치즈 및 요거트 제조업자인 티모시 앤더슨 씨가 6년 전에 자신의 사업체를 시작한 사실을 언급한 뒤로 그 배경 및 제품의 특징을 설명하고 있으므로 (D)가 정답이다.

2. 앤더슨 씨가 어떻게 과학적 지식을 넓혔는가?
(A) 인턴 프로그램을 수료함으로써
(B) 온라인 자료를 읽음으로써

(C) 한 가지 과정에 등록함으로써
(D) 세미나에 참석함으로써

해설 첫 지문 두 번째 단락에 여러 세미나에 참석함으로써 전통적인 낙농업 방식을 뛰어넘어 전문 지식을 확대해 왔다고 언급하는 앤더슨 씨의 인터뷰 내용이 있으므로 (D)가 정답이다.

3. 코진스키 씨와 관련해 암시된 것은 무엇인가?
(A) 메이플 농산물 시장을 여러 차례 방문한 적이 있다.
(B) 앤더슨 데어리 딜라이츠의 제품을 온라인으로 구입했다.
(C) 앤더슨 씨와 협업할 계획이다.
(D) 앤더슨 데어리 딜라이츠의 제품을 좋아한다.

해설 두 번째 지문 중반부에 자신이 맛 본 치즈와 요거트에 깊은 인상을 받은 사실과 함께 그것들이 웨스터빌에 본사를 둔 한 회사의 제품이라고 전해 들었다는 말이 쓰여 있다. 이는 첫 번째 지문 첫 단락과 두 번째 단락에서 언급하는 웨스터빌에 위치한 앤더슨 데어리 딜라이츠의 치즈 및 요거트 제품을 가리키므로 (D)가 정답이다.

4. 조나 기술 컨벤션이 어디에서 개최되었을 것 같은가?
(A) 웨스터빌에서
(B) 캐셀포드에서
(C) 애쉬빌에서
(D) 브레켄리지에서

해설 두 번째 지문 첫 문장에 코진스키 씨가 조나 기술 컨벤션에 가 있었을 때 그린 테라스 카페를 방문했다고 알리고 있다. 첫 지문 세 번째 단락에 그린 테라스 카페는 애쉬빌에 위치한 것으로 쓰여 있으므로 (C)가 정답이다.

5. 후기에 따르면, 코진스키 씨가 무엇에 대해 만족하지 못했는가?
(A) 음료의 맛
(B) 카페의 장식
(C) 업체의 위치
(D) 메뉴의 가격

해설 두 번째 지문 후반부에 계산서가 많이 나온 사실과 함께 음식과 음료가 약간 지나치게 비쌌다고 생각한다는 의견이 제시되어 있으므로 (D)가 정답이다.

Part 5 동명사, to부정사, 분사

기출포인트 1

해석   자신의 공상 과학 소설을 통해, 데저리 마람 씨는 역사와 우리의 우주를 인식하는 창의적인 방식을 제공한다.

어휘   **science fiction** 공상 과학 **universe** 우주 **appreciate** ~을 인식하다, ~의 진가를 알다, ~에 대해 감사하다

기출포인트 2

해석   뉴튼 게이트웨이즈는 STEM 학생들에게 인턴 프로그램 기회를 마련해 주는 데 헌신하는 정부 기관이다.

어휘   **institute** 기관, 단체, 협회 **arrangement** 마련, 조치, 정렬

기출포인트 3

해석   VFX 엔터테인먼트는 자사 촬영팀에 합류할 카메라 보조를 찾고 있다.

어휘   **cinematography** 촬영(술)

기출포인트 4

해석   올해 중반부에 있을 여러분의 직무 능력 평가 일정을 잡을 때 두엉 씨가 이메일 알림 메시지를 발송해 드릴 것입니다.

어휘   **send out** ~을 발송하다 **mid-year** 한 해 중반부의

토익 실전 연습

1. (C)	2. (A)	3. (B)	4. (A)	5. (D)
6. (C)	7. (C)	8. (A)	9. (C)	10. (D)
11. (B)	12. (A)	13. (B)	14. (D)	15. (A)
16. (B)	17. (C)	18. (B)	19. (B)	20. (B)

1.

해석   수년 동안에 걸쳐, 시 관계자들이 앨비소 습지를 생태 보호 구역으로 지정하는 것을 고려해 왔다.

해설   타동사 have considered의 목적어 역할을 함과 동시에 바로 뒤에 위치한 명사구 Alviso Wetlands를 목적어로 취할 수 있는 동명사 (C) designating이 정답이다.

어휘   **official** n. 관계자, 당국자 **ecological** 생태계의, 생태학적인 **sanctuary** 보호 구역 **designate** ~을 지정하다 **designation** 지정, 지명

2.

해석   6월 첫째 주에, 사진 기자 셜리 비숍 씨가 밀라노에서 자신의 세 번째 세미나를 제공할 예정이다.

해설   빈칸 앞에 위치한 is scheduled와 함께 '~할 예정이다'를 의미하는 「be scheduled to do」를 구성해야 알맞으므로 (A) to give

가 정답이다.

어휘   **photojournalist** 사진 기자 **may have p.p.** ~했을 수도 있다

3.

해석   헤이워드 의료 기관의 관리 위원회는 연구부에 여분의 자금을 재할당했다.

해설   빈칸 뒤에 이미 동사 has reallocated가 쓰여 있으므로 빈칸은 동사 자리가 아니다. 따라서 명사 committee를 수식할 분사가 빈칸에 필요한데, 위원회가 관리의 주체이므로 능동의 의미를 나타내는 현재분사 (B) governing이 정답이다.

어휘   **reallocate** ~을 재할당하다 **excess** a. 여분의, 초과의 **govern** ~을 관리하다, 운영하다, 통치하다

4.

해석   개정된 직원 안내 책자가 오늘 일과 종료 전까지 모든 현장 직원에게 배부될 것이다.

해설   빈칸 뒤에 이미 동사 will be passed out이 쓰여 있으므로 빈칸은 동사 자리가 아니다. 따라서 명사구 employee directories를 수식할 분사가 빈칸에 필요한데, 직원 안내 책자는 사람에 의해 개정되는 것이므로 수동의 의미를 나타내는 과거분사 (A) Revised가 정답이다.

어휘   **employee directory** 직원 안내 책자 **pass out** ~을 배부하다, 나눠 주다 **on-site** 현장의

5.

해석   핸디하울 로지스틱스 사의 몇몇 이삿짐 담당 직원을 고용하기로 결정하기에 앞서, 웬 씨는 그곳의 서비스와 관련된 온라인 후기를 읽어 봤다.

해설   빈칸 앞에 전치사 또는 접속사 Before가, 빈칸 뒤에 to부정사가 있으므로 빈칸은 분사구문 또는 동명사의 자리이다. 빈칸 뒤 to부정사를 목적어로 취할 수 있어야 하므로 동명사 또는 현재분사 역할을 할 수 있는 (D) deciding이 정답이다.

어휘   **mover** 옮기는 사람, 나르는 사람

6.

해석   저희 아파트와의 임대 계약을 2년 더 연장하시는 것을 고려해 보실 계획을 세우시기 바랍니다.

해설   동사 plan은 to부정사를 목적어로 취하고, 빈칸 뒤에 목적어가 있으므로 능동태 (C) to consider가 정답이다.

어휘   **extend** ~을 연장하다 **lease** 임대 계약(서)

7.

해석   그 골프 브랜드의 전략 기획부는 발전에 필요한 효과적인 안내를 제공하는 데 전념하고 있다.

해설   빈칸 앞에 위치한 is devoted to의 to는 전치사이므로 전치사의 목적어 역할을 함과 동시에 명사구 effective guidance를 목적어로 취할 수 있는 동명사 (C) providing이 정답이다.

어휘   **strategic** 전략적인 **guidance** 안내, 지도

8.

해석 그 최고 재무 이사는 전 세계에 걸쳐 자사의 유통망을 확장하기 위해 모더스 솔루션즈 사와 제휴 관계를 맺을 방법을 살펴 보고 있다.

해설 빈칸 앞에 이미 동사 is exploring이 쓰여 있으므로 빈칸은 동사 자리가 아니며, 명사 ways를 수식해 '~할 방법'이라는 의미를 나타낼 때 사용하는 to부정사 (A) to partner가 정답이다.

어휘 explore ~을 살펴 보다, 탐구하다 distribution 유통, 배부 partner v. 제휴 관계를 맺다

9.

해석 가정 내의 고양이들을 위한 일일 생고기 허용량은 약 3온스이다.

해설 형용사 daily의 수식을 받을 수 있는 명사가 빈칸에 필요하므로 (C) allowance가 정답이다. 동명사 (D) allowing도 명사 역할을 하지만 형용사의 수식을 받을 수 없다.

어휘 raw 생의, 날것의, 익히지 않은 domestic 가정의, 집안의 allowance 허용(량)

10.

해석 많은 애쉬윈 도서관 회원들은 자신들의 연간 도서관 카드 갱신에 대해 비용이 청구되는 데 반대했다.

해설 빈칸 앞에 위치한 were opposed to의 to는 전치사이므로 전치사의 목적어 역할을 할 수 있는 동명사 (D) being charged가 정답이다.

11.

해석 방문객들은 주차장 표지판에 별도로 언급되어 있지 않는 한 반드시 보라색 구역에 차량을 주차해야 한다.

해설 빈칸 뒤에 위치한 부사 otherwise 및 과거분사 indicated와 어울리는 접속사로서 이 둘과 함께 '별도로 언급되어 있지 않는 한, 별도의 표시가 없으면'이라는 의미를 나타내는 (B) unless가 정답이다.

어휘 unless otherwise indicated 별도로 언급되어 있지 않는 한, 별도의 표시가 없으면 signage 표지(판), 신호 체계

12.

해석 이사회는 여러 가지 기업 라이센싱 계약을 관리하기 위해 두 명의 법률 업무 담당자를 찾고 있다.

해설 동사 is seeking과 명사구 목적어 two legal coordinators 뒤로 빈칸과 또 다른 명사구가 이어지는 구조이다. 따라서 이 명사구를 목적어로 취해 법률 업무 담당자를 찾는 목적을 나타내야 알맞으므로 '~하기 위해'라는 의미로 목적을 나타내는 to부정사 (A) to manage가 정답이다.

어휘 legal 법률과 관련된 coordinator 담당자, 진행 책임자 licensing 라이센싱(상표권 등에 대해 이용료를 받고 이용 권리를 부여함) agreement 계약(서), 합의(서) managerial 관리의, 운영의

13.

해석 쿼토즈 엔터프라이즈는 인건비를 줄이기 위해 여러 지사에서 시

간제 IT 기술자를 고용할 것이다.

해설 빈칸 뒤에 동사원형 reduce가 쓰여 있어 동사원형과 함께 '~하기 위해'를 의미하는 「in order to do」 표현을 구성해야 알맞으므로 (B) in order to가 정답이다.

어휘 personnel 직원들, 인사(부) expenditure 경비, 지출 (비용)

14.

해석 손튼 & 호프 어플라이언스 제품 관리부장은 특정 기기들을 조립하는 방법에 관한 안내 동영상을 게시하기 시작할 준비가 되어 있다.

해설 빈칸 앞에 위치한 is ready는 「be ready to do」의 구조로 '~할 준비가 되어 있다'라는 의미를 나타내므로 (D) to begin이 정답이다.

어휘 tutorial 안내(서), 설명(서) assemble ~을 조립하다 certain 특정한, 일정한

15.

해석 5년 전에 도셋 스튜디오에 합류한 이후로, 리 씨는 유럽 전역의 수많은 패션 브랜드를 위해 무수히 많은 TV 광고를 감독해 왔다.

해설 빈칸 뒤에 과거 시점 표현을 포함한 현재분사구가 쓰여 있고, 콤마 뒤에 현재완료시제가 있으므로 빈칸에는 '~한 이후로'라는 의미를 나타내는 접속사 (A) Since가 정답이다.

어휘 direct ~을 감독하다 countless 무수히 많은 numerous 수많은, 다수의

16.

해석 젬마 포포브 씨는 오랜 공백기에도 불구하고 놀랄 만한 기술을 보이면서, 탁구 월드컵에서 금메달을 획득했다.

해설 완전한 주절 뒤에 위치한 빈칸에 접속사와 주어 없이 또 다른 동사가 쓰이려면 분사의 형태가 되어야 알맞다. 또한, 빈칸 뒤에 위치한 명사구 her remarkable skills를 목적어로 취할 수 있도록 타동사 display의 현재분사가 쓰여야 알맞으므로 (B) displaying이 정답이다.

어휘 score v. ~을 얻다, 거두다, 득점하다 remarkable 놀랄 만한, 주목할 만한 hiatus 공백, 중단, 틈

17.

해석 크래프트바이트 그래픽스 주식회사는 악성 소프트웨어 방지 프로그램과 시스템 방화벽을 업데이트함으로써 자사의 원본 디자인들을 안전하게 유지한다.

해설 전치사 by의 목적어 역할을 함과 동시에 바로 뒤에 위치한 명사구 its anti-malware programs and system firewalls를 목적어로 취할 수 있는 동명사 (C) updating이 정답이다.

어휘 secure 안전한, 안심하는 anti-malware 악성 소프트웨어를 방지하는 firewall 방화벽

18.

해석 KB72 테크놀로지 사에 의해 개발된, 자동차 애호가들을 위한 새로운 비디오 게임이 다음 주 화요일부터 모든 주요 소매점에서 판매에 돌입할 것이다.

해설 빈칸과 by KB72 Technologies는 문장의 주어와 동사 will go 사이에 콤마와 함께 삽입되어 주어를 설명하는 분사구를 구성해야 알맞다. 또한, 주어 The new video game은 회사에 의해 개발되는 것이므로 수동의 의미를 나타낼 수 있는 과거분사 (B) developed가 정답이다.

어휘 **enthusiast** 애호가, 열광적인 팬 **go on sale** 판매에 돌입하다

19.

해석 그 연회 만찬의 모든 연설자들을 포함하는 목록이 실린 프로그램 소책자를 입구 옆에서 가져 가실 수 있습니다.

해설 빈칸 앞뒤에 위치한 명사구 The program booklet와 all the speakers를 연결할 수 있도록 동사 list의 분사가 빈칸에 쓰여야 알맞다. 또한, all the speakers를 목적어로 취할 수 있도록 타동사 list의 현재분사가 쓰여야 하므로 (B) listing이 정답이다.

어휘 **booklet** 소책자 **list** v. ~을 목록에 싣다, ~의 목록을 만들다

20.

해석 모든 여행객들은 국내선 및 국제선 항공편에 모두 탑승할 때 유효 신분증을 제시해야 한다.

해설 빈칸 뒤에 위치한 boarding이 분사 또는 동명사의 형태이므로 접속사 또는 전치사가 필요하다. 또한, '탑승할 때 유효 신분증을 제시해야 한다'가 알맞은 의미이므로 '~할 때'를 뜻하는 접속사 (B) when이 정답이다.

어휘 **valid** 유효한 **identification** 신분 확인(증) **board** ~에 탑승하다

Part 6 문장삽입 ②

기출포인트 1

압둘라 씨께,

저희 동물 보호소를 위한 자선 행사를 마련하는 데 주신 놀라운 도움에 감사의 뜻을 전해 드리고자 합니다. 귀하의 헌신은 행사를 성공작으로 만들어주었으며, 귀하와의 협업 기회에 대해 감사하게 생각합니다.

제공해 주신 아름다운 장식물들은 저희 참석자들로부터 아주 많은 관심을 받았으며, 귀하의 노력이 참석하신 모든 분들께 잊지 못할 경험을 만들어 드리는 데 도움이 되었습니다. 또한, 귀하의 도움으로 인해 동물들의 생활에도 변화가 생기고 있습니다. 앞으로 바라보면, 저희 동물 입양 프로그램에 유익할 수 있는 곧 있을 모금 행사가 기대됩니다. 귀하의 열정은 영감을 불러 일으키며, 저희 사명에 있어 귀하와 파트너로 함께 하게 되어 영광스럽게 생각합니다.

파티마 알 만수리, 두바이 동물 복지 협회

어휘 **extend one's gratitude** 감사의 뜻을 전하다 **gala** 행사, 축제, 대회 **shelter** 보호소, 쉼터 **a great deal of** 아주 많은 **unforgettable** 잊지 못할 **look ahead** 앞을 바라 보다 **adoption** 입양, 채택 **enthusiasm** 열정, 열의 **inspiring** 영감을 불러 일으키는 **mission** 사명

1.

해설 소유격 인칭대명사 your와 명사 assistance 사이에 위치한 빈칸은 명사를 수식할 형용사 자리이다. 또한, 도움이 사람을 놀라게 하는 것이므로 '놀라게 하는'의 뜻으로 능동의 의미를 가진 현재분사 (C) amazing이 정답이다.

어휘 **amazement** 놀라움 **amazingly** 놀랍게도

2.

해설 '아름다운 장식물들이 참석자들로부터 아주 많은 관심을 받았다'가 가장 자연스러운 의미이므로 '관심, 주목, 주의' 등을 뜻하는 (A) attention이 정답이다.

어휘 **attention** 관심, 주목, 주의 **criticism** 비판, 비평

3.

(A) 저희는 시설을 개선하는 데 귀하의 기부금을 이용할 것입니다.
(B) 또한, 귀하의 도움으로 인해 동물들의 생활에도 변화가 생기고 있습니다.
(C) 행사에 관심이 있으실 경우, 제게 알려 주시기 바랍니다.
(D) 따라서, 저희는 더 넓은 행사장으로 옮기기로 결정했습니다.

어휘 **make a difference** 변화시키다, 더 낫게 만들다 **as such** 따라서, 그에 따라 **spacious** 넓은 **venue** 행사장

4.

해설 빈칸 앞에 이미 동사 am이 쓰여 있어 빈칸은 동사 자리가 아니므로 선택지에서 유일하게 준동사인 (B) to benefit이 정답이다.

토익 실전 연습

1. (C)   2. (A)   3. (C)   4. (D)

1-4.

일단 귀하의 주문품이 저희 유통 센터에서 발송되고 나면, 약 3일 내로 도착하는 자택 배송 서비스를 예상하시면 됩니다. 배송 시간은 **1** 거주지 위치 및 배송품 수령 가능 여부에 따라 상이할 수 있다는 점에 유의하시기 바랍니다. 저희 제니스 홈 데코 사의 팀이 귀하의 일정에 알맞은 배송 예약 **2** 일정을 잡아 드릴 수 있도록 신뢰할 수 있는 택배업체와 조정해 드릴 것입니다. 저희 표준 배송 시간대가 평일 오전 9시에서 오후 7시 **3** 사이이기는 하지만, 주말 배송도 요청 시에 수용될 수 있습니다. 귀하의 자택에 도착하는 대로, 저희 배송 대행사가 원하시는 위치에 조심스럽게 물품을 놓아 드림으로써, 귀하께 번거로움 없는 경험을 보장해 드릴 것입니다. **4** 그분들이 모든 포장재의 세서노 서리해 느낄 것입니다. 수거도, 소립 서비스는 뛰어난 고객 서비스를 제공해 드리는 데 대한 저희 헌신의 일환으로 포함됩니다.

어휘 **dispatch** ~을 발송하다 **in-home** 자택 내의, 집에 있는 **vary** 다르다, 다양하다 **availability** (시간·이용 등의) 가능 여부, 가능성 **coordinate** 조정하다 **courier** 택배업체 **suit** ~에 알맞다, 적합하다 **upon** ~할 시에, ~하는 대로 **desired** 원하는 **hassle-free** 번거로움 없는 **as part of** ~의 일환으로, 일부로 **commitment** 헌신, 전념, 약속(된 일) **exceptional** 뛰어난, 이례적인

1.

해설 배송 시간이 달라질 수 있는 한 가지 조건으로서 상대방과 관련된 어떤 것의 위치를 언급하는 문장인데, 앞선 문장에서 말하는 자택 배송 서비스와 관련되어야 하므로 '거주지, 주택'을 뜻하는 (C) residence가 정답이다.

2.

해설 빈칸 앞에 이미 주절의 동사 will coordinate이 쓰여 있으므로 빈칸은 동사 자리가 아니다. 또한, 빈칸과 a delivery appointment가 신뢰할 수 있는 택배업체와 조정하는 목적을 나타내야 알맞으므로 '~할 수 있도록, ~하기 위해'의 뜻으로 목적을 나타내는 to부정사 (A) to schedule이 정답이다.

3.

해설 빈칸 뒤에 절이 쓰여 있으므로 빈칸은 이 절을 이끌 접속사 자리이다. 또한, '표준 배송 시간대가 평일 오전 9시에서 오후 7시 사이이기는 하지만, 주말 배송도 요청 시에 수용될 수 있다'가 자연스러운 의미이므로 '(비록) ~이기는 하지만'을 뜻하는 접속사 (C) though가 정답이다.

어휘 if so 그렇다면 in the meantime 그 사이에, 그러는 동안

4.

(A) 배송품을 개봉하실 때, 모든 부품이 포함되어 있는지 확인하시기 바랍니다.
(B) 대형 물품들은 추가 처리 요금 대상입니다.
(C) 저희가 해당 제품의 위치를 파악할 수 있도록 귀하의 고유 추적 코드를 제공해 주십시오.
(D) 그분들이 모든 포장재의 제거도 처리해 드릴 것입니다.

해설 빈칸 앞 문장에 배송이 상대방인 고객이 원하는 곳에 물품을 조심스럽게 놓아 두어 고객에게 번거로움 없는 경험을 보장한다는 말이 쓰여 있다. 따라서 이 배송 대행사에 속한 직원들을 They로 지칭해 배송 완료 시에 함께 제공하는 서비스를 추가로 언급하는 (D)가 정답이다.

어휘 component 부품, 구성 요소 be subject to ~의 대상이 되다, ~에 취약하다 handling fee 처리 수수료 tracking 추적 packing 포장(재)

Part 7 복수지문 ②

기출포인트 1

그린 캑터스 캔티나의 새로운 소유권
작성자, 하비에르 로드리게즈

산타페 (5월 12일) – 마리아 라미레즈 주방장 하에서 근무했던 전직 그린 캑터스 캔티나 소속 부주방장, 후안 페르난데즈 씨가 그 시설의 인수를 완료했습니다. 라미레즈 씨는 고향인 타오스로 자리를 옮길 예정입니다. "마리아 씨께서 부모님과 더 가까이 계시고 싶다는 바람에 관해 이야기하시면서 인수와 관련해 제게 접촉하셨을 때, 저는 그것을 절호의 기회로 여겼습니다."라고 페르난데즈 씨가 말했습니다.

라미레즈 씨는 "후안 씨는 저희 메뉴의 성공에 상당히 기여해 주신 분입니다."라고 언급했습니다. 페르난데즈 씨가 이번 주에 소유권을 인수한 이후로, 페르난데즈 씨의 대표 요리로서 맛이 대단히 훌륭한 퀘소 펀디도를 포함해, 이미 이 식당의 메뉴에 일부 변화를 도입해 왔습니다. 손님들은 이제 555-6789번으로 전화하시면 편리하게 미리 주문하실 수 있습니다.

어휘 ownership 소유권 sous-chef 부주방장 under (관리·영향 등) ~하에 있는 acquisition 인수, 획득 desire to do ~하고자 하는 바람 approach ~와 접촉하다, ~에게 다가가다 take over 인수하다, 물려 받다 golden opportunity 절호의 기회 state 말하다, 발언하다 remark 언급하다, 발언하다 assume ~을 인수하다, 맡다 signature a. (제품 등이) 대표적인 superb 대단히 훌륭한, 최고의

그린 캑터스 캔티나
5월 메뉴
멕시코 정식 메뉴의 맛 (1인당 $50)

애피타이저
A) 쉬림프 세비체
B) 퀘소 펀디도

앙트레
A) 구운 옥수수 살사를 곁들인 비프 타코
B) 고수 잎과 라임을 넣어 지은 쌀밥을 곁들인 치킨 엔칠라다

디저트
A) 신선한 베리류가 들어간 트레스 레체스 케이크
B) 멕시칸 초콜릿 디핑 소스와 함께 하는 츄러스

어휘 prix fixe 정식 entrée 앙트레(주 요리에 앞서 나오는 요리) roasted 구운, 볶은

---

www.santafedining.com/greencactus/review/5678

어젯밤, 제 친구들과 저는 그린 캑터스 캔티나에서 식사하기로 결정했습니다. 두 가지 솔깃한 선택지를 제시 받고, 제 음식물 제약 문제로 인해 딜레마에 직면했지만, 직원들께서 고기를 리프라이드 빈으로 대체해 제 식사를 맞춤 제공해 주실 수 있었습니다. 주 요리가 맛있었고, 특히 고수 잎과 라임을 넣어 지은 쌀밥이 그랬지만, 어제 저녁의 하이라이트는 퀘소 펀디도였습니다. 저희는 이미 다음 방문을 한 번 더 계획하고 있습니다.

작성자, 데이나 루이스   게시일: 5월 15일

어휘 dine 식사하다 presented with ~을 제시 받은, 제공 받은 enticing 솔깃한, 유혹적인 dilemma 딜레마, 고민, 진퇴양난 dietary 음식물의, 식사의 customize ~을 맞춤 제공하다 refried beans 리프라이드 빈(멕시코 요리에 쓰이는 콩으로서 삶아서 으깬 후 튀겨서 만듦) post 게시(글)

1.
기사의 목적은 무엇인가?
(A) 새로운 레스토랑을 홍보하는 것
(B) 새로운 소유주를 알리는 것

(C) 식사 풍조를 집중 조명하는 것
(D) 할인을 제공하는 것

어휘 highlight ~을 집중 조명하다 scene 풍조, 사태, 정세

2. 라미레즈 씨는 왜 타오스로 이사하는가?
(A) 새로운 요리 방법을 배우기 위해
(B) 취미 활동을 즐기기 위해
(C) 새로운 사업을 시작하기 위해
(D) 가족과 더 가까이 있기 위해

3. 기사의 어떤 세부 사항에 대해 루이스 씨가 동의하는가?
(A) 사전 주문이 편리하다.
(B) 애피타이저가 맛있다.
(C) 디저트들이 고품질이다.
(D) 해당 식당이 인기 있는 지역에 위치해 있다.

어휘 advance a. 사전의, 미리 하는

4. 루이스 씨는 어떤 요리를 다르게 준비되도록 요청했는가?
(A) 쉬림프 세비체
(B) 비프 타코
(C) 치킨 엔칠라다
(D) 트레스 레체스 케이크

5. 후기에서, 첫 번째 단락, 두 번째 줄의 단어 "faced"와 의미가 가장 가까운 것은 무엇인가?
(A) 찾아 봤다
(B) 위치를 찾았다
(C) 직면했다
(D) 조사했다

토익 실전 연습

1. (D)   2. (B)   3. (C)   4. (D)   5. (A)

1-5.

http://www.devlinlandscaping.com

여러분의 정원을 최대한 활용해 보십시오!
저희 전문 조경 정원사들은 대단히 많은 경험을 지니고 있으며 여러분의 정원을 되살리고 개선해 드릴 준비가 되어 있습니다! 더 작은 개인 정원에서부터 규모가 큰 공용 공간에 이르기까지, 저희 팀은 알맞은 가격에 훌륭한 결과물을 1 보장해 드립니다!

저희 시간당 표준 요금은 다음과 같습니다.
정원사 1인 = 70달러, 정원사 2인 = 130달러, 3 정원사 3인 = 190달러, 정원사 4인 = 250달러

모든 주택 내 정원 공간 또는 공용 정원 공간은 고유하므로, 저희 요금은 정원 규모 및 필요한 작업을 바탕으로 상이할 수 있습니다. 비용 견적을 받아 보시려면, 작업 견적 양식을 작성하셔서 저희에게 제출해 주기만 하시면 되며, 저희가 가능한 한 빨리 다시 연락 드릴 것입니다.

여름 특별 제공 서비스: 4 7월 1일에서 7월 31일 사이에 저희 서비스를 예약하시면, 1시간 동안 1회 무료 사후 관리 서비스를 받으실 수 있습니다.

어휘 get the most out of ~을 최대한 활용하다 landscape 조경 rejuvenate ~을 되살리다, ~에게 활기를 되찾아 주다 assure ~을 보장하다, 장담하다 differ 상이하다, 다르다 quote 비용 견적 after-care 사후 관리

데블린 조경 작업 견적 양식	
오늘의 날짜	7월 31일, 화요일
전체 성명	2 마빈 패럴리
전화번호	555-0147
작업 위치	다양함
선호하는 작업 날짜	8월 10일
작업 세부 사항	저는 커피 판매점 세 곳의 소유주이며, 그 각각은 고객들께서 음료를 즐기시는 매력적인 정원을 특징으로 합니다. 정원 공간들의 이미지를 첨부해 드렸습니다.
추가 정보	2 제 커피 판매점들이 8월 10일부터 며칠 동안 개조 공사로 인해 임시로 문을 닫을 것이므로, 이 시간을 활용해 정원 공간들을 개선하고자 합니다. 가장 합리적인 가격을 찾기 위해 여러 다른 조경 회사에도 연락한 적이 있습니다. 이 정원들이 8월 10일에 귀사의 서비스를 받을 준비가 되긴 하겠지만, 귀사의 웹 사이트에 광고된 여름 제공 서비스를 받을 자격이 여전히 있기를 바랍니다.

어휘 preferred 선호하는 proprietor 소유주 pricing 가격 (책정) be eligible for ~에 대한 자격이 있다

수신: 마빈 패럴리
발신: 애니타 윌러스
4 **날짜:** 7월 31일
제목: 귀하의 작업 견적

저희 데블린 조경회사에 작업 견적 양식을 제출해 주셔서 감사합니다. 제공해 주신 정보를 바탕으로, 3 저희가 귀하의 사업 지점 세 곳 각각에 대해 한 명의 작업자를 배정해야 할 것 같습니다. 각 작업자가 저희 서비스를 제공해 드리는 데 8시간이 필요할 것이므로, 세 곳의 정원이 모두 하루 만에 완료될 것으로 추청할 수 있겠습니다. 5 가격에 마무리 청소 작업이 포함된다는 점에 유의하시기 바라며, 모든 쓰레기는 당일 작업 종료 시에 치워질 것입니다. 계속 진행해도 괜찮으시면, 저희 여름 특별 제공 서비스에 대한 자격이 있으시도록 보장해 드리기 위해 4 오늘을 귀하의 예약 날짜로 여기겠습니다. 저희가 가격을 최종 확정할 수 있도록 555-0130번으로 제게 연락 주시기 바라며, 그 후에 제가 필요한 서류를 보내 드리겠습니다.

안녕히 계십시오.

애니타 윌러스, 데블린 조경회사

assign ~을 배정하다, 할당하다 **estimate that** ~라고 추정하다 **clean-up** 청소 **take away** ~을 치우다, 가져 가다 **proceed** 계속 진행하다

1. 웹 페이지에서, 첫 번째 단락, 두 번째 줄의 단어 "assures"와 의미가 가장 가까운 것은 무엇인가?

(A) 설득하다

(B) 초과하다

(C) 홍보하다

(D) 보장하다

해설 동사 assures 뒤에 '훌륭한 결과물'을 뜻하는 명사구와 '알맞은 가격에'를 의미하는 전치사구가 쓰여 있어 작업팀이 알맞은 가격에 훌륭한 결과물을 보장한다는 의미를 구성해야 알맞으므로 '보장하다'라는 뜻의 (D)가 정답이다.

2. 패럴리 씨가 자신의 커피 판매점들과 관련해 언급하는 것은 무엇인가?

(A) 공원에 위치해 있다.

(B) 8월에 개조될 것이다.

(C) 지난달에 영업을 위해 개장했다.

(D) 과거에 데블린 사에 의해 조경 작업이 되었다.

해설 두 번째 지문 하단에 자신의 커피 판매점들이 8월 10일부터 며칠 동안 개조 공사로 인해 임시로 문을 닫는다고 알리는 말이 쓰여 있으므로 (B)가 정답이다.

어휘 **landscape** v. ~에 조경 작업을 하다

3. 패럴리 씨가 데블린 조경회사를 이용하는 경우, 그가 지불할 것 같은 시간당 표준 요금은 얼마인가?

(A) $70

(B) $130

(C)$190

(D) $240

해설 세 번째 지문 초반부에 패럴리 씨의 사업 지점 세 곳 각각에 대해 한 명의 작업자를 배정할 것이라고 알리는 내용이 제시되어 있다. 따라서 총 세 명의 작업자가 필요하다는 것을 알 수 있으며, 첫 지문 중반부에 정원사 3인에 대한 요금이 $190으로 표기되어 있으므로 (C)가 정답이다.

4. 패럴리 씨와 관련해 암시된 것은 무엇인가?

(A) 정원 조경 작업 경험이 있다.

(B) 8월 10일부터 해외로 여행을 떠날 것이다.

(C) 조경 서비스에 대해 할인을 받을 것이다.

(D) 무료 사후 관리 서비스에 대한 자격이 있을 것이다.

해설 세 번째 지문 후반부에 '오늘을 예약 날짜로 여기겠다'는 말이 쓰여 있고, 상단의 작성 날짜는 7월 31일이다. 첫 지문 마지막 문장에 7월 31일까지 예약하면 무료 사후 관리 서비스를 받는다는 정보가 제시되어 있으므로 패럴리 씨도 이에 대한 자격이 있는 것으로 볼 수 있다. 따라서 (D)가 정답이다.

어휘 **overseas** 해외로, 해외에서 **be entitled to** ~에 대한 자격이 있다

5. 월러스 씨의 말에 따르면, 소속 회사가 무엇을 할 수 있는가?

(A) 폐기물을 치우는 일

(B) 옥외 조명을 설치하는 일

(C) 회원 약정을 업그레이드하는 일

(D) 제안된 작업 장소를 측정하는 일

해설 세 번째 지문 중반부에 마무리 청소 작업이 포함된다는 점과 모든 쓰레기가 당일 작업 종료 시에 치워진다는 점이 언급되어 있으므로 (A)가 정답이다.

시원스쿨LAB 강사 라인업

20년 노하우의 토익/토스/오픽/지텔프/텝스/아이엘츠/토플/SPA/듀오링고
기출 빅데이터 심층 연구로 빠르고 효율적인 목표 점수 달성을 보장합니다.

시험영어 전문 연구 조직

시원스쿨어학연구소

 시험영어 전문

 기출 빅데이터

 264,000시간

TOEIC/TOEIC Speaking/   본 연구소 연구원들은   각 분야 연구원들의 연구시간

시원스쿨 토익

단기 전략
과외노트
750+ 인강

친절한 과외쌤
토익 오정석

750점+ 고득점 초고속 달성 가능

750+ 고득점에 꼭 필요한 이론과
다량의 연습문제로 목표 점수 달성

LC+RC 7일 완성 초단기 커리큘럼

매일 모든 파트를 학습하여 7일 안에
빠르게 실전대비 끝

토익 고득점 전략을 알려주는 밀착과외

실전 핵심 문제풀이 스킬만 쏙쏙
친절하게 짚어주는 과외 강의

*시원스쿨랩 사이트(lab.siwonschool.com)에서 유료로 수강하실 수 있습니다.

토익 시작할 땐 시원스쿨LAB

성적 NO, 출석 NO! 사자마자 50%,
지금 토익 시작하면 최대 300%+응시료 2회 환급

입문대표
켈리 선생님

토익만점 여신
최서아 선생님

New 시작이 반
토익환급

**사자마자
50% 환급**

성적 NO, 출석 NO

**100% 환급
+ 응시료 0원**

하루 1강
or 목표 성적 달성

**200% 환급
+ 응시료 0원**

하루 1강 & 성적

**300% 환급
+ 응시료 0원**

하루 1강 & 목표성적
+ 100점

* 지금 시원스쿨LAB 사이트(lab.siwonschool.com)에서 유료로 수강하실 수 있습니다

* 환급 조건 : 성적표 제출 및 후기 작성, 제세공과금&교재비 제외, 유의사항 참고, *[1위]2022-2023 히트브랜드 토익·토스·오픽 인강 부문 1위,
* [300%] 650점반 구매자, 출석&750점 달성 시, 유의사항 참고, *[750점만 넘어도] 650점반 구매자 첫토익 응시 기준, 유의사항 참고

히트브랜드 토익·토스·오픽 인강 1위

시원스쿨LAB 교재 라인업

*2020-2024 5년 연속 히트브랜드대상 1위 토익·토스·오픽 인강

시원스쿨 토익 교재 시리즈

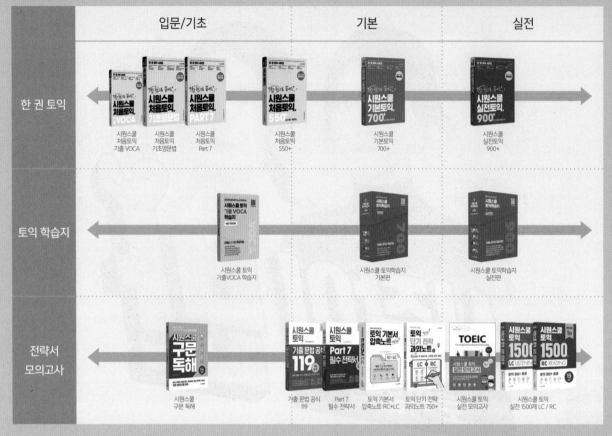

	입문/기초	기본	실전
한 권 토익	시원스쿨 처음토익 기출 VOCA / 시원스쿨 처음토익 기초영문법 / 시원스쿨 처음토익 Part 7 / 시원스쿨 처음토익 550+	시원스쿨 기본토익 700+	시원스쿨 실전토익 900+
토익 학습지	시원스쿨 토익 기출VOCA 학습지	시원스쿨 토익학습지 기본편	시원스쿨 토익학습지 실전편
전략서 모의고사	시원스쿨 구문 독해	기출 문법 공식 119 / Part 7 필수 전략서 / 토익 기본서 압축노트 RC+LC / 토익 단기 전략 과외노트 750+	시원스쿨 토익 실전 모의고사 / 시원스쿨 토익 실전 1500제 LC / RC

시원스쿨 토익스피킹 교재 시리즈

10가지 문법으로 시작하는 토익스피킹 기초영문법   28시간에 끝내는 토익스피킹 START   5일 만에 끝내는 토익스피킹 실전모의고사   15개 템플릿으로 끝내는 토익스피킹 필수전략서   시원스쿨 토익스피킹 IM - AL   시원스쿨 토익스피킹 실전 모의고사   시원스쿨 토익스피킹 학습지

시원스쿨 오픽 교재 시리즈

시원스쿨 오픽 IM-AL   시원스쿨 오픽 실전 모의고사   시원스쿨 오픽학습지 실전전략편 IH-AL   멀티캠퍼스X시원스쿨 오픽 진짜학습 IM 실전   멀티캠퍼스X시원스쿨 오픽 진짜학습 IH 실전   멀티캠퍼스X시원스쿨 오픽 진짜학습 AL 실전   OPIc All in one PACKAGE IM-AL

SIWONSCHOOL

토익
단기 전략
과외노트

실전연습 스터디팩

실전연습 스터디팩

너에게만 알려주는 고득점 노트

Part 1 고난이도 어휘

명사

- □ skyscraper 고층 건물
- □ overpass 고가도로
- □ pavement 포장 도로
- □ vending machine 자판기
- □ stall 장사하는 부스
- □ awning 차양, 해 가리개
- □ puddle 웅덩이
- □ pebble 자갈
- □ crane 크레인
- □ bypass 우회 도로
- □ tollgate 톨게이트
- □ steering wheel 핸들
- □ rear 후면
- □ excursion 소풍
- □ compartment 구획
- □ control tower 통제 타워
- □ baggage claim area 수하물 수령 구역
- □ cathedral 대성당
- □ telescope 망원경
- □ monocular 단안경
- □ lodging 숙박
- □ inn 여관
- □ ventilator 환기 장치
- □ bark 나무 껍질
- □ trunk 줄기
- □ garment 의류
- □ chimney 굴뚝
- □ porch 현관
- □ corridor 복도
- □ banister 난간
- □ wardrobe 옷장
- □ furnace, boiler 보일러
- □ drain(pipe) 배수구
- □ lid 뚜껑
- □ mansion 대저택
- □ janitor 관리인
- □ merchant 상점 주인
- □ forklift 지게차
- □ wagon 손수레
- □ teller 은행원
- □ thermometer 체온계
- □ ward 병동
- □ botanical garden 식물원
- □ tack 압정
- □ lumber 목재
- □ logging 벌채
- □ barn, shed 헛간
- □ ranch 목장
- □ iron 다리미
- □ meadow, pasture 목초지
- □ patio, terrace 테라스
- □ flooring 바닥재
- □ outlet 콘센트(전기 코드)
- □ window shutters 덧창
- □ lighthouse 등대
- □ cargo 짐, 화물
- □ cane 지팡이

- trolley 카트
- log 통나무
- banner 현수막
- platter 접시
- tablecloth 식탁보
- countertop 조리대
- podium 단상, 연단
- billboard 광고판
- binder 바인더, 파일
- nightstand 침실용 탁자

동사

- illuminate 비추다
- be held up 지체되다
- halt 멈추다
- derail 탈선하다
- demolish 철거하다
- affix 붙이다
- trim 다듬다
- garnish 곁들이다
- encircle, enclose 둘러싸다
- align 정렬하다, 줄을 세우다
- stir 휘젓다
- span 가로지르다
- polish 광택을 내다
- reap 수확하다
- brush off 털어내다
- tack 압정으로 붙이다
- grip 잡다
- iron 다리미질을 하다
- glance 힐끗 보다
- scrub 문지르다
- prune 가지치다

정해지지 않았다

- A decision hasn't been made yet.
  아직 결정되지 않았습니다.
- I haven't decided yet. 아직 결정하지 않았어요.
- I haven't made up my mind. 아직 결정하지 못했어요.
- I'm still considering it. 여전히 고려 중이에요.
- I'm still thinking about it.
  여전히 그것에 대해 생각 중이에요.
- I'm still thinking it over. 여전히 숙고 중입니다.
- I'm still waiting. 여전히 기다리고 있어요.
- It hasn't been announced. 발표되지 않았어요.
- It hasn't been decided/discussed/finalized yet.
  아직 결정되지/논의되지/마무리되지 않았어요.
- It's not certain yet. 아직 확실하지 않아요.
- It's not my decision. 제가 결정할 사항이 아닙니다.
- It's still up in the air. 아직 결정난 게 아니에요.
- It's too soon[early] to tell. 판단하기는 이르죠.
- There are several options. 몇 가지 선택사항이 있습니다.
- They're still deciding. 그들은 아직 결정 중이에요.
- We're still uncertain. 아직 확실하지 않습니다.
- I'm not sure/certain. 확실하지 않아요.

모르겠다

- I don't know anything about it. 그것에 대해선 전혀 몰라요.
- I don't really remember/recall. 기억이 안나요.
- I have no idea. 모르겠어요.
- I haven't been told/informed yet. 아직 듣지/안내 받지 못했어요.
- I still haven't heard from them.
  그들에게서 아직 소식을 듣지 못했어요.
- I wish I knew. 저도 알았으면 좋겠어요.
- I'll find out for you. 제가 알아볼게요.
- I'm not in charge. 제 담당이 아닙니다.
- Nobody knows. 아무도 모르죠.

☐ Not that I know of. 제가 알기로는 아니에요.

☐ That's a difficult question. 어려운 질문이군요.

☐ We won't know. 우리는 알지 못해요.

☐ Who knows? 누가 알겠어요?

물어보세요, 확인해 볼게요

☐ Ask your manager. 부장님께 여쭤보세요.

☐ Check with Mr. Kim. 김 씨에게 확인해 보세요.

☐ I was going to ask David.

　데이비드 씨에게 물어보려고 했어요.

☐ I will let you know later. 나중에 알려드릴게요.

☐ I will take care of it. 제가 처리할게요.

☐ I'll check the schedule. 제가 일정을 확인해 볼게요.

☐ I'll find out. 제가 알아볼게요.

☐ I'll go check. 제가 가서 알아볼게요.

☐ I'll let you know soon. 곧 알려 드릴게요.

☐ John knows better than I do.

　존 씨가 저보다 더 잘 알아요.

☐ Let me ask someone. 다른 사람에게 물어볼게요.

☐ Let me call the supplier. 납품업체에 전화해 볼게요.

☐ Let me check that for you. 확인해 볼게요.

Part 3&4 최빈출 패러프레이징

명사

☐ (tourist) attraction = site = destination 관광 명소

☐ aisle = corridor = hallway 복도

☐ award = honor 상

☐ bad/poor weather = severe weather = inclement weather

　악천후

☐ baggage = luggage = personal belongings 짐

☐ bill = price list = invoice = estimate = quote 견적서

☐ discount = special offer/sales/deal = 50% off = price

　reduction = clearance/bargain sale = mark down 할인

☐ cab = taxi 택시

☐ car = auto(mobile) = vehicle 차량

☐ document = form = draft = paper 서류

☐ city (center) = inner city = downtown = urban 도심, 도시

☐ concert = musical performance 콘서트

☐ contest = competition = tournament 대회

☐ contribution = dedication = devotion = hard work

　헌신, 공헌, 노고

☐ drink = beverage = liquid 음료

☐ coworker = colleague = associate = fellow = peer 동료

☐ office supplies = stationery 사무용품

☐ crash = collision = accident 충돌, 사고

☐ customer = client = clientele = patron 고객

☐ due date = expiration date 만기일

☐ electronics = equipment = device = machine/machinery =

　gadget 전자기기, 장치, 장비

☐ expert = specialist = professional 전문가

☐ farewell = goodbye 송별

☐ fee = cost = fare = price 가격, 요금

☐ fiction = novel 소설

☐ festival = carnival = feast 축제

☐ floor = story 층

☐ food = dish = cuisine 음식, 요리

☐ gate = entrance = door 입구, 문

☐ hospital = clinic = medical facility = doctor's office 병원

☐ instruction = direction = manual 지시, 설명서

☐ library = archive 도서관, 기록 보관소

☐ lottery = raffle 복권, 추첨

☐ map = plan = direction = layout = sketch = blueprint 지도, 도면

☐ mayor = politician = government/city official

　시장, 정치인, 공무원

☐ motorist = driver 운전자

☐ newspaper = Daily = gazette 신문

☐ pay = salary = earnings = wage = allowance 임금, 수당

☐ penalty = late fee/charge = fine 요금, 벌금

☐ performance = show 공연

□ place = room = location = venue 장소

□ plan = initiative = project = schedule = move = measures 계획, 조치

□ public transportation = public transit 대중 교통

□ real estate agent = realtor = rental agent 부동산 중개업자

□ receipt = proof of purchase = payment record 영수증

□ recommendation letter = reference letter = referral 추천서

□ restaurant = dining area = cafeteria = bistro = eatery 식당

□ road work = repair = maintenance = construction = repavement = resurfacing 수리, 공사

□ rule = code = regulation = guideline 규정

□ schedule = plan = itinerary 스케줄, 일정표

□ snowstorm = blizzard 눈보라

□ software = computer program 컴퓨터 프로그램

□ speech = remark = address 연설

□ steps = process = procedure 과정, 절차

□ store = shop = business 상점

□ survey = questionnaire 설문조사

□ traffic jam = traffic congestion = heavy traffic 교통 체증

□ voucher = coupon = gift certificate 쿠폰

동사

□ access = enter 접근하다, 이용하다

□ leave = depart 떠나다

□ like = love = prefer = endorse 좋아하다, 선호하다

□ pass = hand out = distribute 분배하다, 나눠주다

□ donate = give money = contribute 기부하다

□ answer = respond = reply 답하다, 응답하다

□ buy = get = obtain = acquire 얻다, 획득하다, 사다

□ delay = push back = put off = postpone 연기하다, 지연시키다

□ detour = bypass = go around = take different/alternative road 우회하다

□ change = shift = alter = modify = update 바꾸다

□ contact = get/keep in touch = reach 연락하다

□ decrease = downsize = fall down = go down = cut = drop = reduce 감소하다, 줄이다

□ expect = anticipate = project = forecast 예상하다, 예측하다

□ fill out = complete 작성하다

□ talk = discuss = speak = say 말하다

□ thank = appreciate = show gratitude 감사를 표하다

□ throw away = dispose = discard 버리다

□ tour = show/look around 보여주다

□ find = look for = search = seek = locate 찾다

□ finish = end = complete 끝내다, 완성하다

□ fix = repair 고치다

□ give a ride = give a lift = pick up 태워주다

□ install = set up = equip 설치하다

□ put = situate = locate = position 놓다, 두다

□ put together = assemble 조립하다

□ quit = retire = resign = step down = leave 사임하다, 그만두다

□ refund = give money back 환불해주다

□ reserve = book 예약하다

□ ship = deliver = send 배송하다

□ show = demonstrate 시연하다

□ sign up = join = register = enroll 등록하다

□ try = taste = sample 맛보다

□ turn in = hand in = give = submit 제출하다

□ be unable to make it = can't attend/participate 참여할 수 없다

□ visit = stop/come/drop/pass by 방문하다

형용사

□ broken = damaged = not working properly = out of order = malfunctioning 고장 난

□ (brand) new = newest = latest = updated = up-to-date = 최신의

□ cheap = low price = affordable = reasonable = inexpensive = competitive 값이 싼

□ close = right next to = near = adjacent to = within walking distance = conveniently located 가까운

□ free = complimentary = at no charge/cost 무료의

□ large = spacious = enough space = vast 큰 공간의

□ lost = missing = misplaced 잃어버린

□ similar = not different = alike 비슷한

□ strong = durable = long-lasting 내구성 있는

Part 5&6 최빈출 콜로케이션

명사 + 전치사

□ increase, rise in ~의 증가

□ expansion in ~로의 확장

□ decrease, decline, reduction, fall, drop in ~의 감소, 하락

□ change in ~에서의 변화

□ fluctuation in ~의 변동

□ experience in ~에서의 경험

동사 + 부사

□ increase dramatically 극적으로 증가하다

□ rise substantially 상당히 증가하다

□ expand significantly 상당히 확장되다

□ decrease markedly 눈에 띄게 감소하다

□ decline sharply 급격히 감소하다

□ reduce considerably 상당히 감소하다

□ highly recommend 매우 추천하다

동사 + 전치사

□ concentrate, focus on ~에 집중하다

□ depend, rely on ~에 의존하다

□ comply with ~을 준수하다, 따르다

□ deal with ~을 다루다, 처리하다

형용사 + 명사

□ challenging assignment 힘든 과제

□ closing ceremony 폐회식

□ demanding work 힘든 업무

□ emerging market 신흥 시장

□ existing facility 기존 시설

□ lasting impression 지속되는 인상

□ missing luggage 분실 수하물

□ opposing opinion 반대 의견

□ outstanding debts 미불 채무

□ overwhelming demand 압도적인 수요

□ preceding years 지난 몇 년

□ remaining work 남은 업무

□ rising cost 증가하는 비용

□ confirmed reservation 확인된 예약

□ dedicated staff 헌신적인 직원

□ designated area 지정된 장소

□ distinguished economist 뛰어난 경제학자

□ experienced employee 노련한 직원

□ sophisticated system 정교한 체계

□ written consent 서면 동의

□ innovative design 혁신적인 디자인

□ creative solution 창의적인 해결책

□ cheap price 저렴한 가격

□ competitive rate 경쟁력 있는 요금

□ reasonable fare 합리적인 요금

□ affordable cost 저렴한 비용

□ low fee 낮은 요금

□ potential customer 잠재적인 고객

□ prospective client 유망한 고객

□ probable investor 유망한 투자자

□ free meal 무료 식사

□ complimentary breakfast 무료 조식

□ considerable effort 상당한 노력

형용사 + 전치사

- ☐ (be) acquainted with ~을 알고 있다
- ☐ (be) associated with ~와 연관되어 있다
- ☐ (be) concerned with ~와 관련이 있다
- ☐ (be) disappointed with ~에 실망하다
- ☐ (be) equipped with ~을 갖추고 있다
- ☐ (be) faced with ~에 직면하다
- ☐ (be) provided with ~을 제공받다
- ☐ (be) satisfied with ~에 만족하다
- ☐ (be) accustomed/used to ~에 익숙하다
- ☐ (be) assigned to ~에 배정되다
- ☐ (be) attributed to ~ 때문이다
- ☐ (be) committed/dedicated/devoted to ~에 헌신하다
- ☐ (be) exposed to ~에 노출되다
- ☐ (be) concerned/worried/anxious about ~에 대해 걱정하다
- ☐ (be) limited to ~에게만 하도록 제한되다
- ☐ (be) related to ~와 관련이 있다
- ☐ (be) engaged in ~에 종사하다
- ☐ (be) interested in ~에 관심을 갖다
- ☐ (be) involved in ~에 연관되어 있다
- ☐ (be) blamed for ~로 비난받다
- ☐ (be) honored for ~로 표창을 받다
- ☐ (be) known for ~로 알려져 있다
- ☐ (be) accused of ~에 대해 비난받다
- ☐ (be) based on ~에 기초해 있다
- ☐ (be) divided into ~으로 나누어지다
- ☐ (be) eligible for ~에 적합하다
- ☐ (be) qualified for ~에 대한 자격을 갖추다
- ☐ (be) responsible for ~을 담당하다, 책임을 지다

Part 7 기출 패러프레이징

명사

- ☐ agenda = outline 안건
- ☐ fair = convention = expo 박람회
- ☐ board (of directors) = board member = executive 임원, 경영진
- ☐ contract = agreement 계약서, 합의서
- ☐ country(side) = rural = borderline = outskirt 시골, 외각
- ☐ feedback = opinion = comment = advice = suggestion = recommendation 추천, 조언, 의견
- ☐ figures = numbers = numerical data 수치
- ☐ error = mistake = trouble = setback 오류, 차질
- ☐ factory = (manufacturing) plant = production facility 공장, 제조 시설
- ☐ HR(Human Resources) = Personnel 인사
- ☐ income = earnings = proceeds = revenue 수익
- ☐ item = goods = merchandise = product 상품, 제품
- ☐ job applicant = candidate 지원자
- ☐ job opening = open position = vacancy 공석
- ☐ requirement = qualification = eligibility = requisite = entitlement 자격, 자질
- ☐ main/head office = headquarters 본사
- ☐ manager = supervisor = director = head 관리자
- ☐ outing = picnic = excursion = retreat 야유회
- ☐ pamphlet = brochure = information packet = flyer = leaflet 전단지
- ☐ party = celebration = function = banquet = gala 축하 파티, 연회
- ☐ publication = issue = magazine = journal 출판물, 잡지, 간행물
- ☐ reimbursement = compensation = coverage 보상, 상환
- ☐ replacement = substitute = alternative 대체품, 대체자
- ☐ review = evaluation = assessment 평가
- ☐ work = assignment = project = task 업무
- ☐ worker = staff = employee = representative = agent = personnel = official 직원

동사

- [ ] acquire = take over = purchase = change in ownership/management 인수하다
- [ ] take apart = disassemble = dismantle 분해하다
- [ ] take care of = handle = deal with = address 처리하다, 다루다
- [ ] approve = authorize 허가하다, 승인하다
- [ ] attend = participate = take part in = join = engage in 참여하다
- [ ] cancel = call off = withdraw = revoke = discontinue = halt 취소하다, 철회하다
- [ ] construct = build = design = erect 세우다, 건축하다
- [ ] customize = personalize = tailor = individualize 주문 제작하다
- [ ] discuss = suggest = think of = bring up = come up with = brainstorm 논의하다, 제안하다, 생각해내다
- [ ] e-mail = send = forward = transmit 보내다
- [ ] entitle = qualify 자격을 갖추다
- [ ] exempt = excuse = waive 면제하다
- [ ] expand = enlarge = double 확장하다
- [ ] follow = comply with = stick with 따르다, 지키다
- [ ] go over/through = review = check = look over 검토하다
- [ ] hire = recruit = employ 고용하다
- [ ] merge = join together = consolidate 합병하다
- [ ] notify = inform = announce = tell = let someone know 알리다, 말하다
- [ ] prepare = arrange = set up = organize 준비하다
- [ ] reject = refuse = turn down 거절하다
- [ ] release = launch = introduce = come out with = put on the market = unveil 출시하다
- [ ] remodel = renovate = improve = upgrade = reopen = restore = rebuild = reconstruct = refurbish 개선하다, 다시 건설하다
- [ ] revise = edit = change = update = amend 수정하다
- [ ] rise = increase = boost = surge 증가하다
- [ ] show(case) = display = exhibit 전시하다, 보여주다
- [ ] transfer = move = transit = relocate 이동하다
- [ ] travel = go on a vacation = take a journey/trip/holiday = take time off/day off 휴가 가다, 여행가다
- [ ] work together = collaborate = cooperate 함께 일하다, 협력하다
- [ ] reclaim = retrieve 되찾다

형용사

- [ ] additional = extra = more 추가의
- [ ] advanced = high-tech = state-of-the-art = cutting edge 최첨단의
- [ ] famous = well known = renowned = noted = distinguished 유명한, 저명한
- [ ] fast = rush = express = expedite = overnight 빠른, 익일의
- [ ] in charge of = responsible for 책임 있는, 담당하는
- [ ] deserving = eligible = suitable 자격이 있는
- [ ] easy-to-use = not hard/difficult = user-friendly 사용하기 쉬운
- [ ] limited = restricted = restrained 제한된
- [ ] sold out = out of stock = unavailable 품절된, 이용 불가능한
- [ ] understaffed = shorthanded = not enough staff 직원이 부족한

Part 5 어휘문제 250제

1. Dana Bennett was reassigned to our factory in Osaka last month, but she will be coming back next Wednesday to ------- her prior responsibilities here.
   (A) resume
   (B) function
   (C) withdraw
   (D) gather

2. Anyone expected to join the important client conference call should do so -------.
   (A) precisely
   (B) significantly
   (C) nearly
   (D) immediately

3. Indigo Blue Airlines has scheduled three interactive and engaging training ------- to cover various aspects of customer service.
   (A) materials
   (B) sessions
   (C) expressions
   (D) positions

4. The recent implementation of state-of-the-art technology allows us to manufacture our products as ------- as possible.
   (A) necessarily
   (B) predominantly
   (C) rapidly
   (D) definitely

5. The newly constructed corporate headquarters boasts a more ------- layout, providing ample room for future expansion and growth.
   (A) considerable
   (B) satisfied
   (C) capable
   (D) spacious

6. Kindly ------- me without delay upon receiving any updates regarding the project's status or significant developments.
   (A) accept
   (B) deliver
   (C) notify
   (D) present

7. During the meeting, the client openly ------- his dissatisfaction with the product's quality and performance.
   (A) proposed
   (B) commented
   (C) regarded
   (D) expressed

8. Our latest financial ------- indicate a positive outlook for the upcoming fiscal year.
   (A) estimates
   (B) sponsors
   (C) deliverance
   (D) recollections

9. Access to sensitive data and proprietary information is usually ------- to authorized personnel.
   (A) bound
   (B) restricted
   (C) sure
   (D) destined

10. We eagerly await your prompt response ------- you have reviewed the first draft of the blueprint.
    (A) often
    (B) soon
    (C) now
    (D) once

11. As a ------- measure, the company invests heavily in robust cybersecurity systems to safeguard valuable data assets.

(A) continuous
(B) protective
(C) settled
(D) rival

12. Jefferson Design prides itself on providing potential clients with an initial consultation that is both comprehensive and ------- free of charge.

(A) extremely
(B) efficiently
(C) continually
(D) completely

13. The designated ------- for the proposed shopping complex, situated at the bustling intersection, offers immense potential for commercial success.

(A) belief
(B) site
(C) advancement
(D) travel

14. The highly anticipated training seminar on product management is scheduled to commence ------- at 8:00 A.M.

(A) vocally
(B) openly
(C) promptly
(D) neutrally

15. Our expert team strongly ------- a balanced diet and regular exercise regimen for optimal health and well-being.

(A) depends
(B) adapts
(C) specializes
(D) recommends

16. The successful implementation of our strategic research initiatives is evidenced by the overwhelmingly positive ------- achieved.

(A) stages
(B) results
(C) deductions
(D) products

17. The cutting-edge software ------- innovative technology designed to streamline operations and enhance the user experience.

(A) observes
(B) features
(C) engages
(D) challenges

18. Cantella Dishware's recent marketing campaign has led to a remarkable ------- in brand recognition and market share.

(A) impression
(B) access
(C) increase
(D) accent

19. Pureun Global Group is a retail company that places great emphasis on fostering the ------- and professional development of each employee.

(A) personal
(B) inherent
(C) subjective
(D) factual

20. The upcoming seminar will address topics closely ------- to current bioengineering industry trends and emerging technologies.

(A) achievable
(B) alike
(C) related
(D) interested

21. Kindly specify your accommodation ------- for the upcoming business trip to facilitate the booking process.

(A) balance
(B) placement
(C) position
(D) preference

22. It is critical that we carefully review and assess all departments' marketing ------- prior to allocating extra funds.

(A) viewers
(B) budgets
(C) fees
(D) scenes

23. Our team includes highly ------- professionals with extensive experience in their respective fields.
(A) major
(B) comfortable
(C) willing
(D) skilled

24. The prolonged dispute between the two parties has finally been amicably ------- through mediation and negotiation.
(A) defeated
(B) settled
(C) arrived
(D) suggested

25. We proudly ------- the quality and reliability of our products and will offer a refund if you are not satisfied.
(A) expand
(B) notice
(C) afford
(D) guarantee

26. The issue with the printer is only ------- and can be swiftly resolved with minimal disruption.
(A) overdue
(B) minor
(C) reliable
(D) rapid

27. Lipman Corporation recently ------- its latest financial report to all shareholders.
(A) controlled
(B) released
(C) managed
(D) achieved

28. Our online reservation platform is intuitively designed and ------- accessible from any device with an Internet connection.
(A) sympathetically
(B) easily
(C) sensitively
(D) rarely

29. As stated on our Web site, there are no hidden ------- associated with our premium services and subscriptions.
(A) guidelines
(B) rights
(C) concerns
(D) charges

30. Our thorough data encryption methods ensure the ------- transmission of sensitive information across networks.
(A) secure
(B) cautious
(C) distinguished
(D) strict

31. The CEO ------- addressed the concerns raised by stakeholders during the shareholders' meeting.
(A) relevantly
(B) prosperously
(C) formerly
(D) personally

32. Both parties involved have acknowledged the terms outlined in the legally binding ------- we prepared.
(A) journeys
(B) outcomes
(C) agreements
(D) effects

33. Despite facing numerous staffing challenges early on, Ms. Keller remains ------- about her new bakery's future growth and prospects.
(A) willing
(B) optimistic
(C) visionary
(D) cooperative

34. According to Ms. Arnott, we must ------- our redesigned waterproof jacket at the global trade show in Toronto next week.
(A) print
(B) display
(C) state
(D) commit

35. The company maintains substantial financial ------- to reduce risks and ensure long-term sustainability.

(A) inclines
(B) acquisitions
(C) reserves
(D) qualifications

36. When attending a meeting with Mr. Forbes, pay close attention as he has a tendency to speak rather -------.

(A) mutually
(B) indirectly
(C) nearly
(D) centrally

37. The CEO of the soap and shampoo company confirmed its ------- into the cosmetics industry by the end of next year.

(A) expansion
(B) process
(C) creation
(D) action

38. Our marketing strategy focuses ------- on TV commercials and social media platforms to reach our target consumers effectively.

(A) initially
(B) originally
(C) primarily
(D) numerically

39. Discovering a balanced diet and active lifestyle that works for you is crucial for achieving and sustaining ------- well-being.

(A) presented
(B) healthy
(C) practical
(D) immediate

40. Winger Sports running shoes are ------- priced compared to other offerings in the market.

(A) virtually
(B) gratefully
(C) thoroughly
(D) reasonably

41. Recent market studies strongly ------- a gradual decrease in consumer spending patterns in the arts and entertainment sector.

(A) indicate
(B) designate
(C) transfer
(D) advise

42. Ms. Kirkland's comprehensive ------- captured the audience's attention and received positive feedback.

(A) increase
(B) referral
(C) development
(D) presentation

43. Sales for the current quarter have significantly ------- our initial projections and forecasts, suggesting strong market demand.

(A) conducted
(B) exceeded
(C) indicated
(D) founded

44. The IT team needs to ascertain the precise ------- of the leaked information before addressing the issue further.

(A) group
(B) ability
(C) practice
(D) source

45. In the absence of a primary ingredient, we must find a suitable ------- to ensure the recipe's success.

(A) substitute
(B) classification
(C) modification
(D) support

46. Despite facing setbacks, we ------- aim to complete the construction of the library ahead of schedule.

(A) later
(B) soon
(C) once
(D) still

47. Our user-friendly fitness application is easily ------- from a wide range of devices, ensuring convenience and flexibility.

(A) accessible
(B) retainable
(C) presentable
(D) capable

48. It is imperative to find a ------- beneficial solution that meets the needs and interests of both parties involved.

(A) punctually
(B) mutually
(C) respectively
(D) precisely

49. Summerland, one of the Oregon's most popular theme parks, recently announced its first ------- in ticket sales in fifteen years.

(A) decline
(B) negation
(C) rejection
(D) denial

50. Mihao Corporation's water purifiers undergo rigorous testing and evaluation to ensure ------- performance.

(A) skilled
(B) earnest
(C) reliable
(D) factual

51. At Regal Menswear, our experienced tailors will make certain that your preferred suit fits you -------.

(A) perfectly
(B) gradually
(C) heavily
(D) slowly

52. The fashion magazine company is actively seeking candidates to fill the ------- of Chief Financial Officer.

(A) record
(B) order
(C) schedule
(D) position

53. In recent years, groundbreaking technologies have continuously ------- in various areas of the pharmaceutical industry.

(A) emerged
(B) engaged
(C) revealed
(D) reacted

54. Despite having ten annual leave days remaining for the year, Mr. Holmes will not ------- use them.

(A) importantly
(B) necessarily
(C) decidedly
(D) vitally

55. Please note that the item you inquired about is currently not ------- for purchase due to high demand.

(A) probable
(B) eligible
(C) considerable
(D) available

56. In accordance with Melvin's Auto Mechanics company policy, staff members must ------- prioritize customer satisfaction.

(A) always
(B) commonly
(C) perfectly
(D) almost

57. Patrons receive full ------- if they are dissatisfied with our beauty products or makeup services.

(A) profits
(B) savings
(C) refunds
(D) registers

58. The restoration project demands a ------- investment of both time and resources to achieve a successful outcome.

(A) proficient
(B) secondary
(C) present
(D) considerable

59. Over the past two decades, our product design team has often ------- with industry peers to drive innovation.
(A) recalled
(B) collaborated
(C) provided
(D) employed

60. The CEO intends to open several more branches of the organic food restaurant in ------- wealthy neighborhoods.
(A) readily
(B) accurately
(C) eagerly
(D) particularly

61. The brand-new software allows the personnel department to ------- staff absences and holidays more easily.
(A) record
(B) practice
(C) rewind
(D) attend

62. Please take ------- of the change in our café's operating hours during the upcoming holiday season.
(A) notice
(B) track
(C) knowledge
(D) reference

63. Ensuring customer satisfaction is Zoha Corporation's utmost -------, and this guides all our business decisions and operations.
(A) adjustment
(B) provision
(C) change
(D) priority

64. With the deadline -------, we must expedite the project's completion to meet client expectations.
(A) assigning
(B) setting
(C) approaching
(D) declaring

65. Mandarin Spa is ------- in its ability to deliver high-quality services that not only meet but also exceed industry standards.
(A) confident
(B) obvious
(C) noticeable
(D) intelligent

66. Membership programs are designed to reward customer ------- and encourage repeat purchases.
(A) brands
(B) honesty
(C) loyalty
(D) locations

67. The ------- between our factory and suppliers were successful, resulting in favorable terms for both businesses.
(A) specialties
(B) compositions
(C) priorities
(D) negotiations

68. Participation in the training program is ------- for all employees to ensure compliance with safety regulations.
(A) prompted
(B) required
(C) insisted
(D) appealed

69. The Brennen Department Store offers a wide selection of -------, ranging from electronics to home goods and clothing.
(A) merchandise
(B) advertising
(C) regulations
(D) decisions

70. As a token of appreciation, we offer ------- gifts to our valued customers with every purchase of at least one hand cream.
(A) definite
(B) traveling
(C) spacious
(D) complimentary

71. The Sky Bay Resort is ------- located near most of Miami's major attractions, offering excitement and accessibility to guests.

(A) conveniently
(B) correctly
(C) greatly
(D) widely

72. The conference center includes state-of-the-art ------- for the use of all event attendees.

(A) facilities
(B) guidelines
(C) limits
(D) management

73. Our aim is to increase ------- while maintaining product quality and customer satisfaction.

(A) output
(B) instruction
(C) suggestion
(D) access

74. The sudden departure of the project manager was an ------- situation, leading to delays in project delivery.

(A) outdated
(B) urgent
(C) unexpected
(D) apprehensive

75. Safety protocols are ------- crucial, specifically when dealing with hazardous materials in the lab.

(A) greatly
(B) unusually
(C) especially
(D) previously

76. It is imperative to keep ------- information secure to maintain trust and integrity within the organization.

(A) surrounding
(B) confidential
(C) limiting
(D) proportionate

77. All guests staying at the Parc Hotel receive free ------- to the Canadian Museum of History.

(A) exhibition
(B) admission
(C) lesson
(D) speech

78. The annual award ------- will be held in the grand ballroom, with guests expected to arrive by 6 P.M.

(A) ceremony
(B) advice
(C) product
(D) invention

79. To ensure accessibility to all, our meal plans are designed to be ------- for customers, regardless of income level.

(A) affordable
(B) potential
(C) directed
(D) approximate

80. Due to overwhelming demand, the compact home solar panel is currently ------- for purchase, but we expect to have it back in stock soon.

(A) related
(B) stylish
(C) disinterested
(D) unavailable

81. Participants are requested to ------- online for the workshop to secure their spot in advance.

(A) approve
(B) express
(C) register
(D) record

82. The CFO has asked Ms. Prentiss to organize a ------- of the company's monthly expenses and ways to reduce them.

(A) discussion
(B) goal
(C) group
(D) happening

83. Professor Boyle's latest research was inspired by ------- studies conducted by renowned scholars in the field of physics.

(A) previous
(B) immediate
(C) responsible
(D) considerable

84. Mr. Barker's goal is to ------- productivity by implementing a more efficient manufacturing system and an employee incentive program.

(A) consent
(B) increase
(C) participate
(D) persuade

85. Each employee's annual performance is evaluated ------- based on their contributions to the team.

(A) individually
(B) reservedly
(C) positively
(D) approximately

86. June and Tan Biotech prides itself on its ------- approach to product development, which involves unconventional market research strategies.

(A) innovative
(B) undivided
(C) possible
(D) convenient

87. Ms. Carnegie resigned from her role as our CFO last month, but we have ------- to find a suitable replacement.

(A) even
(B) never
(C) like
(D) yet

88. Centrifuge Footwear's latest marketing initiative aims to boost brand awareness and drive sales through online ------- efforts.

(A) division
(B) intention
(C) permission
(D) promotion

89. Once the frozen food products have been packaged, they need to be quickly ------- into the delivery truck.

(A) invited
(B) prepared
(C) loaded
(D) commended

90. The Brentwood area boasts the largest ------- of public parks in the entire state of Ohio.

(A) relation
(B) preparation
(C) transformation
(D) concentration

91. Please find ------- detailed instructions for the proper assembly and use of the Enduro Track treadmill.

(A) enclosed
(B) shaped
(C) trained
(D) engaged

92. The scope of the urban development project was ------- much broader and would have required additional resources and planning.

(A) fluently
(B) currently
(C) considerably
(D) originally

93. Our car valet company offers ------- services tailored to meet the diverse needs and preferences of all clients.

(A) various
(B) insistent
(C) prevailed
(D) approving

94. For any comments or -------, please don't hesitate to contact our customer service team for assistance.

(A) points
(B) concepts
(C) inquiries
(D) positions

95. Due to Roy Asheville's immense popularity, there are ------- tickets left for his concert, so be sure to book yours soon.

(A) quite
(B) often
(C) any
(D) few

96. The grand opening event for the Eastside Train Terminal has been ------- until further notice due to a problem with the renovation work.

(A) abbreviated
(B) terminated
(C) postponed
(D) scheduled

97. After a lengthy delay in obtaining the appropriate documentation, the clothing distribution firm has ------- relocated to Texas.

(A) shortly
(B) annually
(C) finally
(D) closely

98. Please carefully read the ------- provided before proceeding with the ceiling fan installation to ensure proper setup.

(A) circumstances
(B) instructions
(C) evidence
(D) confirmation

99. Gustavo's Grocery Store will be ------- closed for remodeling over the next three weeks, with plans to reopen in August.

(A) temporarily
(B) rapidly
(C) extremely
(D) promptly

100. Our company sets an ------- standard for customer service by mandating all staff to attend monthly training programs.

(A) exemplary
(B) ornate
(C) influential
(D) appreciative

101. Proper ------- is essential whenever you need to give a presentation to potential investors.

(A) interpretation
(B) determination
(C) preparation
(D) administration

102. The events coordination team will ------- the exhibition booth according to the provided layout and instructions.

(A) set up
(B) take to
(C) give out
(D) put down

103. An increasing number of employers are reminding their workers about the importance of exercising ------- to maintain good health.

(A) almost
(B) every
(C) regularly
(D) recently

104. To stay competitive, companies must ------- practical business strategies and opportunities for growth.

(A) proceed
(B) remark
(C) develop
(D) persuade

105. Sapphire Enterprises' brand-new office building is conveniently located ------- the city center, making it easily accessible for its workforce of over 250 employees.

(A) next
(B) closest
(C) nearby
(D) brief

106. ------- Ms. Ramirez did not receive the message about the rescheduling of her interview because she is currently waiting in the reception area.

(A) Roughly
(B) Practically
(C) Apparently
(D) Eventually

107. Please use our online Web form to submit your
------- for additional information or assistance
regarding your savings account.

(A) request
(B) question
(C) knowledge
(D) curiosity

108. Meeting the ------- for the job position is
essential in order to advance to the interview
stage.

(A) prospects
(B) role
(C) announcement
(D) requirements

109. Axle Technologies ------- announced that its
product development team are completing the
final testing phase of its latest home appliance.

(A) recently
(B) financially
(C) permanently
(D) hardly

110. The outdoor apparel company recently
launched an affordable product line that
------- a wide range of customer needs.

(A) wraps
(B) covers
(C) guards
(D) spreads

111. The journey to St. Paul's Cathedral will take
------- three hours, depending on traffic
conditions.

(A) immediately
(B) approximately
(C) quickly
(D) carefully

112. Unexpected business challenges can
sometimes result in ------- outcomes, so it is
recommended to be prepared for any potential
problems.

(A) functional
(B) unfavorable
(C) promoted
(D) incomplete

113. Changes in property prices occur -------
over time, and our experienced realtors can
anticipate these trends.

(A) gradually
(B) relatively
(C) perfectly
(D) extremely

114. The Mark Mills Foundation ------- scholarships
to deserving students based on academic
achievement.

(A) retrieves
(B) grants
(C) donates
(D) requires

115. The locally based engineering company
------- supports various charitable causes and
community initiatives.

(A) enormously
(B) accurately
(C) expectantly
(D) generously

116. The HR team ensures that all Atlas Logistics
workers are ------- trained to perform their
duties effectively.

(A) finely
(B) loyally
(C) intently
(D) fully

117. The project management software allows users
to perform multiple tasks -------, enhancing
productivity.

(A) concisely
(B) extraneously
(C) simultaneously
(D) stringently

118. The ------- success of the renovation project
is attributed to the collaborative efforts of the
entire team.

(A) overdue
(B) overall
(C) overhead
(D) overlap

119. The removal of the two pillars from the theater's main hall ensures that nothing ------- anyone's view of performances.

(A) concedes
(B) obstructs
(C) notices
(D) intensifies

120. The meeting room has been ------- for the executive board's quarterly review.

(A) designated
(B) received
(C) replaced
(D) assured

121. If you have any questions or concerns regarding the modified overtime policy, please ------- contact the HR department.

(A) directly
(B) exactly
(C) easily
(D) uniquely

122. All store associates are expected to ------- the mandatory training sessions scheduled for next week.

(A) attend
(B) enroll
(C) go
(D) participate

123. Online surveys are an effective ------- of gathering feedback about products and services from consumers.

(A) procedure
(B) manner
(C) instrument
(D) means

124. The IT team acted ------- to address the Internet network issue before it escalated further.

(A) exactly
(B) directly
(C) fairly
(D) quickly

125. The Canon Stadium reconstruction project will be completed in multiple -------, each with its own set of tasks and milestones.

(A) paths
(B) drafts
(C) stages
(D) scenes

126. The publishing company offers ------- for travel expenses incurred during business trips.

(A) standards
(B) investment
(C) reimbursement
(D) foundation

127. Progress reports will be submitted ------- to track of project development and monthly expenses.

(A) periodically
(B) incidentally
(C) indefinitely
(D) precisely

128. Sadako Corporation values employees who demonstrate ------- specialized skills and expertise in advertising.

(A) acutely
(B) severely
(C) highly
(D) blandly

129. Please provide a list of ------- for the vendors or suppliers who may wish to participate in the city's annual festivities.

(A) indications
(B) contacts
(C) tactics
(D) combinations

130. When traveling abroad on business, it is important to remember that cultural norms and customs may ------- from one country to another.

(A) alter
(B) adjust
(C) swap
(D) differ

131. Customers can ------- additional information about all Miramira Travel Agency tours by contacting our customer service department.

(A) obtain
(B) restrict
(C) succeed
(D) enhance

132. The premium Zonex 500 mobile phone has been ------- received by consumers, leading to increased sales.

(A) well
(B) quite
(C) many
(D) fine

133. Our tool rental company is not ------- for any damages caused by negligence or misuse of equipment.

(A) capable
(B) proper
(C) owing
(D) liable

134. As part of the revised staff incentive scheme, the company offers outstanding ------- to employees who consistently meet sales targets.

(A) advice
(B) exercise
(C) revisions
(D) rewards

135. A balanced diet enhanced with vitamins and minerals can help ------- overall health.

(A) supplement
(B) impose
(C) pursue
(D) add

136. Customers who purchase our Premium TV & Internet package are ------- to exclusive benefits and privileges.

(A) encountered
(B) entrusted
(C) entitled
(D) entered

137. We request that diners who have reserved a table notify us in advance if they are ------- about their exact arrival time.

(A) unstable
(B) unknown
(C) uncertain
(D) unsafe

138. Salisbury City Council encourages local residents and visitors to ------- local businesses to support the community.

(A) objectify
(B) simplify
(C) verbalize
(D) patronize

139. ------- plays a crucial role in maintaining workplace satisfaction and productivity among all staff members.

(A) Duty
(B) Morale
(C) Behavior
(D) Skills

140. Despite ------- opinions, Mr. Rodriguez and Ms. Phelps must find common ground to move forward as a team.

(A) differing
(B) struggling
(C) broken
(D) mingled

141. According to the financial report, promotion and advertising spending ------- for almost two-thirds of our monthly expenditure.

(A) features
(B) takes
(C) accounts
(D) calculates

142. Nutrofix cereal bars and milkshake powders are ------- available at retail stores nationwide and online.

(A) accurately
(B) precisely
(C) readily
(D) softly

143. Online shopping offers ------- and flexibility, allowing customers to shop whenever they like from almost any kind of electronic device.

(A) likelihood
(B) probability
(C) requirement
(D) convenience

144. The catering firm's failure to implement personalized communication strategies with its clients is ------- to blame for the decline in profit.

(A) hugely
(B) largely
(C) extremely
(D) immensely

145. Mr. Shaft believes that weekly companywide meetings can ------- misunderstandings and promote collaboration.

(A) deteriorate
(B) raise
(C) alleviate
(D) assist

146. Westfront Telecom Inc. recently ------- a new policy aimed at improving employee retention.

(A) introduced
(B) practiced
(C) played
(D) instructed

147. The commercial district of the city has rapidly grown over the past decade, with numerous buildings and structures ------- packed together.

(A) densely
(B) serenely
(C) securely
(D) shapely

148. Investing in the stock market can often lead to financial losses, but the potential rewards outweigh the ------- for many people.

(A) failure
(B) ruin
(C) fault
(D) risk

149. The training session will be ------- offered to ensure all representatives receive proper instruction.

(A) repeatedly
(B) incredibly
(C) suddenly
(D) exactly

150. Any proposals to collaborate with other companies are carefully ------- by the board before any decisions are made.

(A) stated
(B) considered
(C) notified
(D) adjusted

151. The latest research findings can be ------- to improve the vehicle's fuel efficiency and safety features.

(A) assembled
(B) determined
(C) motivated
(D) utilized

152. Ms. Handel announced that she will be unable to attend the company's monthly excursions for the ------- future.

(A) foreseeable
(B) prevalent
(C) ongoing
(D) surfacing

153. The sportswear company is confident about the ------- candidates for the international sales specialist position.

(A) deliberate
(B) evident
(C) intermittent
(D) prospective

154. In an effort to retain customers and boost sales, we offer ------- discounts on bulk purchases for corporate clients.

(A) substantial
(B) wealthy
(C) consequential
(D) spacious

155. Our energy-efficient lamps come with a one-year ------- against defects in materials and workmanship.

(A) cover
(B) assistance
(C) certificate
(D) warranty

156. It is crucial to ------- measure the appropriate amount of each ingredient when following any of our meal recipes.

(A) essentially
(B) suddenly
(C) rightly
(D) accurately

157. Regular exercise has numerous health -------, including weight management and improved mood.

(A) costs
(B) benefits
(C) options
(D) categories

158. Only ------- personnel are granted access to the secure records room.

(A) limited
(B) sufficient
(C) authorized
(D) permissive

159. Mr. Diaz demands that all branch managers be fully aware of the new promotional materials before the ------- launch of the limited-edition briefcases.

(A) timely
(B) previous
(C) coming
(D) sequential

160. Customer inquiries and complaints are ------- promptly by our dedicated support team.

(A) traveled
(B) handled
(C) practiced
(D) dislocated

161. We should inform our clients that unexpected production ------- may result in some orders shipping out behind schedule.

(A) places
(B) inclusions
(C) oppositions
(D) delays

162. Our team has extensive ------- in security system development and programming.

(A) inquiry
(B) conversion
(C) expertise
(D) jurisdiction

163. According to the report, the government will enforce new measures to ------- inflation.

(A) refer
(B) curb
(C) agree
(D) dismiss

164. Dream House Furnishing Company ------- an increase in revenue following the launch of its latest advertising campaign.

(A) deems
(B) believes
(C) hopes
(D) anticipates

165. Zen Home Heating provides ------- support 24 hours a day through its mobile application and Web chat.

(A) confident
(B) accustomed
(C) technical
(D) featured

166. Using the Sportspro Mini Camera underwater will only ------- affect its performance.

(A) busily
(B) firmly
(C) nervously
(D) minimally

167. As outlined in our terms and conditions, patrons who meet the specified criteria are ------- for exclusive discounts.

(A) eligible
(B) valuable
(C) advisable
(D) compatible

168. The social media company aims to ------- top talent with competitive salaries and benefits.

(A) compel
(B) appeal
(C) detect
(D) attract

169. The leadership development initiative was a success due to a ------- of factors, including teamwork and innovation.

(A) combination
(B) condition
(C) coordination
(D) contribution

170. The travel guide provides ------- information about accommodation and transportation options throughout India.

(A) accurate
(B) earnest
(C) dignified
(D) outspoken

171. While the seafood restaurant has ------- several financial issues, the quality of its dishes has never declined.

(A) lasted
(B) endured
(C) outpaced
(D) recovered

172. The latest update to the anti-virus software package is ------- with all major operating systems.

(A) compatible
(B) undeniable
(C) favorable
(D) amenable

173. A comprehensive ------- of market trends is essential for making business decisions.

(A) analysis
(B) development
(C) logic
(D) conversion

174. It is important to handle sensitive information ------- to maintain the confidentiality of all patients at our dental clinic.

(A) urgently
(B) properly
(C) exclusively
(D) valuably

175. Orientation attendees should note that they have ------- to company resources through the intranet.

(A) entrance
(B) pass
(C) approach
(D) access

176. The policy change was ------- announced by the transportation company's CEO during the monthly board meeting.

(A) comparably
(B) officially
(C) normally
(D) strictly

177. Even though Bali Bistro is located on the outskirts of the city, the restaurant is always ------- with diners during lunch hours.

(A) busy
(B) hurried
(C) rapid
(D) quick

178. The florist has reminded the delivery firm that its flowers are ------- and require gentle handling to prevent damage.

(A) unintentional
(B) vacant
(C) delicate
(D) adequate

179. Please ensure timely ------- of your subscription to avoid any service interruptions.

(A) refreshment
(B) prospect
(C) renewal
(D) structure

180. Ms. Garland was forced to ------- the invitation to speak at the technology convention due to a conflict in her schedule.

(A) deteriorate
(B) faint
(C) weaken
(D) decline

181. Investors in Zeniphone Technologies are ------- patiently for the release of the start-up company's first financial report.

(A) thinking
(B) attempting
(C) supporting
(D) waiting

182. The committee in charge of making financial decisions for the city operates ------- of external influence or bias.

(A) available
(B) increased
(C) independent
(D) composed

183. Customers ------- inquire about our products before making a purchase decision.

(A) almost
(B) often
(C) well
(D) once

184. The graph contained in Ms. Kendrick's report ------- the correlation between marketing expenditure and sales revenue.

(A) determines
(B) illustrates
(C) considers
(D) accounts

185. The warranty on the refrigerator has ------- expired, so any repairs carried out will be at the customer's own expense.

(A) already
(B) shortly
(C) ever
(D) once

186. ------- any necessary related documents to your online application form before submitting it.

(A) Allow
(B) Adapt
(C) Attach
(D) Align

187. The most common ------- hotel guests make is that our housekeeping staff make too much noise when cleaning rooms.

(A) thought
(B) opinion
(C) complaint
(D) trouble

188. The office manager has reminded all staff that ------- items should be stored in the break room refrigerator.

(A) durable
(B) spoiled
(C) fragile
(D) perishable

189. Social media platforms are ------- used for marketing and advertising purposes.

(A) widely
(B) severely
(C) initially
(D) roughly

190. Mr. Reynolds informed the graphic design team that they need to ------- the problem with the client's logo from a different angle.

(A) pass
(B) access
(C) approach
(D) line

191. The sales executive used various ------- aids, such as graphs and animations, during his presentation to potential investors.

(A) visual
(B) legal
(C) financial
(D) substantial

192. At Indigo Fitness Club, we take member feedback ------- and use it to improve our services.

(A) soundly
(B) totally
(C) seriously
(D) completely

193. The success of the event planning project relies on ------- between all team members.

(A) contention
(B) cooperation
(C) complicity
(D) convergence

194. The most promising job candidate's qualifications closely ------- those outlined in the job description.

(A) complete
(B) compare
(C) match
(D) master

195. Pre-order sales ------- increased immediately after we started our extensive newspaper advertising campaign.

(A) markedly
(B) fashionably
(C) very
(D) loudly

196. Mr. Vernon's employment contract was ------- due to repeated violations of several company policies.

(A) offended
(B) practiced
(C) attended
(D) terminated

197. In-store customers have been invited to ------- with the health food brand through social media channels.

(A) engage
(B) encompass
(C) endanger
(D) enforce

198. The events which contributed to the movie theater eventually going out of business were listed in ------- order in the report.

(A) chronological
(B) periodical
(C) rhetorical
(D) consequential

199. Many of our interns have complained that they find the workload to be too -------.

(A) stubborn
(B) demanding
(C) tangled
(D) uneasy

200. At the press conference, the comments made by the CEO ------- what was previously announced on the company's Web site.

(A) awarded
(B) inferred
(C) attempted
(D) contradicted

201. When cycling along the Alviso Bay scenic park trails, make sure you take sharp corners ------- to avoid any accidents.

(A) definitely
(B) usually
(C) slowly
(D) thoroughly

202. Mr. Borland's financial report effectively ------- Appleford Inc.'s total earnings and expenditure for the past year.

(A) detects
(B) signifies
(C) checks
(D) summarizes

203. In the event that you ------- delete an important file from your computer, contact the IT manager for assistance.

(A) urgently
(B) deeply
(C) accidentally
(D) densely

204. During next Monday's department meeting, Ms. Vonn will provide ------- on the updated company policy regarding employee benefits.

(A) assimilation
(B) clarification
(C) manipulation
(D) description

205. Visitors to the computer microchip manufacturing plant are expected to ------- with strict safety policies and procedures.

(A) adhere
(B) comply
(C) belong
(D) approach

206. The Meadow Street branch is the only post office in the ------- that handles international delivery of large parcels.

(A) site
(B) boundary
(C) area
(D) border

207. All wait staff members are required to attend the training workshop this Saturday, with no -------.

(A) permissions
(B) ejections
(C) prohibitions
(D) exceptions

208. Many of our shareholders ------- doubted the demand for our new parking mobile application, but they have now acknowledged its impressive practicality.

(A) initially
(B) frankly
(C) diversely
(D) nearly

209. The job ------- clearly outlines the responsibilities and qualifications required to be a loan officer at Federal Bank.

(A) topic
(B) comment
(C) description
(D) interpretation

210. It is necessary for telephone operators to ------- complicated technical terms when handling customer queries.

(A) destroy
(B) avoid
(C) credit
(D) review

211. Regis Toy Company aims to increase ------- efficiency through automation, which will unfortunately necessitate job cuts.

(A) opposition
(B) expectation
(C) production
(D) contribution

212. Employees are directed to ------- with the HR department if they have any questions about their benefits package.

(A) call
(B) contract
(C) speak
(D) touch

213. Over the past seven years, King Gourmet Co. has ------- itself as a leader in the catering industry.

(A) established
(B) borrowed
(C) predetermined
(D) revised

214. Several recent developments in the field of artificial intelligence will be discussed at the ------- conference in Melbourne.

(A) arising
(B) upcoming
(C) resulting
(D) forwarding

215. Our German client, Hans Hessler, has ------- his arrival time, and we have arranged for a company representative to meet him at the airport.

(A) confirmed
(B) believed
(C) detected
(D) dedicated

216. The guest speaker at the conference outlined several potential risks ------- with investing in cryptocurrency.

(A) united
(B) embarrassed
(C) blended
(D) associated

217. Workers at Montmarte Energy are offered -------, such as extra holidays and bonuses, for meeting sales targets.

(A) incentives
(B) money
(C) growth
(D) patterns

218. Staff are reminded that they should never ------- feedback from former clients without their prior permission.

(A) resonate
(B) endorse
(C) solicit
(D) detract

219. Ms. Harkness is exceptionally skilled at ------- with difficult customers with patience and empathy.

(A) dealing
(B) bearing
(C) enacting
(D) separating

220. The tour brochure produced by Chester City Council contains ------- information about local services and sightseeing spots.

(A) approached
(B) detailed
(C) probable
(D) loyal

221. Please remember to check your e-mail for ------- about the upcoming summer luncheon.

(A) introduction
(B) omission
(C) distinction
(D) notification

222. Asteka Audio, the leading manufacturer of portable speakers in North America, plans to ------- its operations into the European market next year.

(A) expand
(B) exhibit
(C) include
(D) incline

223. Although the company is ------- a difficult financial period, the morale and productivity of its workforce has never been better.

(A) looking over
(B) going through
(C) laying off
(D) pulling in

224. The computer application launched by Biostatistics UK Inc. ------- a comprehensive set of tools for data analysis.

(A) derives
(B) surrounds
(C) includes
(D) enrolls

225. During her annual review, Ms. Daniels was told that her ------- dedication to her work is evident in her consistent performance.

(A) ineligible
(B) disinclined
(C) unwavering
(D) immune

226. The human resources manager of Watts
Department Store ------- the new dress code
policy to the staff in detail.
(A) depicted
(B) explained
(C) informed
(D) expressed

227. When collecting your rental car from our lot,
please provide a ------- ID for verification
purposes.
(A) costly
(B) valid
(C) sincere
(D) lasting

228. Based on the feedback obtained from test
audiences, the comedy television show will
------- be a huge success.
(A) greatly
(B) undoubtedly
(C) normally
(D) irregularly

229. The instructions in the manual are highly
------- to ensure no errors are made during
product assembly.
(A) full
(B) distinctive
(C) fixed
(D) specific

230. Two hundred thousand dollars' ------- of cargo
was destroyed due to a breakdown of the
ship's main refrigeration unit.
(A) cost
(B) price
(C) value
(D) charge

231. Ms. Gibbs has set a new record by achieving
thirty sales of washer-and-dryer units for
seven ------- days.
(A) next
(B) consecutive
(C) following
(D) constant

232. Please make a ------- of this reimbursement
document and send it to the accounts manager
at your earliest convenience.
(A) mark
(B) shape
(C) count
(D) copy

233. Our event planning team is working ------- with
the client to ensure that the grand opening of
the supermarket goes smoothly.
(A) tightly
(B) narrowly
(C) strictly
(D) closely

234. In an attempt to attract a wider range of
customers, Galbraith Foods ------- to expand
its product line in the coming year.
(A) expresses
(B) depends
(C) supports
(D) intends

235. The vendor must apply for a new permit to sell
ice cream in Fairfax Park because the original
one ------- five days ago.
(A) submitted
(B) violated
(C) expired
(D) invalidated

236. We ------- our suppliers to deliver materials on
time to meet production deadlines.
(A) get in
(B) let down
(C) find out
(D) rely on

237. The business collaboration contract is -------
upon the approval of the board of directors as
well as company shareholders.
(A) contingent
(B) eventual
(C) hopeful
(D) speculative

238. The operations management team will prepare the ------- to relocate Carlisle Clothing's headquarters to San Diego during the next meeting.

(A) proposal
(B) intention
(C) direction
(D) advice

239. The demonstration of Wizzo Electronics' newly redesigned laptop computer will be ------- due to time constraints.

(A) deep
(B) long
(C) short
(D) fast

240. In order to attract the most skilled and experienced employees, we ------- highly competitive pay and sign-on bonuses.

(A) make
(B) control
(C) offer
(D) restore

241. Mr. Pierce's plan to move his law firm from Main Street has been postponed because the lease on the property has been ------- for another year.

(A) reminded
(B) renewed
(C) resurfaced
(D) reacted

242. Anella's Art Supply Company has adopted a ------- approach to environmental sustainability, setting an example for other businesses.

(A) promised
(B) deluxe
(C) progressive
(D) near

243. Work on the construction project has come to a ------- due to the withdrawal of several investors.

(A) block
(B) quit
(C) stay
(D) halt

244. Job candidates for the accountant position will have interviews scheduled with Mr. Garcia, who arranges these ------- by telephone.

(A) techniques
(B) developments
(C) consequences
(D) appointments

245. If you experience any side ------- while taking the medication, please inform a medical professional as soon as possible.

(A) operations
(B) effects
(C) reminds
(D) proposals

246. The health and safety inspector reported that the Almond Hotel maintains an ------- standard of cleanliness.

(A) exceeded
(B) inspired
(C) impeccable
(D) agile

247. ------- pressure from competitors has led to increased advancements in the office furniture industry.

(A) Lengthening
(B) Mounting
(C) Leaning
(D) Heating

248. We are ------- finished with the Web site design project, so we need to set an official launch date for the site.

(A) nearly
(B) daily
(C) busily
(D) early

249. Jazz saxophonist Alan Pearcy received widespread critical acclaim for his ------- of John Coltrane's *Giant Steps*.

(A) act
(B) performance
(C) show
(D) exhibit

250. With demand for digital novels reaching an all-time low, Booktek Inc. recently decided to ------- its range of e-reader devices.

(A) disengage
(B) disappoint
(C) discontinue
(D) disallow

최신 기출 변형 실전모의고사

▲ 음원 듣기

LISTENING TEST

In the Listening test, you will be asked to demonstrate how well you understand spoken English. The entire Listening test will last approximately 45 minutes. There are four parts, and directions are given for each part. You must mark your answers on the separate answer sheet. Do not write your answers in your test book.

PART 1

Directions: For each question in this part, you will hear four statements about a picture in your test book. When you hear the statements, you must select the one statement that best describes what you see in the picture. Then find the number of the question on your answer sheet and mark your answer. The statements will not be printed in your test book and will be spoken only one time.

Statement (D), "They are taking photographs," is the best description of the picture, so you should select answer (D) and mark it on your answer sheet.

1.

2.

GO ON TO THE NEXT PAGE

3.

4.

5.

6.

PART 2

Directions: You will hear a question or statement and three responses spoken in English. They will not be printed in your test book and will be spoken only one time. Select the best response to the question or statement and mark the letter (A), (B), or (C) on your answer sheet.

7. Mark your answer on your answer sheet.

8. Mark your answer on your answer sheet.

9. Mark your answer on your answer sheet.

10. Mark your answer on your answer sheet.

11. Mark your answer on your answer sheet.

12. Mark your answer on your answer sheet.

13. Mark your answer on your answer sheet.

14. Mark your answer on your answer sheet.

15. Mark your answer on your answer sheet.

16. Mark your answer on your answer sheet.

17. Mark your answer on your answer sheet.

18. Mark your answer on your answer sheet.

19. Mark your answer on your answer sheet.

20. Mark your answer on your answer sheet.

21. Mark your answer on your answer sheet.

22. Mark your answer on your answer sheet.

23. Mark your answer on your answer sheet.

24. Mark your answer on your answer sheet.

25. Mark your answer on your answer sheet.

26. Mark your answer on your answer sheet.

27. Mark your answer on your answer sheet.

28. Mark your answer on your answer sheet.

29. Mark your answer on your answer sheet.

30. Mark your answer on your answer sheet.

31. Mark your answer on your answer sheet.

▲ 해설강의 보기

PART 3

Directions: You will hear some conversations between two or more people. You will be asked to answer three questions about what the speakers say in each conversation. Select the best response to each question and mark the letter (A), (B), (C) or (D) on your answer sheet. The conversations will not be printed in your test book and will be spoken only one time.

32. Where do the speakers most likely work?

(A) At a café
(B) At a restaurant
(C) At a grocery store
(D) At a bakery

33. What caused some damage to the pans?

(A) A food processor
(B) A dishwasher
(C) A conveyer belt
(D) An oven

34. Why is the woman disappointed?

(A) Some employees are leaving.
(B) Some menu items cannot be sold.
(C) Some customers have left bad reviews.
(D) Some recipes have been lost.

35. What did the speakers recently do?

(A) They opened a business.
(B) They started some remodeling work.
(C) They undertook a large project.
(D) They held a wedding.

36. What do the speakers like about the party supply store?

(A) It sells a large range of items.
(B) It is easy to get to.
(C) It is open seven days a week.
(D) It has a useful website.

37. What is the woman worried about?

(A) Forgetting a request
(B) Losing some items
(C) Missing a deadline
(D) Going over a budget

38. What event is the man planning?

(A) A birthday gathering
(B) A welcome event
(C) A farewell party
(D) A company lunch

39. Who most likely is the woman?

(A) A florist
(B) An artist
(C) A farmer
(D) A chef

40. Why does the woman apologize?

(A) Some delivery orders are late.
(B) Some equipment is broken.
(C) She disagrees with a customer.
(D) She does not have a requested item.

41. Where do the speakers most likely work?

(A) At a bank
(B) At a printing firm
(C) At a hospital
(D) At a law firm

42. Why has the woman been unable to finish the report?

(A) She is waiting for approval from her manager.
(B) She has taken some time off work.
(C) She does not have sufficient information.
(D) Some articles are hard to understand.

43. What solution does the man propose?

(A) Putting a report in a different publication
(B) Collaborating with a colleague
(C) Changing the topic of a report
(D) Using more sources from newspapers

GO ON TO THE NEXT PAGE

44. What did the man try to do online?

(A) Buy a new ticket
(B) Revise his personal details
(C) Reschedule his flight
(D) Look up his arrival time

45. What does the man say is wrong with his reservation?

(A) His name is misspelled.
(B) A passport number is incorrect.
(C) He has been overcharged.
(D) A boarding pass has not been issued.

46. What will the man most likely do next?

(A) Check a trip itinerary
(B) E-mail an airline directly
(C) Send an online request
(D) Apply for a new passport

47. What are the speakers pleased about?

(A) A space is clean.
(B) An area is spacious.
(C) A sign is visible.
(D) A location is ideal.

48. Why does the man say, "There's a convenience store by the lobby"?

(A) To suggest taking a break
(B) To point out a solution
(C) To provide some directions
(D) To indicate that he is thirsty

49. What does the man say visitors can take?

(A) Some candy
(B) Some posters
(C) Some pens
(D) Some chocolate

50. Who most likely is the man?

(A) An architect
(B) A construction worker
(C) A photographer
(D) A plumber

51. Why is the woman calling the man?

(A) To ask him a question
(B) To give him some updates
(C) To reschedule a meeting
(D) To settle a disagreement

52. Why does the woman say, "I haven't let our supervisor know yet"?

(A) To question a safety procedure
(B) To apologize for some confusion
(C) To suggest sharing some information
(D) To ask for some other options

53. Who is the man?

(A) A curator
(B) An author
(C) An artist
(D) A videographer

54. Why is the man waiting until next week to meet the woman's team?

(A) Some items still need to be examined.
(B) Some team members are currently overseas.
(C) A business is temporarily closed.
(D) An application form needs to be processed.

55. What does the woman recommend that the man bring?

(A) A camera
(B) A notebook
(C) A laptop
(D) A voice recorder

56. What is the purpose of the conversation?

(A) To discuss a new work policy
(B) To organize a training workshop
(C) To promote an employee
(D) To introduce a floor plan

57. What industry do the men most likely work in?

(A) Transportation
(B) Construction
(C) Hospitality
(D) Medicine

58. What does the woman say she knows about?

(A) A salary increase
(B) A business relocation
(C) Safety guidelines
(D) Travel commitments

59. What did the man review yesterday?

(A) Some financial records
(B) Some online reviews
(C) A product inventory
(D) A sportswear catalog

60. What do the speakers hope to do?

(A) Select alternative merchandise
(B) Create an attractive design
(C) Move to a new building
(D) Target different consumers

61. What will Camille send by e-mail?

(A) An invitation
(B) A business contract
(C) A logo
(D) A product list

Monday	Basketball
Tuesday	Table Tennis
Wednesday	Indoor Soccer
Thursday	Closed this week
Friday	Badminton

62. According to the woman, why will the recreation complex be closed?

(A) Some flooring will be replaced.
(B) Some walls will be repainted.
(C) It is a public holiday.
(D) The space has been reserved.

63. What schedule conflict does the man mention?

(A) He has a class to attend.
(B) He works a part-time job.
(C) He has dinner plans.
(D) He will be out of town.

64. Look at the graphic. When will the man most likely participate in a sports activity?

(A) On Monday
(B) On Tuesday
(C) On Wednesday
(D) On Friday

GO ON TO THE NEXT PAGE

Get 3% off when you spend $30 or more
Get 5% off when you spend $45 or more
Get 8% off when you spend $70 or more
Get 10% off when you spend $100 or more

65. What did the store do last month?

(A) It sent out an e-mail.
(B) It expanded its online catalog.
(C) It began a membership program.
(D) It started a sales event.

66. Look at the graphic. How much will the woman save?

(A) 3%
(B) 5%
(C) 8%
(D) 10%

67. What will the woman most likely do next?

(A) Apply for a refund
(B) Enter her e-mail
(C) Answer some survey questions
(D) Remove an item

Galaxy Kickers Fall Schedule

Opponent	Location
Jefferson Mustangs	Olympus Center
Calvary Football Club	Jackson Field
Redson Runners	Anaheim Stadium
Fremont Firebirds	Marvel Arena

68. What has the speakers' company scheduled for next week?

(A) A board meeting
(B) A local excursion
(C) A training seminar
(D) A dinner event

69. What does the woman say the man can find in the break room?

(A) A poster
(B) A registration form
(C) Some snacks
(D) Some office supplies

70. Look at the graphic. Which game does the man have tickets to?

(A) Jefferson Mustangs
(B) Calvary Football Club
(C) Redson Runners
(D) Fremont Firebirds

PART 4

Directions: You will hear some talks given by a single speaker. You will be asked to answer three questions about what the speaker says in each talk. Select the best response to each question and mark the letter (A), (B), (C), or (D) on your answer sheet. The talks will not be printed in your test book and will be spoken only one time.

71. Who is the podcast intended for?

(A) Nutritionists
(B) Music performers
(C) Working professionals
(D) College students

72. According to the speaker, what should listeners do?

(A) Write down a sleeping schedule
(B) Buy a foam mattress
(C) Stop using alarms in the morning
(D) Determine how much sleep they need

73. What information will the speaker share?

(A) A meditation routine
(B) A massage technique
(C) An exercise schedule
(D) A business location

74. What is being advertised?

(A) A street parade
(B) A music festival
(C) A marathon
(D) A flea market

75. What will all attendees receive?

(A) Snacks and drinks
(B) Various sporting gear
(C) Waterproof backpacks
(D) Restaurant coupons

76. What can the listeners do on a website?

(A) Register for an event
(B) Sign up to volunteer
(C) Donate unused clothes
(D) Reserve a parking pass

77. What news does the speaker share?

(A) A branch is receiving an award.
(B) A new staff member has been hired.
(C) A shop was selected as a model branch.
(D) A safety inspection will be carried out.

78. Why does the speaker apologize?

(A) Some observers might cause discomfort.
(B) Some workers will need to work overtime.
(C) A workload will increase.
(D) Customers have complained about a service.

79. What are the listeners asked to memorize?

(A) A passcode
(B) A policy
(C) A schedule
(D) A recipe

80. Who most likely is the speaker?

(A) A salesperson
(B) A news reporter
(C) A radio host
(D) A celebrity

81. According to the speaker, what can the mobile application be used for?

(A) Placing a delivery order
(B) Browsing a catalog
(C) Selling used products
(D) Collecting loyalty points

82. How can the listeners receive some free tickets?

(A) By becoming a member
(B) By making a purchase
(C) By going to a website
(D) By visiting a store

GO ON TO THE NEXT PAGE

83. Who is the speaker most likely calling?

(A) An apartment repairman
(B) A hotel receptionist
(C) An appliance mechanic
(D) A security guard

84. What problem does the speaker have?

(A) Some furniture has been damaged.
(B) Some belongings have been lost.
(C) A refrigerator is not cold enough.
(D) A fan is not functioning properly.

85. Why does the speaker say, "I think I've tried my best"?

(A) To request that a charge be refunded
(B) To imply that she needs the listener's help
(C) To confirm that a problem has been resolved
(D) To demand that her room gets upgraded

86. What city department does the speaker work for?

(A) Fire and Police
(B) Engineering and Construction
(C) Human Resources
(D) Parks and Recreation

87. Why does the speaker say, "we are unable to make a statement on such arrangements"?

(A) To announce an event postponement
(B) To avoid explaining details
(C) To point out a serious issue
(D) To describe an accomplishment

88. What will the public be able to do tomorrow?

(A) Watch a broadcast
(B) Complete a survey
(C) Go on a hike
(D) Meet with a mayor

89. According to the speaker, what is the product designed to improve?

(A) Video filming
(B) Transportation
(C) Budgeting
(D) Photo editing

90. What can the listeners upload to their phones?

(A) Spending data
(B) Camera footage
(C) Location coordinates
(D) Audio recordings

91. What will the speaker provide?

(A) A price estimate
(B) An image
(C) A page link
(D) A product review

92. Which department does the speaker work for?

(A) Content creation
(B) Software development
(C) Marketing
(D) Public relations

93. What problem does the speaker mention?

(A) A team member is leaving.
(B) The team is running behind.
(C) Some files got erased.
(D) Some profit has been lost.

94. What does the speaker imply when he says, "this has been our most viewed series yet"?

(A) The listeners should have fun with their work.
(B) The listeners should meet viewers' expectations.
(C) Some photos must be re-uploaded.
(D) Some videos need to be more interesting.

Activity	Type
Activity 1	Face Painting
Activity 2	Rock Climbing
Activity 3	Surfing Simulation
Activity 4	Mini Golf

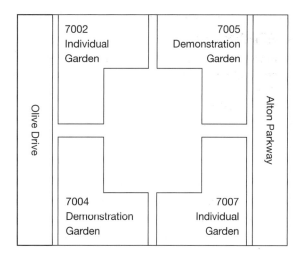

95. Why has an activity been canceled?

(A) An instructor is feeling unwell.
(B) A thunderstorm is expected.
(C) A ship needs to receive maintenance.
(D) A passenger made a complaint.

96. Look at the graphic. Which activity has been canceled?

(A) Activity 1
(B) Activity 2
(C) Activity 3
(D) Activity 4

97. What will the listeners receive?

(A) A partial refund
(B) A travel coupon
(C) Gift cards
(D) Cash vouchers

98. What advantage of the community garden does the speaker mention?

(A) Its useful tools
(B) Its affordable prices
(C) Its barbeque area
(D) Its various facilities

99. Look at the graphic. Which garden plot is currently available for rent?

(A) Plot 7002
(B) Plot 7004
(C) Plot 7005
(D) Plot 7007

100. How can the listeners arrange to view the garden?

(A) By filling out a paper form
(B) By visiting an office
(C) By making an appointment online
(D) By texting a manager

This is the end of the Listening test. Turn to Part 5 in your test book.

▲ 해설강의 보기

GO ON TO THE NEXT PAGE

READING TEST

In the Reading test, you will read a variety of texts and answer several different types of reading comprehension questions. The entire Reading test will last 75 minutes. There are three parts, and directions are given for each part. You are encouraged to answer as many questions as possible within the time allowed. You must mark your answers on the separate answer sheet. Do not write your answers in your test book.

PART 5

Directions: A word or phrase is missing in each of the sentences below. Four answer choices are given below each sentence. Select the best answer to complete the sentence. Then mark the letter (A), (B), (C), or (D) on your answer sheet.

101. Our payroll team has recently ------- with our human resources department.

(A) merge
(B) merger
(C) merged
(D) merging

102. Urban ------- aim to convert the abandoned warehouses at the city's dockyards into an entertainment complex.

(A) agendas
(B) developers
(C) avenues
(D) boundaries

103. Large crowds are expected this weekend, ------- the festival organizers have hired additional staff.

(A) so
(B) for
(C) but
(D) nor

104. Mr. Singh is coming to Chicago tomorrow to inspect potential ------- for his charitable foundation's new headquarters.

(A) locating
(B) locations
(C) located
(D) locate

105. The new menu features a wide range of dishes ------- various countries in South America.

(A) over
(B) through
(C) into
(D) from

106. Reserve a different venue if the Clark Hotel is unable to handle the size of ------- event.

(A) you
(B) your
(C) yours
(D) yourselves

107. Everglade Fresh Foods has grown significantly ------- its early days as a small local grocery store.

(A) since
(B) such
(C) except
(D) however

108. When planning a hike at the national park, it is advised to ------- the weather forecast for heavy rain or snowfall.

(A) check
(B) close
(C) approve
(D) list

109. The book's plot is so ------- that the screenwriter had to cut out several characters in the film adaptation.

(A) direct
(B) complex
(C) favorable
(D) helpful

110. ------- of the two cities that applied to host the sporting event had the necessary infrastructure.

(A) Neither
(B) Nobody
(C) None
(D) Nothing

111. The black runs at Nesta Ski Resort are quite challenging for ------- an experienced skier.

(A) right
(B) soon
(C) how
(D) even

112. The potential investors found the handouts provided after the presentation to be extremely -------.

(A) inform
(B) information
(C) informatively
(D) informative

113. The demand for highly advanced technology in the manufacturing ------- has risen steadily over the past three decades.

(A) employment
(B) activity
(C) knowledge
(D) industry

114. Mr. Kusada will develop a product prototype and unveil ------- during the electronics convention.

(A) those
(B) its
(C) it
(D) her

115. Mr. Richards asked office employees to ------- instant messaging to boost productivity.

(A) convince
(B) require
(C) decide
(D) limit

116. The new management team will revise several work guidelines, particularly those implemented ------- the previous CEO.

(A) any
(B) by
(C) to
(D) and

117. Of the people who have formally put ------- forward for the management role, only Ms. Garrity has the necessary experience.

(A) their
(B) their own
(C) they
(D) themselves

118. Tips from restaurant customers are held until the last day of each month and then distributed fairly ------- the whole serving team.

(A) onto
(B) among
(C) beside
(D) about

119. Astro Electronics Inc. has made sizable ------- in several mobile app development companies.

(A) investments
(B) invested
(C) invest
(D) investor

120. Mr. Radler allocates annual department budgets more ------- than most other finance managers.

(A) conserves
(B) conservative
(C) conservatively
(D) conserving

121. The perfect duration for the television commercial is ------- 30 and 45 seconds.

(A) between
(B) above
(C) in
(D) off

GO ON TO THE NEXT PAGE

122. New advanced assembly line machinery has been installed to improve overall productivity ------- workplace safety.

(A) above all
(B) as well as
(C) now that
(D) in order to

123. On Monday, an engineer will be at the Aintree branch ------- three air conditioning units.

(A) serviced
(B) service
(C) to service
(D) is servicing

124. Please view our product catalog for full ------- of our mobile phone ranges.

(A) exchange
(B) support
(C) receipts
(D) descriptions

125. Our sales representatives are trained to identify the ------- business needs of clients before getting in touch with them.

(A) total
(B) potential
(C) equal
(D) factual

126. At Safefoods Supermarket, extra breaks for staff may be provided ------- it is less busy.

(A) whenever
(B) simply
(C) accordingly
(D) quite

127. The user manual ------- information on how to solve problems affecting the washing machine.

(A) contains
(B) container
(C) containing
(D) containable

128. Membership ------- at Montego Bay Health Spa include treatment discounts and special event invitations.

(A) beneficial
(B) beneficially
(C) benefits
(D) benefited

129. Modifications to the ------- framework will be discussed at this month's meeting about harmful emissions in the manufacturing industry.

(A) regulate
(B) regulates
(C) regulator
(D) regulatory

130. The national recruitment program achieved the intended ------- without exceeding the allocated budget.

(A) practices
(B) factors
(C) outcomes
(D) dimensions

▲ 해설강의 보기

PART 6

Directions: Read the texts that follow. A word, phrase, or sentence is missing in parts of each text. Four answer choices for each question are given below the text. Select the best answer to complete the text. Then mark the letter (A), (B), (C) or (D) on your answer sheet.

Questions 131-134 refer to the following information.

Thank you for placing your order using the GoFood mobile application. Your order will be delivered within 45 minutes, ------- our delivery policy and guarantee. -------. If not, you may
131.   132.
submit a complaint directly through our application and request a refund. When completing a refund request form, please clearly state the reasons for the request and any problems you encountered. Your request for a refund ------- immediately. All refunds for food orders are
133.
returned in full, ------- the delivery charge. For more information, please visit our FAQ page.
134.

131. (A) as much as
(B) in keeping with
(C) in case
(D) prior to

132. (A) We work with a wide variety of restaurants.
(B) We encourage you to try our other mobile applications.
(C) We have transferred payment to the account provided.
(D) We trust you will be fully satisfied with your food.

133. (A) to be processed
(B) is being processed
(C) will be processed
(D) was processed

134. (A) under
(B) minus
(C) along
(D) yet

GO ON TO THE NEXT PAGE

Ferrylee Community Center Book Exchange

We are delighted to announce that we will be hosting another book exchange, ------- the success
135.
and popularity of last year's book exchange. This will be held between 9 A.M. and 3 P.M. on
Saturday, June 11, and Sunday, June 12 in the Activity Room of our community center. We -------
136.
all members of our community to attend the event and bring along some used books that you no
longer need. This is an exciting ------- for all community members to obtain new reading material
137.
for free and to meet one another and enjoy some refreshments. More information can be found at
www.ferryleecenter.org. -------.
138.

135. (A) despite
(B) following
(C) before
(D) providing

136. (A) invited
(B) are invited
(C) inviting
(D) invite

137. (A) position
(B) opportunity
(C) venue
(D) benefit

138. (A) Please submit your application to our recruitment team.
(B) We hope to see you at the upcoming gathering.
(C) Thank you for helping to make the event a success.
(D) All payments must be made in cash during the event.

Questions 139-142 refer to the following notice.

Attention: Rosebank Condominium Residents

As you all know, the second floor storage room will be renovated next week and will no longer be available for use. As such, all ------- items in the room must be removed by 10 P.M. on Tuesday,
139.
March 12. Please be advised that any belongings that are not taken away will be moved to the waste collection area at the rear of the building. Any residents who require assistance -------
140.
moving heavy items out of the storage room are welcome to contact our maintenance manager, Gerald, at 555-0127. As previously noted, the storage room will undergo major renovations which require the use of heavy machinery. -------, residents are likely to hear noise between the work
141.
hours of 10 A.M. and 4 P.M. -------. Following the work, the room will be reopened as a fitness
142.
room that will be open to all residents.

139. (A) to remain
(B) remainder
(C) remaining
(D) remained

140. (A) already
(B) whose
(C) plus
(D) when

141. (A) On the other hand
(B) Although
(C) As a result
(D) Meanwhile

142. (A) Residents are welcome to store their items in the room.
(B) To access the room, please use the keycards provided.
(C) Please be considerate of other residents at all times.
(D) We appreciate your cooperation and understanding.

GO ON TO THE NEXT PAGE

Questions 143-146 refer to the following e-mail.

To: All Murdoch Corporation Employees
From: Stephen Pembridge, CEO
Date: December 3
Subject: Important Announcement

Dear Staff,

-------. We are delighted to inform you that Maria Tanaka ------- as Murdoch Corporation's Human
143.   **144.**
Resources Manager. Ms. Tanaka has worked in human resources for almost twenty years, at
several large corporations, and she brings with her a wealth of knowledge and experience. Many
of you will have an opportunity to meet her this morning, and I hope you take the time to wish
her all the best on her first official workday here today. Ms. Tanaka ------- David Mallory, who has
                                                                         145.
decided to take early retirement to spend more time with his family. Anyone who wishes to attend
------- retirement party on December 15 should contact Ms. Tanaka directly on Extension 109.
146.

Kind regards,

Stephen Pembridge, CEO
Murdoch Corporation

143. (A) Please be advised of our new work policy.
(B) Several positions are now available in the HR department.
(C) Our extensive work family has a new member.
(D) One of our senior employees has received a prestigious award.

144. (A) is hiring
(B) will be hired
(C) is being hired
(D) has been hired

145. (A) advises
(B) replaces
(C) promotes
(D) recommends

146. (A) your
(B) our
(C) theirs
(D) his

▲ 해설강의 보기

Directions: In this part you will read a selection of texts, such as magazine and newspaper articles, e-mails, and instant messages. Each text or set of texts is followed by several questions. Select the best answer for each question and mark the letter (A), (B), (C), or (D) on your answer sheet.

Questions 147-148 refer to the following e-mail.

To: Matt Gruber <mgruber@waychem.com>

From: Cecilia Han <ceciliah@dionysuspharm.com>

Subject: RE: Senior Sales Executive Vacancy

Date: October 28

Hi Matt,

Thanks for contacting me regarding the job vacancy we are currently trying to fill here at Dionysus Pharmaceuticals. I apologize if some of the information in the advertisement was slightly unclear.

Regarding the job requirements, we will only be interviewing applicants who have at least five years of experience in the pharmaceutical industry and at least four years of sales experience. This is because the position of Senior Sales Executive is a crucial role to our firm. The successful applicant must also possess a university degree in sales or marketing and two job references, one of which should come from your current or most recent employer. Another requirement is access to a personal vehicle and a valid license, as the job involves frequent visits to clients, conferences, and conventions throughout California. In response to your other inquiry, the successful applicant will work Monday through Friday, and he or she will occasionally be required to work on Saturdays, when some corporate events are typically held throughout the year.

I hope this makes everything clear, and I look forward to receiving your application.

Regards,

Cecilia Han

---

147. What are the applicants for the position required to have?

(A) A degree in pharmacy
(B) Experience in management
(C) References from employers
(D) Five years of sales experience

148. What is true about the job?

(A) It is a part-time position.
(B) It includes a relocation allowance.
(C) It involves traveling overseas.
(D) It requires some weekend work.

GO ON TO THE NEXT PAGE

Questions 149-150 refer to the following text message chain.

Sam Becker (9:32 A.M.) Francesca, it turns out Ms. Whitely won't be arriving at our restaurant until 11 A.M., because her train was delayed. So, we have an extra hour to prepare.

Francesca Lee (9:34 A.M.) That's good. It's really important that we pass this inspection so that our restaurant gets the required certificate.

Sam Becker (9:35 A.M.) I know. We'd have to close our business if we fail to get the certificate.

Francesca Lee (9:37 A.M.) I'm going to use this extra hour to make sure all the kitchen appliances are working properly.

Sam Becker (9:39 A.M.) Sounds good. Once I arrive, I'll speak with our kitchen staff and remind them of all the correct procedures.

Francesca Lee (9:40 A.M.) Great. Let's chat again in an hour.

149. Who most likely is Ms. Whitely?

(A) A kitchen worker
(B) A course instructor
(C) A restaurant owner
(D) A safety inspector

150. At 9:39 A.M., what does Mr. Becker mean when he writes, "Sounds good"?

(A) He believes Ms. Whitely will arrive on schedule.
(B) He is confident the business will remain open.
(C) He likes the idea of checking some equipment.
(D) He is satisfied with the performance of some workers.

---

www.thinkoutside.com

Do you want to raise morale among your workers and boost their productivity? Think Outside can arrange team-building excursions to suit any group of employees.

At our expansive location in the beautiful natural surroundings of Wyoming, our team can arrange the following:
- wilderness map reading and shelter building
- canoeing and kayaking trips
- sports competitions
- seminars covering communication techniques

Simply get in touch with a member of our team and let us know your preferences, and we can design the ideal trip for all participants. Please note that we are happy to organize transportation to and from our location for an additional cost.

---

151. For whom is the Web page most likely intended?

(A) Recruitment agents
(B) Think Outside staff
(C) Foreign tourists
(D) Business owners

152. What is indicated about Think Outside?

(A) It has several business locations.
(B) It provides free transportation to clients.
(C) It organizes various team activities.
(D) It recently hired new employees.

GO ON TO THE NEXT PAGE

Questions 153-154 refer to the following advertisement.

Livewell

Celebrate the opening of our new branch and try out our new machines and equipment!

10 A.M. – 4 P.M., January 5, at 328 Edgemont Street, Vancouver

Guest Speaker: World Champion bodybuilder and nutrition expert Douglas Clark will be here to give fitness tips and promote his new book.

Attendees may also enjoy a wide range of complimentary snacks and beverages provided by Healthy Eats Company.

Present this voucher to get 20 percent off a new one-year membership at our gym.
Valid throughout January.

---

153. What type of business is Livewell?

(A) An electronics store
(B) A bookstore
(C) A fitness club
(D) A food company

154. According to the advertisement, what will happen on January 5?

(A) New products will be launched.
(B) A business will be relocated.
(C) Douglas Clark will give a talk.
(D) A voucher will expire.

Focus on Bayliss Wellbeing

With the goal of combining her experience as a business manager with her academic background in food and nutrition, Susan Bayliss established Bayliss Wellbeing Company (BWC) five years ago. Since its founding, BWC has grown rapidly and now works with numerous businesses throughout North America, creating and providing healthy and nutritious menus for their employees. These menus are designed not only to improve employee health but also to boost their productivity and performance.

BWC prepares the food itself in its production plants, and the company has an agreement with Detroit-based Pegasus Shipping, which delivers all orders to BWC's clients. "We could not have achieved such success without the help of Pegasus," says Ms. Bayliss, "because their rapid delivery allows us to get orders to our clients within a very short time frame."

Ms. Bayliss is proud of the extensive client list BWC has assembled. In recent months, Los Angeles-based Moravo Software and Astro Engineering in Seattle have agreed to purchase BWC meals for their employees. And, hoping to expand into Central America, BWC is currently negotiating an agreement with Carrera Corporation, a kitchen appliance manufacturer based in Mexico City.

155. What is indicated about Ms. Bayliss?

(A) She was the founder of Pegasus Shipping.
(B) She worked in several restaurants.
(C) She regularly travels to Detroit on business.
(D) She has overseen the growth of a company.

156. What service does BWC offer?

(A) Personal fitness training programs
(B) Financial assistance for small businesses
(C) Meal plans for company staff
(D) Career guidance and interview tips

157. Which company does BWC NOT have an agreement in place with?

(A) Pegasus Shipping
(B) Moravo Software
(C) Astro Engineering
(D) Carrera Corporation

GO ON TO THE NEXT PAGE

August 20

Mr. Derek Longstaff

Wash 'N Go

127 Masterson Avenue, Denver

Dear Mr. Longstaff,

As one of our Platinum Members and a regular user of our services, you may wish to know that Wash 'N Go will be moving from its current location at 127 Masterson Avenue. We have acquired a significantly larger premises at 367 Bellview Street, and we will reopen for business there on October 1. Unfortunately, this transition means that we will be unable to provide our vehicle cleaning services throughout the month of September.

We are confident that our valued members will be happy with our new premises, and we look forward to providing you with the same outstanding range of services from October onwards. If you have any questions, please do not hesitate to reach out to us by calling us at 555-4827.

Regards,

Alyssa Petrov

Member Services, Wash 'N Go

158. What is the purpose of the letter?

(A) To promote a new range of services
(B) To organize a business meeting
(C) To apologize for an error
(D) To announce a company relocation

159. What type of business most likely is Wash 'N Go?

(A) A home cleaning firm
(B) A hair salon
(C) A car valet service
(D) A moving company

160. The word "outstanding" in paragraph 2, line 2, is closest in meaning to

(A) remarkable
(B) protruding
(C) distinct
(D) remaining

FOR RELEASE TO THE PRESS (Contact: Charles Chan, cchan@xxx.co.uk)

LONDON (5 December) – Martin Corrigan, the CEO of Welland Pharmacy, announced yesterday that customer service kiosks will be installed in 55 of Welland's branches throughout the United Kingdom. These iHelp Kiosks will significantly reduce wait times for customers. Individuals who visit Welland Pharmacy only to pick up prescribed medications may use the kiosks to quickly and efficiently scan their prescription barcode and then obtain the necessary items.

Last month, the kiosks were trialed at two of Welland Pharmacy's largest branches in London, where the business is headquartered. Customer feedback was highly positive, and branch managers reported a 30% decrease in average wait times. Although the kiosks cannot currently be used for purchases of the store's health, hygiene, or beauty products, there is potential for them to perform additional functions in the future. The iHelp Kiosks should be ready for use in various branches starting next year.

For further details, contact Charles Chan at the above e-mail address.

161. What is the topic of the press release?

(A) The relocation of a business headquarters
(B) The appointment of a new chief executive
(C) The introduction of new store devices
(D) The closure of some pharmacy branches

162. What can the iHelp Kiosk do?

(A) Provide store directions
(B) Fill customers' prescriptions
(C) Organize express deliveries
(D) Recommend beauty products

163. What is suggested in the press release?

(A) Customer feedback will be requested in January.
(B) Managers will be hired at several branches.
(C) A trial program in London was well received.
(D) Kiosks will undergo monthly maintenance checks.

GO ON TO THE NEXT PAGE

Questions 164-167 refer to the following memo.

To: Lexico Employees
From: Kevin Murphy, Human Resources Director
Subject: Loretta Hutton
Date: November 19

Dear Staff,

I am delighted to inform you that Ms. Loretta Hutton will soon be joining us here at Lexico Telecom Inc. – [1] –. With her extensive experience in sales and telecommunications, Ms. Hutton is certain to bring a wealth of expertise to our team. – [2] –. After graduating from the University of Delaware with a degree in Marketing, she spent the next three years designing flyers and brochures for Corva Systems in New York City. She now joins us directly from Orion Mobile Corporation, where she has worked for the past nine years. While working at Orion, she spent the first four years working on marketing and sales strategies at the company's Los Angeles headquarters. Her employers then entrusted her to leave the United States for the remaining five years to supervise sales teams based in various European countries, including France, Belgium, and Germany. – [3] –. During that time, she learned how to implement effective strategies in foreign markets. – [4] –. Ms. Hutton will officially assume the role next Wednesday.

164. Why did Mr. Murphy send the memo?

(A) To welcome an important first-time client
(B) To publicize a merger between two telecom companies
(C) To provide information about a new manager
(D) To announce his imminent retirement

165. What is indicated about Ms. Hutton?

(A) She has experience in designing promotional materials.
(B) She attended the same academic institute as Mr. Murphy.
(C) She currently works at a company in New York City.
(D) She worked at Lexico Telecom Inc. in the past.

166. How long did Ms. Hutton spend working in Europe?

(A) 3 years
(B) 4 years
(C) 5 years
(D) 9 years

167. In which of the positions marked [1], [2], [3], and [4] does the following sentence best belong?

"As such, she is the ideal person to lead our International Sales Department."

(A) [1]
(B) [2]
(C) [3]
(D) [4]

Questions 168-171 refer to the following online chat discussion.

Philip Samson (3:31 P.M.)	Hi, Ms. Saville. I'm just about to place an order with Blue Ridge Farms for ingredients. Can you let me know if you are running low on any fresh produce?
Karen Saville (3:33 P.M.)	I'll just consult with the other branch supervisors. Roland and Andrea, do you need any fresh produce ingredients at your restaurant branches?
Roland Dixon (3:34 P.M.)	Yes, we need some tomatoes and lettuce.
Karen Saville (3:36 P.M.)	And how about at the Valehead branch?
Andrea Roofe (3:37 P.M.)	All good here.
Philip Samson (3:38 P.M.)	Tomatoes? Didn't you just receive a bulk shipment of those last week? How come you're running low already?
Roland Dixon (3:40 P.M.)	Yes, but don't forget we are trialing the new pasta dish at our location this month, and the recipe requires large quantities of tomatoes.
Karen Saville (3:41 P.M.)	Okay. Philip, in addition to those tomatoes, can you place an order for more blueberries for my branch? Our blueberry cheesecake has been extremely popular recently. The same amount as last week should be fine. You'll need to look up the previous shipping order.

168. What department does Mr. Samson most likely work in?

(A) Purchasing
(B) Marketing
(C) Human resources
(D) Technical support

169. At 3:37 P.M., what does Ms. Roofe most likely mean when she writes, "All good here"?

(A) She is pleased with the speed of an order.
(B) She is happy to host an event.
(C) She does not require any ingredients.
(D) She is waiting for a shipment of lettuce.

170. What is indicated about Mr. Dixon's branch?

(A) It recently hired new employees.
(B) It is trying to cut expenses.
(C) It has made an addition to its menu.
(D) It is the largest of the restaurant branches.

171. What will Mr. Samson most likely do next?

(A) Travel to a farm
(B) Sample some produce
(C) Organize a management meeting
(D) Check an amount

GO ON TO THE NEXT PAGE

Questions 172-175 refer to the following article.

Local Town Welcomes International Flavors

This week, you will not need to travel to a big city to enjoy a wide range of culinary delights. – [1] –. Brightvale is generally regarded as a fairly quiet little town, notable only for being the location of the Brightvale College of Art and its student dormitories, which were designed by renowned architect Giles Stillman. – [2] –. As such, it came as quite a surprise when the Global Food Association (GFA) announced last month that the town would host its annual GFA Food Festival from August 15 to August 19. The festival has been held in Los Angeles for the past three years, but event organizers decided to move it to a more idyllic, rural setting to boost the local economy. – [3] –. Around 90 food vendors are participating, each one taking part for one day only, and a wide range of global cuisine will be on offer. To reflect popular eating trends, this year's festival has an extensive selection of vegan-friendly dishes. – [4] –. For instance, renowned Indian chef Sunita Kapoor will be in attendance on the 18th, serving a wide range of curries and side dishes.

The festival will be taking place in Garrigan Park between the hours of 11 a.m. and 7 p.m. Admission is free, and vendors have promised to make their dishes affordable to all.

172. What does the article indicate about the town of Brightvale?

(A) It hosts several events every summer.
(B) It was the birthplace of a famous architect.
(C) Its population has significantly increased.
(D) It is home to a large number of students.

173. What is mentioned about the festival?

(A) It will take place on a college campus.
(B) It is held in a different location each year.
(C) It will feature different vendors each day.
(D) Its main focus is on Asian cuisine.

174. What is most likely true about Ms. Kapoor?

(A) She helped to organize this year's festival.
(B) She is a long-time resident of Brightvale.
(C) She is known for creating vegan dishes.
(D) She will be providing food samples for free.

175. In which of the positions marked [1], [2], [3], and [4] does the following sentence best belong?

"Food enthusiasts will find everything they can dream of right here in Brightvale."

(A) [1]
(B) [2]
(C) [3]
(D) [4]

GO ON TO THE NEXT PAGE

Questions 176-180 refer to the following e-mail and boarding pass.

To:	Edward Scott <escott@zeemail.net>
From:	Alice Slack <aslack@whitsunferries.co.uk>
Subject:	Cabin Mix-up
Date:	June 7
Attachment:	Coupon #01652

Dear Mr. Scott,

Thanks for your e-mail regarding your recent experience on one of our ferries. Please allow me to apologize for the issue that occurred during your trip from Dover to Palma. Unfortunately, an overbooking error resulted in your being assigned a windowless cabin rather than a sea view cabin.

Having reviewed your records, it is apparent that you are a regular passenger and a valued customer. As such, Whitsun Ferries has provided you with a coupon as a token of apology. You will find Coupon #01652 attached to this message. This electronic coupon has a value of £50, and it may be redeemed when booking any ferry trip through our company's Web site. The coupon is valid for 18 months from today.

We hope that you will find this resolution satisfactory, and we look forward to welcoming you again soon.

Kind regards,

Alice Slack
Whitsun Ferries

WHITSUN FERRIES - BOARDING PASS

Name of Passenger: Mr. Edward Scott
Booking Reference: WF92802

Departure: Dover, England - August 26, 11:15 a.m.
Arrival: Calais, France – August 26, 12:45 p.m.
Travel time: 1 hour, 30 minutes
Name of Vessel: Lady Mirabelle

Summary of Charges
Base Ticket Price: £55.00
Buffet Access: £15.00
Coupon #01652: -£50.00
Total Amount Paid: £20.00

176. Why did Ms. Slack send the e-mail to Mr. Scott?

(A) To discuss a schedule change
(B) To offer an upgrade to a cabin
(C) To resolve a passenger complaint
(D) To request a payment for a ticket

177. In the e-mail, the word "occurred" in paragraph 1, line 2, is closest in meaning to?

(A) completed
(B) applied
(C) recalled
(D) happened

178. What does Ms. Slack indicate about Coupon #01652?

(A) It must be used within one year.
(B) It can be exchanged for cash.
(C) It must be used online.
(D) It cannot be combined with other offers.

179. What can be inferred from the boarding pass about Mr. Scott?

(A) He watched a performance during his trip.
(B) He paid for his ticket by credit card.
(C) He redeemed the full value of a coupon.
(D) He purchased his ticket in France.

180. What is indicated about the ferry Mr. Scott took on August 26?

(A) The trip took more than two hours.
(B) The vessel stopped at several ports.
(C) Food was available for an extra fee.
(D) Sea view cabins were unavailable.

GO ON TO THE NEXT PAGE

Giga Mart

Order #: #7628
Date: October 20
Delivery: Next-Day Express
Billing Address: Mr. Tony Jones
                     2211 Spring Lane, North York, AB12 345
Payment Method: Debit Card

Item Number	Product	Price
6725	PC Monitor	$149
1685	Keyboard	$59
2356	Wireless Mouse	$34
8782	Webcam	$50
1946	Speakers	$85

Next-Day Shipping $20
TOTAL $397

To:	customerservice@gigamart.com
From:	mpeterson@livia.com
Subject:	Recent order
Date:	October 24

Hello,

I am writing regarding a problem with the order(#7628) that my company placed with Giga Mart on October 20.

First of all, I am extremely dissatisfied that, although we had paid for next-day shipping, we were made to wait three days for the delivery to arrive. These items were ordered to allow us to complete an order for a client, who has now requested a full refund as we have not been able to meet the deadline. As this is most likely the fault of the shipping company, I feel it is only fair that the money we paid for prompt delivery be returned to our client accounts manager, who originally placed the order by debit card.

Furthermore, upon opening the packages that I ordered, I realized that Item Number 8782 was not included. As such, I expect you to send out the product as soon as possible. I have never experienced these issues in the past with your company, and I intend to remain a loyal customer, provided that you resolve the issues detailed above and respond to me by e-mail as soon as possible.

Kind Regards,

Mark Peterson, Livia Inc.

181. What most likely does Giga Mart specialize in?

(A) Security equipment
(B) Home appliances
(C) Art supplies
(D) Computer accessories

182. What is indicated about Tony Jones?

(A) He is employed by Giga Mart.
(B) He is a client accounts manager.
(C) He recently moved to North York.
(D) He purchased some products as gifts.

183. What does Mr. Peterson request in his e-mail?

(A) A repair service
(B) A telephone call
(C) A shipping address
(D) A refund

184. What item was missing from Mr. Peterson's order?

(A) The speakers
(B) The monitor
(C) The webcam
(D) The keyboard

185. What can be inferred about Mr. Peterson from the e-mail?

(A) He prefers to shop for products in person.
(B) He has made purchases from Giga Mart before.
(C) He received a corporate discount from Giga Mart.
(D) He was satisfied with the speed of delivery.

GO ON TO THE NEXT PAGE

Questions 186-190 refer to the following minutes, e-mail, and article.

MEETING MINUTES – July 14

Sunburst Foods Management Meeting

1. The product trial of Firecracker is ready to begin.
2. The trial will take place from August 1 until October 31.
3. Ten restaurants who currently use some of our other products will use the latest recipe of Firecracker during the trial period. The owner of each restaurant will then submit a feedback report describing their opinion of the sauce's flavor, its popularity with diners, and its versatility in cooking.
4. If the feedback on Firecracker is overwhelmingly positive, we will seek investment to enable us to expand our factory and increase production capacity.
5. Our CEO, John Harding, will speak with several potential investors over the next few weeks.

E-Mail Message

To: Richard Arliss <rarliss@sunburstfoods.com>
From: Manuel Lanza <mlanza@mexicanacafe.com>
Subject: Trial Product
Date: November 10

Hi Richard,

As you know, I was highly impressed with your Firecracker sauce, which I used in all three branches of my restaurant during the trial. I honestly feel that the sauce elevated many of our dishes, and I lost count of the number of customers who praised its taste and heat level. I would suggest making no changes to the recipe! Also, I would be extremely interested in placing an ongoing bulk order of Firecracker with you once the sauce is available on the market. Please let me know when this is likely to be, and we can schedule a meeting around that time to agree on a deal.

Best regards,

Manuel Lanza
Founder, Mexicana Café

LOCAL BUSINESS NEWS

Sunburst Foods recently announced the finalization of a deal with Dixon Financial, an investment firm known for supporting promising local businesses. Dixon Financial will invest an undisclosed sum of money in Sunburst Foods, which expects its new sauce, Firecracker, to be a huge success on a national and global scale. This hot sauce is made from a mixture of red and green chili peppers, tomatoes, and apple cider vinegar, as well as several secret ingredients. Unlike other hot sauces on the market, it is 100% natural, containing no additional flavorings or colorings.

Dixon Financial has a strong background in the food market, having previously invested in businesses producing olive oil, organic vegetables, and soy sauce. Sunburst Foods' dedication to intensive product testing greatly influenced Dixon Financial's decision to invest. "Sunburst Foods ran a trial of the sauce in several popular restaurants, and we are certain the product will be a success," said Lynda Barclay, spokesperson for Dixon Financial.

186. According to the meeting minutes, what is indicated about the product trial?

(A) It will be funded by private investors.
(B) It will take place at Sunburst Foods' headquarters.
(C) It will be conducted over a three-month period.
(D) It will enable the comparison of different products.

187. What did Mr. Lanza most likely do?

(A) He attended a product launch event.
(B) He took a tour of a factory.
(C) He created a sauce recipe.
(D) He submitted a report.

188. What information does Mr. Lanza request?

(A) The cost of producing a new product
(B) The time required to deliver a shipment
(C) The size of a discount offered on bulk orders
(D) The date on which a product will become available

189. According to the article, what is unique about Firecracker?

(A) It is free from artificial additives.
(B) It contains a rare type of chili pepper.
(C) It is cheaper than similar brands.
(D) It is only available to buy online.

190. How will Sunburst Foods most likely use the money provided by Dixon Financial?

(A) To create an advertising campaign
(B) To train new employees
(C) To research new recipes
(D) To expand a production facility

GO ON TO THE NEXT PAGE

PINNACLE MARQUEE HIRE

Pinnacle Marquee Hire provides several benefits that help it stand out from its competitors.

Advantage 1: Extensive Selection

We offer a wide range of sizes, colors, and styles and can provide a marquee to suit any occasion.

Advantage 2: Safety Guaranteed

Our marquees are constructed of high-strength steel and can withstand winds up to 75 kph.

Advantage 3: Optional Extras

With larger marquees, we can provide tables and chairs, a dance area, and a lounge area.

Advantage 4: Temperature Control

Depending on the temperatures and time of year, we can provide air conditioning or heat lamps.

If you would like to receive more details about specific marquees or a cost estimate, please call us at 433-0131. All rentals include assembly and disassembly service. A member of our staff will inspect the proposed location for the marquee prior to finalization of the booking.

NAME:	Rachel Grover
E-MAIL:	rgrover@trimail.net
PHONE:	433-0144

MESSAGE: Hello, I have spent a lot of time checking out marquee rental companies, and I think yours is the only one that provides furniture and other special features. I am looking to rent a marquee for my company's annual gathering, and I really like the idea of having different spaces where our attendees can relax or dance. The one thing I was curious about is whether there are options for the material of the marquees. We plan to erect it in Mayberry Park, and we would like the marquee to include some kind of transparent panels so that those inside can have a good view of the lake and gardens outside. I looked through your brochure and visited your Web site, but I could not find any information about this.

To: Rachel Grover <rgrover@trimail.net>
From: Will Blakeman <wblakeman@pinnacle.com>
Subject: Responding to Your Rental Inquiry
Date: September 2
Attachment: Product recommendations

Ms. Grover,

Thank you for completing our online inquiry form. A member of our sales team will contact you by phone tomorrow. With regards to your query about the materials available for the outer liner of the marquees, we offer the following options:

• Minimalist – Simple, strong canvas with one entrance. Solid material for increased privacy, available in white, grey, or lilac.
• Skylight – Similar to the Minimalist style, this liner also includes transparent roof panels to allow more natural light to enter.
• Georgian – A classy liner that includes large windows on all sides of the marquee, providing guests with an unobstructed view.
• Apex – A technologically advanced liner that incorporates LED lights in the liner material that can be customized to your preferences.

Will Blakeman, Customer Support Team, Pinnacle Marquee Hire

---

191. What does the brochure mention about Pinnacle Marquee Hire?

(A) It only provides marquees during warmer months.
(B) It is currently offering a discount on rental rates.
(C) It does not provide an assembly service.
(D) It inspects locations before agreeing to rent.

192. Considering Ms. Grover's comments, what listed advantage is probably most attractive to her?

(A) Advantage 1
(B) Advantage 2
(C) Advantage 3
(D) Advantage 4

193. What does the online form indicate about Ms. Grover?

(A) She recently began working at a new company.
(B) She was dissatisfied with a previous marquee rental.
(C) She has researched several marquees hire companies.
(D) She is responsible for organizing an awards ceremony.

194. What kind of outer liner material will Ms. Grover most likely select?

(A) Minimalist
(B) Skylight
(C) Georgian
(D) Apex

195. What does Mr. Blakeman tell Ms. Grover?

(A) She has selected a product that is unavailable.
(B) She is eligible for a corporate discount.
(C) She should visit a business location in person.
(D) She will be contacted by one of his colleagues.

GO ON TO THE NEXT PAGE

Questions 196-200 refer to the following article, e-mail, and sign.

Union Station Reopening Eastern Concourse

(April 13) Union Station, a major rail transportation hub in Meadowvale City, has announced the reopening of its Eastern Concourse on May 2 after nine months of major renovation work.

The remodeling project was carried out in order to add two new platforms and accommodate a greater number of trains. Prior to the renovation work, the Eastern Concourse was used by the three largest rail companies in Canada, and these companies will continue to operate from there. The Eastern Concourse will also welcome a new rail company, Rapid Trak, a budget carrier that serves destinations in the local province.

In addition to the two new platforms, the renovated concourse will boast two new restaurants and a members lounge for VIP passengers. One significant change is the removal of the tourist information desk from the center of the concourse. This had caused significant congestion, making it difficult for passengers to walk to and from the platforms. The tourist information desk can now be found in the quieter Southern Concourse of the station.

"We are confident all visitors to our station will be pleased with the improvements to the concourse," said Skylar Yeoman, Operations Manager of Union Station. "It's important to note that this work was carried out in response to comments from thousands of our passengers who filled out our online survey one year ago."

E-Mail Message

To: Ian Palmer <ipalmer@skyway.com>
From: Arnold Sherman <asherman@skyway.com>
Subject: Client Meeting
Date: May 6

Hi Ian,

I just wanted to give you a quick update on the meeting before I take the 11:10 train home from Union Station. Our clients at Clover Software are very impressed with Skyway Solutions' plans for the layout of their new offices. They were particularly pleased with the open plan design. However, they have requested a few changes to some of the furnishings we selected. Let's talk about it in person once I return to the office tomorrow.

Regards,

Arnold

UNION STATION – EASTERN CONCOURSE DEPARTURES					
Train	Destination	Time	Rail Company	Platform	Information
CW550	Greenford	09:35	Canways	8	On Schedule
LP314	Albertson	10:05	LPER	5	Canceled
RT919	Port Arthur	10:40	Rapid Trak	7	On Schedule
RO884	Lewison	11:10	Rail One	6	Delayed

196. Why was it necessary to change the location of the tourist information desk?

(A) To lower operating expenses
(B) To accommodate additional employees
(C) To reduce disruption for passengers
(D) To follow local safety guidelines

197. What does Ms. Yeoman emphasize about the Eastern Concourse?

(A) It was changed based on passenger feedback.
(B) Its renovation was funded by private investors.
(C) It contains several popular restaurants.
(D) It was originally constructed one year ago.

198. What type of service does Skyway Solutions most likely provide?

(A) Security installations
(B) Event planning
(C) Financial consulting
(D) Interior design

199. What is implied about Rapid Trak?

(A) It is known for providing affordable rail tickets.
(B) It primarily serves destinations in the local area.
(C) It operated in the Eastern Concourse prior to the renovation.
(D) It offers trains to Albertson.

200. What is suggested about Mr. Sherman?

(A) His ticket was purchased by Mr. Palmer.
(B) His train will not depart on schedule.
(C) He had a meeting with Ms. Yeoman.
(D) He visited Port Arthur on business.

Stop! This is the end of the test. If you finish before time is called,

you may go back to Parts 5, 6, and 7 and check your work.

▲ 해설강의 보기

정답 Part 5 어휘문제 250제

1. (A)	2. (D)	3. (B)	4. (C)	5. (D)	6. (C)	7. (D)	8. (A)	9. (B)	10. (D)
11. (B)	12. (D)	13. (B)	14. (C)	15. (D)	16. (B)	17. (B)	18. (C)	19. (A)	20. (C)
21. (D)	22. (B)	23. (D)	24. (B)	25. (D)	26. (B)	27. (B)	28. (B)	29. (D)	30. (A)
31. (D)	32. (C)	33. (B)	34. (B)	35. (C)	36. (B)	37. (A)	38. (C)	39. (B)	40. (D)
41. (A)	42. (D)	43. (B)	44. (D)	45. (A)	46. (D)	47. (A)	48. (B)	49. (A)	50. (C)
51. (A)	52. (D)	53. (A)	54. (B)	55. (D)	56. (A)	57. (C)	58. (D)	59. (B)	60. (D)
61. (A)	62. (A)	63. (D)	64. (C)	65. (A)	66. (C)	67. (D)	68. (B)	69. (A)	70. (D)
71. (A)	72. (A)	73. (A)	74. (C)	75. (C)	76. (B)	77. (B)	78. (A)	79. (A)	80. (D)
81. (C)	82. (A)	83. (A)	84. (B)	85. (A)	86. (A)	87. (D)	88. (D)	89. (C)	90. (D)
91. (A)	92. (D)	93. (A)	94. (C)	95. (D)	96. (C)	97. (C)	98. (B)	99. (A)	100. (A)
101. (C)	102. (A)	103. (C)	104. (C)	105. (C)	106. (C)	107. (A)	108. (D)	109. (A)	110. (B)
111. (B)	112. (B)	113. (A)	114. (B)	115. (D)	116. (D)	117. (C)	118. (B)	119. (B)	120. (A)
121. (A)	122. (A)	123. (D)	124. (D)	125. (C)	126. (C)	127. (A)	128. (C)	129. (B)	130. (D)
131. (A)	132. (A)	133. (D)	134. (D)	135. (A)	136. (C)	137. (C)	138. (D)	139. (B)	140. (A)
141. (C)	142. (C)	143. (D)	144. (B)	145. (C)	146. (A)	147. (A)	148. (D)	149. (A)	150. (B)
151. (D)	152. (A)	153. (D)	154. (A)	155. (D)	156. (D)	157. (B)	158. (C)	159. (C)	160. (B)
161. (D)	162. (C)	163. (B)	164. (D)	165. (C)	166. (D)	167. (A)	168. (D)	169. (A)	170. (A)
171. (B)	172. (A)	173. (A)	174. (B)	175. (D)	176. (B)	177. (A)	178. (C)	179. (C)	180. (D)
181. (D)	182. (C)	183. (B)	184. (B)	185. (A)	186. (C)	187. (C)	188. (D)	189. (A)	190. (C)
191. (A)	192. (C)	193. (B)	194. (C)	195. (A)	196. (D)	197. (A)	198. (A)	199. (B)	200. (D)
201. (C)	202. (D)	203. (C)	204. (D)	205. (B)	206. (C)	207. (D)	208. (A)	209. (C)	210. (B)
211. (C)	212. (C)	213. (A)	214. (B)	215. (A)	216. (D)	217. (A)	218. (C)	219. (A)	220. (B)
221. (D)	222. (A)	223. (B)	224. (C)	225. (C)	226. (B)	227. (B)	228. (B)	229. (D)	230. (C)
231. (B)	232. (D)	233. (D)	234. (D)	235. (C)	236. (D)	237. (A)	238. (A)	239. (C)	240. (C)
241. (B)	242. (C)	243. (D)	244. (D)	245. (B)	246. (C)	247. (B)	248. (A)	249. (B)	250. (C)

Part 1

1. (D) 2. (C) 3. (C) 4. (D) 5. (D) 6. (A)

Part 2

7. (A) 8. (B) 9. (A) 10. (B) 11. (B) 12. (B) 13. (A) 14. (B) 15. (C) 16. (B) 17. (C) 18. (B) 19. (B) 20. (A) 21. (B) 22. (C) 23. (A) 24. (B) 25. (C) 26. (A) 27. (B) 28. (A) 29. (C) 30. (B) 31. (A)

Part 3

32. (B) 33. (B) 34. (B) 35. (C) 36. (A) 37. (B) 38. (C) 39. (A) 40. (D) 41. (C) 42. (C) 43. (A) 44. (B) 45. (A) 46. (C) 47. (D) 48. (B) 49. (A) 50. (A) 51. (B) 52. (C) 53. (A) 54. (A) 55. (A) 56. (C) 57. (C) 58. (D) 59. (C) 60. (A) 61. (D) 62. (A) 63. (D) 64. (B) 65. (C) 66. (C) 67. (B) 68. (D) 69. (A) 70. (C)

Part 4

71. (C) 72. (D) 73. (A) 74. (C) 75. (B) 76. (A) 77. (C) 78. (A) 79. (B) 80. (C) 81. (D) 82. (B) 83. (B) 84. (D) 85. (B) 86. (D) 87. (B) 88. (B) 89. (A) 90. (B) 91. (C) 92. (A) 93. (B) 94. (B) 95. (A) 96. (B) 97. (D) 98. (D) 99. (D) 100. (C)

Part 5

101. (C) 102. (B) 103. (A) 104. (B) 105. (D) 106. (B) 107. (A) 108. (A) 109. (B) 110. (A) 111. (D) 112. (D) 113. (D) 114. (C) 115. (D) 116. (B) 117. (D) 118. (B) 119. (A) 120. (C) 121. (A) 122. (B) 123. (C) 124. (D) 125. (B) 126. (A) 127. (A) 128. (C) 129. (D) 130. (C)

Part 6

131. (B) 132. (C) 133. (C) 134. (B) 135. (B) 136. (D) 137. (B) 138. (B) 139. (C) 140. (B) 141. (C) 142. (D) 143. (C) 144. (D) 145. (B) 146. (D)

Part 7

147. (C) 148. (D) 149. (D) 150. (C) 151. (D) 152. (C) 153. (C) 154. (C) 155. (D) 156. (C) 157. (D) 158. (D) 159. (C) 160. (A) 161. (C) 162. (B) 163. (C) 164. (C) 165. (A) 166. (C) 167. (D) 168. (A) 169. (C) 170. (C) 171. (D) 172. (D) 173. (C) 174. (C) 175. (A) 176. (C) 177. (D) 178. (C) 179. (C) 180. (C) 181. (D) 182. (B) 183. (D) 184. (C) 185. (B) 186. (C) 187. (D) 188. (D) 189. (A) 190. (D) 191. (D) 192. (C) 193. (C) 194. (C) 195. (D) 196. (C) 197. (A) 198. (D) 199. (B) 200. (B)